国家发展和改革委员会市场与价格研究所
"青年英才计划"系列丛书

高质量发展背景下的市场运行研究

市场风险、价格分析与监管改革

国家发展和改革委员会市场与价格研究所 ◎ 著

中国财经出版传媒集团
经济科学出版社
Economic Science Press

图书在版编目（CIP）数据

高质量发展背景下的市场运行研究：市场风险、价格分析与监管改革/国家发展和改革委员会市场与价格研究所著.—北京：经济科学出版社，2019.9

ISBN 978-7-5218-0833-9

Ⅰ.①高… Ⅱ.①国… Ⅲ.①市场运行-研究-中国 Ⅳ.①F723

中国版本图书馆CIP数据核字（2018）第189387号

责任编辑：周国强

责任校对：杨晓莹

责任印制：邱　天

高质量发展背景下的市场运行研究

——市场风险、价格分析与监管改革

国家发展和改革委员会市场与价格研究所　著

经济科学出版社出版、发行　新华书店经销

社址：北京市海淀区阜成路甲28号　邮编：100142

总编部电话：010-88191217　发行部电话：010-88191522

网址：www.esp.com.cn

电子邮件：esp@esp.com.cn

天猫网店：经济科学出版社旗舰店

网址：http://jjkxcbs.tmall.com

固安华明印业有限公司印装

787×1092　16开　20.5印张　400000字

2019年9月第1版　2019年9月第1次印刷

ISBN 978-7-5218-0833-9　定价：98.00元

前言

进入新时代的中国，正处于世界百年未有之大变局中，正处于船到中流、人到半山之关键阶段，国内发展和改革形势的复杂性前所未有。习近平总书记在中共十九大报告中指出，“当前，国内外形势正在发生深刻复杂变化，我国发展仍处于重要战略机遇期，前景十分光明，挑战也十分严峻。”当此紧要之时，迫切需要组织力量认真系统研究，切实增强复杂环境下应对挑战、驾驭风险和把握机遇的本领和智慧。这正是本书的研究起点。

越是形势复杂、挑战严峻，越要保持战略定力，做好自己的事情。中共十八大以来，以习近平同志为核心的党中央带领全国人民迎难而上、开拓进取，取得了改革开放和社会主义现代化建设的历史性成就。随着改革进入深水区和攻坚期，发展中的问题和发展起来后的问题、一般性矛盾和深层次矛盾、有待完成的任务和新提出的任务交织叠加。认清发展大势，着力解决好改革发展进程中遇到的各种矛盾、问题和阻力，不断总结过去经验，洞察潜在机遇和挑战，才能确保中国经济巨轮在惊涛骇浪中劈波斩浪、行稳致远。

作为研究市场和价格形势、市场监管与价格规制的综合性科研机构，国家发展和改革委员会市场与价格研究所紧紧围绕服务国家宏观决策和国家发展改革委中心工作。我所的前身是国家物价局物价研究所，成立于1980年5月，是沐浴改革开放春风而生的体制内研究机构。我所成长与改革开放40年来的历史进程密切相关，是历史上若干次重要的市场化体制改革和几乎全部价格改革的重要亲历者与践行者。自建所以来，我所直接参与了多项重要文件起草，承担了大量政策咨询、政策解读和课题研究任务，研究成果多次获得国家和部委级科技进步奖，在全国市场与价格相关研究领域一直处于领先地位。我所先后与亚太经合组织、世界银行、亚洲开发银行、能源基金会、英国政府繁荣基金等建立了合作关系，就结构改革与监管实践、能源体制改革和能源政策、电力等公用事业价格规制、公平竞争审查制度、药品生产与流通、中小企业发展政策等领域进行了持续而深入的研究，成果获得各方高度评价。目前，我所下设四个研究室，主要研究领域涉及价格形势分析、公用事业价格规制、市场监管与竞争政策、市场体系建设等，相关专业设置较全、覆盖较广。

近两年，我所立足专业特色和决策需要，从市场风险、形势监测、政府监管等角度，组织力量开展了多项专题研究。这是职责使然，更是使命担当。作为相关研究报告的汇编成果，本书难以做到面面俱到，而重在聚焦决策需要，把握重点经济领域，剖析关键问题和主要矛盾，力争以敢担当、勇作为、扎实干的工作作风，书写出焚膏继晷、奋楫争先的时代风采，献礼中华人民共和国成立70周年。

舟循川则游速，人顺路则不迷。本书针对发展和改革中的关键问题，遵循经济学基本理论的指引，对重点市场运行、价格形势研判、市场监管改革等专题进行了深入研究。全书分为三篇，“市场篇”共收录6份研究报告，重点研究市场波动趋势和风险防范应对举措，主题涵盖股票市场、债券市场、外汇市场、房地产市场，以及跨市场风险传染机制，以期增强忧患意识，总结防范应对经验。“价格篇”共收录4份研究报告，重点研究重要价格变化趋势及特征，主题涵盖国内外物价总水平、国际原油价格以及有色金属价格，旨在增强对经济发展大势的把握与前瞻。“监管篇”共收录3份研究报告，关注规制理论的发展脉络，以及在电力投资、电信入网等垄断行业规制深水区的改革实践、面临的主要问题和可能的改进方向，以期提升规制效能，推动规制治理现代化。本书撰写得到了中国宏观经济研究院领导的大力支持以及多位院内外专家的悉心指导，在此一并致以衷心感谢和诚挚敬意。

由于水平有限，加之时间仓促，书中可能还存在一些不足之处，敬请大家批评指正！

国家发展和改革委员会市场与价格研究所

目录

市场篇

股票市场重大风险爆发、防范和应对的国际（地区）经验及启示

荣　晨

内容提要　2015～2016年我国股票市场（本文指沪深股市）出现两次快速下挫，2016年以来我国资本市场的基础制度建设和创新不断探索和推进，中国证监会发放首次公开募股（IPO）批文的速度由之前的每月一批、两周一批到每周一批，保持我国股市稳定对国民经济健康和持续发展至关重要。通过总结美国、日本和我国香港地区股市重大风险爆发的诱因、深化以及应对的国际（地区）经验，基于我国现存的股市制度，需要从四个方面防范股市重大风险：一是需要协同监管规范杠杆融资发展；二是需要加强证券市场的立法和执法；三是干预市场的创新措施需要符合国情；四是需要厘清政府与市场的边界。

一、绪　论

（一）研究背景及意义

2015年年中以来我国股票市场出现两次快速下挫。2015年6月15日至7月8日的17个交易日，上证综指下跌32%，深圳成指下跌26%，两市市值蒸发20多万亿元。2016年1月4日至1月29日的20个交易日，上证综指下跌23%，深圳成指下跌26%，两市市值蒸发12.72万亿元。大量获利盘回吐，各类杠杆资金加速离场，公募基金遭遇巨额赎回，期货现货市场交互下跌，市场频现千股跌停和千股停牌，流动性几近枯竭，股市运行的危急状况实属罕见。

2016年以来我国资本市场的基础制度建设和创新不断探索和推进，从熔断机制实施后股市剧烈波动，到市值配售、先申购再缴款的“打新”新规取得良好市场效果，再到备受公众和市场期待的深港通的落地实施以及沪伦通的推进；IPO不断提速，中国证监会发放IPO批文的速度由之前的每月一批、两周一批到每周一批，倒逼市场转向价值投资。在现代经济体系中，资本市场特别是股市无疑处于核心地位，处于资源配置的前沿。长期以来，我国企业融资倚重银行贷款，股权融资等直接融资比重一直偏低。发展多层次股权市场，把社会资本吸引到股市中来，其一可以提高直接融资比重，其二可以降低融资成本，从而真正形成有助于实体经济发展的资本市场。

加强市场监管，保持股市健康发展，保护投资者权益是我国深化改革、结构调整和推进创新型经济发展的需要。在股市将回归到其功能定位、尊重市场发展规律、不会简单作为保增长的手段的情况下，基于国际视角，研究美国（1929年和1987年）、日本（1990年）和中国香港（1998年）股市泡沫形成的原因、重大风险爆发的源头、对国民经济的影响以及政府采取的救助措施，总结不同国家和地区股市重大风险的普遍性规律，对防范和化解股市重大风险、保持我国股市健康发展以及推进供给侧结构性改革具有非常重要的现实指导意义。

（二）股市重大风险的内涵及特征

1. 股市重大风险的界定

股票市场风险作为一种风险，其内涵首先由风险的内涵所赋予。风险的内涵是指在一定时间内，由风险因素、风险事故和风险结果递进联系而呈现的可能性。因此股票市场风险是指一定时间内，以相应的风险因素为必要条件，以相应的风险事故为充分条件，有关经济主体承受相应的风险结果的可能性。股票市场风险因素是股票市场风险事故（股票市场价格非理性巨幅波动）赖以发生的客观条件。无论何种风险，其风险结果都是直接由风险事故的发生所导致，股票市场风险也不例外。然而任何风险事故都只有在一定的客观条件下通过一定的诱因才能发生，这种客观条件和诱因都是风险因素。股票市场的风险事故由变异风险因素引起，是导致风险结果的直接原因。

基于资产价格波动的视角，股票市场重大风险是指变异风险因素累积达到一定程度时，引起股票市场价格非理性巨幅波动，即股票市场价格波动偏离其正常、合理范围或某种正常状态，这种非理性波动（或称价格波动偏离）必将导致股票资产虚假增值随后迅速贬值（向上偏离时）或大幅度贬值随后迅速增值（向下偏离时），从而对投资者、企业乃至整个国民经济产生不利影响。可以看出，股票市场价格非理性波动（或价格波动偏离）是由风险因素引起的，并且是导致风险结果的原因，它是股票市场风险事故。

股票市场重大风险结果是由股票市场风险事故给股票市场主体带来的直接影响。根据前面的定义，由股票市场风险事故给股票市场带来的直接影响是：股票资产迅速贬值（股灾），各经济主体（投资者、筹资者、国家）蒙受损失。损失不是指一般意义上的损失，不仅包括有形损失如投资者资产价值损失，而且包括无形损失如投资者信心丧失、企业融资经营面临困难、经济发展遭受重创。股票市场重大风险的结果一旦造成，对经济的破坏性和对投资者的打击很大。因此从股票监管角度的来看，股市风险需要防范。

2. 股市重大风险的分类

（1）市场内部风险和市场外部风险。

根据股票市场风险的成因，可划分为市场内部风险和市场外部风险。市场内部风险是由股票市场的内在脆弱性决定，并由市场内部因素（投资主体的有限理性、市场的信息不对称、股票价格的过度波动等）引起。市场外部风险是由市场外部环境因素引起，可进一步细分为：自然风险（如水灾、风暴、地震等引起的风险）、社会风险（如罢工、动乱等引起的风险）、经济风险（如经济周期变动、企业经营问题等引起的风险）、政治风险（如政治冲突、暴乱或战争等引起的风险）和技术风险（因技术故障如停市、交易数据丢失等引起的风险）。

（2）非系统性风险和系统性风险。

根据股市风险的性质，可划分为非系统性风险和系统性风险两大类，股票市场重大风险指的即是系统性风险。

非系统性风险也叫特殊风险，是指某些微观不确定因素的发生对某一个或几个股票的收益产生影响所带来的风险。这些微观不确定因素只对个别公司或企业产生影响，通常与整个市场的价格变动不存在系统性、全局性关联。非系统风险主要有经营风险、财务风险和价格风险。经营风险是指上市公司的决策人员与管理人员在经营管理过程中出现失误导致企业亏损而带给投资者投资损失的可能性。财务风险是指企业资本结构不合理所造成的风险。负债经营是现代企业常用的一种经营手段，它可以产生财务杠杆效应。价格风险是指涉及企业产品的价格发生变动而带来的风险。除了上述几种特殊风险外，常见的造成非系统风险的因素还有诸如自然灾害以及不利某一公司或企业的特殊事件的发生等。

系统性风险是指对市场上所有股票价格产生影响的一些潜在共同因素的发生而带来的风险。经济、政治以及整个社会环境等方面的变化所引起的股票价格的波动都属于此类风险。对于发展历史不长的我国股票市场而言，市场风险具有一定特殊性，系统风险的来源主要有供求结构风险、政策风险、入市资金结构风险和其他系统风险。供求结构风险是指一段时期内市场上可供投资者持有的股票量和入市资金量之间的比例失衡所带来的风险。当影响股票市场走势的管理政策或法规出台时，市场会出现较强波动，由此产生的价格变动的可能性就是政策风险。入市资金结构风险主要是指以机构投资者为主的一些投资主体资产结构不合理或投资资金来源不当所蕴含的风险。除了上述三种主要系统风险来源外，还存在其他一些系统风险，如利率风险、购买力风险及汇率风险等。

3. 股市重大风险的特征

（1）影响面大。

股票市场是经济社会的焦点，股票市场风险是各种经济风险的集中体现。股票市场面向广大直接投资者，投资者人数众多，分布范围广。因而股票市场联系着千家万户的利益，一旦市场风险发生，容易引发社会问题。随着全球经济一体化和资本市场国际化趋势的加强，各国股票市场的关联度日益强化，世界某个国家或地区（特别是发达国家如美国、日本等）的政治和经济方面的巨大变动很容易通过股票市场迅速传导到其他地区。

（2）波动性强。

股票市场和一般商品市场的重大不同在于，股票市场由投资者和投机者两部分组成。在股票市场的日常运作中，投资与投机行为相伴相生，难以区分其界限，二者在一定条件下甚至可以相互转化。由于投机资本主要是博取股票短期波动的价差收益，因此当投机行为超过正常界限，变成过度投机甚至疯狂投机时，则市场风险凸现；尤其是股票期货、股指期货、股票期权等衍生品种的投机性更强，杠杆效应明显，潜在的风险更大。

（3）突发性强。

股票市场的特点是投资者对各类政策和消息十分敏感。无论是经济状况、政治局势还是科学技术，也无论是宏观经济状况还是微观经济情况，任何变化都会对股票市场各类产品的价格产生很大影响。由于这些因素的产生带有不确定性，股票市场的风险也带有很强的不确定性，突发性非常强。例如，1929 年和 1987 年的全球性股灾都是突然而至，并迅速波及其他经济领域，在短时间内给经济社会造成巨大损失。

（三）股市重大风险相关理论

1. 现代投资理论

1952 年马柯维茨（Markowitz）发表名为《投资组合选择》（*Portfolio Selection*）的文章，这是第一次从资产收益与风险关系出发，提出投资者进行投资组合是为了实现同等风险下的收益最大化或同等收益下的风险最小化，投资组合反映的是投资者如何分配在风险资产上的投资来规避风险的投资机制。现代投资组合理论的核心思想主要涉及证券投资的两个根本问题：一是组合投资的原因是什么，如何进行组合投资，组合投资有什么效果；二是根据已有信息，证券投资者如何选择最优投资组合。

解决两个根本问题需要很多严格的假设条件：第一，证券市场为有效市场，证券价格反映所有信息和其内在价值，所有投资者都能够获得完全信息，而且了解每种证券的预期收益率、风险大小；第二，投资者通过期望收益率衡量未来收益，通过根据期望收益率的波动情况即方差来衡量风险状况；第三，投资者都是风险规避者，他们都在追求既定风险下的收益最大，或者既定收益下的风险最小；第四，投资者所投资证券的收益率之间存在某种相关关系，这种相关关系通过相关系数或者协方差来反映；第五，投资者所投资证券的收益率服从正态分布；第六，资产具有无限可分的特征，根据投资者的意愿，其可以购买某一证券的任意份额的股份；第七，在资本市场上，投资者能以无风险利率借入或贷出资金，即可以通过借入或贷出的资金买卖证券；第八，投资者的交易没有摩擦，不存在税收和交易成本，即税收和交易成本忽略不计。

对于第一个问题，证券投资组合是因为投资者试图实现风险既定的条件下的收益最高或投资收益既定条件下的风险最低，是能够分散风险、提高收益的投资机制。对于第二个问题，马柯维茨理论通过数理统计方法详细地解释了最优资产结构和如何选择的问题，推动了投资理论从单纯定性分析转向定量分析，为后续投资理论奠定了坚实的基础。

2. 资产定价模型

一般而言，投资者不会仅仅因为运气因素而做出风险投资，而是首先考虑证券的价格。因为证券的价格与其回报和风险存在着直接的关系，投资者希望通过高收益来为高风险做出补偿。为了测度有效市场上投资者的风险补偿，夏普（Sharp）、林特纳（Lintner）和特雷纳（Treynor）等在20世纪60年代先后提出了资本资产定价模型（domestic capital asset pricing model）模型。

威廉（William）等简化了现实中数量众多、复杂且充满不确定的证券投资组合，但这种简化需要建立在与投资者息息相关的许多假设之上：第一，投资者是风险厌恶型，他们需要额外收益来补偿风险，而且希望在较少风险的同时获得更多的收益；第二，投资者只在乎他们通过多元投资分散不掉的风险，即系统性风险；第三，市场上不存在信息不对称，且投资者都能在所有资产的风险与期望收益之间达成一致；第四，投资者关心名义收益；第五，投资者具有在无风险利率水平上借入或贷出资金的能力；第六，市场是完美的，不存在运输成本、交易成本和税收。

3. 金融危机传染理论

传统经济学认为，资产市场的冲击只会在银行系统，不会引发金融危机，即不会发生传染。伍德（Wood，1999）得出三个结论：第一，经济危机并不会必然带来资产市场的冲击；第二，经济危机外的资产冲击不会对经济产生严重影响；第三，贷款人制度会在资产市场大规模下跌前阻止金融危机的发生。当前许多经济学家将传染应用到很多领域，如货币传染、银行传染、债务危机传染等。以货币传染为例，凯明斯基和瑞恩哈特（Kaminsky & Reinhart，1999）认为银行系统的问题会引起货币危机，而货币危机又会深化银行系统危机，形成一个恶性循环。当然，传染的经济学应用不局限于这三方面，它也被广泛应用于形容银行挤兑、产业冲击的传播、商品经济的波动传播、劳动力成本上涨的传播等等。

目前“传染”一词一般指的是金融传染，也即金融危机传染。根据世界银行对金融传染的定义，金融传染可以分为三个层次：广义的传染、狭义的传染、更加狭义的传染。广义的传染是指国家间金融波动的传递或者跨国的金融溢出效应。这种传染可以发生在经济高涨的时期也可以发生在经济低迷的时期，因此，这种金融传染与金融危机是没有特殊关系的。狭义的金融传染是指超越国家之间的基础联系或普通冲击时，某个国家金融波动向其他国家或地区的传递。这种定义通常用来解释超常规的联动，可以通过羊群效应解释。更加狭义的传染是指与金融平稳期相比，金融传染更容易在金融危机时使国家间联系更加紧密。

二、股市重大风险的国际和地区经验

（一）美国1929年股市重大风险

1. 风险的孕育与累积

（1）经济处于上行时期。

1920～1921年经济危机以后，美国经济发展速度引人瞩目。1929年工业生产总值较1920年增长53%，工人劳动生产率年均提高3.8%，工人实际工资也有所增长。这一时期，共和党政府执行的经济政策刺激了技术发明和新兴工业的发展。汽车制造业成为美国最大的工业部门，推动钢铁、橡胶、石油和玻璃等行业的发展，其他如电气业、建筑业、化学工业和公用事业等部门也发展得十分迅速。

（2）宽松货币叠加缺乏监管。

20世纪20年代，在实行自由主义政策的同时，美国政府大幅削减个人所得税，实行宽松的货币政策，美国经济迈入快速发展时期，迅速摆脱战时的萧条。美国政府对股市实施放任自由的政策，股市高度自治，专门的监管机构和证券法规匮乏。随着牛市的兴起，很多劣质公司开始上市交易，丑恶现象如联合坐庄、内幕交易等逐渐增多。

（3）杠杆和信用交易盛行。

基于股市明显的赚钱效应，20世纪30年代美国股市的杠杆交易、信用交易十分盛行。通过支付少额的保证金，股民可以便捷地进行股票杠杆投资，杠杆比率甚至高达1∶10。

2. 风险爆发的诱因

（1）逆经济形势提高贴现率。

对于股市的过度投机，1929年3月美联储开始警示风险。为预防股市泡沫的累积，美联储逆经济形势将贴现率由3.5%提升至5%。此外，美联储卖出政府债券，信贷紧缩，以收紧流动性，要求会员银行减少对股市资金的信贷支持。

（2）实体经济呈现下行迹象。

1929年股市崩盘前，经济增速放缓的信号已经出现。从1928年开始，钢铁产量、汽车销量、零售销量等纷纷下滑，消费者债台高企，实体经济呈现下行迹象。1929 年，一些指数指标纷纷出现拐点。6 月，工业生产指数在达到最高点后持续下行，钢铁产量开始一路下滑；10 月，联邦储备工业生产指数由 4 个月前的 126 点下降至 117 点，铁路运输量下降。10 月股市终于下跌。

3. 风险的传导与深化

（1）经济增速螺旋式下降。

1929 年 10 月 28 日，证券史上第一个"黑色星期一"，引发了资本主义经济发展史上空前的经济危机。该交易日短短的 30 分钟内，市场上 160 万股的股票抛出，到 12 时市值损失了 60 亿美元。股市重大风险的爆发引发银行系统的崩溃，之后用了 25 年的时间，股价才恢复到 1929 年的最高水平。1929 ~ 1933 年，西方经济持续呈现螺旋式下降的态势。失业人数达到 5000 万，并造成上千亿美元财富损失，生产倒退，美国陷入史无前例的经济大危机，导致 20 世纪 30 年代全球性的经济大萧条。

（2）金融信贷陷于瘫痪。

1929 ~ 1933 年，美国共出现了四次大的银行恐慌，到 1933 年美国一共有 32 个州的银行全部倒闭或停业，金融信贷几近全面陷于瘫痪。

4. 政府应对风险的措施

（1）对市场恐慌没有立即进行干预。

由于奉行不干预的自由主义经济政策，美国政府和美联储并没有在股市暴跌时采取实质性的干预措施。1929 年股灾发生时，美国政府仅靠口头讲话来稳定市场，对杠杆交易引发的抛售、银行的连锁倒闭没有及时施加干预。美联储并没有采取任何有实质意义的行动，未能及时增加货币供应量，没有及时缓解流动性紧张的局面，使得市场上的流动性越来越匮乏。

（2）风险爆发后反思原因采取措施。

股市重大风险爆发后，美国政府开始反思股市崩溃的原因，采取了一些措施来稳定市场。一是通过了《格拉斯—斯蒂格尔法案》，要求投资银行和商业银行分业经营，避免股市重大风险爆发对商业银行体系产生直接冲击，进而避免引发连锁反应，这在金融监管史上具有里程碑的意义。二是放弃原先自由不干预的政策，《1933 年证券法》和《1934 年证券交易法》相继通过，并成立美国证券交易委员会，一整套证券监管体系得以构建。

然而这些政策偏向于长期效应，对于市场的短期失血和崩溃作用不大；就短期而言即在市场崩溃之时，美国政府并未采取实质性的救市政策，此后股市迈入漫长熊市。

（二）美国1987年股市重大风险

1. 风险的孕育与累积

（1）联邦基金利率下行。

1980~1990年，通胀得到控制，利率处于下行通道。1980年12月，联邦基金利率高达22.00%，之后持续下降至1984年的8.74%（见图1）。

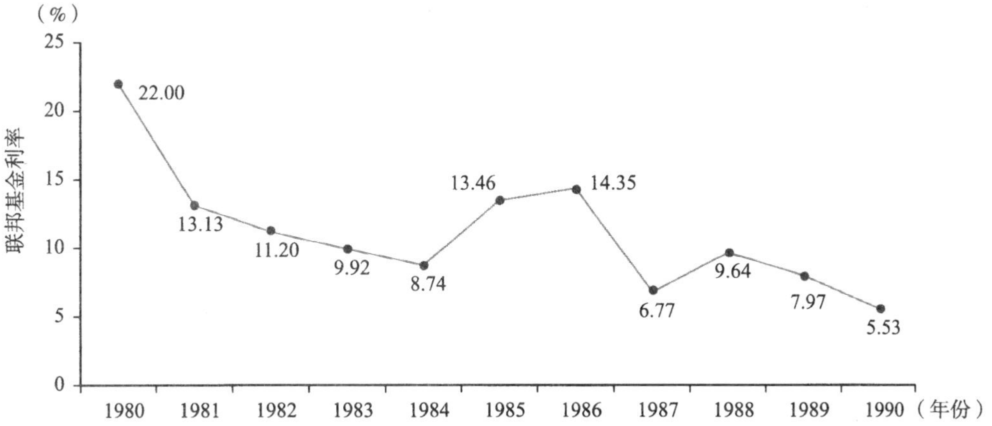

图1 1980~1990年联邦基金利率

资料来源：IMF统计数据库。

（2）新经济政策叠加股票投资免税。

20世纪80年代，美国经济处于新旧模式的转换阶段，经济增长迈入低速时期，虽然20世纪五六十年代的快速增长不再，但经济基本面保持良好，通胀得到控制，利率下行。基于“新经济政策”的刺激，美国政府扩大财政支出，降低税收，对外资进行大力吸引；此外，股票投资免税，全球资本向美国股市流入，美国股市呈现牛市行情。1987年8月，道琼斯工业平均指数达到阶段性高点报2662.95点，较1982年7月的低点808.6点上涨229.3%，较1986年8月的1898.34点上涨40.3%。

2. 风险爆发的诱因

（1）经济发展不稳定。

1982年以来，美国经济虽然持续回升，但经济发展不稳定的态势日益明显。一是贸易逆差迅速扩大。1982～1986年，贸易逆差由426亿美元增至1698亿美元，4年间增长298.6%。二是财政赤字处于较高水平。为振兴美国经济和加强军备建设，里根政府实施减税和扩大军费开支的政策，导致联邦财政赤字空前增加，累计超过万亿美元，其中1986年财政年度高达2311亿美元，1987年按政府公布的数字为1480亿美元。三是国债额度庞大。美国政府在公开市场上发行国债，以弥补规模空前的财政赤字，1980～1986年，国债数额由9300多亿美元迅速上升至2.2万亿美元。四是外债规模增加。1985年上半年，美国失去保持71年的国际净债权国地位，然后变成最大的国际净债务国。1985～1986年，美国国际净债务由1074亿美元迅猛增至2636亿美元。经济发展不稳定最终在股市上体现。

（2）利率上调叠加信心危机。

1985～1986年，联邦基金利率上升至13.46%和14.35%，然后继续下行至1990年的5.53%。对于过度膨胀的信贷市场，1986年美国投资者就开始感到忧虑，担心信贷市场的动荡将引起流动性消失，分析师在公开场合纷纷发出警告。1987年由于经济发展不稳定以及紧缩的货币政策等因素，整个社会人心惶惶，担心美国经济的前景，出现信心危机，导致股市由虚假过热变成一泻千里。

（3）利空信息冲击美股。

1987年两伊战争还在持续，战争的重心由地面转移到海上。苏联和美国相继同意为科威特油轮护航，并以此为由不断向海湾派遣军舰。由于伊朗用导弹袭击在科威特海域的悬挂美国国旗的油轮，美国于10月上旬袭击了伊朗的两座海上平台。海湾局势所呈现新的紧张气氛和美国的进一步卷入，也影响到投资者对股票市场的投资。叠加当年3～9月份联邦基金利率上调的影响，美股开始调整。10月14～16日，标普500指数连续三个交易日累计下跌10.1%。10月19日，先于美股开盘的香港、欧洲等地股市接连暴跌，标普500指数开盘后更是暴跌20.5%，史称“黑色星期一”。

（4）程序化加剧股价下跌。

股价重挫之前，增量的融资资金助推指数上涨，股价大跌之后，融资余额快速下降，市场呈现迅速失血。待市场稳定后，投资者的风险偏好趋于稳健，融资余额也维持稳定的水平，迅速上涨的行情不再，股价走势也趋于稳定。程序化交易电脑程式看到股价下跌，便按照早就在程序中设定的机制加入抛售股票，形成恶性循环，令股价加速下挫，进而又使程序更加大量地抛售股票。

3. 风险的传导与深化

1987 年 10 月 19 日，该交易日美国全国损失股票市值 5000 亿美元，相当于美国全年 GNP 值的 1/8 或法国全年的 GNP 值。美国 GDP 增长率 1988 年为 4.2%，到 1990 年为 1.92%，1991 年变为 -0.07%（见图 2）。

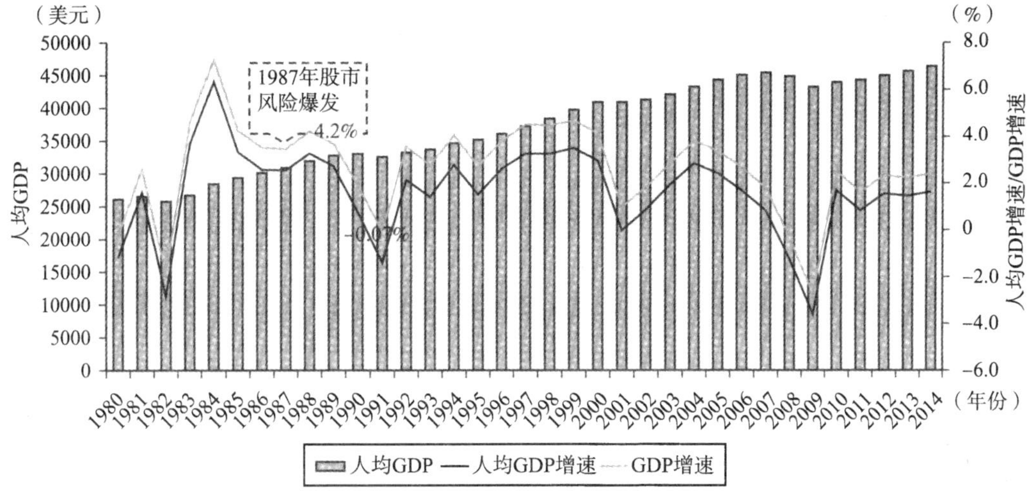

图 2　1980 ~ 2014 年美国 GDP 增速、人均 GDP 及增速

资料来源：IMF 统计数据库。

4. 政府应对风险的措施

1987 年 10 月 19 日，道琼斯指数全天下跌 508.32 点，跌幅达 22.62%，远远超过 1929 年“黑色星期一”股价暴跌 12.8% 的记录。汲取 1929 年不干预的教训，美国政府及时行动，快速对市场进行干预。

（1）及时发表声明稳定预期。

10 月 20 日，在美股开盘前，美联储发表紧急声明，为支撑经济和金融体系提供流动性已经准备就绪，宣布立即向银行的注资已就绪。此外，里根总统和财长贝克均表示，股市下挫不符合美国健康的经济，美国经济增长十分稳健。此外，美国政府向多家大公司提供资金以便回购股票，面对被低估的股价，在股灾发生的一周内，约有 650 家公司宣布要在公开市场上回购本公司的股票，大部分发生在“黑色星期一”那天。

（2）向市场提供充足的流动性。

10月20日，美联储大量购买政府债券释放流动，并下调利率，使得联邦基金利率当日下行近60个基点；11月4日，美联储正式降息，联邦基金利率由11月的7.19%下降至12月的6.77%。此外，美联储鼓励金融机构与客户共渡难关，特别是商业银行对经纪商和交易商的贷款不能断。由于美联储流动性供给承诺，各州主要商业银行马上宣布降低优惠利率，增加证券贷款，保证客户的资金需要。

（3）截断程序化交易。

为截断现货市场和股指衍生品市场的连锁反应，芝加哥商品交易所和期货交易所相继暂停交易。由于普遍认为程式交易是美国1987年股市重大风险爆发的重要原因之一，美国证券交易委员会（SEC）随后引入熔断机制，即在股市出现异常波动时交易暂停，以便交易者可以有时间对交易决定重新考量。

基于美国政府、美联储等的及时救市，市场恐慌情绪得以缓解。10月20日美股开盘后开始反弹，之后股市开始震荡上升，两年之后即1989年8月道琼斯工业平均指数为2737.27点，超过1987年8月的高点2662.95点（见图3）。

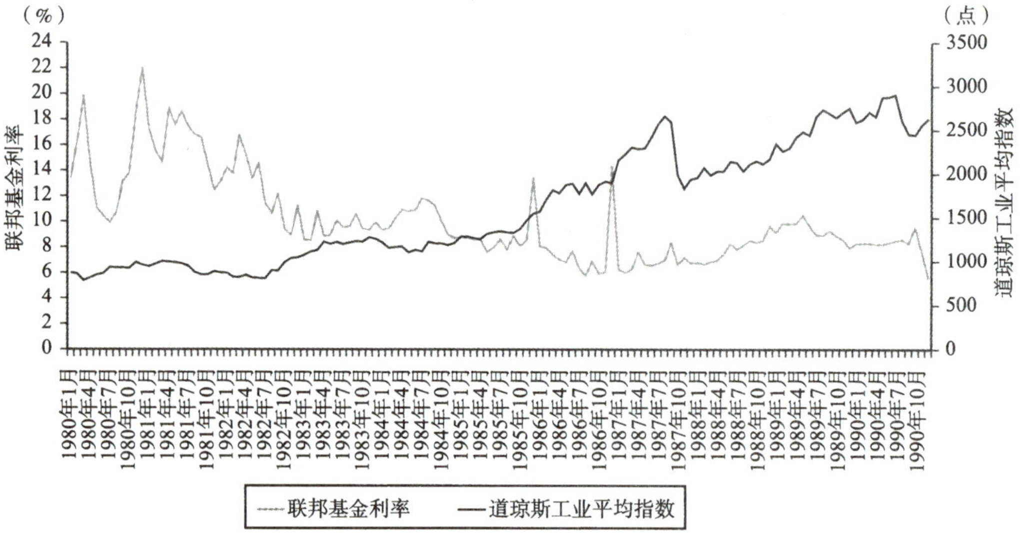

图3　1980～1990年联邦基金利率及道琼斯工业平均指数

资料来源：IMF统计数据库。

（三）日本1989年股市重大风险

1. 风险的孕育与累积

（1）经济长期高速增长。

第二次世界大战结束以后，日本政府实施产业优先、发展优先、富国富民的发展政策，全心全意促进经济发展，效果非常明显。1956～1973年，日本年均经济增速为9.3%，是世界上经济增长最快的国家。1985年，日本成为世界第二大经济体，并一跃成为世界最大的债权国，日元也已成为世界第三大储备货币，在各国外汇储备总额中日元所占比重达到8%。良好的宏观经济形势使人们对日本经济发展前景充满信心，促使人们对股市抱有乐观的预期，却放松了对经济泡沫的警惕。

（2）日本银行连续降息。

“广场协议”签订后，日元迅速升值，为应对出口困难和经济下滑，日本一方面降低利率，另一方面扩大财政支出，提出了内需主导的宏观政策。1986年1月到1987年2月，日本银行连续5次降息，利率由5%下调至2.5%，在当时处于日本历史上的最低水平。1987年2月到1989年5月，2.5%的超低利率维持25个月的时间。

（3）上市公司欺诈现象严重。

20世纪80年代中后期，日本上市公司违规违法行为盛行。一些证券公司为获得巨额收益，利用操纵、欺诈和内幕交易等非法手段；一些上市公司对投资者掩饰真实经营信息和业绩。1991年7月，日本证券界曝出内幕交易丑闻，对于大客户的损失赔偿金额，野村、日兴、大和和山一四大证券公司就高达1283亿日元。

2. 风险爆发的诱因

（1）利率持续上调。

1989年4月至1990年8月，日本银行5次上调央行政策利率，将利率由2.5%上调至6%，随后日本股市在高位出现大幅波动（见图4）。1991年9月至1992年9月，日经225指数由23916.44点重挫至17399.08点，一年下跌27.3%；到2003年4月跌至谷底7831.42点，累计跌幅高达67.3%，创造了日本股市历史上最大的下跌幅度（见图5）。

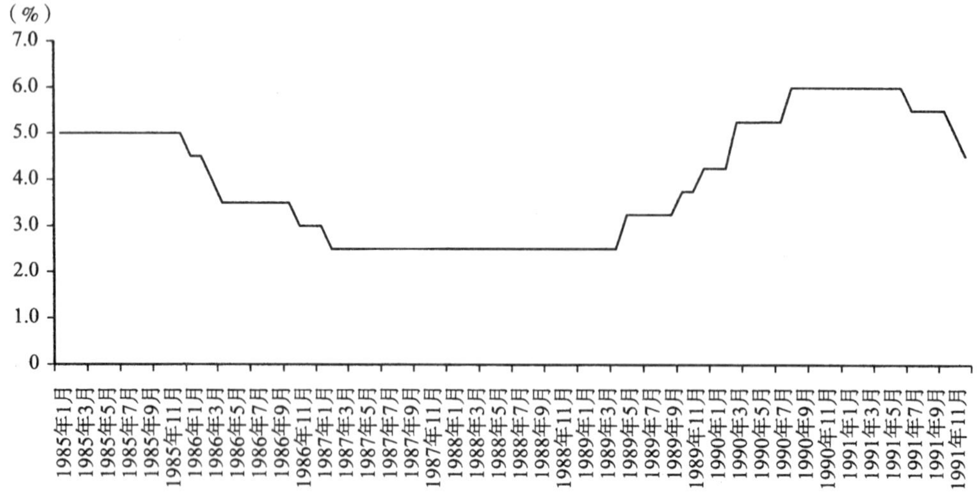

图 4　1985～1991 年日本央行政策利率

资料来源：IMF 统计数据库。

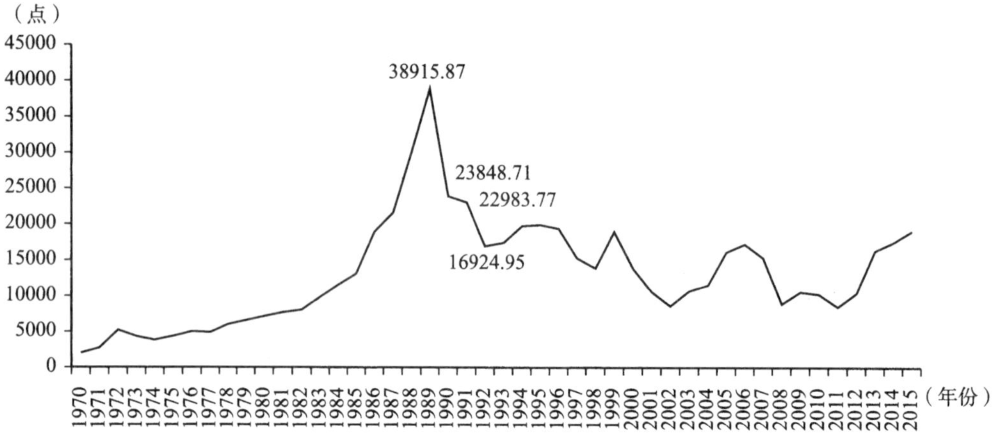

图 5　1970～2015 年日经 225 指数

资料来源：IMF 统计数据库。

（2）投资者逃离股市。

1989 年 6 月，日本政府开始实行金融紧缩政策，提高贴现率。贴现率的提高直接对资本市场的收益率产生影响，导致股价开始下滑。1990 年 4 月，大藏省对房地产业实施限制政策，一方面严限融资，另一方面引入地价税，引发土地价格开始下行。股价和地价下行的双重叠加，严重削弱了支撑日本企业效益增加的源泉。提升借款利率，增加了成本，对企业增收的能力形成较大的制约。使 20 世纪 80 年代以来投资者对日本经济前景的乐观预期有所改变。

股市下跌过程中，隐藏在繁荣表象下的证券业丑闻逐渐曝光，使得投资者对证券公司失去信任，大批投资者纷纷逃离股市。日本股市进入下跌通道，预期恶化，投机减少，引发股价再下跌，形成恶性循环，使日本经济步入了衰退。

（3）黑天鹅事件冲击。

1990 年海湾战争爆发，由于日本石油完全依赖进口，战争使得日本陷入恐慌，股价大幅下挫。海湾战争结束后，日本股市虽然强力反弹，然而已无法上涨至原先的点位。日本股市从此一路下行，跌至 1992 年 8 月 18 日的 14304 点。

3. 风险的传导与深化

（1）不良债权大量产生。

1989 年，日本股市重大风险爆发，1993 年 3 月，政府首次公布各类银行的不良债权为 8 万亿日元，1996 年达到 34.8 万亿日元（包括损失债权、呆滞债权、利息减免债权）。1998～2001 年，银行采用直接注资冲销、置换间接冲销、卖出抵押资产等方式，共处理了约 45 万亿日元的不良债权，然而银行的不良债权的数额不仅没有减少，还新增了大致同样数额的不良债权。不良债权增加，迫使银行使用利润和资本进行处理，银行收益不足以弥补债权损失，造成银行实质上陷入亏损，自有资本不足，信贷能力下降。

（2）金融机构破产。

1995 年 7 月，宇宙等几家信用社破产。同年 9 月，兵库银行破产。1996 年，太平洋银行、能代信用社倒闭。1997 年，十大城市银行之一的北海道拓殖银行和四大证券公司之一的山一证券公司破产。此后，日本长期信用银行、日本债券信用银行等大型银行、大型保险公司接连倒闭，给日本经济和社会带来巨大震荡。

4. 政府应对风险的措施

对于股市的重挫，日本政府先后采取了不同的方式。1995 年之前，日本政府实施扩张性的财政政策，日本银行实施宽松的货币政策，连续下调利率，以提振股市和稳定经济增长，然而收效甚微，几乎没有效果。1997 年之后，由于受到东南亚金融危机的波及，日本金融系统坍塌，开始正式处理金融机构的危机。

（1）成立金融监管机构。

1998 年 6 月，日本成立新的金融监管机构——金融监督厅，接管大藏省的监管职能；1998 年 10 月，《金融再生法案》（以金融机构破产处理为核心）和《金融健全化法案》（以事前防范金融危机为目的）获得通过。1998 年 10 月，基于《金融再生法案》，日本政府对长期信用银行与债券信用银行实施了暂时国有化。存款保险机构收购两家机构的全部股票，继续维持经营。

（2）政府指定机关予以清算。

《金融再生法案》的核心是成立金融再生委员会，以处理金融机构破产问题，即向陷入危机的金融机构注入救济性资金，增加其自有资本，同时制定有关金融机构破产处理、危机管理等的计划和法案。日本 1989 年爆发股市重大风险，直到 1998 年 10 月，日本政府开始将资金向问题金融机构注入，市场对于救援计划的反应非常正面。在公布救市计划后，日本银行类股三个月内上涨 20%，一年后上涨 88%。与宽松的货币政策、刺激的财政政策相比，直接注资的效果非常明显。然而此时，日本经济已经呈现“失去的十年”，日本政府虽然救市，但救市效果未能在正确的时期及时体现。

（四）中国香港 1997 年股市大跌

1. 风险的孕育与累积

（1）经济快速增长股价上扬。

1993 年以来我国香港地区转口贸易和金融业发展不断增强，旅游服务业一片兴旺，通货膨胀趋于缓和，1994 ~ 1996 年香港 GDP 年均增长率达到 4.5%。基于上海石化、青岛啤酒等大型国有企业纷纷赴香港上市，美国摩根士丹利等投资银行和国际基金在投资组合中不断加大港股比例，引发投资者纷纷向香港股市涌入。1990 年 8 月 24 日恒生指数为 2918 点，之后不断上升，1993 年 12 月 10 日突破 10000 点，1994 年 2 月 4 日达到历史新高 12157 点，较 1990 年的 2918 点仅历经 3 年上涨 316.62%；之后开始调整，1995 年 1 月 13 日回调至阶段性低点 7252 点。

（2）投资者看好香港地区发展前景。

我国政府决定在 1997 年 7 月 1 日恢复对香港行使主权，基于香港回归日益临近，政治经济事务中的诸多不确定因素逐渐消除，国际投资者对香港的未来发展充满信心。1996 年我国香港地区经济活动明显增加，资本市场交易日益活跃。恒生指数继 1995 年 1 月回调后于 1995 年 12 月再次突破 10000 点，于 1997 年 6 月 20 日突破 15000 点，于 1997 年 8 月 7 日达到最高点 16673 点，较 1990 年的 2918 点历经 7 年时间上涨 471.38%。

2. 风险爆发的诱因

（1）积极不干预主义。

我国香港地区长期以来实行的是自由放任的自由主义经济政策，在1997年东南亚金融危机中，之前港英政府的“积极不干预主义”经济政策使得国际游资有空可钻，国际游资疯狂炒卖沽空港元。香港的联系汇率制也为量子基金等国际游资的进入创造了条件，购入美元抛空港元，人为推高利息赚取利差，并在期货市场进行相反操作，以保证港元下跌时外汇市场的获利。正是这样自由放任的自由主义经济政策使得国际游资有机可乘，导致了这场由抛空港元引发的股市下跌。

（2）国际炒家做空。

继泰国在1997年7月率先放弃固定汇率制后，菲律宾、印度尼西亚和马来西亚也相继放弃，台湾当局也主动开始缓慢贬值。香港成为索罗斯等国际炒家的下一个目标。1997年10月，国际炒家纷纷开始做空港股和港元。虽然香港外汇储备充足，足以维持币值稳定，但香港金管局的市场操作及相应的加息却直接导致了港股的大跌，做空者依旧获利。1997年10月22日至28日，恒生指数下跌3343点，累计跌幅达27%，其中10月23日单日下跌10.4%。1998年1月，恒生指数已跌破8000点，仍遭受量子基金、老虎基金等国际游资的继续打压，到8月13日指数最低跌至6660点。

3. 风险的传导与深化

香港股市风险爆发后，香港楼市在短短一年内大跌七成，超过10万名业主成为“负资产”，在很长一段时间里，楼市都未能恢复元气，整体楼价只有1997年的60%，并仍有逾6000名业主未脱离“负资产”之列。另外，当时港元的汇价相对于亚洲已经贬值的货币明显偏高，香港产品出口和香港的旅游、零售业也受到影响。这就不可避免地造成通货紧缩、需求下降、失业增加、市场萧条，整个经济处于严重的衰退局面。

4. 香港特区政府应对风险的措施

（1）金管局干预股市。

1998年8月，香港金融管理局（简称金管局）主动向投机者宣战，动用约1200亿港元外汇基金购买恒生指数成分股和股指期货。金管局从8月14日入市坐庄起，逐步将恒指推升至8000点水平。金管局在大力买入8月期指的同时卖出9月期指，拉开两者的价值差距，使金融炒家炒作的成本上升。部分蓝筹和红筹公司也在政府的号召下回购本公司的股票，成功阻击了国际游资的做空行为。

（2）稳定汇率和利率。

香港特区政府用外汇基金买入港元，同时把买到的港元存到香港银行，使得机构投资者从银行借走的港元够得到补充，使港元的供求平稳，汇率和利率可以保持稳定。

（3）限制恶意卖空行为。

1998 年 8 月 31 日到 9 月 7 日，香港特区政府、金管局分别颁布了限制卖空和外汇、证券交易和结算的新规定，使炒家的投机大受限制。香港特区政府限制放空港元，将股票和期货的交割期限由 14 天减少为 2 天，裸卖空受到极大的限制。为了降低期指的杠杆作用，香港特区政府将每张期货的面值由 5 万港元提升到 12 万港元，还将持仓申报的限额从 500 单位降为 250 单位，加设空头未平仓合约的申报机制，使金融炒家暴露身份。

整个救市行动中，香港特区政府消耗近 13% 的外汇基金，动用超过 150 亿美元的资金，远超 1993 年英国政府在“英镑保卫战”中约 77 亿美元的投入。香港特区政府坚决主动做多的策略，使国际炒家铩羽而归，恒生指数逐渐企稳回升，1999 年 7 月恒生指数重上 14000 点。香港特区政府的直接入市干预一度引发业界对香港全球金融中心地位的质疑，但事后来看此举成功维护了香港金融市场的稳定。

三、国际经验总结与我国对比分析

（一）宽松货币催生股市泡沫

宽松的货币政策和缺乏监管是不同国家或地区引发股市泡沫形成的共性原因。20 世纪 20 年代，美国实行宽松的货币政策，同时美国政府对股市实施放任自由的政策；1986～1987 年日本央行连续 5 次降息，20 世纪 80 年代中后期，日本上市公司违规违法行为盛行。

我国政府在 2014 年提出“新国九条”，对资本市场的深化改革提供指导方针，逐渐激活资本市场的活力；相关部门也纷纷进行改革，增加交易的多样性，降低市场风险，进一步促进资本市场的发展。此外，新一届政府提出万众创新全民创业，希望通过激发民营经济，寻求维持我国经济发展的新引擎。要发展民营经济，最重要的就是为民营企业提供便捷的融资渠道，降低融资成本。2014 年 11 月 22 日起央行开始下调金融机构人民币贷款、存款基准利率以及存款准备金率，以进一步降低企业融资成本。基于央行几轮的降准降息，2014 年下半年牛市开始启动，上证综指不断走高，于 2015 年 6 月突破 5000 点达最高点 5178 点，流动性增加对牛市起到了推波助澜的作用。

（二）杠杆交易是风险爆发的重要推手

杠杆无法改变行情的趋势，却可以加快行情的节奏，涨时助涨、跌时助跌；杠杆资金过高在市场调整时危害很大，容易导致市场因卖压过重瞬间丧失流动性。20 世纪 30 年代美国股市的杠杆交易、信用交易十分盛行，杠杆比率甚至高达 1∶10；美国 1987 年股价重挫之前，增量的融资资金助推指数上涨，股价大跌之后，融资余额快速下降，市场呈现迅速失血。

我国 2014 年的牛市有两波杠杆资金加速入市，并推动市场加速上扬。第一波是 2014 年 11 月至 2015 年 1 月，融资融券余额从 7500 亿元增加至 1. 1 万亿元，增长 46. 7%，同期上证综指涨幅为 35. 8%。此后，随着中国证监会公布券商融资融券业务处罚决定，杠杆资金加速入市告一段落，市场也开始了约 1 个月的调整。第二波是 2015 年 3 月至 6 月初，融资余额从 1. 2 万亿元增加至 2. 26 万亿元，增长 88. 3%，同期上证综指和创业板指涨幅分别达 59. 8% 和 102. 3%。2015 年 6 月中旬对券商场外配资的清理，引发市场预期的逆转，并形成去杠杆与股市下跌的负反馈，2015 年 6 月 15 日至 7 月 8 日，上证综指和融资余额分别下跌 34. 9% 和 36. 3%。

（三）利率上调导致股市重大风险爆发

1929 年 3 月，为预防股市泡沫的累积，美联储逆经济形势将贴现率由 3. 5% 提升至 5%；1985 ~ 1986 年，联邦基金利率上升至 13. 46% 和 14. 35%；1989 年 4 月至 1990 年 8 月，日本银行 5 次上调央行政策利率，将利率由 2. 5% 上调至 6%，随后美国股市和日本股市在高位出现大幅波动。

这里我国股市与国际经验具有较大差异，因为我国 2015 年股市重挫的直接触发点是股市二级市场的去杠杆。2015 年我国央行多次降息降准，2 月 4 日央行下调金融机构人民币存款准备金率 0. 5 个百分点，3 月 1 日下调金融机构人民币贷款和存款基准利率，4 月 20 日下调各类存款类金融机构人民币存款准备金率 1 个百分点，5 月 11 日金融机构人民币一年期贷款和存款基准利率分别下调 0.25 个百分点，10 月 24 日下调金融机构人民币贷款和存款基准利率，2015 年总体货币环境非常宽松。2015 年 6 月和 7 月股市出现大跌的原因并不是货币转向，而是杠杆资金集中平仓引发股价急速下跌。

（四）重大风险爆发时救市要及时有效

股票市场是市场经济体系之一，需要政府进行逆周期调节。股市重大风险爆发时，政府该出手时就出手，需要及时采取措施救市，防止股灾对金融体系和实体经济的过大伤害。美国 1929 年大萧条的最大教训是政府救助不及时，放任股灾蔓延成金融危机和经济危机；而对于 1987 年的股灾，由于政府及时稳定预期、启动注入流动性等，股灾对实体经济冲击相对较小，股灾后美国经济恢复较快。

2015 年 6 月 18 日和 19 日，我国上证指数下跌接近 10%，6 月 25 日和 26 日上证指数再次下跌近 10%，引起市场恐慌，一系列救市措施开始实施。2015 年 6 月 28 日起央行有针对性地对金融机构实施定向降准；6 月 29 日证券金融公司强调证券公司融资融券业务风险总体可控，强制平仓的规模很小；6 月 30 日基金业协会发表倡议书，表示市场经过近期大幅调整，风险收益比得以改善，估值回归投资区间，新的结构性行情正在酝酿；7 月 1 日金融期货交易所发布消息称，包括高盛在内的 QFII、RQFII 在股指期货中只能做套保交易，这些机构近期在股指期货市场的套保交易符合规则，没有所谓的大幅做空行为，7 月 3 日中国证监会表示将相应减少发行家数、筹资金额。基于一系列的救市措施，我国股市在重大风险爆发后快速恢复稳定。

四、防范重大风险爆发的措施

（一）协同监管规范杠杆融资发展

杠杆资金如同一把“双刃剑”，放大收益的同时也放大风险，因此对于杠杆资金的来源、投资者的甄别、风险控制必须有更加审慎严格的监管措施。一是加强对配资资金的风险管理。未来应对诸如保本理财等低风险资金入市加强监管，降低杠杆率和入市比例，防止风险的扩散。二是提高融资交易门槛，对投资者的风险承受能力进行严格甄别。未来应对相关系统进行规范，对合格的投资者进行更好的甄别。三是强化“一行三会”的协同监管，合力保证金融市场平稳健康运行。在金融市场一体化的大背景下，杠杆资金入市涉及证券、银行、信托、基金等多类金融机构，前期证监会在对场外配资进行规范时，由于缺乏中国银监会、央行的协同配合，使监管效果不理想，杠杆资金入市不但没有减少，反而加速上升。未来须通过“一行三会”协同，以达到更有效的监管效果。

（二）加强证券市场的立法和执法

20 世纪 20 年代美国股市泡沫的生成与当时美国的证券监管法规不健全、当局对违规操纵市场、哄抬股价的行为执法不力有直接关系。对我国而言，完善相关法规和制度建设、严格对违规者的执法是防治股市泡沫的一个必然要求。一是建立完备的证券法律法规体系和监管体制，完善信息披露机制，打击坐庄、内幕交易等不法行为。二是大力发展机构投资者，引导市场进行价值投资。三是政府应减少对投资者预期的干扰，不应对股价涨跌进行明示或暗示。四是推进 IPO 注册制改革，充分市场自身供求调节机制同时，股市的市值占 GDP 的比例应予以控制在一定阈值。

（三）干预市场创新需要符合国情

我国 2016 年初的股市重大风险爆发的诱因是多重的，但熔断机制却是首当其冲。特别是我国在有涨停板的背景下再出台熔断机制，同时设置了 5% 和 7% 两个间隔过小的阈值，很容易形成磁吸效应，如果下跌 3% 则很快会到 5%，暂停交易；恢复交易后，会更快的突破 7% 直接休市。一些专家学者也对新推出的熔断机制提出批评，认为这一制度创新是导致我国 2016 年初股市重大风险爆发的罪魁祸首。因此在股指急涨急跌时不应照搬国外的应急措施。

（四）厘清政府与市场的边界

对可能引发系统性金融风险的金融机构实施救助，以维持经济金融稳定，是发达经济体应对危机的普遍做法，但救助的弊端是容易引发道德风险，从而破坏市场纪律。因此股市重大风险爆发时，需要正确把握救市的时机，只有发生系统性金融风险时才考虑救市。救市应该在法律和制度框架内进行，而且宜将救助范围限制在两类机构，即有系统性影响的金融机构和有偿付能力但遭遇流动性风险的金融机构。

参考文献

［1］曹祥迁．美日两国股市泡沫研究［D］．长春：吉林大学，2008.

［2］陈胜荣，孙绍荣．投资行为的扩散机理及扩散模式研究［J］．工业技术经济，2006（9）：132－135.

［3］冯磊东．我国股票市场风险预警及实证研究［D］．重庆：重庆工商大学，2006.

［4］付强．基于支持向量机的后股改时代中国股市风险预警研究［D］．成都：成都理工大学，2014.

［5］黄凤．我国股市系统风险避险对策研究［D］．西安：西安理工大学，2004.

［6］李政．融资交易、杠杆牛市与股灾危机［J］．统计研究，2016（11）：42－48.

［7］梁宇峰．控制股市泡沫与货币政策目标［J］．证券市场导报，2001（5）：53－57.

［8］林振宇．股市泡沫成因及影响研究［D］．广州：华南师范大学，2003.

［9］刘洪光．我国股票市场风险及其规避方法研究［D］．大连：大连理工大学，2001.

［10］孟科学．股票市场泡沫的影响因素与形成机理研究［D］．成都：西南财经大学，2010.

［11］任泽平，宋双杰．“6·15”后的救市退出与制度改革：经验与启示［J］．中国投资，2015（9）：34－41.

［12］王军．股指期货限制性措施对期现货价格关系的影响研究——中美日实施股指期货限制性措施及其效果比较［J］．价格理论与实践，2016（9）：115－119.

［13］武亚兰．日美股市泡沫时期货币政策比较研究［D］．保定：河北大学，2009.

［14］肖朝胜．股市危机预警系统研究［D］．成都：西南交通大学，2006.

［15］荀玉根，刘瑞，张华恩．慎对杠杆——2015年股灾反思［J］．公司金融研究，2016（12）：153－174.

［16］张长起．中国股票市场风险及其防范研究［D］．上海：复旦大学，2004.

［17］张琦．中国股票价格泡沫形成原因分析及其风险控制［D］．上海：华东师范大学，2008.

［18］张媛媛．从股灾透视中国股市监管存在的问题［J］．当代经济，2016（29）：33－35.

［19］张越．全流通条件下中国股市风险研究［D］．南京：南京农业大学，2009.

［20］赵丰义．中国股票市场的波动性及其防范研究［D］．沈阳：辽宁大学，2007.

［21］赵浩杰．从股灾中看熔断机制［J］．经营管理者，2016（6）：27－28.

［22］朱佳．论美国三十年代股灾的原因及影响［D］．合肥：安徽大学，2010.

［23］朱梦，任培政，韩骥．论1929年美国股市崩盘对中国股市的启示［J］．现代商贸工业，2009（23）：179－181.

[24] Bagella M, Becchetti L, Adriani F. Observed and Fundamental Price Earing Ratios: A Comparative Analysis of High-tech Stock Evaluation in the US and in Europe [J]. Ssrn Electronic Journal, 2005, 24 (4): 549 - 581.

[25] Barlevy G, Veronesi P. Rational Panics and Stock Market Crashes [J]. Journal of Economic Theory, 2003 (6): 234 - 263.

[26] Blanchard O J, Watson M W. Bubble, Rational Expectations and Financial Markets [R]. NBER Working Paper, No. 945, 1982.

[27] Boucher C. Stock Prices-inflation Puzzle and the Predictability of Stock Market Returns [J]. Economics Letters, 2006 (90): 205 - 212.

[28] Santoni G J. The Great Ball Markets 1924 - 1929 and 1982 - 1987: Speculative Bubbles or Economic Fundamentals [J]. Federal Reserve Bank of St Louis Review, 1987 (11): 16 - 30.

[29] Tirole J. Asset Bubbles and Overlapping Generations [J]. Econometrica, 1985 (53): 1499 - 1528.

[30] Weil P. Overlapping Families of Infinitely-lived Agents [J]. Journal of Public Economics, 1989, 38 (2): 183 - 198.

债券市场重大风险爆发、防范和应对的国际经验及启示

王　丹

内容提要　当前我国信用债券市场违约频发，信用风险持续攀升，为了防范债券市场的信用风险演化成系统性市场风险，本文分析了美国、韩国及日本发生信用债券市场危机时风险产生的原因及对国民经济的影响，梳理其风险传导机制和政府为应对危机所采取的措施，在此基础上总结了这些危机的共性特征，提炼出对我国债券市场重大风险防范的相应启示。

一、绪　　论

中共十九大报告明确指出“防范化解重大风险”是三大攻坚战之首，可见防风险对宏观经济持续健康发展具有举足轻重的作用。但随着债券市场化改革步伐加深，我国债券市场违约常态化也进一步显现，违约量呈逐年上升态势，风险逐步暴露，需要进一步梳理债券市场风险的相关机理，防止出现重大风险。

（一）相关概念

1. 债券市场

债券是一种有价证券，是社会各类经济主体为筹集资金而向债券投资者出具的、承诺按一定利率定期支付利息并到期偿还本金的债权债务凭证。债券的主要属性有：固定收益性、利率产品性、信用性、流动性、可组合及可分割性。决定债券收益率的主要因素，有债券的票面利率、期限、面值、持有时间、购买价格和出售价格。

债券市场是发行和买卖债券的场所，是金融市场的一个重要组成部分。债券市场是一国金融体系中不可或缺的部分。一个统一、成熟的债券市场可以为全社会的投资者和筹资者提供低风险的投融资工具。

我国债券市场根据发行主体的信用等级可以分为国债、地方政府债券、金融机构债券、非金融企业债券和资产支持类债券，其具体的债券名目和监管机构分类，如表1所示。

表1 债券市场分类

<table>
<tr><th colspan="2">债券种类</th><th>监管部门</th></tr>
<tr><td colspan="2">国债、地方政府债券</td><td>财政部</td></tr>
<tr><td colspan="2">中央银行债：央行票据</td><td rowspan="4">人民银行</td></tr>
<tr><td rowspan="7">金融债</td><td>政策性银行债</td></tr>
<tr><td>特种金融债</td></tr>
<tr><td>非银行金融机构债</td></tr>
<tr><td>商业银行债</td><td>人民银行、中国银监会</td></tr>
<tr><td>证券公司短期融资券</td><td rowspan="2">人民银行、中国证监会</td></tr>
<tr><td>证券公司债券</td></tr>
<tr><td colspan="2">保险公司债券</td><td>中国保监会</td></tr>
<tr><td rowspan="11">非金融机构债</td><td>企业债</td><td>国家发展改革委</td></tr>
<tr><td>中期票据</td><td rowspan="5">人民银行（非金融机构债券通过交易商协会完成注册，并实行自律管理）</td></tr>
<tr><td>短期融资券</td></tr>
<tr><td>超短期融资券</td></tr>
<tr><td>中小企业集合债券</td></tr>
<tr><td>中小企业集合票据</td></tr>
<tr><td>资产支持证券</td><td>人民银行、中国银监会或中国证监会</td></tr>
<tr><td>可转换债券</td><td rowspan="3">中国证监会</td></tr>
<tr><td>分离交易可转化债券</td></tr>
<tr><td>公司债券</td></tr>
<tr><td colspan="2">国际机构债券</td><td>人民银行、国家发展改革委、中国证监会、财政部</td></tr>
</table>

结合我国现实情况，由于国债等利率债收益率较低，风险性较小；而公司债券等信用债出现了较多的违约风险，爆发系统性风险的概率较大，因此，本文将围绕公司债券

展开分析。

2. 公司债券

公司债券即公司发行的债券。债券是一种承诺按一定利率定期支付利息和到期偿还本金的债券债务凭证，而公司债券即公司依照法定程序发行的，约定在一定时期还本付息的有价证券，是公司向债券持有人出具的债务凭证。

3. 债券市场重大风险

从经济学意义出发，风险是指投资收益的不确定性，或者与收益相关的不确定性的程度。而市场风险是一个源于金融学的概念，它特指金融市场中因股票价格、利率、汇率、商品价格等的变动而导致价值出现未预料到的潜在损失的风险。目前我国债券市场主要面临以下几种风险：

（1）信用风险，是指债务人违约带来的损失的不确定性。损失的预期和波动性越高，则信用风险就越大。其中，预期损失 = 违约概率 × 违约损失率（损失严重程度），违约概率和违约损失率都受债务人信用水平的影响。违约概率是指债务人在未来一段时间内违约的可能性，其是一个主体相关变量，大小主要由债务人的信用水平决定。违约损失率是指债务人一旦违约将给债权人造成的损失数额占债权的百分比，即损失的严重程度（违约损失率 =1 – 回收率），违约损失大小不仅受到借款人资质的影响，还受到合同的具体条款，如抵押、担保等的影响，而且具体的损失程度与信用市场对于违约理赔的法律体系的健全性和合理性相关。根据《巴塞尔新资本协议》，决定债务信用风险大小的最重要的四个因素有：风险敞口、违约概率、违约损失率以及债务期限。实务操作中，评级公司和投资者根据发行人和相关债券可能产生的预期损失进行信用分级。广义的信用风险除了包括违约风险外，也包括由信用品质的改变导致的信用债价格的变化；既体现为违约风险，也体现为估值风险，包括信用价差风险、降级风险和流动性风险。

（2）降级风险，是指由于信用等级的下降所带来的风险。当评级机构将固定收益证券的等级调低时，就会影响投资人对于该债券信用风险的评估（信用风险增加），进而反映到债券的价格上，产生债券价格下降，收益率升高的风险。

（3）信用价差风险，是指由于信用风险溢价或信用价差上升造成的风险。为了对投资者所承担的违约风险进行补偿，债券与零违约风险的基准债券之间会有一定的利差，这种利差一般被称为信用风险溢价或信用价差。而信用价差风险，即指由于信用品质的转变引起信用价差变化而导致的损失。

（4）流动性风险，是指投资人无法按合适的价格及时卖出或买进某种证券的可能性。一般来说，发达资本市场上的债券流动性高于新兴市场上的债券流动性，国债的流动性高于一般公司债券的流动性，短期债券的流动性普遍高于长期债券的流动性。流动性风险主要反映在做市商买入价与卖出价之间的价差上。流动性风险小，与固定收益证券交易场所能够吸引的投资者数量有关。流动性风险的大小，还与该种证券发行规模有很大关系。

综上几种风险的叠加将会产生债市重大风险，即在经济繁荣期生成并积累，在宏观经济环境变化与政策紧缩条件下，由于信用债违约密集爆发，收益率持续攀升，进而传导至利率债市场，带来流动性危机，扩散至整个金融市场，使各市场价格大幅波动使风险传染并集中释放，引致金融市场体系风险大规模扩散爆发，可能对实体经济带来负面影响和严重后果，并由此导致金融与经济危机。需要通过金融市场制度建设、各市场风险联控和宏观经济政策配合才有可能化解这一重大风险。

（二）理论沿革

1. “债务—通货紧缩”理论

1932年欧文·费雪在《繁荣与萧条》一书中，首次提出了“债务—通货紧缩”理论来解释大萧条，认为大萧条是由企业过度负债所导致的。他认为在萧条中，债务和通货紧缩是两个最主要的变量。其他相对次要的变量，例如，流通货币、货币流通速度、资产净值、利润、交易、商业信心、利率，只有和过度负债以及通货紧缩这两个变量或其中一个结合起来的时候，才会产生显著的影响。他做了两个关键性的假设：第一，处于均衡的经济体系受到过度负债的冲击；第二，没有其他可以影响价格水平的因素。分析的起点是：经济在某个时点处于“过度负债”的状态，债务人或债权人出于谨慎，往往会引发债务的清偿。这样就产生以下连锁反应：

债务清偿引致资产廉价出售，并且引致存款货币的收缩（因为偿付银行贷款），以及货币流通速度的下降。存款货币的收缩和货币流通速度的下降，在资产廉价出售的情形下，引起价格水平的下降，也就是货币的购买力上升。由于没有外来的“再通胀”的外生性干预，就必然有企业资产净值的更大下降，这加速了企业的破产和利润的下降。这又导致陷入营运亏损的企业去减少产出、交易和雇佣劳动。企业的亏损、破产和失业，引发悲观情绪和信心丧失，这些反过来又导致货币的窖藏行为和存款货币流通速度的更进一步下降。在以上的变化中，利率也会产生复杂的变动，即名义利率下降和真实利率上升。

2. 不完全契约理论

不完全契约理论认为，由于人们的有限理性、信息的不完全性及交易事项的不确定性，使得明晰所有的特殊权力的成本过高，拟定完全契约是不可能的，不完全契约是必然和经常存在的。在债券市场中由于信息不对称导致的不完全契约致使风险未被充分揭示，进而带来风险。

3. 金融经济周期理论

金融经济周期理论（financial business cycle theory，FBC），将金融市场因素金融冲击、金融摩擦、金融中介等嵌入动态随机一般均衡模型（DSGE）框架中，系统地研究金融周期与实体经济周期之间相互作用、相互关联的内生机制。

经济危机作为经济波动的一种极端情况，其成因、发生、发展以及传播机制是经济周期理论研究方面的重要问题。金融经济周期理论以金融因素为切入点，研究经济周期波动的原因和机制，对经济周期中各阶段的动态转换机理进行完整的阐释，研究金融市场内部波动机制与波动成因问题；研究外部因素如何影响金融系统，如何形成系统性风险，及如何进一步传导到实体经济等问题；研究实际冲击形成的经济波动与金融市场波动的关联机制等问题。伯南克和高特勒（Bernanke & Gertler，1989）开创性地在主流DSGE 框架中，外生嵌入抵押信贷约束方程，或者外生嵌入一个借贷约束不等式，试图解释金融市场因素具有传播放大波动的功能，这类研究称为“外生信贷约束机制的 FBC 理论”，主要观点是在经济繁荣时期，各方面预期良好，投资和需求不断上升，推动资产价格逐步上升，从而可供抵押的资产总值不断增加；而且在这种时期，各方面需求的不断上升还会激励政府采取逐步宽松的信贷政策，杠杆倍率逐步增大，这样可贷资金规模大大增加，由此进一步放大生产规模，形成螺旋式放大上升的综合机制；而在经济预期不好的萧条过程中，政府会降低抵押信贷系数（杠杆率），以便控制总体信贷规模，而金融市场作为经济的先期反应部门，一旦出现不好信号，会产生快速下降，从而代理人可供抵押的资产价值大大缩水，这样双重缩水也会产生巨大的综合螺旋式收缩效应。因而信贷约束的效应在正反两方面都有放大作用。

（三）研究框架

综上所述，我国目前债券市场的主要风险集中在信用债上，针对目前我国债券市场风险的特点，本文将研究的主要国家有美国、韩国和日本，因为其信用债券市场都曾爆发过重大危机，而欧债危机和拉美债务危机属于主权债务危机，与目前我国债券市场风险点有较大区别，因此不做研究。具体研究思路即梳理美国、韩国、日本信用债券市场爆发时的风险源头，对实体经济造成的严重影响和其采取的应对措施，并进一步总结其成功经验和失败教训，为我国防范债券市场信用风险爆发提供依据。研究思路如图 1 所示。

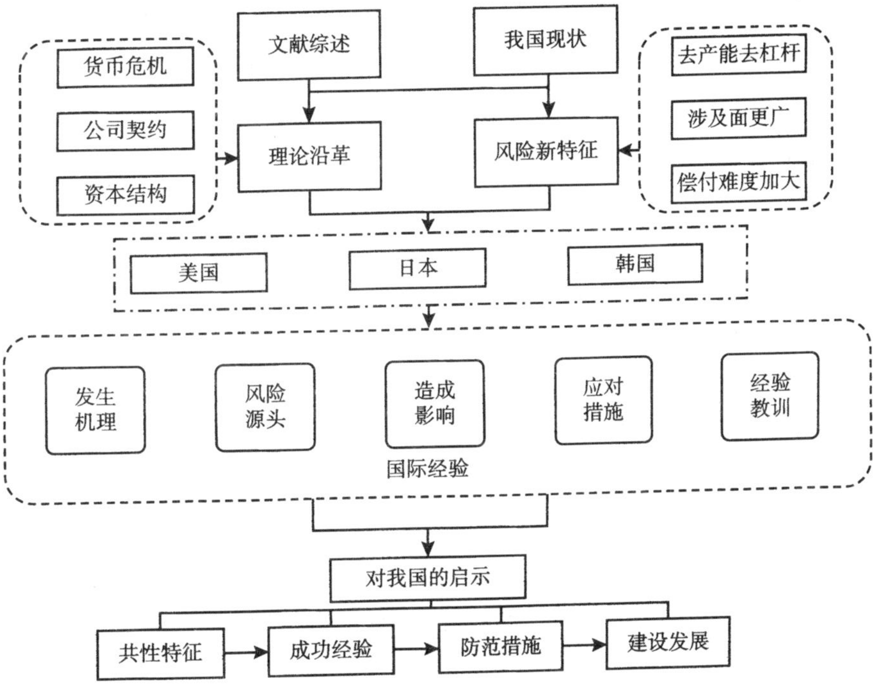

图 1　研究思路

二、美国债券市场危机

（一）债市危机的风险征兆

美国历史上发生过三次较为严重的债市危机，分别是 1991 年、2001 年和 2008 年。

1990～1991年美国经历了一次衰退，以年度实际GDP同比数据计算，1990年美国增长了1.9%，较前值3.7%几近腰斩①，1991年则出现0.1%的负增长，1992年快速恢复到3.6%的水平。如图2所示，高收益债券的违约率由上一年的4.3%急剧上升7.9%。2001年，互联网泡沫破灭，债券市场信用风险集聚，高收益债券的违约率高达10.5%。2008年，美国爆发两房危机，债券市场受到了极大的冲击。债券违约率骤升，10年期高收益债券收益率也随之上升到19.5%，与AAA级公司债利差升至1200基点，与10年期国债的利差升至17.31%，为2000年以来利差之最。行业违约方面，银行、保险、地产等行业违约率最高。数据显示，2008年和2009年金融行业违约金额高达270亿美元和293亿美元，为所有行业最高。根据标普全球固定收益报告，2008年共有55家发行机构的信用级别被从投资级降到了投机级，受到降级影响的债券总值达到2264亿美元，同比增长72%。从图2中可以看出，高收益债券市场是公司债券市场的极端化表现，是信用风险集聚的结果，在研究美国信用风险过程中，除了关注普通公司债券风险，也要分析高收益债券的情况，才能够更深入的厘清债券市场系统性风险的产生源头及传导机制。

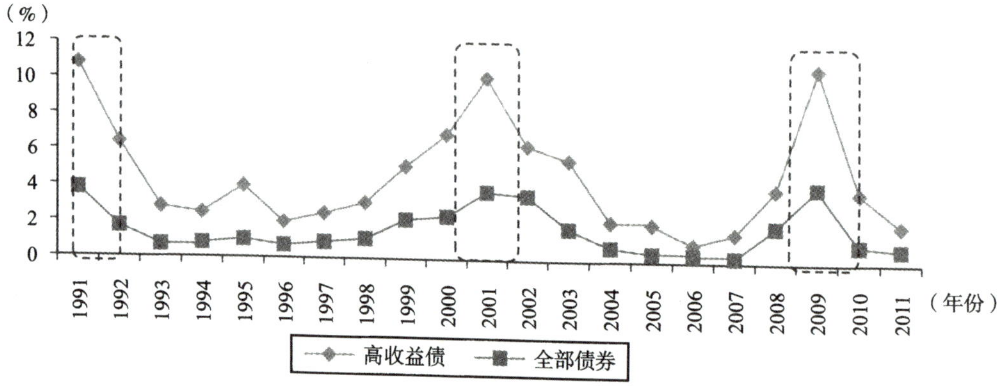

图2 1991～2011年美国高收益债券与全部债券的违约率

资料来源：贾昌杰．美国高收益债券市场发展的经验及其启示［J］．金融论坛，2012（11）。

1. 企业盈利持续恶化，银行坏账率不断攀升

1989年一季度，美国企业税后利润同比增速大幅下降至个位数，1989年二季度至1990年一季度连续四个季度录得负增长，此后转正。在经历了1990年三季度至1992年二季度的快速增长后，1992年三季度至1993年二季度，美国企业税后利润同比增速又陷入了一段时间的低速增长。在2001年的危机中，企业盈利水平同样出现了阶段性的

① Wind数据库。

恶化，1998 年美国企业盈利大幅恶化，1999 年小幅反弹之后，2000 年再次陷入恶化。而在次贷危机中，恶化情况更加明显，2002 年三季度至 2006 年三季度，美国企业税后利润连续 17 个季度录得两位数的同比增长；2006 年四季度，美国企业税后利润同比增速大幅下滑至不足 3%；如图 3 所示，2007 年一季度至 2009 年二季度，美国企业税后利润连续 10 个季度同比负增长；此后，美国企业税后利润开始实现同比正增长，仅在 2011 年的前三个季度再次出现同比负增长。

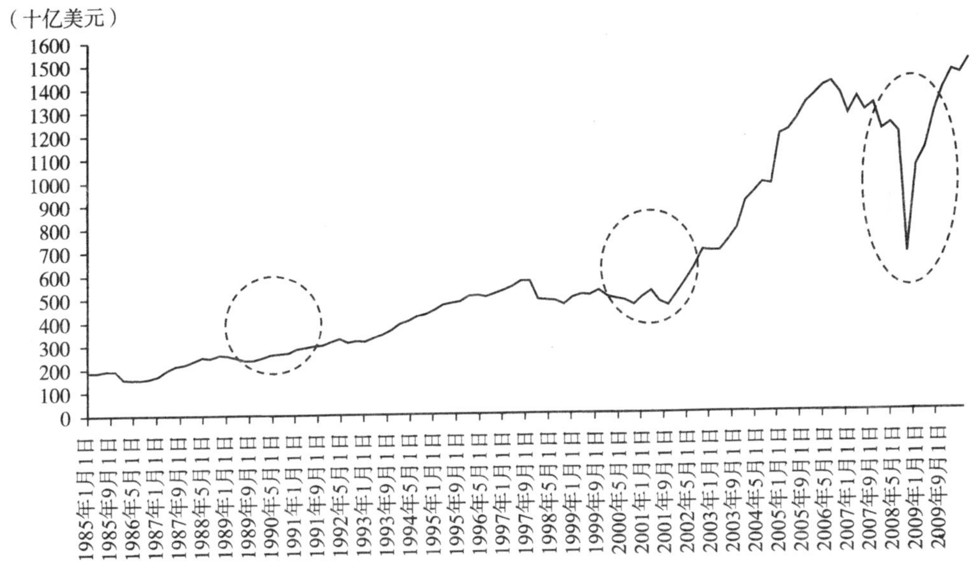

图 3　1985 ~ 2009 年美国企业税后利润

资料来源：圣路易斯联储。

美国非政府部门债务同比增速在 1989 年四季度下降至个位数，政府部门负债同比增速自 1987 年以来持续回落，总负债同比增速自 1989 年下半年开始出现明显回落。受政府部门加杠杆拉动，1991 年四季度，总负债同比增速触底。互联网危机之后，非政府部门去杠杆的过程比较漫长，2002 年三季度是该轮非政府部门负债同比增速的阶段性底部；不过在政府部门强力加杠杆的拉动下，2000 年四季度，全社会负债同比增速就达到阶段性底部了。在次贷危机中，美国总债务同比增速 2007 年三季度触顶。2007 年四季度，在非政府部门的带动下，美国总负债同比增速开始下降，2009 年四季度出现 1952 年有历史数据以来的首次同比负增长；连续四个季度同比负增长后，2010 年四季度，总债务同比增速终于转正。而非政府部门负债同比增速的负增长则从 2009 年二季度持续到2011年四季度。

相对于债务规模而言，债务质量其实更加重要。参照美国银行业坏账率来量度债务质量，数据显示，1989年一季度，美国银行业坏账率开始趋于上行，并在1991年二季度达到阶段性高点。同样，自2000一季度，美国银行业坏账率开始明显上行，并在2002年三季度达到阶段性高点。在次贷危机中，银行业坏账率变化更为明显，2006年二季度美国银行业坏账率为阶段性低点0.70%，此后开始上升，2007年开始，上升速度明显加快，2010年一季度达到5.64%的阶段性高点。

2. 信用利差持续走扩，信用风险导致流动性紧张

信用利差方面，分析美国高收益债与10年期国债的利差，其他信用利差指标与其走势基本一致。由图4可以看出，历次危机中，信用利差都出现了较为明显的上升趋势，且利差上行与10年期国债收益率下降相伴出现，1989年2月24日，信用利差为4.46%，此后振荡上行至1991年2月底，阶段性高点超过12%。就互联网泡沫而言，信用利差上行与10年期国债收益率下降相伴出现，2000年1月3日，信用利差为5.02%，此后振荡上行至2002年10月11日的阶段性高点10.44%。就互联网泡沫而言，信用利差上行与10年期国债收益率下降相伴出现，2000年1月3日，信用利差为5.02%，此后振荡上行至2002年10月11日的阶段性高点10.44%。次贷危机中，美国高收益债与10年期国债的信用利差开始加速上行，2007年6月12日低点为2.52%，2008年12月16日高点为20.55%。

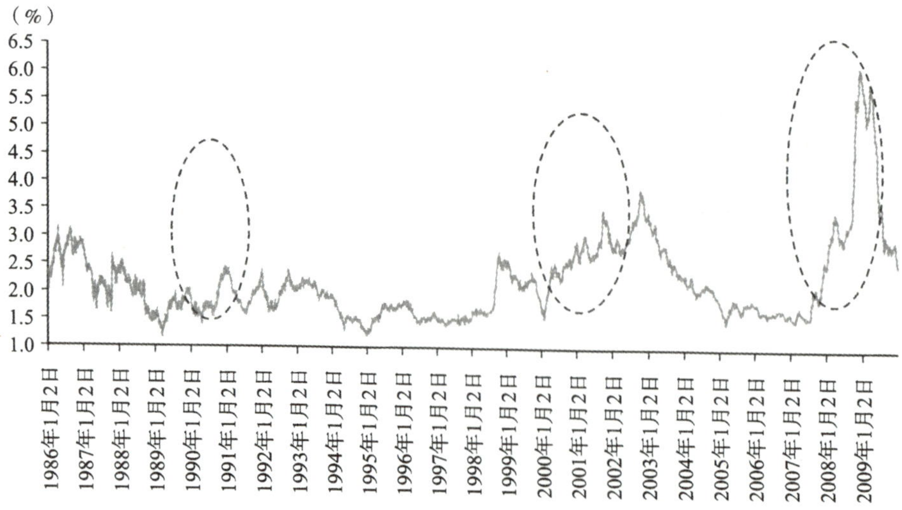

图4 1986~2009年美国高收益债券与10年期国债信用利差

资料来源：Wind数据库。

处于危机阶段时，信用风险的扩散会造成流动性紧张，从而带动利率债收益率不断上行。从 10 年期国债收益率可以看出 1989 年 3 月 20 日，美国 10 年期国债收益率触及阶段性高点 9.53%，此后开始回落，1993 年 10 月 15 日达到本轮底部 5.19%。1 年期国债方面，危机前的高点是 1989 年 3 月 21 日的 9.85%，危机后的低点是 1992 年 10 月 1 日的 2.96%。互联网泡沫破裂前，美国 10 年期国债收益率的高点是 2000 年 1 月 20 日的 6.79%，此后开始回落，2003 年 6 月 13 日达到本轮底部 3.13%。1 年期国债方面，互联网泡沫破裂前的高点是 2000 年 5 月 12 日的 6.44%，互联网泡沫破裂后的低点是 2003 年 6 月 19 日的 0.88%。2000 年 12 月至 2001 年 12 月，期限利差持续快速走扩，此后伴随降息又有小幅走扩，2003 年 8 月 13 日达到阶段性高点 3.27%。次贷危机中，美国 10 年期国债收益率在 2006 年 7 月至 2007 年 6 月间构筑了一个双头顶部，2007 年 6 月 12 日达到 5.26% 的阶段性高点后开始回落，至今美国 10 年期国债收益率再也没有接近过那一水平。

3. 金融市场剧烈震荡，风险叠加产生共振效应

信用违约危机的扩散，造成了金融市场的剧烈震荡和严重损失。在 1991 年风波中，高收益债市场急速衰退，2000 年仅融资 343 亿美元。2008 年，受金融危机的冲击，高收益债券发行规模急剧萎缩，发行额仅为 430 亿美元，降幅达到 72%。庞大的债券市场违约，表现在企业债券、金融机构债券、地方政府债券，乃至国家债券，其中尤其是企业债券市场中的垃圾债券市场将遭到冲击。次贷危机后，美国 10 年期国债利率从 5.3% 跌到 4.7%。此外，反映金融市场波动程度的芝加哥期权交易所 VIX 指数也从正常的 10～12 的水平，一度急剧上升到 30。欧洲和东亚多个资本市场综合指数均在短时间内迅猛下跌，金融体系的动荡均接近甚至超过了 1997 年亚洲金融危机爆发时的程度。

4. 企业资金链断裂，再融资受阻拖累经济增长

1991 年的高收益债风波中，德崇公司申请破产，高收益债券市场由于违约率居高不下迅速陷入低迷，1990 年美国只发行了 9 只高收益债券，总额仅 13 亿美元，众多企业融资面临困境，经济增长明显放缓。

次级债危机中，债券市场资产迅速缩水，融资功能减弱，企业面临流动性危机。房地产问题又使居民消费有所萎缩，对美国经济的拉动作用迅速下降，从而拖累美国经济增长。为延缓次级债问题的蔓延和爆发，美联储降息，美国国际收支对资本内流的依赖也会加深，再加上次级债通过居民消费滑坡拖累美国经济，最终加速了美元的疲软。次

级债危机不仅使包括以对冲基金为主的美国富裕群体的财富缩水，也使投资次级债的美国养老、医疗、保险等基金面临较大挑战，一些受损较为严重的州政府已经通过大规模提高交通违章罚款来作为应急措施。综合来看，当时美国经济面临巨大的调整压力。

（二）债市危机的风险源头与催化剂

1. 经济下行周期隐性风险暴露

宏观实体经济出现衰退，首先受到重创的就是企业债券市场。国民经济低迷的走势将会使企业的盈利水平下降。而信用债券发行主体偿债能力的高低很大程度上又依赖于企业的盈利水平。因此发债主体自然会缺乏充分的现金流来偿还投资者的本息，从而导致违约情况出现。高收益债券市场的数据更能说明这一情况，美国历次高收益债风波都发生在经济下行周期。

根据标准普尔的统计，1981～2011 年期间，高收益债券的平均违约率为 4.39%，违约率的中位数为 3.64%，最低违约年份的违约率为 0.63%，发生在 1981 年，最高违约年份的违约率为 11.19%，发生在次贷危机爆发之后的 2009 年。

高收益必然伴随高风险，从高收益债券的发行主体的构成可以看出，隐藏着诸多风险。高收益债券的发债主体以中小企业和信用评级较低的公司为主。根据公司所处的发展阶段、财务状况和发债用途，主要可以分为以下几类：

（1）成长型公司，公司处于快速成长阶段，但由于设立时间较短，公司营业规模、历史和财务状况尚未达到获得投资级评级的标准。此类公司有可能通过高收益债券市场获得宝贵的种子资本，在成功进入股票市场 IPO 之前，先进入资本市场获得发展机会。

（2）衰退期公司，此类公司曾获得过投资级的评级，但因经营困境而被降低了信用评级，后续经营改善后，有可能重新获得投资级评级。

（3）高负债公司，公司的规模和收入属于蓝筹股的范围，但负债水平较高，评级公司给予其债券投机级的评级。此类公司通常通过发行高收益债券来进行债务再融资，以高利率来偿还银行债务、回购债券、债务合并或资本融资以抵御恶意收购。

（4）用于杠杆收购的特殊目的公司，杠杆收购公司或上市公司的管理层通过设立特殊目的公司并发行高收益债券获得资本，用于收购目标上市公司的股权。

2. “旁氏骗局”引致金融过度交易

在次贷危机背景下存在同样风险逐级积累的情况，金融三级创新链条引发五层主体风险逐级积累，从而爆发系统性风险。

美联储为刺激经济持续采用宽松的货币政策致使流动性泛滥，次级债券高风险运行，埋下隐患。从美国次级贷款运作链条中可以看出，整个链条涉及五大市场主体：作为次级抵押贷款者的普通居民、以商业银行为主的次级抵押贷款公司、金融产品创新的投资银行、信用等级标准的评级机构和衍生金融产品的购买者。每一风险主体都在次贷危机的连锁效应中加剧了次贷危机的风险积累。详见图5。

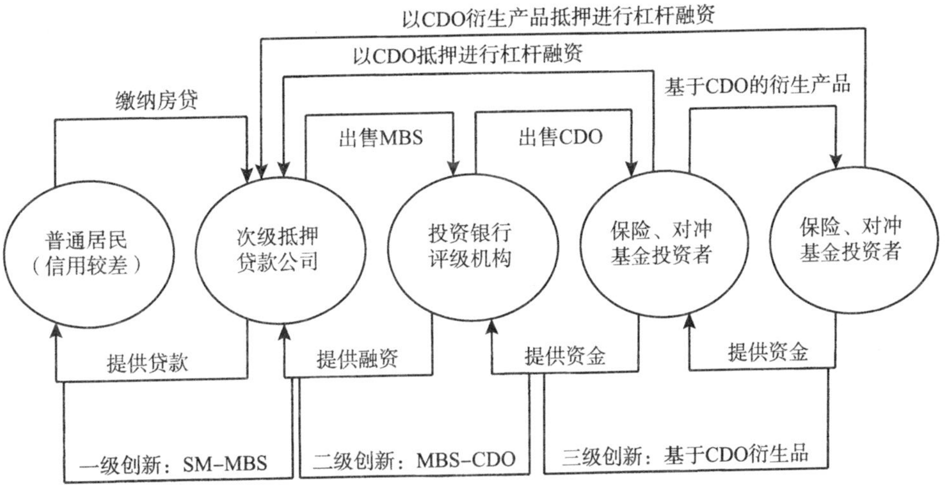

图5　美国次贷危机风险传导机制

3. 金融市场高杠杆运行导致资产泡沫破裂

发行高收益债券利润丰厚，各证券公司纷纷加入这一市场，由最初的德崇公司发展到美林、所罗门兄弟等众多公司，竞争日益激烈。于是，证券发行和交易的标准不断降低，审核及监管相对放松，高收益债券成为金融市场的重要融资工具，但繁荣的背后隐藏着危机，很多以高收益债券为工具的杠杆收购，本身并没有太多实质性价值，带有极大的投机性质，埋下的祸根最终酿成危机。

在次贷危机中也同样暴露出金融市场评级问题。所有的次级贷款债券中，大约有75%得到了AAA的评级，10%得了AA，另外8%得了A，仅有7%被评为BBB或更低。实际情况是，2006年第四季度次级贷款违约率达到了14.44%，2007年第一季度更是增加到15.75%。金融监管的不完善，导致金融体系始终高杠杆运行，不断地催生市场泡沫，由于信息不对称，债券持有人受高利益吸引，并未获得充分的风险揭示，最终导致债券市场的泡沫破裂，酿成危机。

（三）美国债券危机处理方式

1. 加强风险隔离及信息披露

1991年高收益债风波后，增加的限制性条款包括：第一，限制债务人的额外负债与现金支付，包括新增各类负债，维持净资产、保持财务比率在一定水平，禁止违反规定对外提供担保或担保承诺等；第二，约束债务人的重大资产重组行为，包括转移核心资产、合并分立、资产证券化、融资租赁行为等；第三，约束债务人的股权投资、分红等行为，包括收购子公司股份、支付股息、回购股份等；第四，约束债务人的重大投资、资本性支出等行为，如超过净资产10%以上的重大投资、进入未经同意的新业务领域等；第五，限制关联交易，包括公司实际控制人及下属子公司的交易价格、资金用途、现金支付等行为的约束。在发债主体违反上述约定的情况下，债券持有人有权要求发债主体采取补救措施，或召开债券持有人大会，严重时可能引发债券立即进入清偿程序。

次贷危机背景下美国证券交易委员会（SEC）对重点债券的信息披露及监控作出了专门规定。2008年12月在美国证券交易委员会通过加强企业债券发行评级监管的一系列措施中明确提到：投资者理应对市场中存在的风险、投资品种的真实信息和市场交易有知情权。要注重投资者的权利保护，加强对有次级债务背景的高收益债券产品的信用评级标准的规范性、信息披露的透明度和程序进行监督。在上述证券法律框架下，SEC制定了多项表格以直接对监管对象的信息披露进行规范。

（1）S－X与S－K规则。SEC采用统一监管制度对所有类型证券市场进行监管，其最重要的两项信息披露规则分别是规范发行企业财务信息披露的S－X规则和规范发行企业非财务信息披露的S－K规则。S－X与S－K规则内容十分翔实，不仅涵盖了财务信息披露与非财务信息披露的全部内容，并且对每一内容板块都进行了细致的描述，具有很强的操作性。

（2）SEC注册表格。除S－X、S－K及其他同层次规则外，SEC还针对不同证券种类制定了各种表格，规定证券发行企业在信息披露时须选择和填写特定表格，并按照信息披露规则的详细规定填写表格，以此规范披露信息格式。SEC 对注册表格的编制根据发行阶段信息披露和存续期信息披露划分为两种类型，分别归属于《证券法》与《证券交易法》框架下。以《证券法》为例，其下属表格包括 F 系列、S 系列等其他表格，其中 F 系列主要填写发行企业信息，S 系列及其他表格主要填写投资者信息。对于表格的具体内容，以表格 F 为例，发行企业需根据《证券法》及 S－X、S－K 规则的相关规定以规范格式填写以下信息：发行企业注册信息、募集说明书要求信息、非募集说明书要求信息、发行企业及相关责任人签字。

2. 破产及债务重组措施缓解信用风险

首先进行破产清算，用清算得到的资金偿还债务。其次实施了债务重组方案，主要包含以下四种方式：

（1）银行债务重组。银行债务重组一般是指银行放松对公司的财务限制，例如，延长本金或利息的支付。拥有抵押品的银行一般更愿意放松对债务人的限制，因为他们在破产的情况下可以得到很好的保护。也有一些银行在公司陷入财务危机时会选择通过加速本金和利息的偿还、减少信用额度、增加抵押品的方式加紧对公司的财务限制。

（2）公众债务重组。公众债务重组一般是指发债主体公司对债权人提供一个交换要约，用现金或者公司股票交换债权人手中的债券。在实际的操作中，公众债务重组这种方式得到了最广泛的应用。进行公共债务重组不但可以减轻发行人的债务负担，同时也可以最大限度地降低高收益债券持有人的损失。因为进行公众债务重组可以避开破产重组法下的债务优先权限制，为所有债权人提供一个更灵活的债务清偿方案。

（3）资产处置。资产处置也是陷入财务危机的公司提高流动性、避免破产的一个好选择。

（4）缩减资本开支。大多数陷入破产危机的公司会大量缩减资本性开支来缓解财务上的压力。

值得注意的是，并不是所有选择债务重组的公司都能够走出破产危机。相反地，有很多公司最终走向了清算。

3. 持续量化宽松政策为市场注入流动性

次贷危机爆发后，美国开始了长期的量化宽松政策为市场注入流动性。

（1）美联储通过降息为市场注入流动性。从 2007 年 8 月 17 日到 2008 年 10 月 9 日，美联储连续 9 次降息，其中 2 次降低窗口贴现利率共计 75 个基点，至 2008 年 10 月

8 日，利率已降至1%。

（2）通过救市计划缓解市场流动性危机。2008 年 10 月 2 日，美国 7000 亿美元救市计划获批，并最终追加到 8500 亿美元，其中减税部分高达 3000 亿 ~3250 亿美元。

（3）美联储通过购买美国国债提高市场的流动性水平。2009 年 3 月 18 日，美联储宣布将收购至多 3000 亿美元美国国债和 7500 亿美元抵押贷款支持证券。第二轮量化宽松政策从 2010 年 11 月 4 日开始，美联储宣布到 2011 年 6 月将购买 6000 亿美元美国长期国债，以进一步刺激美国经济复苏。

三、韩国大宇债务危机

（一）债市危机的风险征兆

1. 信用“寒潮”带来流动性危机

由于 1997 年金融危机后商业部门需要通过公司债券筹集更多资金，韩国公司债券市场在 1998 年出现短暂的繁荣，随后，于 1999 年 6 月以大宇集团破产为导火索发生了根本性逆转，投资信托公司持有的大量大宇集团债券被拒绝承兑。由于韩国公司债券主要以 3 年期以及更短期限为主，导致 1997 年以及 1998 年下半年发行的相当一部分公司债券于 2000 年下半年到期。大宇集团的破产已经造成了债券市场的流动性风险，投资信托公司出现严重的流动性危机，投资者风险偏好收紧。而有关公司采取发新换旧的措施，新发行的公司债券受到冷遇，公司债券市场的融资条件迅速恶化，最终酿成债券市场的系统性危机。

投资者对以投资信托公司持有资产的稳健性产生了担忧，资金大规模从投资信托公司撤离，使公司债券收益率不断上涨，资金损失不断扩大，进而引发资金的新一轮大规模撤离。

2. “借旧还新”受阻致使实体经济遭受沉重打击

由于大宇危机使债券市场的投资者产生风险规避及消极的市场预期，投资态度较为谨慎，造成了企业融资困难。一些公司采取借旧还新的操作后，新发行的债券遭受冷遇，公司债券市场融资条件迅速恶化，尤其是信用评级较低的企业通过发行新债券来偿还到期的公司债券开始变得极为困难。债券市场发行额大幅度萎缩（见表2）。企业融资困难必然对实体经济造成严重的冲击。

表2　　韩国1999～2002年公司债券发行和回购额　　单位：10亿韩元

项目	1999年	2000年	2001年	2002年
发行	26312	17619	32390	18960
回购	30407	33427	31458	20479
净增加值	-4095	-15808	932	-1519

资料来源：韩国金融投资协会。

（二）债券危机爆发的原因

1. 债券结构失衡导致偿付周期集中

韩国公司债券中，3年期公司债券占据了债券市场的主导地位，整个20世纪90年代，超过90%的公司债券是3年期的。导致1997年以及1998年下半年发行的相当大一部分公司债券于2000年下半年到期，继而导致企业滚动发行公司债券的需求大幅增加。与之对应的是，由于大宇集团破产以及投资信托公司出现流动性问题，使得投资者变得谨慎起来。因此，借新还旧的操作无法达到预期效果，债券市场融资开始出现风险，尤其是信用评级较低的企业遇到严重的融资困难，导致投资者追求更具价值的高质量债券。大量公司陷入困境，甚至破产倒闭，从而引发了系统性的债券市场风险。

从表3中可以看出，4年期以下的短期债券在韩国债券市场中一直占据主导地位，并且呈现逐年上升的趋势。1997年，短期债券比例高达97.22%，短期债券主导的证券市场容易出现兑付危机，在兑付周期内流动性风险会加大，进而造成违约风险。

表 3　　韩国 1991 ~ 1997 年公司债券期限结构

年份	4 年以下		4 ~ 5 年		5 年以上	
	金额（百万韩元）	占比（%）	金额（百万韩元）	占比（%）	金额（百万韩元）	占比（%）
1991	11899505	93. 57	438172	3. 45	11899505	2. 99
1992	9756200	87. 46	540820	4. 85	9756200	7. 69
1993	14029264	89. 93	778700	4. 99	14029264	5. 08
1994	18629560	92. 91	338600	1. 69	18629560	5. 40
1995	22169230	93. 94	50000	0. 21	22169230	5. 84
1996	28767914	96. 20	70000	0. 23	28767914	3. 57
1997	33366821	97. 22	27000	0. 08	33366821	2. 70

资料来源：韩国金融投资协会。

2. 依赖担保难以真正揭示风险

由于信息不透明，金融机构所提供的债券担保成为公司债券获取投资者信任的主要依据。与依赖公司信用等级进行投资相比，投资者更倾向于根据担保情况来选择他们的投资。因此，公司债券市场的债券价格并不能反映发行者的信用等级。除此之外，在同一地区金融机构的担保费用差异较小，即使不同地区不同的金融机构之间差异也微乎其微。韩国金融服务委员会的统计数据显示，1995 ~ 1997 年，韩国担保债券的发行额分别为 16. 47 万亿韩元、27. 38 万亿韩元、29. 19 万亿韩元，而无担保债券仅有 7. 13 万亿韩元、2. 53 万亿韩元和 5. 13 万亿韩元，担保债券占绝对优势。

3. 担保迅速缩减加快危机爆发

韩国债券市场在亚洲金融危机后得以扩容，但与此同时，以往惯于全覆盖的金融机构担保人却在退缩，担保债券数量迅速下降，到 2002 年几乎消失。究其原因，一是这些担保人因自身受金融危机殃及而力有不逮，担保意愿降低；二是政府为降低银行系统性风险限制甚至禁止银行向企业提供担保。除了新增债券的担保比例急速下降之外，已发债券之上的既有担保对风险的消化能力也十分堪忧。长期以来在对大财阀不易倒闭的病态认识下市场整体风险意识迟钝，不仅投资人失去对风险的警觉，作为担保人的金融机构也将担保视为增加收入的最简单途径而盲目地过度使用，债券担保保险体系缺乏基于有效数据库和精密的风险统计管理技术基础，最终造成担保数量远远超过担保能力。因而当风险积聚到一定程度而爆发时，担保已难以发挥其风险转移功能。

（三）韩国治理债券市场危机措施

1. 通过资产证券化的形式进行债券重组

韩国引入了“韩国发展银行快速承销计划”（The Korea Development Bank Prompt Underwriting Scheme），并于2001年1月开始启动，持续运转了1年时间，通过这个计划发行的公司债券达到2.6万亿韩元。

韩国发展银行的职责是购买无法在2001年债务到期时延期的问题公司所发行的80%的1年期债券。韩国发展银行以这些债券为资产池进行证券化处理。首先，将资产分为两部分，其中占资产池70%比重的高等级部分被出售给投资者，而其余的30%部分由贷款银行、发行人和韩国发展银行认购；其次，通过韩国信用担保基金（KCGF）担保的信用支持来保证资产池现金流的安全性。

2. 提高债券市场资产管理的透明度

为了恢复投资者对投资信托公司的信心，韩国政府采取了一系列措施来提高投资信托公司资产管理的透明度，包括清理投资信托公司持有的不良资产以及强制实施逐日盯市的会计准则。为了清理投资信托公司持有的不良资产，2000年1月，韩国资产管理公司KAMCO以面值的34.7%接手了投资信托公司持有的18.5万亿韩元无担保大宇票据。与之相配套，韩国政府还调整了个人投资者和非金融投资者兑付大宇票据的兑付比率。而且，政府给予投资信托公司产品更多的税收优惠。

3. 通过资产证券化恢复市场信心

政府严格执行结构改革，包括用7.7万亿韩元的公共基金对投资信托公司重新资本化，并允许投资信托公司所持有的不良资产全部被证券化，打包成担保债券凭证。通过上述措施，公司债券市场的融资状况得到明显提升，2001年下半年金融复苏阶段逐步出现乐观预期，韩国企业的现金流也逐步出现好转。

四、日本债券市场信用风波

（一）债市风波的风险征兆

1. 政府刚性“兜底”埋下风险隐患

日本债市零违约现象的成因与我国债市现状有诸多相似之处。20 世纪七八十年代，日本采取适债基准制度，将债券发行人限制在优良企业中，加之当时日本经济高速增长，大部分企业盈利能力较强，债市风险较低。

此外，当时日本银行体系兜底意愿强烈。基于政府对企业的扶助倾向及对共同利益的维护，每当出现违约苗头时，主银行就会从其他债券持有人手中购回债券，进行兜底。与之类似，我国债市各市场主体之间存在复杂的利益博弈，政府出于维持当地经济社会稳定或政绩的考虑进行兜底，而大多由国有银行担任的承销商出于声誉考虑或经政府授意，既有救助意愿也有救助能力。

2. 金融自由化撬动风险神经

1993 年后，日本开始出现债券违约事件。受金融自由化、国际化冲击，日本政府管制经济的思想逐渐松动。自 20 世纪 90 年代初开始，日本逐步废除企业债券托管制度及适债基准制度。随后，日本债市开始活跃，规模显著扩张，发债主体多元化，风险中枢也随之下移。而房地产泡沫的破灭使作为兜底方的银行体系自身难保，与企业的债权股权关系渐渐松动，对企业的救助能力及救助意愿都随之下降。继 1993 年出现首例违约后，日本又陆续发生了数起违约事件，但并未引发大规模风险爆发，更未出现经济波动或社会动荡，反而引发了投资者对风险的重视和理性思考，使日本债市走上了市场化的良性发展轨道。

（二）日本债券市场危机显现的原因

1. 债券发行人多元化扩容以及外部经济环境的恶化

日本受金融自由化、国际化冲击，政府管制经济的思想逐渐松动，为改变国内债市空心化局面，其自20世纪90年代初逐步废除企业债券托管制度及适债基准制度。在此背景下日本债券市场开始活跃，规模显著扩张，发债主体多元化后风险中枢逐步下移。

2. 主银行制度削弱导致市场原有的风险消化能力降低

日本经济自20世纪90年代房地产泡沫破灭后陷入长期萧条，作为兜底方的银行体系也因出现巨额不良债权而自身难保，兜底能力变弱。更重要的是，银行的兜底意愿也在弱化，一方面，日本政府逐渐放弃“护送舰队方式”的金融保护行政政策，对主银行的救助意愿降低，进而导致主银行在救助相应企业时也会更加考虑风险；另一方面，由于企业对主银行贷款的依赖性因企业资金需求的减缓及证券市场作为企业融资渠道的拓宽而有所降低，银行因监管当局为整肃金融体系要求降低权益性投资而开始转让对企业的股权，进而导致银企间人际关系不再那么密切，这些变化都使得银企间的债权与股权联系逐渐疏离，动摇了主银行制度的基础、削弱了主银行对企业的监督力量。

总的来说，日本债券市场违约局面的转变有内部金融体制变化和外部宏观经济环境恶化两方面的推动。由于在外部经济环境出现恶化前，日本政府已经主动对债券市场进行自由化改革，不论是发债主体的多元化扩容还是主银行在担保方面的退出，其行为所体现的市场选择性更多一些，因而其债券市场的危机并未四处蔓延。因此，可以说日本债市零违约的转变显得略主动且可控些。

（三）日本对公司债券违约的处理

1. 逐步打破刚性兑付机制，形成现代公司债券市场机制

日本在违约事件频出后，高度重视债券市场风险，并通过金融自由化改革，逐步形成了现代公司债券市场机制。随着公司债券零违约的破局，日本以银行为主导的金融系

统在经济发展中带来的问题越来越严重。当时日本根深蒂固的主银行制度促成银行对违约债券进行兜底的意愿充足致使证券市场不能长期健康发展。

日本长期奉行政府主导经济，尤其第二次世界大战后为追赶发达经济体，政府借助以银行为主的金融体系实现了对经济目标和资源分配的有力调控，其中一个重要的工具就是主银行制度。主银行往往是其对应主客户发行债券的担保人。根据 1993 年的一项数据统计，日本银行对外提供的债券担保中，有 60% 以上是主银行为其主客户所作担保；而企业发债时的第三方担保人，70% 以上都由其主银行担任。主银行也往往是其对应主客户企业的担保物托管公司。当时日本的《担保债券托管法》和《商业法》规定的企业债券受托制度，企业发行债券时须指定其主银行作为担保物托管公司，负责监管债券抵押物，开展债券发行相关工作，组织债券持有人会议等事务。主银行还持有主客户企业所发行的债券，甚至成为其最大的债券持有人。当债券发行企业出现违约苗头时，主银行基于政府的扶持倾向和共同利益的维护往往会从其他债券持有人手中购回债券，即使法律并没有明文规定这一义务。据统计，1945 ~ 1990 年期间日本债市共发生 11 例违约事件，其中 9 例债券设有抵押物或银行担保，最后均由受托银行购回。1993 年，《商业法》重新修订，废止了公司债券发行限额制度，尤其重要的是废止了“公司债券托管制度”。由此，刚性兑付机制被完全打破。

2. 健全信用评级制度，实现公司债券自由化

随后，债券市场的准入监管也进行了改革。1993 年，定期存款利率和流动性利率实现了自由化。1994 年，日本利率完全自由化，同时也标志着日本金融自由化的基本完成。1996 年，“适债基准”被取消，只要债券能够被销售，所有公司都可以发行债券，发行利率根据发行人的财务状况来确定。“适债基准”的取消，扩大了债券发行人的范围，引起日本公司债券市场的重大改变。标志着政府对国内债券市场准入监管的终结，日本现代债券市场形成，公司债券完全实现自由化。

总之，1993 年出现首例违约后，又陆续发生了数起违约事件，但并未引发大规模风险爆发，更未出现经济波动或社会动荡。反而引发了投资者对风险的重视和理性思考，认为违约是债券市场的正常现象，只要有合理的应对处置机制来避免系统性风险，违约事件的发生反而会在一定程度上促进债市的进一步发展和成熟。日本债市也正式走出了零违约的迷雾，走上了市场化的良性发展轨道。

3. 改善融资结构缓解信用风波

债市风波爆发以后，日本政府通过培育债市的良性运行环境，逐步改善了企业的融资结构，进而缓解了信用风波。由于企业具有降低融资成本及改变融资结构的需要，同时银行在放贷上趋于谨慎，大量具有债券发行能力的企业逐渐降低了对银行的依赖，采取发行公司债券的直接融资方式筹集资金，促进了公司债券市场的大力发展。从图 6 和图 7 中数据可以看出，债市风波后，公司债融资不减反增，而银行贷款总额则呈现下降趋势。

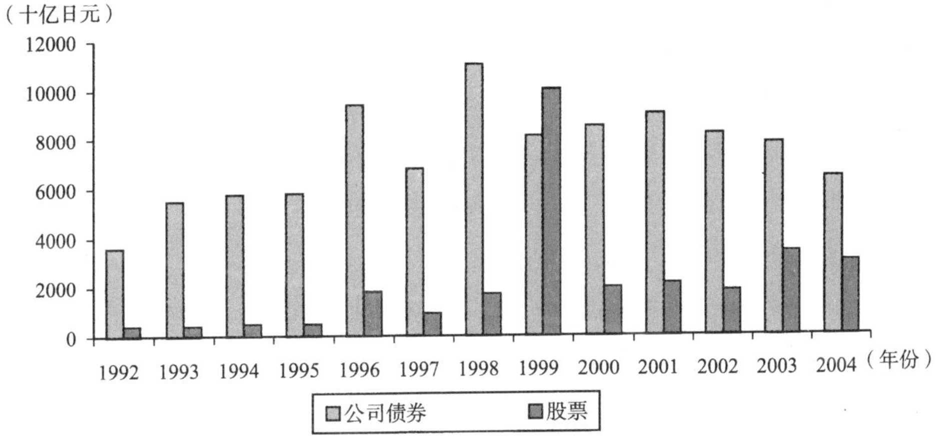

图 6 1992～2004 年日本公司债券和股票融资额

资料来源：Wind 数据库。

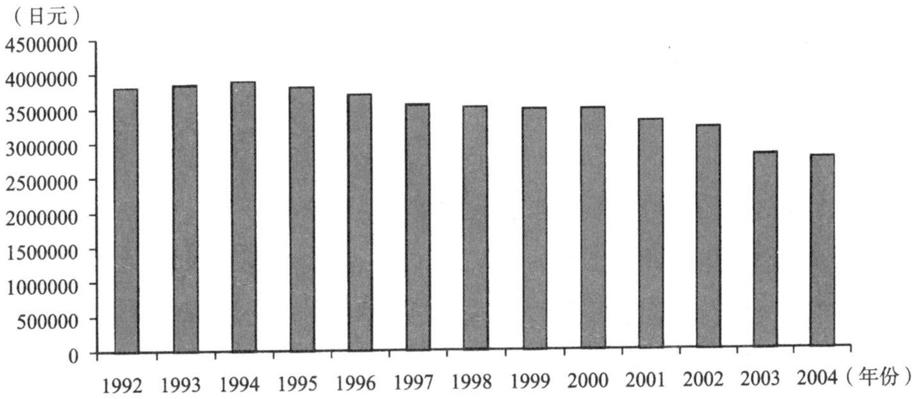

图 7 1992～2004 年日本银行贷款总额

注：银行贷款总额扣除个人、地方政府以及国外贷款。

资料来源：Wind 数据库。

五、债券市场危机的国际经验与我国的对比分析

（一）经济下行通道触动市场风险点，信用违约连环爆发

通过回顾美国、韩国和日本的债券市场危机爆发历程，发现大规模的债市危机都爆发在经济衰退周期。这与我国经济处于下行周期的宏观背景非常相似，因此，要防范经济增速放缓带来的债市风险。

从2012年开始，公司主体信用评级下调数量迅速增加，山东海龙事件成为近年来我国债券市场首例发行人主体违约事件。2014年，信用风险事件发酵，上海超日事件开启了我国债券市场首次公开、正式的债券违约事件。再到2015年信用违约风险快速上升，保定天威事件掀开了央企违约大幕。2016年共56只债券违约，违约金额高达393.77亿元。且2016年四季度，多起超10亿元信用债连环交叉违约。2018年违约寒潮再次袭来，违约的债券激增至124只，违约金额飙升至1205.61亿元。

总体来看，信用债市场的兑付压力和再融资风险较大，而经济下行压力加大等因素影响，面临更大的再融资和流动性风险。为防止系统性风险的爆发，需要吸取美国的教训：在经济下行周期仍不断使用金融杠杆，催生债市泡沫，并且不当使用信用缓释工具，造成了风险的逐级累积的恶性循环。

（二）债券市场信用评级披露滞后，风险隐患不容忽视

各国债券市场危机的爆发都暴露出金融监管的严重问题。美国次贷危机中，评级机构和在安然事件中一样，出了问题才迅速降低次级债的评级，从2005年第四季度到2006年第四季度，标准普尔已经把大约1210亿美元的次级贷款评级予以调降，其中80%被调降到“BBB”及以下的评级，同期穆迪氏把520亿美元的次贷评级降到“BBB”及以下的评级。“Alt – A”贷款和次级债两类证券的违约率随着美国房价的大跌而急剧增加。四大评级机构从美国按揭贷款评级中获得的收益累计超过30亿美元。由于为投资银行发行的各种创新工具提供评级成为其业务的主要收入，评级公司很难对按揭贷款证券（MBS）给出中立的评级判断。韩国和日本也存在同样的问题，危机前的韩

国，公司债都要求由银行或由非银行金融机构提供担保。韩国公司债券担保体系使得投资者错误地依赖担保而不是用信用评级、透明度和法律框架来保护他们的利益。危机后许多金融机构放弃了对公司债的担保。而日本主银行制托底的发行制度，也导致刚性兑付成为债券市场评级的桎梏，债券评级并不能充分反映公司债券的真实风险情况，最终导致危机的爆发。

我国的金融监管也存在同样的问题，债券评级机构基本都在风险事件爆发后才调整评级，而在发行债券时并未进行充分的风险分析，给予的评级往往虚高。并且债券评级的主要依据并非企业的资产负债能力等财务和风险状况，而是以其信用担保情况作为是否准予发行的主要依据，2018 年违约的债券发行主体发行时评级均在“AA -”以上，中国城市建设控股集团有限公司在第一次发生违约后评级才被降到“C”。因此，应改善风险信息揭示不充分的状况。

（三）债券市场结构失衡，易加剧风险持续发酵

债券市场结构失衡不利于其健康发展，不合理的期限分布和种类不利于机构投资者的发展和市场的发育。韩国公司债的期限集中在中短期，在金融危机后这种趋势更加明显。这主要是因为投资者对公司债券的信心下降，同时由于对投资者的保护不到位，这使得投资者更偏好流动性强的投资工具。导致了偿付周期集中，流动性无法持续的问题，最终催化了危机的爆发。

而我国债券市场同样存在品种结构和区域结构的问题，由于信用事件频发，利率债、高等级信用债将更受追捧，而诸如低等级信用债、产能过剩行业债券或受到更大的规避，面临较高的流动性风险，低信用等级、产能过剩行业发行人的再融资风险也将出现上升。由于区域经济走势、财政状况、经济结构、地方政府支持力度等地区差异的存在，区域信用风险分化态势或将更为显著。

（四）资金进入实体经济的渠道并未打通，金融体系空转导致信用滥用

当前全球经济复苏乏力，给实体经济的持续平稳增长带来难题。实体经济的低回报率与金融体系的高额收益形成鲜明反差，资金的逐利性使其集聚于金融体系内，导致资金持续“脱实入虚”，金融体系空转产生信用滥用问题，如果持续下去将会爆发大规模的债市危机。大规模的流动性释放没有向实体经济输送新鲜血液，而是涌入金融体系形

成泡沫加剧实体经济收益率低的态势，形成恶性循环。

金融体系的发展分为初级、中级、高级三个阶段。在初级阶段，经济的快速发展带动了金融业成长，金融业作为其他产业的依附和从属行业，发挥基础保障作用。在中级阶段，产业结构逐步发生动态调整，金融业逐步成为经济增长的重要组成部分和动力性条件，金融业在经济中的占比加大，发挥对实体经济的支撑作用，形成促进实体经济快速增长的良性循环。在高级阶段，金融业发展进入最高阶段，表现出强大的盈利性，金融业逐步成为经济发展的主导性条件，并成为产业发展的决定性因素，能够影响产业结构的发展趋势和发展模式。此时，金融业可以脱离实体经济而独立运转，同时对资金产生虹吸效应，阻碍了资金流向实体经济，从而加大金融体系风险，产生各种信用滥用行为，最终会导致危机。我国目前正处于中级阶段向高级阶段转变的时期，如果不及时遏制住金融体系空转以赚取高额利润的势头，危机爆发将不可避免。

（五）利率债“黑天鹅”遭遇信用债“强寒潮”，交叉感染风险升级

从美国的债市危机可以看出，信用债市场危机集中爆发时，风险会传导至利率债，导致整个债市风险升级。信用债对利率债的风险传导通过现货和期货两个渠道，在现货渠道，随着违约的升级，信用债对利率债的风险传导不断加深。违约初期，信用债违约点状爆发，这通常对利率债没有显著影响；信用债违约上升期，投资者风险偏好明显下降，但宏观环境债券资产仍是首选，于是会增加对利率债的配置；信用债违约全面爆发期，信用违约密集，投资损失严重，资金遭大规模赎回，为获得流动性，投资机构被迫抛售所有资产，造成利率债和信用债收益率全面上行，波及整个债券市场。目前我国尚处于第二阶段，出现了一定程度的风险偏好分化，因此，要防止信用债违约走向第三阶段进而殃及利率债，出现大规模的流动性危机。在期货渠道，信用债的加速调整会增加市值计价的产品估值压力，为了减少账面亏损、应对赎回压力或降低产品杠杆，投资者可以有两种选择：一是卖债减仓；二是通过国债期货等工具对冲。但是并不是所有的产品都可以投资国债期货，因此会出现一种连锁反应：部分产品通过做空国债期货对冲收益率上行风险—国债期货下跌—不能操作国债期货的产品或机构发现期货下行，为了减少亏损只能卖出现货—信用债市场流动性丧失，卖利率债—利率债现货下跌。整体来看缺少有效的风险对冲工具，以及信用债发生风险时的流动性缺乏，会导致信用债的调整压力向利率债传导。

六、对我国的启示

（一）完善市场化机制

1. 稳健打破刚性兑付，实现市场自动淘汰机制

违约事件的发生是债市走向成熟的必经之路。需要思考的是，像日本一样，如何将必然发生的违约事件所带来的冲击限制在市场可承受的范围内，并将其转化为债市发展的良性动力。债券市场资源向以国有企业为主的预算软约束企业配置，造成国有企业和私营企业差别杠杆率迅速扩大，使大量金融资源沉淀于利用效率低下的“僵尸企业”或产能过剩的大型企业，在扭曲我国经济结构、造成金融资源浪费的同时，积累了风险和经济泡沫。通过刚性兑付暂时延缓不良债权问题，使本该被市场淘汰的“僵尸企业”存活下来，只会导致资源的巨大错配，吞噬了创新，消耗了活力。一味兜底只能暂时将风险掩盖，而未来会导致系统性风险的爆发。因此，逐步打破刚性兑付机制，让市场自动淘汰一些信用资质差、盈利能力弱的企业，是债券市场健康发展的必然选择。为此，应理性看待债市违约，为违约事件的到来而积极应对，加强市场参与方的风险意识教育，树立投资者风险自担的基本理念，同时加强投资者的风险识别能力，加强对债券持有人权利的保护。

2. 强化信用约束，健全评级机制与信息披露规则

从本质上讲，信用评级的目的在于尽可能全面、准确地揭示公司债券发行主体的信用质量，从而尽可能多地减少金融市场中存在的信息不对称现象所引发的市场风险。但由于我国信息评级本身不规范、信息披露不完善、评级公司也不透明等原因，公司债券评级结果较为集中，缺乏应有的差异。信息评级的高度集中会导致公司债券发行定价的同质化，难以发挥提示风险的作用，容易扭曲市场信号、积累系统性风险。因此，要健全评级机制，加强评级管理，完善信息披露。

具体讲，完善的公司债券信息披露制度，需要健全公司债券信息披露的法律法规体系。制定科学、合理的公司债券发行与交易的基本准则，以指导和规范公司债券市场参

与主体各方的行为。此外，还要强化公司债券发行人的信息披露义务，建立信息披露责任机制，明确披露者对信息披露后果应当承担的责任，以法律手段迫使企业保证信息披露的真实性，最大限度地保护债权人的利益。

3. 完善信用风险缓释工具，建立风险对冲机制

公司债券应具有充足、可用及有效的风险缓释工具，并且可供公司债券市场上不同风险偏好和承受能力的投资者自由选择，只有这样，才能充分实现公司债券市场与信贷市场和货币市场风险冗余的吸收对接，为债券市场风险出清和金融市场的差序均衡创造渠道和条件。为此应该创设信用风险缓释合约、信用风险缓释凭证、信用违约互换等，实现风险的定价、对冲和转移。同时，针对投资者不同等级的风险偏好，可进行优先、中间和劣后等诸多层级的设计。通过分层设计满足不同等级风险偏好投资者的投资需求，扩大公司债券市场的投资者范围，提升债券市场与信贷市场、货币市场的融合度，防范和稀释债券市场的重大风险。

（二）完善制度规范

1. 健全宏观金融风险监测预警，完善逆经济周期宏观审慎管理框架体系

建立健全以债务杠杆为重点考察因素的宏观金融风险监测预警体系，进一步加强对债券市场杠杆水平和宏观金融风险指标的监测、分析及预警，为实现风险早发现、早预防、早处置，守住不发生系统性风险的底线提供信息支撑。

此外，逆经济周期的宏观审慎管理框架能够较好地提升债券市场风险预测的准确性、前瞻性，关注债券市场存在的隐性债务风险，降低债券市场由信用违约带来的爆发系统性风险的概率。避免风险事件集中爆发后向金融部门强势集聚，导致金融部门功能系统性失灵而进一步放大系统性风险的局面。

2. 加强债券市场协调监管，提升风险监管效率

在现有监管体系下，为了提高债券市场监管效率，应加强债券市场各监管部门之间的协调与沟通，建立各监管部门之间的监管协调机制，使其从临时性、随机性和个案性的安排逐步转化为制度化、常规化和有实际决策内容的制度安排，形成统一的债券市场监管框架，以防范系统性风险。在风险预警及监控方面，要逐步形成信息共享机制、重

大问题沟通机制及危机处理协调机制，提升债券市场的风险监管效率。

3. 形成有序降杠杆机制，减少对整个金融体系过度冲击

面对债市的高杠杆，货币当局已意识到其危害性，并采取措施引导市场降杠杆。但长期持续的强硬降杠杆可能引发系统性危机。要把握降杠杆的时点及程度，实现温和而有序的去杠杆过程，如果调控过度或调控不及时，未能有效释放其中的风险，则剧烈而无序去杠杆只会带来更为严重的后果。此外，还应适当放开机构进入国债期货市场的禁令，使得期货市场套保避险功能进一步发挥，对冲现货市场风险，减少在现货市场过度交易而导致的较高杠杆率，增加风险化解渠道，提升整个债券系统的风险管理能力。

（三）注重债券市场的长期建设发展

1. 发展多样化的债券品种，实现均衡的期限结构

资本市场相对成熟的国家往往存在满足不同市场需求的债券品种，既有从固定利率、浮动利率到参与公司收益分配的多种债券，也有从短期、长期到超长期的多种债券，还有从到期支付本息的单项债权债券、期限内拥有选择权的复合权益债券到股权与债权相结合的多项权益债券等创新品种。我国也应该借鉴这种做法，吸取韩国大宇危机中由于短期债券为主而导致流动性不足的教训。从公司债券的期限结构看，美国公司债券的三种期限结构比重相对较为均衡，但期限有变短的趋势，从以长期债券为主变为以中、短期债券为主。这主要是因为美国 20 世纪 70 年代后较高的利率导致了债券价格波动性加剧，投资者偏好于持有短期债券，以求降低利率风险，需求的约束导致了债券期限结构的短期化，但由于市场机制比较健全，公司会通过适度增加发行频率、合理调整债务结构而达到债务资本沉淀量的适度与长期化。尽管公司债券期限结构的短期化的确可以降低利率风险，但公司债券的发行主要还是对应其中长期资本需求的。因此，出于资金成本和发行风险等因素的考虑，我国公司债券的发行期限不宜过短，应该借鉴美国债券市场较为均衡的期限结构发展模式，保证公司债券市场的充足流动性，防范流动性风险。

2. 完善做市商制度，加强债市流动性

实践证明，做市商制度在银行间债券市场的基础性作用越来越大，做市商制度在提

高银行间市场流动性、完善价格发现机制、推动我国债券市场健康快速发展等方面起到了重要作用。因此，应进一步完善做市商相关制度，引入关键期限国债报价评价机制，继续完善指标考核体系及做市商基础设施体系，借鉴银行间债券市场的做法，批准一些符合条件的机构在公司债券市场上进行双边报价，进一步发挥做市商在提高债券市场流动性，防范系统性风险方面的重要功能。

3. 排除结构性矛盾带来的风险源，促进债市长期稳定发展

我国银行业占据金融行业 90% 左右的力量，保险、券商、基金、包括个人等其他全部加起来，也无法抵抗银行业的集中风险。在目前的债券市场，银行是一家独大的投资者，企业无论是选择银行融资，还是从债券市场直接融资，最终资金来源都是银行。我国银行业独大的失衡局面是风险过度集中的主要隐患，若要实现识别风险、分散风险、防范风险的稳定三角形，一方面需要大力发展和鼓励非银行金融机构参与资本市场，另一方面则需要坚持对外开放，为风险疏导打开国界。若不能解决风险集中在银行体系内的问题，债市一旦爆发系统性风险将出现不可控的局面。因此，要使债券市场内外部结构逐步合理化，排除由于结构性矛盾产生的风险源，促进债券市场长期稳定发展。

4. 解决重大结构性失衡，引导资金“脱虚入实”

历次债市危机凸显出的根源问题即货币政策宽松环境下，资金在金融体系通过加杠杆的方式高速空转，脱离了实体经济独立运行，积聚了较高的金融风险。在货币政策转向时，债券市场立即被迫过度调整。因此，一方面要以供给侧结构性改革和创新驱动，通过混合所有制改革等手段打通资金进入实体经济的通道，提高回报率加强实体经济对资金的吸引力。继续推进“三去一降一补”以优化产业结构，推进价值链升级，稳定实体经济回报率提升的长期预期，才能让资金逐步回流到实体经济中。但需要注意的是要通过市场化的手段推进“三去一降一补”，单纯的行政手段只会扰乱市场。另一方面，要谨慎使用货币政策工具，通过结构性货币政策加强窗口指导作用，继续推进表外业务纳入宏观审慎监管框架（MPA）的监管实践和公募资金与注册资本的相关性管理，出台相应政策加强对大企业委外资金和私募基金的流动性监管。通过加大财政资金对制造业的投资比重和降低实体企业成本等举措有序引导资金“脱虚向实”。

参考文献

[1] 曹萍．美国公司债券发展和制度安排及启示［J］．金融与经济，2013（7）：53－56.

[2] 李征．美国次债危机与中国资产证券化理性［J］．经济管理，2008（5）：6－11.

[3] 张明，郑联盛．次贷危机走向纵深——房利美、房地美危机透视［J］．当代金融家，2008（8）：32－38.

[4] 周军，李泽广．证券化金融创新与次级债危机的道德风险机制［J］．现代财经，2008（28）：2－46.

[5] Ben Bernanke，Mark Gertler Source. Agency Costs Net Worth and Business Fluctuations［J］. The American Economic Review，1989，79（1）.

[6] Korean Securities Dealers Association. Securities Market in Korea 2007［R］. 2007.

[7] World Bank. Study on Korea's Corporate Bond Market and Its Implications on China's Bond Market Development［R］. World Bank Country Study Paper，January，2004.

房地产市场重大风险爆发、防范和应对的国际经验及启示

荣　晨

内容提要　房地产宏观调控面临流动性过剩与资产荒并存、房地产调控与一致性预期并存、一、二线城市稳定与三、四线城市分化并存的严峻困境。当前经济下行压力加大，叠加货币市场加息，未来我国房地产市场存在重大风险爆发的可能。通过总结典型性国家日本、泰国和美国房地产市场重大风险爆发和应对的国际经验，基于我国土地财政的特殊国情，择时实施加息刺破房地产泡沫和继续放水直至预期转变房地产价格暴跌均会导致宏观经济付出高额代价，通过长期滞涨缓慢挤出房地产市场积压的大量资金，以时间置换空间规避房地产价格的大幅波动，等待房产税接手土地财政，将是化解我国房地产宏观调控困境的最优选择。

一、绪　　论

（一）研究背景及意义

2008 年以来，每当经济下行压力加大，我国宏观调控都会因为政策惯性启动房地产进行对冲实现保增长，全国房地产价格总体呈现大幅上涨小幅回调再大幅上涨的形势，然而当前房地产调控已面临严峻困境。

一是流动性过剩与资产荒并存。2018 年 M2 增速为 8.1%，较 2017 年的 8.2% 下降 0.1 个百分点，总量货币政策并没有边际宽松，然而市场普遍感觉流动性依然过剩。由于国内优质的可投资产紧缺，实体经济投资回报率下降，基于信贷宽松启动的楼市加杠

杆的金融加速器效应，房地产市场的金融属性愈加凸显，投资和投机现象严重，大量资金通过加杠杆进入房地产市场寻求更高的回报。楼市呈现出与股市、债市一样的资产荒性质以及杠杆水平提升的现象，房价表现出脱离基本面式的跳涨。

二是房地产调控与一致性预期并存。目前出台的限购限贷政策是2008年刺激购房推动经济快速反弹的逆向调整，使市场形成房地产是稀缺产品的预期。从近几年房地产调控的实际效果来看，大凡出台的挤压房地产泡沫的政策，基本宣告失灵，甚至出现只要政策一出台，就会促使市场达成共识，引发市场一致行动的逻辑，在房地产市场小幅调整后出现新一轮暴涨的局面。影响房地产市场变化的因素众多，政府对市场一致性预期转向的边界难以把握，房地产调控的力度难以拿捏。

三是一、二线城市稳定与三、四线分化并存。当前我国房地产市场表现出区域结构、地产类型、资金风险、企业类型等多方面的不均衡，房地产市场基本特征是总量过剩、区域分化，各城市间房价增长相差较大，开始出现非同涨同跌的节奏。一、二线城市基于需求持续旺盛带动房价继续上涨，尤其是自2015年底以来部分城市出现快速大幅上涨；三、四线城市在房价上行后开始分化，部分城市房价趋于稳定，部分城市房价回落明显。

2016年9月30日以来多个城市密集出台房地产调控政策且调控措施不断加码，房地产市场火爆热度骤减，加大2017年经济下行压力；2019年政府工作报告提出经济增长目标为6.0%～6.5%，经济继续面临下行压力，叠加货币市场加息，未来我国房地产市场存在风险爆发的可能。为抑制我国房地产泡沫同时防止房地产价格出现大起大落，回顾1990年以来世界范围内出现的三次影响较大的房地产危机，分析典型性国家日本、东南亚国家和美国房地产泡沫形成的原因，梳理这些国家房地产市场重大风险爆发对宏观经济的冲击及传导机制，总结其应对风险爆发采取的措施，提出防范和化解房地产风险的总体思路和政策组合，对于新时期全面深化经济体制改革、坚定不移推进供给侧结构性改革具有重要的理论价值和很强的现实意义。

（二）房地产市场重大风险界定及特征

1. 房地产市场重大风险的界定

房地产市场风险是指在房地产交易变现所需的期间内，由房地产市场价格、供求关系等因素的变化，以及房屋价格与借款人收入之间的情况变化而形成的交易市值发生负面变化的风险。它主要表现为两个方面：一是由于各种原因致使房地产市场价格产生大幅度波动而给投资者带来的风险；二是当投资者购入房地产准备转出或出租时，可能会遇到找不到适合的买家或租赁者的情况。在市场经济条件下，这种不确定因素非常多，国内外社会变动、经济变动、政策变动、居民收入水平的变动等都会影响房地产市场的运行，从而产生房地产市场风险。

按照引发房地产市场风险的原因，房地产市场风险划分为制度性风险、政策性风险、市场不规范引起的风险、其他外在因素引起的风险和市场内生性风险等。其中，其他外在因素引起的风险包括通货膨胀、国外输入金融危机对房地产市场的波及效应和不可预见的风险等。市场内生性风险包含财务风险、经营风险、市场风险和贷款风险等。

基于资产价格波动的视角，本文认为房地产市场重大风险是指由于经济主体在投机性因素（即因为资产价格的持续上升从而预期资产价格还将继续上升）的驱使下非理性地买入房地产资产，从而导致资产价格在一段时间内持续地膨胀性上升，最终资产价格的暴涨会以资产价格崩溃式暴跌而结束，并因此可能对金融体系和经济稳定产生严重影响的现象。

2. 房地产市场重大风险的特征

从与其他行业经营风险的本质区别来看，房地产市场重大风险具有以下特征。

（1）隐蔽性。

房地产市场重大风险的隐蔽性主要表现为两点。一是信息不对称导致的隐蔽性。从房地产融资方面来看，金融机构与房地产开发商、按揭贷款申请者之间存在严重的信息不对称，金融机构很难对贷款者的个人信用状况做出准确的判断。二是风险累积过程的隐蔽性。房地产行业是资金密集型行业，从经营规模和产值等方面来看，房地产行业都远远高于其他行业，且具有开发经营周期较长的特征。对发展中国家而言，房地产行业是属于促进经济增长的主导产业和投资的重点行业。因此，房地产行业的持续繁荣可能会降低市场参与者的风险意识，特别是受短期市场过热的影响或者宏观经济繁荣预期的影响，投资者往往容易忽视资产价格过度波动可能带来的潜在风险。

（2）突发性。

风险的出现以及其相互之间的影响具有一定的随机性，房地产市场重大风险的随机性主要体现在风险的发生无法准确预料。从风险发生的本质特征来看，房地产市场重大风险从潜伏积累形成状态到迸发传染扩散状态的转变有一个稳定变化和逐步蓄积的过程。这一过程由于信息不完全或信息不对称以及非理性、盲目乐观等因素的影响，风险在企业迸发并传染的前期通常会经历一个逐渐积累和渐变的过程，从而为市场主体所忽视。而当风险的渐变和积累达到一定程度并超过均衡状态时，会随着风险事件的发生而突发释放。在风险积累及传染过程中，并且没有达到风险爆发临界值之前，风险往往难以察觉。如果整个经济体系缺乏完善的风险预警机制及风险防御方案且经济处于剧烈动荡过程中，悲观预期、金融恐慌、羊群行为等非理性行为都会使得房地产市场重大风险突然爆发。

（3）路径依赖性。

从房地产市场重大风险发生过程来看，当风险在给定条件下受外部因素的冲击而发生，会自发形成一定的启动发展机制，并促使风险扩散传播，形成路径锁定，最终达到稳定均衡状态。房地产市场重大风险传染的路径依赖性特征具体表现为：房地产企业外部环境和内部系统状态的改变导致随机偶然事件的发生，外部的冲击导致风险传染系统中的正反馈机制启动，正反馈机制的运行使整个风险系统出现多重均衡和锁定状态，风险发生路径呈现出前后相互依赖的特点，并且由一个均衡向另一个均衡转变。

（4）传染性。

产业融合是现代经济的重要特征，产业资本与金融资本的密切联系，使得实体经济与虚拟经济之间关系密切。房地产业作为资金密集型行业，高负债经营是行业基本特点，不仅房地产开发商之间存在复杂的债权债务关系，而且房地产开发商与金融机构以及金融机构之间也存在网络化的关联关系。一旦房地产价格发生波动导致市场风险，风险就可能在房地产开发商之间进行传染，并在房地产开发商与金融机构之间进行传染。由于房地产企业、商业银行、居民之间错综复杂的债权债务关系相互交织形成债权债务网络，使局部金融机构出现的风险进一步在金融体系间进行传染，最终导致整个金融体系发生系统性风险或引发金融危机，实体经济各部门由于和金融体系存在千丝万缕的联系，难以避免地会受到房地产市场的传染。

（5）周期性。

房地产市场重大风险的周期性会受到经济增速波动以及货币政策周期性波动的影响。从供给来看，房地产市场重大风险的周期性主要受房地产开发的周期性波动影响，具体包括建筑的周期性、土地供给的周期性以及运营资金的周转周期等。从需求来看，房地产市场重大风险的周期性主要受房地产市场消费及投机周期性波动的影响。同时，货币政策也对房地产市场重大风险的周期性也具有较大的影响。如果中央银行采取宽松的货币政策，市场流动性充足，潜在的风险就可能被掩盖或消除。如果中央银行采取紧缩的货币信贷政策，市场流动性紧缩程度持续时间较长，房地产开发商经营状况就会恶化，进而导致房地产价格出现波动，房地产市场重大风险爆发。

（三）房地产市场重大风险相关理论

1. 房地产市场周期波动理论

同国民经济运行周期类似，房地产业自身也存在周期波动规律。房地产周期一般是指房地产业自身在运行过程中出现行业整体性起伏波动、周期循环的经济现象，往往表现出“复苏—繁荣—衰退—萧条”的循环阶段。一个完整的房地产波动周期如图 1 所示。

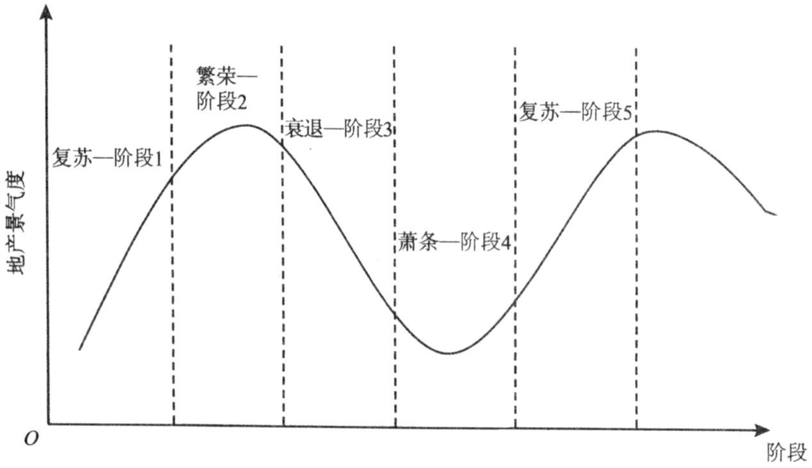

图 1　房地产波动周期

在房地产周期波动过程中，房地产业景气度经历了起伏波动过程。在复苏—阶段 1，房地产业景气度处于快速上涨阶段；在繁荣—阶段 2，景气度先持续上涨，到达波峰后开始下降，意味着房地产业经历了复苏阶段的持续快速发展，在逐步到达高峰后开始出现拐点，景气度也随之开始回调；在衰退—阶段 3，景气度持续下降，房地产业正陷入持续萎缩的过程中；在萧条—阶段 4，景气度进一步萎缩，在达到谷底后进入盘整状态，这个阶段也是房地产业最不景气的时期；经历过萧条期后，房地产业又将重新进入阶段 5，也即复苏阶段；房地产已经历一个完整波动周期，同时又将进入一个新的波动周期中。

房地产周期长度在不同国家也不一样，根据谭刚（2001）的研究结论，美国房地产周期约为20年，而日本则约为10年，我国香港地区和台湾地区的房地产周期则分别约为7年和5年。我国房地产周期的长期波动趋势与美国和中国香港地区基本一致，但由于我国房地产市场一直深受政府宏观调控政策影响，使房地产业从20世纪90年代以来，除了中间出现短暂的小幅回调外，基本处于持续增长阶段。

2. 房地产金融风险理论

(1) 金融不稳定假说与房地产金融风险。

费希尔（Fisher，1933）是最早系统性研究市场经济条件下金融不稳定的产生机制，认为过度负债与通货紧缩同时出现是各类市场大动荡的根本原因，各经济主体在过度负债与通货紧缩并存下往往采取减轻债务的措施，但会导致物价下跌，并陷入实际利率上升、债务人实际债务增加的恶性循环。凯恩斯（Keynes，1936）提出不确定模型解释了金融不稳定的运行机制，以及不确定条件下经济主体的各种选择。明斯基（Minsky，1982）继承和发展了凯恩斯的不确定理论，提出了金融不稳定假说，认为金融系统存在内生脆弱性，代际遗忘与市场竞争压力致使金融危机重复发生。金德尔·博格（Kindle Berger，1978）将金融不稳定假说加以运用，认为从泡沫经济到金融危机的过程是：市场变化异常—市场资金过剩—信贷过度扩张—资产价格暴涨—银行收回资金—资产价格暴跌—金融危机。

从房地产金融风险角度而言，当一国经济发展到一定水平以后，将在房地产领域出现新的投资机会，市场主体都会争先恐后地抓住投资机会。在经济周期的上升阶段，很多企业增大投机，将大量资金转向房地产业，以便获得巨大的盈利。而房地产投资的长期性特点使得泡沫成分容易扩大，此时经济出现表面的、短期的繁荣。一旦房地产市场出现波动，容易造成市场恐慌，价格急剧下降，随之房地产企业纷纷破产，金融机构形成大量不良债权，出现金融动荡，更可能进一步引发金融危机乃至经济危机。

(2) 信息不对称与房地产金融风险。

传统经济学理论认为，金融市场是一个有效市场，市场参与者都是理性人，这是“有效市场假说”的前提条件。然而现实经济生活中，收集完全信息的成本很高，人们往往根据不完全信息就做出了决策；即使能收集到完全信息，多数信息是过去的信息，不能为未来决策做出完全的支撑。实际中，投资者的“动物精神”就是信息不对称下的非理性表现。信息经济学认为，信息不对称下的逆向选择、道德风险与委托—代理问题催生了金融风险。斯蒂格利茨和韦斯（Stiglitz & Weiss，1981）研究发现，在资金借贷市场，借款人对投资项目的风险了解最多，贷款人了解较少，最终债权人缺乏了解，从而形成信贷市场的逆向选择与道德风险。在金融信贷市场，信贷双方的信息占有不对称的，资金需求方信息所获取的信息远大于资金供给方。信息不对称将导致交易前的逆向选择、交易后的道德风险，降低金融市场的运行效率，不能实现资本的有效配置，从而产生金融风险。

（3）资产价格波动理论与房地金融风险。

房地产市场固有的波动性特征，加剧了经济体系的不稳定性。当房地产价格波动脱离了经济发展水平，一段时间内资产价格可以通过自我维持而出现螺旋式上升，并且吸引大规模国际游资的加入，从而出现过度膨胀的倾向。随着房地产价格的不断上升，造成人们虚拟财富的增加，人们将相应增加消费支出和投资支出，从而带动产值的增加，呈现一派表面上的繁荣景象。然而房地产资产价格还是要受经济发展水平的制约，不可能无节制地持续膨胀，一旦房地产价格泡沫破灭，人们将不得不调整预期，房地产资产的价格就会急剧收缩，随着财富的大幅度减少，人们将不得不相应减少消费支出和投资支出，导致经济衰退，进而使经济的不稳定性加剧。

（4）货币主义学派。

以弗里德曼（Friedman）为代表的货币主义学派认为，金融风险的根源在于货币政策的失误，正由于货币政策的失误才导致金融风险的产生与积累，而小范围的金融问题又可能演变为剧烈的金融灾难。在宽松货币政策时期，存贷款、投资、结算等环节运行顺畅，市场资金快速流动，影响金融安全的因素较少，金融风险相对偏弱；而在紧缩货币政策时期，金融市场运行各环节的矛盾较多，市场资金流动紧张，经济社会运行链条易发生断裂，金融风险增强。同时，货币主义学派认为，金融风险会随着货币政策的变化而变化。

二、房地产市场重大风险的国际经验

（一）日本房地产泡沫破灭

1. 风险的孕育与累积

（1）国民对土地资产存在偏好。

1955 年之后日本经济迈入高速增长阶段，大量农业人口向城市涌入。1955 ~ 1980

年，日本城市人口增长率远高于其他亚太经合组织的成员国。日本城市化呈现高度集中的特征，日本三大城市圈即东京、大阪和名古屋相互之间相距400公里，却集中了日本约50%的人口。然而日本的城市开发并不充分，主要归结于两个方面。一是日本经济高速增长时期重视民间设备投资，忽视了公共设备投资，使得城市基础设施和城市住宅建设相对人口增加长期滞后。二是已经进行的公共投资中，用于住宅等生活基础设施的投资较少，投入到道路、码头、港口和机场等产业基础设施的资金占预算的40%以上。

基于以上两个方面的原因，城市地价显著上涨，一旦土地变成了最安全、收益率最高的资产来保有，土地利用率就会降低，土地利用率降低导致土地有效供给的减少，这进一步加速地价上行，形成恶性循环。这种循环强化了土地资产保值增值的功能，企业和个人倾向于长期持有土地和进行土地投资。如表1所示，1985年土地的固定资产税总额大约是17469亿日元，根据国民经济计算的土地价格总额，1985年末是935万亿日元。因此，固定资产的实际有效税率只有0.19%。1985年以后的地价高涨使实际有效税率进一步降低，土地资产较低的实际税率促使大量资金向土地转移。

表1　　1985年日本固定资产的实际有效汇率

项目	税收额（亿日元）	与国民收入的比例（%）	实际有效税率（%）
固定资产税	40763	1.48	0.30①
其中：土地部分	17469	0.63	0.19②

注：①指对国民经济计算中1985年末民间纯固定资产（13663758亿日元）的比率；②指对国民经济计算中的1985年末民间部门土地（9355018亿日元）的比率。

资料来源：〔日〕野口悠纪雄．土地经济学［M］．北京：商务印书馆，1997。

（2）长期超低贴现率的诱导。

1985年9月日本签订《广场协议》，之后日元迈入大幅升值通道，导致日本外需放缓，日元计价的出口额同比负增长，一直持续到1988年6月左右，形成了“日元升值萧条”。为了维持日本经济的稳定增长，日本政府实行扩张性的货币政策，下调利率和增加货币供给成为必然的选择。

1986年1月，日本银行将利率由5.0%下调至4.5%，之后连续4次降息至历史上以及当时世界上的最低水平2.5%，且维持至1989年4月。与此同时，货币供应量呈现不断扩张的趋势。1989年M2增速达到10.99%，较1985年提高2.25个百分点。货币供应量的增长已超过实际经济需求（实际GDP增长与物价上涨之和）。过剩的流动性游离于实体经济之外，并没有进入商品市场引起通货膨胀，而是进入股票市场和房地产市场，引起资产价格上涨。此外，日本宏观经济持续增长，但是 CPI 指数非常低，日本政府缺乏提高利率的动力。1985 年 9 月，土地价格指数为 92.64；1989 年 3 月，土地价格指数持续快速上升至 117.27（见图 2）。

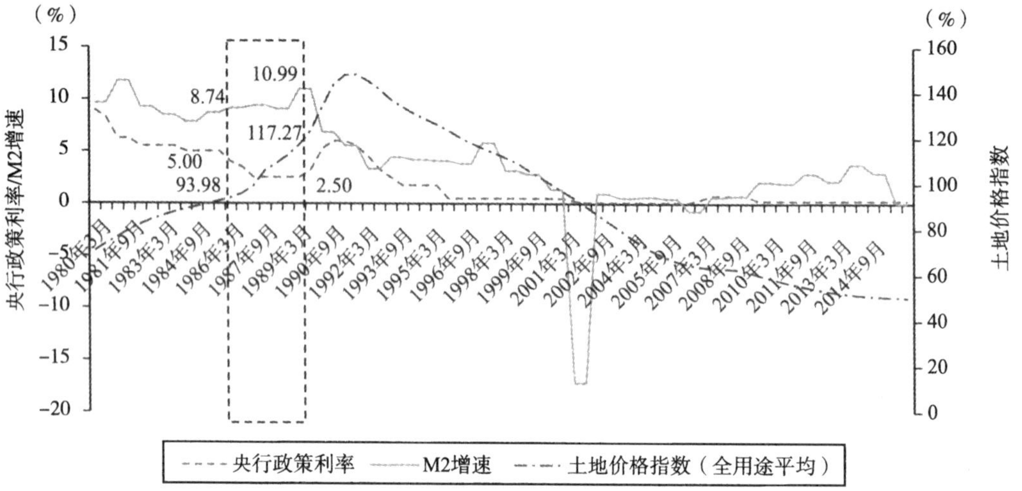

图 2　日本央行政策利率、M2 增速和土地价格指数

资料来源：IMF 统计数据库。

（3）金融自由化导致资金流向房地产。

20 世纪 70 年代初日本实行金融自由化，即日本开放国内金融市场和欧洲日元市场并使利率自由化。在这种金融自由化的过程中，为了在竞争日益激烈的金融市场上占据一定份额，大银行毫无节制地向土地投机融资。银行发放大量的抵押贷款，鼓动土地持有者和其他个人进行土地投机，并以他们持有的或购买的土地为担保提供相当于地价 70% 的贷款让他们再去购地。

由表 2 中数据显示，1980 ~ 1990 年，日本房地产贷款余额由 13.80 万亿日元持续增至 66.42 万亿日元。房地产贷款增速呈现先上升再下降的态势，1980 ~ 1986 年，房地产贷款增速由 5.59% 持续提升至 32.46%，之后开始下滑。1980 ~ 1989 年，房地产贷款占银行贷款的比重由 7.97% 持续提升至 16.60%。银行向不动产业提供巨额融资，推动地价狂升，形成地价上升—银行贷款增加—地价愈加上升的恶性循环。如此循环，反复贷款，银行的土地抵押贷款额急剧膨胀。银行大量贷款转向房地产市场的投机日盛，引发地价暴涨。

表 2 日本房地产贷款、增速及占银行贷款的比重

年份	房地产贷款（万亿日元）	房地产贷款增速（%）	房地产贷款占银行贷款的比重（%）
1980	13.80	5.59	7.97
1981	15.33	11.10	8.06
1982	17.37	13.29	8.32
1983	20.03	15.32	8.76
1984	23.33	16.43	9.30
1985	28.87	23.78	10.49
1986	38.24	32.46	12.83
1987	46.53	21.66	14.25
1988	54.50	17.13	15.57
1989	63.87	17.18	16.60
1990	66.42	3.99	16.25
1991	68.74	3.50	16.33

资料来源：IMF 统计数据库。

2. 风险爆发的诱因

（1）日本主动收紧货币政策。

在股票市场与房地产市场双重泡沫的压力下，日本政府选择了主动挤泡沫，并且采取了非常严厉的行政措施，调整了税收和货币政策。随着通胀压力在 1989 年开始出现（3% ~4%），且股价和房价加速上涨。1989 年 5 月日本银行首次上调贴现率至 3.25%，于 10 月和 12 月两次再上调使贴现率达到 4.25%，1990 年初股价开始下跌，然而这没有使股票和土地的投机降温。

为防止海湾战争带来的油价上涨的冲击，1990 年 8 月日本银行再次上调贴现率至 6.0%，导致股价迅速暴跌，大银行、大证券公司的各种非法经营行为随之暴露，严重打击日本国民的信心。1991 年下半年，股价开始第三轮暴跌，股市崩溃引起日本国内经济的混乱。这期间，土地价格指数仍然持续上升，全用途平均指数一直上升至 1991 年 9 月的 148.0，之后一路重挫至今，2015 年 9 月全用途平均指数为 50.3，较 1991 年 9 月下跌 66.0%（如图 3 所示）。当然，日本政府并没有意识到挤泡沫会产生如此大的危害，如果提前知道，可能政策会有所变化。

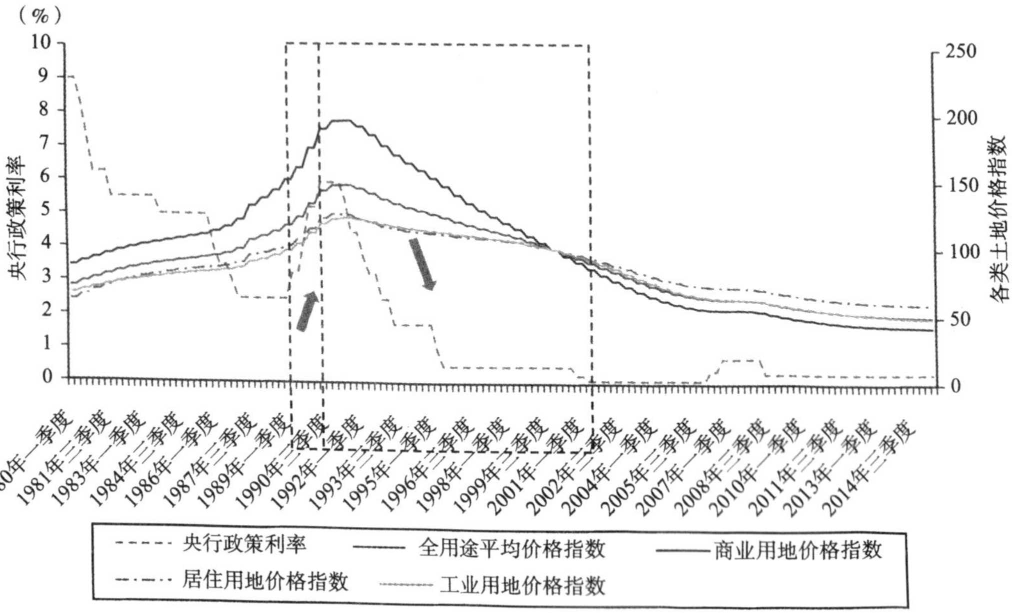

图3 日本央行政策利率和各类土地价格指数

资料来源：IMF 统计数据库。

（2）严厉管制房地产贷款和土地交易。

1987 年 7 月，日本财务省召集有关金融机构举行听证会，了解金融机构在房地产市场上的活动。此后，财务省发布了行政指导，要求金融机构严格控制在土地上的贷款项目，具体要求是“房地产贷款增长速度不能超过总体贷款增长速度”。1990 年 3 月大藏省推出不动产贷款总量控制政策，即规定银行对不动产贷款时，增长率不能超过其贷款总量增长率。控制贷款政策效果非常显著，房地产贷款增长率由 1989 年的 30.3% 快速大幅下降到 1990 年的 3.5%，这成为房地产市场风险爆发的诱因之一。

（3）适龄购房人群和经济增速出现拐点。

1974～1985 年日本虽然告别了高速增长，但仍实现了年均 3.5% 左右的中速增长。1970 年日本城市化率为 72%，还有一定空间。1974 年 20～50 岁适龄购房人口数量接近峰值后，并没有转而向下，在 1974～1991 年间维持在高水平。1991 年以后日本经济年均仅 1% 左右的增长，老龄化严重，人口抚养比大幅上升。1990 年日本城市化率已经高达 77.4%。1991 年以后，20～50 岁适龄购房人口数量快速大幅下降。1991 年日本的房地产价格调整幅度大、持续时间长，原因在于经济长期低速增长、城市化进程接近尾声、适龄购房人口数量大幅快速下降等。

3. 风险的传导与深化

（1）生产出现过剩。

泡沫经济时期，企业的高额利润大部分来源于土地和股市投机的营业外收益，这容易引发企业放松经营和管理，导致企业素质普遍下降。泡沫经济破灭后，地价和股价下跌使得企业承受了巨大的资产评估损失，企业被迫低价出售土地和股票。基于资产大幅贬值和巨额偿债负担，许多企业纷纷破产。产业机械、半导体、机器人及相关产品，以及钢材、水泥、住宅、建筑材料和汽车等陷入生产过剩危机。此外，1992 年日本制造业的研发费用下降 3.5%，研发费用的萎缩意味着日本产业技术水平的削弱和经济竞争力的下降。

（2）消费显著下降。

资产价格上升会通过增加资产余额提高居民实际购买力，促进居民消费；泡沫经济崩溃后，个人保有的金融资产、土地资产贬值，利率水平的下调又使得居民的利息收入减少。由于经济不景气和个人收入水平下降，日本国民对未来怀有不同程度的忧心，因此压缩生活费用，扩大收入中的储蓄。个人消费的萎靡使得众多生产消费品的产品部门陷入滞销，形成大量库存。同时，企业为降低成本大量压缩饮食娱乐、接待购物及职员旅游等费用，又使依靠这些企业消费的服务业销售额急剧下降。根据日本总务厅数据，1990～1993 年，日本个人消费支出增长率由 4.8% 持续快速下降至 0.7%。

（3）金融危机爆发。

生产过剩和消费下降的深化引发金融危机，大量不良债权的产生是金融危机的直接表现。房地产市场重大风险爆发后，房地产企业经营困难，大批企业破产。向房地产企业提供贷款的金融机构既无法收回利息也难以全额收回贷款，大量不良债权出现。图 4 显示，1991 年即房地产市场重大风险爆发的当年，破产企业为 10723 个，较上年增长 65.8%；破产企业负债总额为 79600 亿日元，较上年增长 309.4%。2000 年破产企业的负债总额为 239870 亿日元，2002 年破产企业为 19458 个，在考察时期内分别达到峰值。1986～2004 年，房地产企业破产数占破产企业 19%～34%，其中 2000 年占比最高达到 34.5%，房地产企业破产对社会经济产生重大影响。

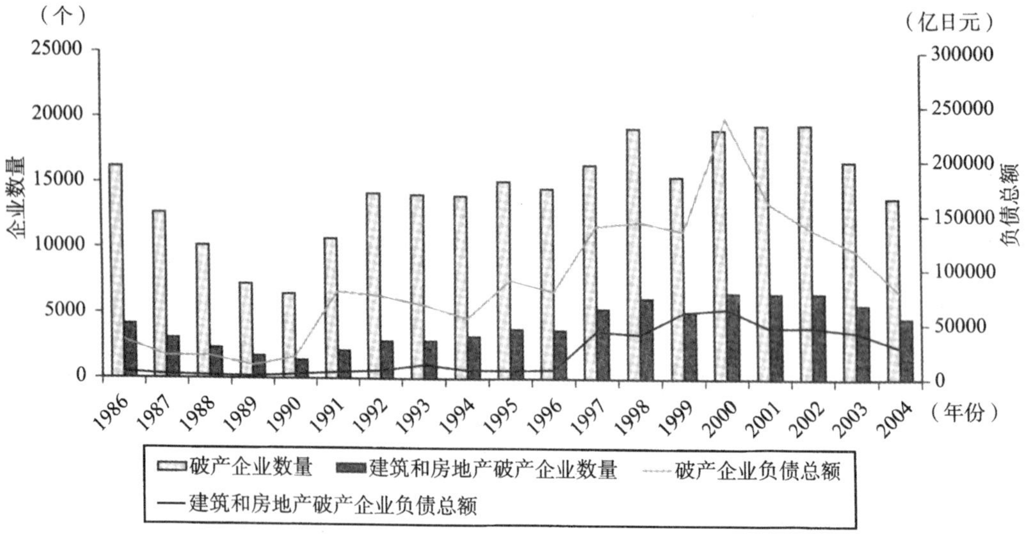

图 4 日本企业破产及负债情况

资料来源：IMF 统计数据库。

4. 政府对风险的应对

（1）积极冲销银行坏账。

房地产市场重大风险爆发后，日本经济陷入衰退。日本政府积极通过扩张性的财政政策，扩大公共支出，积极组织资源冲销银行坏账。1992～2000 年，日本政府共投入约 144.6 万亿日元的财政资金（如表 3 所示）。

表 3 房地产市场重大风险爆发后日本实施的财政政策

时间	政策	规模（万亿日元）
1992 年 8 月	第一次综合经济对策	10.7
1993 年 4 月	第二次综合经济对策	13.2
1993 年 9 月	紧急经济对策	6.2
1994 年 2 月	新综合经济对策	16.5
1996 年 4 月	紧急日元升值经济对策	7.5
1996 年 9 月	经济对策	14.2
1998 年 2 月	调整后预算	4.6
1998 年 4 月	综合经济对策	16.7
1998 年 11 月	紧急经济对策	25.9

续表

时间	政策	规模（万亿日元）
1999 年 11 月	经济振兴措施	18.1
2000 年 10 月	新发展对策	11.0
总额		144.6

资料来源：日本统计局。

（2）日本银行连续下调利率。

针对泡沫破灭后股市的下挫和房地产价格的下跌，日本政府首先采取的是货币政策，而且力度较大。1991 年 9 月土地价格指数达到历史高点 148.0，之后开始持续下滑。1991 年 7 月日本银行开始下调利率，到 1993 年 9 月，基准利率降至 1.75%，其间日本银行连续降息 7 次。

（3）政府干预日元汇率。

日本房地产市场风险爆发之后，日元继续升值，1995 年 4 月底达到最高点 83.69 日元兑 1 美元。与之相对应的是，日元计价的出口额同比下降。日本经济增长几乎停滞。1995 年，日美之间签订“反广场协议”，允许日本政府干预日元汇率。此后日元加速贬值，日本出口（日元计价）逐渐恢复，对于扭转日本经济衰退起到一定的作用。详见图 5。

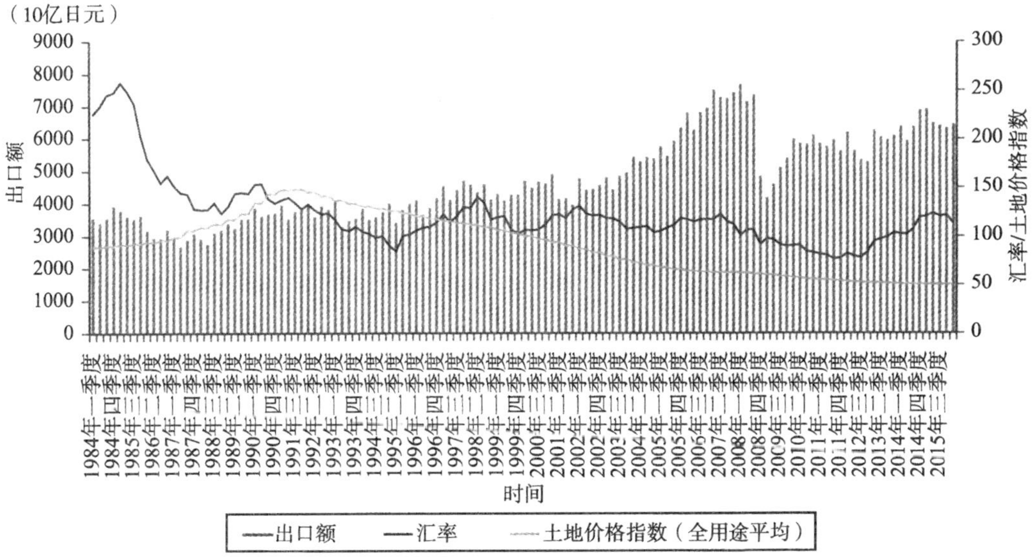

图 5 日本出口额和汇率

资料来源：IMF 统计数据库。

（二）泰国金融危机

1. 风险的孕育与累积

（1）政策推动房地产发展。

1992年海湾战争结束，同时泰国国内的选举也诞生了市民政府。新政府上台以后，推出了一系列的政策推动了土地价格的上涨，其中包括土地重估、在一些城市对容积率的规定、在曼谷推行了新的规划。同时，泰国的证券交易委员会也对上市的房地产公司提出了“必须保持充足的土地储备”要求。这些政策对于房地产市场都起到了推波助澜的作用，大量的开发商和投机者都涌入房地产市场。

（2）利率下调显著增加住房需求。

1984年以后泰国的经济开始恢复，为了促进当时的经济发展，泰国政府把房地产作为优先投资的领域，并强迫商业银行把贷款中的一定比例投向“低成本住宅计划”，同时给予住房按揭以税收抵免的优惠。与此同时，成立于1953年、由财政部所控制的政府住房银行（Government Housing Bank）也已经从其财务危机中恢复，推出了“超级储蓄计划”（Super－Saving Schemes），把按揭利率由16.5%降低到10.5%，打破了之前由商业银行所形成的垄断的局面，并迫使商业银行也下调利率。随着按揭利率的走低，住房需求明显增加。

（3）银行监管不力房企获得大量贷款。

1992年泰国在东南亚国家中率先实行资本账户自由化，取消利率限额管制，让市场机制决定国内利率，放松了对资本的监控。这些政策的出台并没有配置以严格的金融监管制度。总体上，泰国金融体系脆弱，使得房地产商在高回报率的刺激下向银行大量取得贷款。在没有建立有效的银行监督和立法机构情况下，商业银行等金融机构也毫不顾忌地把大量的资金贷给房地产行业。如表4所示，1989年泰国发放的住房贷款总额为1459.2亿泰铢，1996年超过7900亿泰铢，7年内增长443.8%。

表 4 **泰国住房贷款** 单位：亿泰铢

项目	1989 年	1990 年	1991 年	1992 年	1993 年	1994 年	1995 年	1996 年
商业银行	1006.2	1777.0	2071.4	2511.2	3038.0	3642.1	4001.8	4261.0
政府住宅银行	32.2	26.4	29.4	30.7	18.6	18.4	21.6	21.4
财务或证券公司	420.7	722.5	994.5	1279.3	1637.6	2399.3	3259.2	3628.4
信用公司	—	—	—	10.9	13.8	19.7	22.9	23.7
总额	1459.2	2525.9	3095.3	3832.2	4708.0	6079.5	7305.5	7934.6

注：“—”表示当年数据缺失。
资料来源：泰国银行。

（4）短期境外资本进入房地产市场。

1993 年开始，泰国对外开放金融市场。因为泰国国内的求贷资金的利率明显高于国际市场，国际市场的大量资金涌入泰国寻找利润。泰国外债迅速增长，1992～1995 年由 200 亿美元增加至 659 亿美元，1997 年高达 934.2 亿美元。丰厚的房地产利润，促使大量的外资贷给房地产开发商，用于四处购地，营建大批以富裕人家和以外国人为销售对象的豪华公寓、别墅、写字楼、住宅、国际会议中心、高尔夫球场、度假村等，大量的外资进入房地产业，使得泰国的房地产价格飙升。

2. 风险爆发的诱因

（1）利率上调加剧房企资金压力。

1994 年底开始，泰国四大商业银行的贷款利率从 14% 提高到危机发生之前的 16%，在危机发生之后的半年内又快速上升到 19.375%。利率的上升提高了投机者的资金成本，也加剧了开发商的资金压力。1997 年 2 月 5 日，一家大地产发展商 Somprasong Land 未能支付一笔 3100 万美元的可转债的利息，成为泰国第一家未能及时偿还债务的地产商。在其后的几个月内，又有多家地产商相继未能偿还到期债务，从而加速了银行催债的过程。

（2）经济衰退外资撤离。

泰国出口骤减引发外资撤退。外资引用不当，使得大量的外资进入国内的房地产市场。在市场预期发生逆转之后，就会出现资本外逃，企业陷入债务危机，泡沫也随之破灭。外资的撤退也加剧了泡沫的破灭，而促使外资做出这个决定的原因还在于泰国经济的衰退。1996 年 1 月，泰国的贸易及服务出口额的同比增长速度由上年的将近 20% 的增长突然转为负增长，引发了外资的担忧。1997 年初，当下行明显的经济数据被披露之后，最终坚定了对冲基金攻击泰铢的决心。

3. 风险的传导与深化

（1）泰国股市快速下挫。

1997 年外资从泰国房地产市场撤退，同时，1997 年 7 月 2 日，泰国宣布放弃固定汇率制，实行浮动汇率制，引发了一场遍及东南亚的金融风暴。如图 6 所示，1997 年 7 月，泰国 SET 综合指数为665. 62，到1998 年 8 月，综合指数为214. 53，14 个月内下跌幅度为67. 8% 。

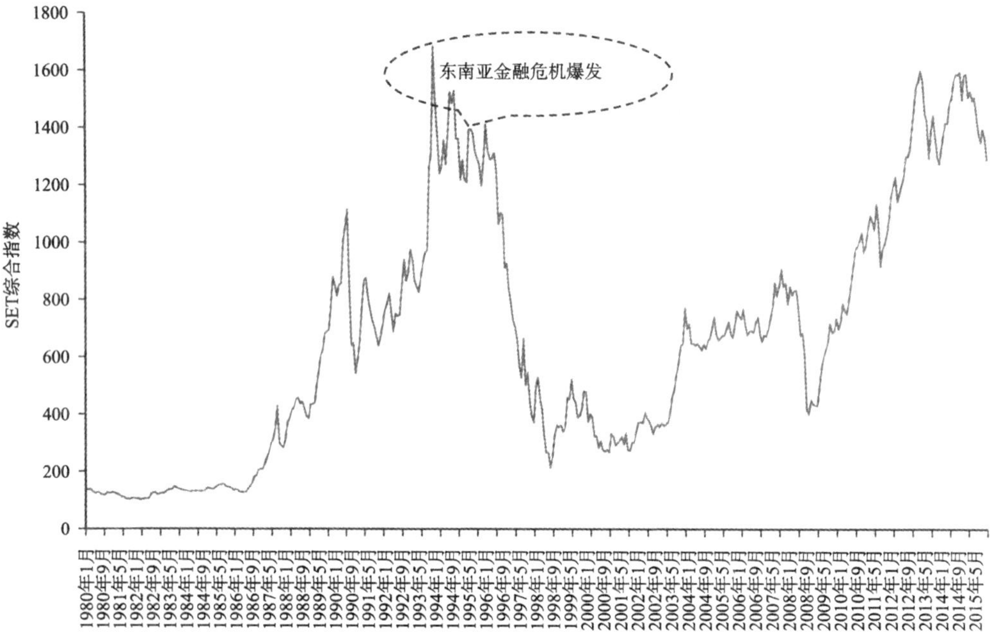

图 6　泰国 SET 综合指数

资料来源：IMF 统计数据库。

（2）大量银行呆账坏账产生。

泰国 1996 年开始出现的房地产需求量的减少导致其价格和利润的下降，并使大量物业积压严重。1992 ~ 1996 年 4 年间国首都曼谷中心共建 76 万套住宅，空置率在 20% ，办公楼空置率在 2/3 左右。房地产商品的滞销使得大量投资无法收回，银行呆账坏账大量增加。1993～1996 年，商业银行因房地产滞销而产生的呆账就达到 400 亿美元。严重的呆账和利润下降等一系列问题严重削弱了投资者对泰国银行业的信心，许多投资者纷纷从这一地区撤资。大量外资短期内突发性外逃，也是导致金融危机的直接外因。

（3）引发经济危机。

1985～1989 年，泰国已经具备稳定的经济基础，建立了健全的监管体系。该时期资本账户管制的放松，使得泰国获得稳定且较快的经济增长。如图 7 所示，1985～1988 年，泰国 GDP 增速由 4.65% 逐年上升至高点 13.29%。之后直到 1995 年，GDP 增速开始下滑且趋于平稳保持在 8% 左右的水平。1997 年，东南亚金融危机爆发，泰国 GDP 增速由 1996 年的 5.65% 断崖式下滑至 -2.75%，1998 年 GDP 增速下滑至 -7.63%（见图 7）。

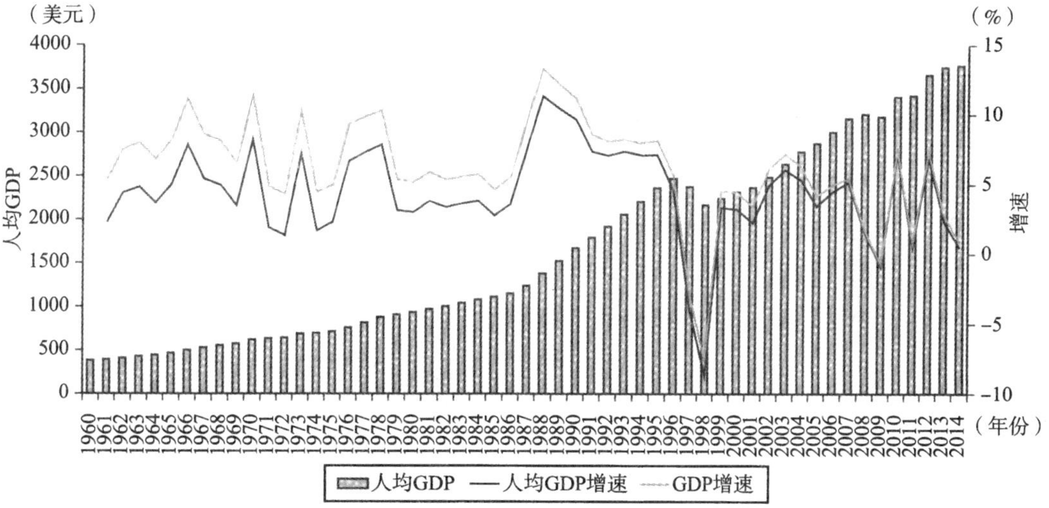

图 7　1960～2014 年泰国经济增速

资料来源：IMF 统计数据库。

泡沫经济的破灭，导致大批银行、金融公司、企业倒闭，造成众多的人员失业。如表 5 所示，1997 年泰国失业率为 2.2%，1998 年和 1999 年失业率分别上升至 7.4% 和 7.7%。

表 5　1990～2005 年泰国失业率情况　单位：%

年份	失业率
1990	4.3
1991	—
1992	—
1993	—
1994	2.6
1995	—
1996	2.5
1997	2.2
1998	7.4
1999	7.7
2000	6.6
2001	7.6
2002	—
2003	5.0
2004	4.5
2005	4.8

注："—" 表示当年数据缺失；15～24 岁失业人口占总的劳动人口。
资料来源：IMF 统计数据库。

（4）导致政治和社会危机。

泰国房地产市场重大风险爆发使泰国经济形势每况愈下，具体表现为：经济发展显著放缓，出口竞争力明显下降，外来投资减少，日常账目赤字增多，泰铢汇率不断下跌等。经济形势的不稳定促使泰国政府更迭不断，泰国政局的不稳定加剧社会动荡。房地产市场重大风险爆发引发政治和社会动荡。

4. 政府对风险的应对

（1）获得 IMF 援助和恢复金融系统的正常功能。

泰铢贬值出现金融危机后，泰国于 1997 年 8 月 6 日接受了 IMF 的救援计划，准备对经济进行全面的改革。根据与 IMF 达成的协议，泰国政府在 1997～1998 年度采取了增收商品税、增值税等扩大财政收入的措施，并大力紧缩财政支出，将该年度的财政赤字抑制在相当于国内生产总值3%以下的限度；并从1997年下半年开始着手调整金融制度，于1997年10月设立了“金融重建局”，对经营状况恶化而被责令停止营业的56家金融公司进行资产清理，从而改善了金融机构的经营状况并提高了信誉。

泰国还采取一些措施进行自救工作，其中以通过债务重组等恢复金融系统的正常运转功能为这些工作的核心。1998年9月，泰国宣布对金融体系进行全面改革的计划，中央银行对六家长期面临资金短缺的中小型金融机构进行了干预并将其实行国有化，关闭56家因对房地产投资而出现巨额坏账的金融机构。

（2）泰国政府抑制外汇过度投机。

泰国金融危机爆发后，泰国政府采取一系列政策以抑制外汇过度投机，这些政策包括：第一，规定在外汇市场上进行非贸易性质的互换业务金额不得超过200万美元；第二，限制本地银行向外国投机者拆借泰铢；第三，缩短出口商在商业银行存放美元的期限，从180天减少为120天；第四，利用信贷计划以应付出口订单的商家必须卖掉50%的已签订远期外汇交易合同。

（三）美国次贷危机

1. 风险的孕育与累积

（1）次级贷款大量发放。

2001年网络泡沫破灭，美国经济陷入衰退。小布什政府为了推动经济增长，刺激房地产，推动美国家庭“居者有其屋”的计划。但是，当时美国富裕阶层的购房需求基本饱和。因此，政府把注意力转向那些中低收入或收入不固定甚至是没有收入的人，这些信用级别较低的人成了房地产市场消费的“新宠”，也就促成了次级房屋贷款大量发放。

次级房屋贷款主要是向曾经有违约记录的人士提供房屋贷款，这些借款人通常是无工作、无固定收入和无资产，即“三无”人士。这类人群通常都没有很好的还款能力，但是仍然能够轻而易举地获得贷款，甚至有部分银行主动向这部分人士发放贷款。“居者有其屋”的政策计划对拒绝向低收入人群提供住房贷款的金融机构冠以歧视的罪名进行罚款，数额通常高达数百万美元，这给贷款机构造成了很大的压力。

（2）低利率政策催生房地产泡沫。

2001~2003年，美联储实行了极度宽松的货币政策，连续降息，将基准利率从6.5%调低至1%，且将1%的基准利率保持了一年多。受其影响，美国住房按揭贷款的利率也不断下调。2000～2005年间，30年固定利率抵押贷款平均利率由8.1%下降到5.9%，且2003～2005年间，该利率一直维持在6%以下的水平。这个时期，美国的新房销售量持续上升，由2000年的87.7万套增长到2005年的128.3万套，累计增幅为46.3%。与此同时，房价涨幅明显扩大，2000～2005年间新房销售价格年均增长率为7.91%，处于1989年以来的最高水平。

（3）金融创新监管不力。

美国房价上涨期间，涌现出很多按揭贷款产品创新，大幅度降低贷款首付比例及初期还款压力，使那些本来付不起首付、还不起按揭贷款的次级类客户也能够贷款买房。这在短期内刺激了购房需求的同时，也埋下了隐患，当利率上升、还贷额增加、房价下跌时，次级类客户将大面积出现违约。

2004年11月，美国联邦基准利率由2002年11月的0.75%上升至3.0%，再上升至2005年11月的5%，购房者付息成本大幅度攀升（见图8）。直到2007年3月，美国才开始规范此类非传统按揭贷款创新，但为时已晚。金融创新工具的应用，是加速泡沫膨胀的一个重要因素。美国次贷危机在这一点上表现得尤为明显。

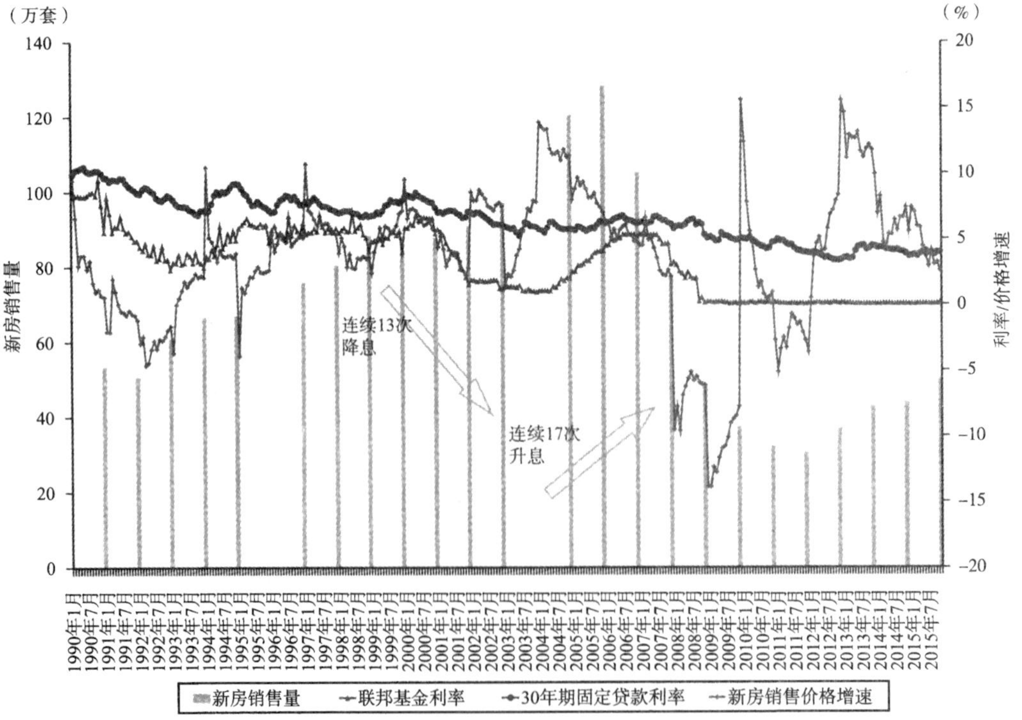

图8 美国联邦基金利率、固定贷款利率、新房销售量及价格增速

资料来源：美国联邦住房金融局。

2. 风险爆发的诱因

（1）基准利率持续提高导致违约。

2004 年开始，为管理通货膨胀和抑制流动性过剩，美联储连续 17 次加息，将利率从 2004 年 6 月的 1.25% 上调到 2006 年 6 月的 5.25%（见表 6）。次级房贷的利率也不断水涨船高，低收入家庭承担的利息逐渐加重，还款压力越来越大，终于开始不堪重负，很多低收入家庭开始选择违约。

表 6　　2004～2006 年美联储加息时间表

加息	日期	美元指数	利率（%）
第 1 次加息	2004 年 6 月 30 日	88.80	1.25
第 2 次加息	2004 年 8 月 10 日	88.79	1.50
第 3 次加息	2004 年 9 月 21 日	88.43	1.75
第 4 次加息	2004 年 11 月 10 日	84.36	2.00
第 5 次加息	2004 年 12 月 14 日	82.43	2.25
第 6 次加息	2005 年 2 月 2 日	83.56	2.50
第 7 次加息	2005 年 3 月 22 日	83.94	2.75
第 8 次加息	2005 年 5 月 3 日	84.42	3.00
第 9 次加息	2005 年 6 月 30 日	89.15	3.25
第 10 次加息	2005 年 8 月 9 日	87.88	3.50
第 11 次加息	2005 年 9 月 20 日	88.69	3.75
第 12 次加息	2005 年 11 月 3 日	89.99	4.00
第 13 次加息	2005 年 12 月 14 日	90.44	4.25
第 14 次加息	2006 年 1 月 31 日	89.48	4.50
第 15 次加息	2006 年 3 月 29 日	90.25	4.75
第 16 次加息	2006 年 5 月 11 日	84.79	5.00
第 17 次加息	2006 年 6 月 30 日	86.20	5.25

资料来源：霍明，穆瑞年．黄金交易投资者必读［M］．北京：机械工业出版社，2008。

连续升息提高了房屋借贷的成本，美国住房市场开始大幅降温。次贷危机 2006 年春季逐步显现，2007 年 8 月开始席卷美国、欧盟和日本等世界主要金融市场。2004～2006 年，美国新房销售价格增速呈现逐年下降的态势，增速分别 11.31%、7.02%、

4.74%和2.12%。2008年和2009年新房销售价格呈现断崖式下跌，增速分别为-6.15%和-7.74%。

（2）金融衍生品加速次贷危机爆发。

在次级债危机中，金融衍生产品虽然分散了美国银行的风险，却扮演了助推器、加速器和放大器的角色，形成过度的资产证券化，导致信用膨胀，放大了风险，将实体经济的危机扩大到信用衍生品市场，转嫁给其他投资者。在美国次贷违约率上升的情况下，次贷资产抵押证券的价格大幅下降，进而导致各个金融机构大量抛售次贷资产抵押证券，引发并加速了金融危机在全球的蔓延。通过资产证券化，次级房贷借款人的违约风险被转移到债券市场。如果没有资产证券化这种金融创新，美国次贷危机的影响根本不会如此之大。

（3）金融创新联动全球金融市场。

受次贷违约冲击最大的是提供次贷的住房抵押贷款金融机构，2007年2月，汇丰控股（HSBC）为其美国附属机构的次贷业务增加18亿美元坏账拨备。2007年4月，美国第二大次贷公司新世纪金融公司（New Century Financial Corporation）申请破产保护，随后30余家次级抵押贷款公司停业。接下来冲击的是购买了次贷住房贷款支持证券（RMBS）、担保债务凭证（CDO）的对冲基金和投资银行等机构投资者。全球著名投资银行雷曼兄弟破产，美林被收购，商业银行巨头苏格兰皇家银行（RBS）等欧洲大型银行纷纷国有化。保险、基金等其他金融机构作为次级贷款的参与人，也受到了重大的影响，例如，美国国际集团（AIG）资产与负债严重不平衡，最终由美国政府接管。美国次贷危机之所以升级成为国际金融危机，是由于美国住房贷款资产被投资银行衍生为其他金融产品，转卖给全球投资者，该项金融创新将美国房地产市场和全球金融市场前所未有地紧密联系起来。

3. 风险的传导与深化

（1）经济增速显著下降。

2004年美联储开始加息，2004～2007年，美国GDP增速由3.79%连续下降至1.78%，2008年呈现负增长增速为-0.29%，2009年增速下降更为明显为-2.78%。随着美国政府实施一系列的救市政策，GDP增速在2010年快速反弹至2.53%。2004～2010年，美国GDP增速呈现明显的V形形态。具体如图9所示。

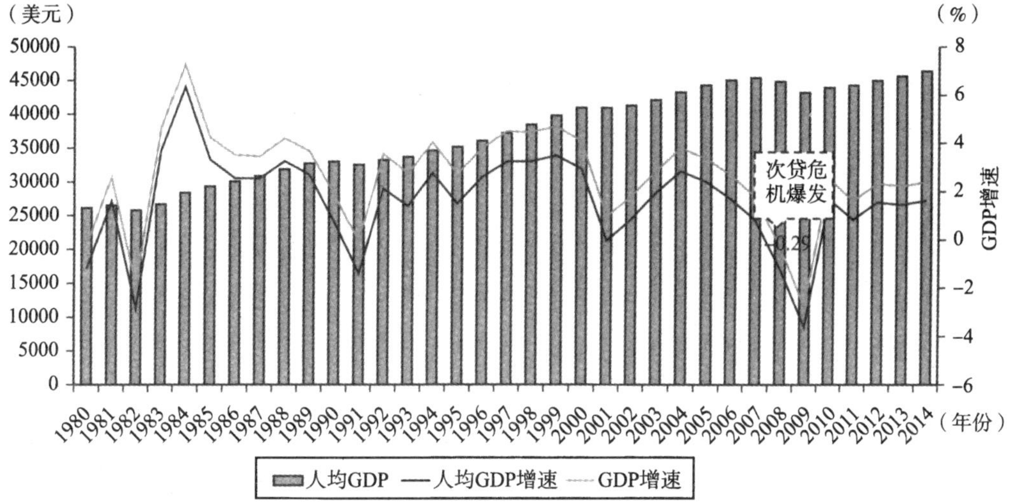

图9 1980～2014年美国GDP增速及人均GDP增速

资料来源：IMF统计数据库。

（2）美元贬值。

次贷危机后，受到美联储降息和美国经济悲观预期的影响，美元持续走低，美元加权指数连续冲破30年来最低点。以美元兑人民币汇率为例，截至2008年4月已经突破7元大关。

（3）股市遭受重挫。

受次贷危机的影响，道琼斯工业平均指数从2007年10月开始一路下跌，截至2009年3月，18个月时间，道琼斯指数由最高13930.0点（2007年10月），跌至最低7608.9点附近（2009年10月），跌幅达到45.4%（见图10）。其中金融股的下跌尤为严重。标准普尔500指数中的金融股全体2007年三季度的收益下滑了22%，是10个行业中表现最差的。标普金融指数相对标普500指数下跌15%，金融股的震荡走势拖累了大盘的走势。

（4）企业和银行倒闭。

次贷危机以后，美国大约60%的行业都在裁员，包括：金融服务业、制造业、零售业和住宅建筑业。只有三大部门还在创造新的就业机会：政府部门、医疗/教育、休闲/接待产业。2008年5月，美国最新的失业率已经达到5.5%，创1986年以来的最高点，20%的华尔街员工失去了工作。①

① 李延喜．次贷危机与房地产泡沫［M］．北京：中国经济出版社，2008.

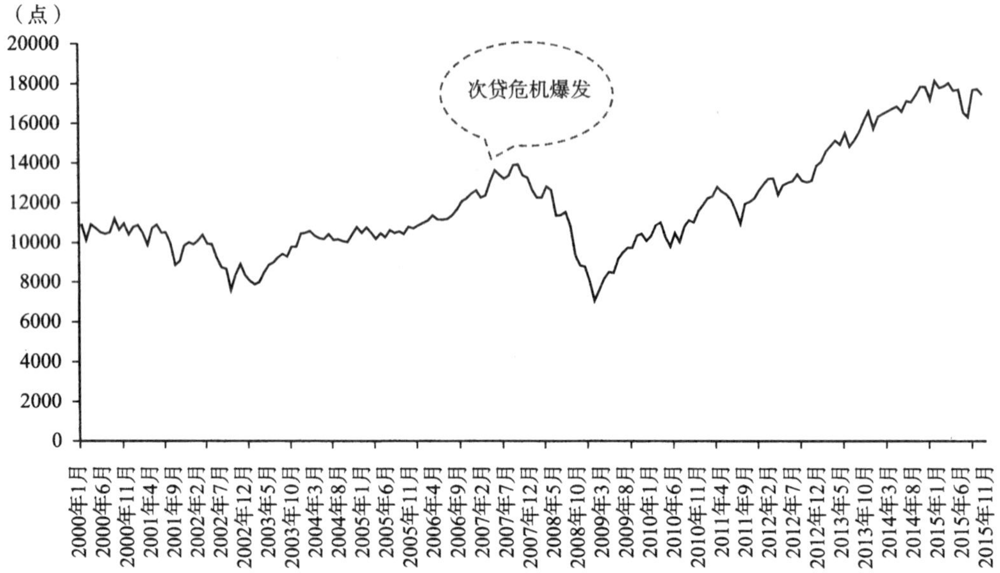

图 10　2000～2015 年道琼斯工业平均指数

资料来源：IMF 统计数据库。

4. 政府对风险的应对

（1）向金融系统注入大量资金。

次贷危机爆发伊始，美国金融市场充满恐慌，美联储和美国财政部及时站出来对美国宏观经济的发展状况进行分析，做出乐观评价。这种官方表态对稳定和恢复金融市场信心起到了重要的作用，在一定程度上避免危机进一步扩大和金融市场的过度反应①，救市行动也随之展开。布什政府正式向美国国会提交拯救金融系统的法案，财政部将获得授权购买最高达 7000 亿美元的不良房屋抵押贷款资产，美国政府希望 2 年内将所有问题解决掉，避免出现犹如 20 世纪 30 年代那样的大萧条。2007 年美联储多次向金融系统注资，8 月 11 日美联储一天三次向银行注资 380 亿美元；8 月 15 日和 17 日分别向金融系统注资 70 亿美元和 170 亿美元；8 月 20 日到 30 日陆续向金融系统注资 325 亿美元。此外，美联储先后将房利美、房地美、美国最大保险集团美国国际集团（AIG）收归国有。

（2）联邦基金利率连续下调。

次贷危机爆发后，美联储除了大规模注资之外还采取了一系列货币政策，尽最大努

① 王攀．美国政府应对次级抵押贷款危机策略［J］．当代金融家，2007（5）：3－5.

力保证金融市场的稳定。2007 年 9 月 18 日，美联储将联邦基金利率下调 0.5 个百分点至 4.75%，之后连续下调利率，直到 2008 年 4 月 30 日，联邦基准利率降至 2%（见表 7）。

表 7 2007 ~ 2008 年美联储的降息政策

日期	联邦基金利率调整
2007 年 9 月 18 日	美联储将联邦基金利率下调 0.5 个百分点至 4.75%
2007 年 11 月 1 日	美联储再次将联邦基金利率下调 25 个基点
2007 年 12 月 12 日	联邦基金利率降至 4.25%，贴现率下调至 4.75%
2008 年 1 月 22 日	联邦基金利率下调至 3.5%，隔夜拆借利率下调 0.75 个百分点至 4%
2008 年 1 月 31 日	联邦基金利率降至 3%，贴现率降至 3.5%
2008 年 3 月 12 日	美联储宣布将扩大证券借贷项目，出借最多 2000 亿美元的国债
2008 年 3 月 16 日	贴现率下调至 3.25%，并为初级交易商设立新的贴现窗口融资工具
2008 年 3 月 18 日	美联储再度降息 75 个基点至 2.25%
2008 年 4 月 30 日	联邦基金利率降至 2%

资料来源：张预．美国次贷危机与中国房地产金融风险防范 [D]．天津：天津财经大学，2009。

三、国际经验总结与我国对比分析

（一）政府支持和房贷失控催生房地产泡沫

泰国 1992 年新政府上台，出台一系列政策，例如，重估土地、规定容积率、在曼谷推行新规划等推动了土地价格的上涨；美国 2001 年网络泡沫破灭，为刺激经济增长，推动美国家庭实施"居者有其屋"的计划；基于政策额推动，房地产市场蓬勃发展，大量的开发商和投机者涌入房地产市场。商业银行等金融机构也毫不顾忌地把大量资金贷给房地产行业，房价上涨抵押物升值会进一步刺激房地产行业容易获得贷款。历次房地产泡沫中银行业都深陷其中，从而导致房地产泡沫危机既是金融危机也是经济危机。

我国为应对 2008 年的金融危机，2008 年 10 月 12 日，一系列新政开始出台支持房地产业发展（见专栏 1）。例如，首次购买 90 平方米及以下普通住房的，契税税率暂统一下调到 1%；免征收印花税；免征收土地增值税；下调个人住房公积金贷款利率；等等。2009年5月27日，国务院公布固定资产投资项目资本金比例的调整结果，普通商品住房项目投资的最低资本金比例从35%调低至20%，这与2007年9月27日央行、中国银监会《关于加强商业性房地产信贷管理的通知》要求“项目资本金（所有者权益）比例达不到35%的项目商业银行不得发放任何形式的贷款”形成鲜明对比。房地产成为我国拉动经济增速V形反弹的支柱产业，基于2008年的刺激房地产业发展的政策组合，2009年我国房地产成交面积增长超过40%，房地产价格增长达到20%。

专栏1　房地产政策历经从刺激到抑制两轮周期

一、第一次经济下行：刺激房地产拉动经济V形反弹

第一次经济下行，房地产由调控整理转为政策支持发展，重申房地产业为支柱产业全力保经济增长，发挥房地产在扩大内需中的积极作用。

2008年各季度经济下行比较明显，2008年末中央经济工作会议强调2009年经济工作要把满足居民合理改善居住条件愿望和发挥房地产业支柱产业作用结合起来，发挥房地产在扩大内需中的积极作用。早在2003年8月，国务院《关于促进房地产市场持续健康发展的通知》提出，房地产业关联度高，带动力强，已经成为国民经济的支柱产业。

2007年3月5日的政府工作报告强调2007年的经济发展要加强房价监管和调控，抑制房地产价格过快上涨，强化房地产市场监管，即开始有意淡化2003年8月的房地产业支柱作用。在随后的时期中，通过加强外商投资房地产企业的审批和监管，严格控制外商投资高档房地产；提升项目资本金的比例；严格执行闲置土地处置政策；规定企业为个人购买房需征收个人所得税等方式对房地产供给进行调控和整理。

2008年9月15日，为应对金融危机，央行宣布“双率”齐降之后，2008年10月12日，一系列新政开始出台支持房地产业发展，如首次购买90平方米及以下普通住房的，契税税率暂统一下调到1%；免征收印花税；免征收土地增值税；下调个人住房公积金贷款利率等。2009年5月27日，国务院公布固定资产投资项目资本金比例的调整结果，普通商品住房项目投资的最低资本金比例从35%调低至20%，这与2007年9月27日央行、中国银监会《关于加强商业性房地产信贷管理的通知》要求“项目资本金（所有者权益）比例达不到35%的项目商业银行不得发放任何形式的贷款”形成鲜明对比。

以2008年9月15日，央行宣布“双率”齐降事件为分水岭，之前时期房地产受到政策调控和抑制，之后时期房地产受到政策鼓励和呵护。

二、第二次经济下行：强调稳增长但坚持房地产调控

第二次经济下行，多次强调要把稳增长放在更加重要的位置，但坚决抑制房地产投资投机需求，稳增长不再依赖房地产。

房地产政策导向没有转变，房地产一直处于抑制状态，房地产调控可能是经济下行的原因之一。2010年4月17日，“国十条”出台，实施限购和限贷政策，严格限制各种名目的炒房和投机性购房，房地产市场开始面临严格调控。第二次经济下行区间，GDP季度累计增速从2010年一季度的阶段性高点12.1%开始下降到二季度的11.2%，4月份开始房地产调控，二季度经济增速开始下滑，房地产调控可能是经济增速下滑的原因之一。

紧盯房地产市场变化，调控持续加码，经济手段和行政措施并用，不断强化地方政府责任。2011年一季度，GDP季度累计增速开始跌破10%，下降为9.7%；房地产政策基调由2011年的“缓解群众在居住方面遇到的困难，逐步形成符合国情的保障性住房体系和商品房体系”转为2012年的“要坚持房地产调控政策不动摇，促进房价合理回归”。2012年中央政府多次强调坚持房地产调控不放松，相关部委纷纷表态继续严格实施调控措施；2012年二季度，GDP季度累计增速继续跌破8%，下降至7.8%，虽然多次稳增长，但中央政府坚决坚持房地产调控，并就调控措施落实情况进行专项检查。房地产供给和需求持续调整。

2013年2月20日，国务院常务会议重申坚持执行以限购、限贷为核心的调控政策，坚决打击投资投机性购房，要求各地公布年度房价控制目标。2014年3月，全国两会对房地产调控提出分类调控的原则，抑制投资性需求，让房地产政策调控去行政化和回归市场化。

三、平稳时期：惯性放松转向坚决调控

2014年前三季度，GDP增速均保持7.3%，房地产政策惯性放松。2014年9月30日，央行明确规定调整房贷政策，二套房认定标准由“认房又认贷”改为“认贷不认房”。2015年3月30日，央行和国税等部门同时发布文件，对拥有一套住房且相应购房贷款未结清的居民家庭购二套房，最低首付款比例调整为不低于40%；使用住房公积金贷款购买首套普通自住房，最低首付20%；拥有一套住房并已结清贷款的家庭，再次申请住房公积金购房，最低首付30%；个人将购买2年以上（含两年）的普通住房对外销售的，免征营业税。

2016年三季度以来，为应对房价跳涨，房地产政策转向坚决调控。2015~2016年期间，北京、上海、深圳三大一线城市房价大幅上升；2016年开始，房价上涨从一线城市扩散，二、三线城市房价上涨环比增速较2015年显著上扬。为了抑制房价过快上涨，一线城市的限购限贷加码，多地随后陆续出台限购限贷政策。

（二）长期低利率助推房地产泡沫膨胀

日本签订《广场协议》后，为避免日元升值对国内经济的负面影响，连续降息至当时世界上的最低水平2.5%；泰国为促进当时的经济发展，政府住房银行推出超级储蓄计划，按揭利率持续下调；2001~2003年美联储将基准利率从6.5%连续调低至1%。房地产具有典型的高杠杆特征，无论需求端的居民抵押贷款还是供给端的房地产开发企业贷款，均需要通过银行贷款以及其他融资渠道，因此房地产市场对利率变化极其敏感。长期的低利率使得房地产金融属性明显，显著增加房地产的投机需求，房地产市场变化不再受宏观经济基本面如城镇化率、居民收入等因素影响。

为抑制我国房价过快上涨，2010年4月17日，我国出台“国十条”，实施限购和限贷政策，严格限制各种名目的炒房和投机性购房，增加居住用地有效供应，加快保障性安居工程建设，房地产市场开始面临严格调控；然而2010年一季度至2014年四季度，GDP增速由12.2%历经19个季度持续下滑至7.3%。基于经济下行的压力，我国2012年6月开始降息，直到2015年总共8次降息，贷款基准利率由6.56%下调至4.35%。每当经济下行压力加大，我国宏观调控都会因为政策惯性启动房地产进行对冲，全国房地产价格总体呈现大幅上涨小幅回调再大幅上涨的形势。我国2008年以来的房地产价格上涨，除了经济中高速增长、快速城镇化等基本面支撑外，货币超发和低利率是重要影响因素。

（三）金融自由化和金融监管缺位加剧风险累积

日本20世纪70年代开放国内金融市场和欧洲日元市场并使利率自由化，在金融自由化的过程中，大银行毫无节制地向土地投机融资；泰国1993年开始对外开放金融市场，大量外资进入泰国房地产市场寻找利润；2001~2007年美国影子银行兴起导致过度金融创新。金融自由化和金融监管缺位使得过多货币流入房地产，加剧房地产市场风险。日本和东南亚国家，在不考虑本国具体国情的情况下，不切实际地进行金融自由化，希望通过短短几年来完成发达国家数十年才能发展完善的金融制度，结果是欲速则不达，给经济带来严重后果。

（四）货币政策骤然紧缩导致重大风险爆发

日本和美国在《广场协定》签订后日元对美元大幅升值导致出口受阻，日本中央银行为了刺激经济发展而采取了宽松的货币政策和财政政策，从而促使房价暴涨。此后为了控制房价，日本央行实行紧缩的货币政策，从 1989 年 5 月开始连续 5 次加息，使房屋价格直线下降直至跌入谷底，从而造成了日本房地产泡沫的破灭。而美国 2000～2004 年间连续 25 次降息，及随后从 2005 年开始又先后 17 次加息，货币政策的极度宽松转向骤然紧缩，导致了房地产市场的过热到急速降温，房价先是大起然后大落直接导致了美国次贷危机的爆发。

（五）风险爆发对国民经济产生严重的负面冲击

1991 年日本房地产崩盘后陷入失落的二十年，经济低迷、不良高企、居民财富缩水、长期通缩；2008 年美国次贷危机爆发至今，经过实施多轮 QE 政策和维持零利率，美国经济才开始走出逐渐衰退；欧洲和日本即使推出 QQE 和负利率，经济增速仍处于低谷；拉美、澳大利亚等资源国家经济大幅回落并陷入长期低迷；截至当前次贷危机对全球的影响仍未完全消除。我国经济发展已告别高增长时期，2010 年以来经济增速呈现 L 形，步入中高速增长时代。

（六）风险爆发后的恢复时间取决于经济基本面

日本房地产在 1974 年和 1991 年出现过两轮泡沫，1974 年前后的第一次调整幅度小、恢复力强，原因在于经济中速增长、城市化空间、适龄购房人口数量维持高位等提供了基本面支撑。然而，1991 年前后的第二次调整幅度大、持续时间长，原因在于经济长期低速增长、城市化进程接近尾声、人口老龄化等。2008 年美国房地产泡沫破裂以后没有像日本一样陷入失去的二十年，而是房价再创新高，主要是因为美国开放的移民政策、健康的人口年龄结构、富有弹性和活力的市场经济与创新机制等。

我国经济发展步入新常态，2016 年以来我国 GDP 增速呈现 L 形，其中房地产业对经济增长的贡献和拉动显著，基于 2019 年我国经济下行压力仍存；2018 我国城镇人口占总人口比重（城镇化率）为 59.58%，相比发达国家（超过 80%）的城镇化率虽然仍有较大差距，然而当前我国人口老龄化加重，且房价收入比已经过高，一旦房地产市场重大风险爆发，难以形成对经济增长恢复的有力支撑，因此防范房地产市场重大风险爆发尤为重要。

四、防范风险爆发的措施和化解困境的路径选择

（一）防范房地产市场重大风险的措施

1. 继续抑制房地产投资投机需求

抑制房地产市场的过度投机，避免房地产风险的传染和扩散。一是通过提高房地产交易税、上浮购房按揭贷款等措施，全方位抑制投机性需求。二是及时采集发布房地产市场基础数据，增强房地产市场的信息透明度，使房地产开发商、投资者和购房者形成稳定的投资和消费预期，引导市场理性投资和消费，为提高房地产业运行的稳定性及管理部门对房地产业的管理与调控水平提供坚实的基础。三是完善市场机制和制度性安排，特别是在认真总结试点城市经验的基础上，尽早设计和建立符合中国国情、有利于遏制投机、鼓励自住和改善型需求的个人所得税、营业税、物业税等房地产税收制度，提高短期内持有房产而转让的投资者的成本，有效抑制房地产投机。四是通过紧缩货币以消除资产价格泡沫并降低和固化金融资产和房地产的预期收益率，降低企业投资于实体经济的机会成本。

2. 货币政策变化需关注房地产市场

从日本房地产泡沫破灭和美国次贷危机的过程来看，货币信贷政策对房地产市场有巨大的影响，甚至起到决定性作用。当货币信贷持续放松时，房地产市场开始膨胀，房价快速上升，形成房地产资产泡沫。当货币信贷骤然紧缩的时候，则有可能导致房价的

急速下滑，从而刺破房地产泡沫。日本和美国房地产市场泡沫破裂之前货币政策均经历了由持续宽松到骤然收紧的转变过程，货币政策持续宽松形成房地产资产泡沫，然后货币政策骤然紧缩又致使泡沫破裂。货币政策主要指标如利率及货币供应量变化、汇率及外汇储备的变化应关注房地产市场，减少由于货币政策持续宽松及骤然紧缩对房地产市场的冲击，从而威胁宏观经济稳定运行。

3. 金融自由化进程需要有效监管

克鲁格曼（Krugman）认为，所有的房地产泡沫都有一个共同的特点，即都是由银行融资造成的。其主要原因还是在于金融业和房地产业之间的紧密联系，双方谁也离不开谁，因此有必要对金融部门加强有效监管。次贷危机迅速波及全球资本市场再次表明，在全球资本流动日益频繁且市场预期趋同化的背景下，一个开放经济体的金融市场很难独善其身。对目前我国还处于建设初期的金融市场来说，市场规模、金融产品以及抗风险能力都尚待完善，因此稳步有序的金融开放至关重要。

我国仍然实行资本项目管制，但事实证明，相当数量的境外资金已经通过各种渠道流入境内，加剧了境内的流动性过剩。因此监管层当前尤其应加大协调和配合力度，加强对跨境资本流动的监管，防止其对境内金融市场的稳定带来不利影响。

4. 引进外资时积极调整产业结构

要保证一个国家经济稳定而快速的发展，除了自有资金外，引进外资是一个很重要的渠道。在限制国内信贷资金大规模流入非生产性部门的同时，还要强化对外资的规模和流向的调节。要积极调整产业结构，实现产业结构的不断升级，开发新的经济增长点，不断提高本国是生产能力，防止外资对经济的不良冲击，真正使得外资流入成为促进本国技术创新、管理创新，进而提高本国整体经济水平的重要推动力。

5. 把握好金融创新的度

金融创新如同一把“双刃剑”。一方面，推动金融机构业务经营模式发生根本性变化，为金融机构创造流动性和商业机会；另一方面，也将资产的风险传递给更多的投资者，加大了金融体系的不确定性。次贷危机的根源并不在于利用金融创新这种形式，其根本原因在于：发放次级抵押贷款和金融创新时没有严格遵守风险防范的要求、金融衍生品开发过度、金融机构过于追求金融衍生品的高杠杆带来的利益。作为一种金融制度安排，金融创新加快了银行、证券、信托等金融市场融合，增强银行流动性和金融产品种，为资本市场的供需双方提供了新型投资产品和融资工具，使投资者也可以分享资产收益。同时，资产证券化有助于商业银行改善负债结构，提高资本充足率。随着资产证券化市场的发展，能够为民众增加一些有利的投资渠道进入金融市场，降低金融市场风险。所以切不可因噎废食，而是应该平衡金融创新和风险防范，把握好金融创新的度，合理的发展金融创新。

（二）化解房地产困境的路径选择

1. 择时加息刺破泡沫，经济硬着陆代价难估

2017 年 2 月，中央银行全面上调逆回购和常备借贷便利贷款利率，货币市场开始加息。基于当前房地产宏观调控面临流动性过剩与资产荒并存、房地产调控与一致性预期并存、高房价与高库存并存的严峻困境。

宏观调控可以进一步确立加息的信号，选择结束货币信贷大放水的做法，调整控制货币信贷规模，择时实施全面加息，直接将房地产泡沫刺破，被动进行真正的经济结构调整，然而经济硬着陆的代价难以估计。

2018 年末，我国广义货币供应量 M2 余额为 183 万亿元，同比增长 8.1%，虽然较 2017 年的 8.1% 下降 0.1 个百分点，但货币化比例即广义货币（M2）与国内生产总值（GDP）的比值已经达到 203.27%。经过测算，2015 年我国住房存量已超过 200 亿平方米，在房地产价格处于较高的水平下，我国房地产市场在一定程度上充当了蓄水池的作用。

如果通过持续加息刺破我国房地产泡沫，一方面，贷款利率的提高将大大提高房地产企业贷款和居民购房贷款的成本，导致商业银行信贷资金链断裂，容易引发金融危机；另一方面，房地产泡沫破灭，房地产价格高位下跌，市场上的流动性将在短期内急剧过剩，在没有有效引导资金进入实体经济的机制下，通货膨胀将迅速呈现，容易引发经济危机。

2. 继续放水房价上涨，预期改变房价暴跌重创经济

宏观调控可以效仿2008年以来通过房地产保增长的方法（见专栏2），2017年以及未来经济下行加大时，继续通过刺激房地产发展对冲经济下行。等到房地产市场预期改变时房地产价格暴跌，宏观经济仍会遭受巨大损失。

继续货币信贷大放水，继续通过房地产保增长犹如饮鸩止渴，丧失调整经济结构的机会，经济发展将步入恶性循环。树不能长到天上，房价也不可能无限制的上涨，基于日本房地产泡沫破灭的经验，等到房地产市场的预期发生改变，房地产价格暴跌，经济发展迈入萧条时期。

专栏2　　房地产业三次对冲经济下行压力

一、第一次经济下行区间

2009年房地产业对GDP增速V形反弹贡献超14%，拉动超1%。

2007年四季度至2008年三季度，房地产业（包含建筑业的60%，下同）对GDP增长的贡献由12.00%持续降至低点4.44%，拉动由1.69%持续下降至0.50%。2008年10月一系列新政支持房地产发展，2009年一季度，房地产对GDP增长的贡献由2008年四季度的低点3.86%飙升至12.94%，拉动由低点0.35%飙升至0.82%。2009年后三季度的贡献均超过12%，拉动均超过1.1%。

二、第二次经济下行区间

2013年房地产业对GDP增速维持7.5%贡献超10%，拉动超0.8%。

2010年一季度至2011年四季度，贡献一直处于10%以下，拉动基本维持在1%以下；2012年一季度贡献和拉动最低分别为3.92%和0.30%；之后开始上升，2013年一至四季度，贡献回升在10%以上，拉动恢复至0.8%以上。

三、平稳时期

2016年房地产业GDP增速维持6.7%贡献超11%，拉动为0.8%。

2015年一至四季度房地产业对GDP增速的贡献由4.38%持续上升至7.28%，拉动由0.34%持续上升至0.52%；2016年一至四季度，房地产业的贡献大幅提升至12%左右，拉动快速提升至0.8%左右。

2007~2017年房地产业对经济增长的贡献和拉动，见图11。

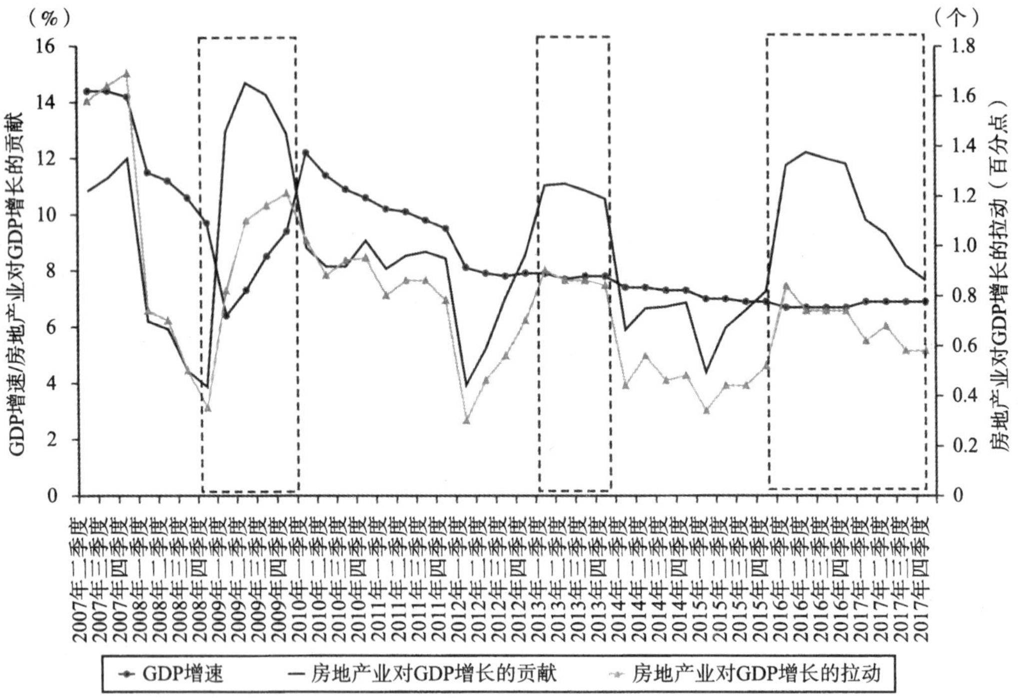

图 11　2007～2017 年房地产业对经济增长的贡献和拉动

3. 通过长期滞涨挤出房地产市场资金，等待房产税代替土地财政

滞胀是经济中存在某种非健康的力量，对经济中健康的部分、有效率的部门形成越来越大的挤出。对我国而言，就是房地产部门对实体经济产生非常明显的挤出效应，经济系统中发生了严重的资源要素的错配。2016 年我国房地产价格出现跳涨的局面，一线城市大幅上涨，部分城市上涨幅度达到 50%，二线城市上涨 20%～30%，三、四线城市呈现补涨。由于我国目前的 CPI 中居住类价格由建筑装修材料、房租水电等组成，并不包括房价，所以 CPI 并不能反映房价的上涨。

基于房地产调控的困境，目前土地财政成为关注的焦点，一些观点认为出台房产税可以代替土地财政，也有观点认为土地财政牵涉我国的财税体制问题，涉及经济结构调整和发展方式转变的问题，无法进行改革。经过测算，假设 2015 年在全国范围内针对所有住房推行房产税，且按 1% 的税率征收，可得全国房产税收入为 1.39 万亿元，远低于当年的土地出让金收入 3.37 万亿元。当前即使房产税在全国推行，其每年的收入也远远不及土地出让金带来的收益，房产税的征收难以抵消地方政府的土地出让金收入。

当前我国既要抑制房地产泡沫，同时又要防止房地产价格大起大落，房地产市场稳字当先。经过长期的缓慢滞涨，逐渐挤出房地产市场积压的大量资金，以时间置换空间规避房地产价格的大幅波动，等待房产税接手土地财政，将是化解我国房地产宏观调控困境的最优选择。

参考文献

[1] 卞靖. “十三五”时期我国经济社会重大风险防范研究——国际经验、教训及相关启示 [J]. 当代经济管理，2015 (5)：1-6.

[2] 陈鸿雁. 房地产市场泡沫及其金融风险研究 [D]. 重庆：重庆大学，2006.

[3] 陈华. 房地产价格风险：国际教训、中国的现状及路径选择 [J]. 经济与管理，2006 (4)：5-9.

[4] 陈军，王敏. 基于资产负债表的区域金融风险与脆弱性的实证分析 [J]. 上海金融，2010 (9)：45-50.

[5] 戴国强，张建华. 货币政策的房地产价格传导机制研究 [J]. 财贸经济，2009 (12)：31-38.

[6] 高聪聪. 国内外房地产泡沫破灭触发因素分析 [D]. 保定：河北大学，2014.

[7] 黄成业. 日本、东南亚国家与美国泡沫的比较研究 [D]. 上海：复旦大学，2006.

[8] 黄佳军，蒋海. 金融集聚、信息缺陷与金融风险形成机制分析 [J]. 理论研究，2011 (11)：31-35.

[9] 贾生华，李航. 噪声交易者预期与房地产泡沫——基于35个大中城市的实证研究 [J]. 审计与经济研究，2014 (3)：85-92.

[10] 黎友焕. 当前房价房租变化新趋势 [J]. 人民论坛，2014 (1)：64-70.

[11] 李兰英，李伟. 我国房地产金融风险向土地财政风险传导的博弈机制分析 [J]. 现代财经(天津财经大学学报)，2012 (7)：59-69.

[12] 李作斌. 基于案例研究的房地产风险分析 [D]. 重庆：重庆大学，2008.

[13] 母庆旺，徐杰. 从国际视角看我国房地产风险 [J]. 河北金融，2014 (10)：7-10.

[14] 齐讴歌. 房地产风险传染机制及其动态效应研究——基于资产价格波动的视角 [D]. 西安：西北大学，2012.

[15] 司玉海，秦汉. 房地产风险的识别及其防范研究 [J]. 现代商业，2010 (29)：126-127.

[16] 向存忠. 我国房地产泡沫及其金融风险防范研究 [D]. 成都：西南财经大学，2009.

[17] 邢学良. 房地产金融风险及防范 [D]. 沈阳：东北财经大学，2005.

[18] 徐晶. 房价上涨与经济增长的退耦分析 [J]. 管理世界，2013 (9)：172-174.

[19] 张红，李洋. 房地产市场对货币政策传导效应的区域差异研究——基于GVAR模型的实证分析 [J]. 金融研究，2013 (2)：114-129.

[20] 赵善华. 房地产泡沫的国际比较 [J]. 中国集体经济（下半月），2007（10）：15－16.

[21] 周晖，王擎. 货币政策与资产价格波动：理论模型与中国的经验分析 [J]. 经济研究，2009（10）：61－74.

[22] 周攀奇. 我国房地产金融风险研究 [D]. 杭州：浙江大学，2014.

[23] Keynes J M. The General Theory of Employment, Interest and Money [M]. London: Macmillan Press, 1936.

[24] Kindleberger C P. Manias, Panics and Crashes: A History of Financial Crashes [M]. Basic Books, New York, 1978.

[25] Minsky H P. The Financial Instability Hypothesis: Capitalist Process and the Behavior of the Economy [M] //Kindleberger C P, Laffargue J P. Financial Crises: Theory, History and Polity. Cambridge University Press, Cambridge, 1982.

[26] Stiglitz J, Weiss A. Credit Rationing in Markets with Imperfect Information [J]. The American Economic Review, 1981, 71 (3): 393－410.

基于 Hedonic 模型的北京二手住宅价格指数研究

荣 晨

内容提要 本文对主要的房地产价格指数编制方法如成本投入法、中位数价格法、平均值法、加权平均法和重复交易法进行对比分析；对我国政府公布的“国房景气指数”“70 个大中城市住宅价格指数”以及研究机构发布的“中房指数”“戴德梁行指数”编制方法进行探究；根据 Hedonic 模型的理论框架、变量选择、函数形式、估计和检验，以北京市商品住宅为研究对象，确定特征变量，选择对数形式，引入 Hedonic 模型编制北京市二手住宅价格指数。相比以拉式和帕式指数为基础的价格指数，基于 Hedonic 模型的房价指数更能反映市场供求关系形成的房地产价格，更能刻画房地产市场的长期均衡价格。

特征价格法认为房地产由众多不同的特征组成，房地产价格由所有特征带给人们的效用决定。理论框架上，特征价格模型以消费者决策理论和生产者决策理论为理论基础；实际操作中，考虑住房的属性遵循边际效应递减规律，即住房价格随着某种属性的增加而增加，但增加的速率会越来越慢，选择特征价格模型的对数形式进行估计。特征价格模型符合经济学原理，具有严密的计量逻辑，从微观层面解释了影响房地产价格的因素。相比以拉式指数或帕式指数为基础编制的房价指数，引入特征价格模型的房价指数更能反映由市场供求关系决定的房地产价格、更能刻画房地产市场的长期均衡价格。在“房子是用来住的，不是用来炒的”基调下，为保持房地产政策的连续性和稳定性，以 Hedonic 模型编制房价指数，对市场反映的敏感程度更高，对提高房地产调控的前瞻性和精准性具有重要参考价值。

一、房价指数编制主要方法比较

编制房地产价格指数主要有五种方法：成本投入法（cost price method）、中位数价格法（median sale price）、平均值法（mean price method）、加权平均法（weighted-average method）和重复交易法（repeat sale method）。

（一）成本投入法

根据建造房地产各项投入成本（材料、人工费用等）的变化，算术平均法是早期编制房地产价格指数的重要方法。在规范的市场运作背景下，该方法对于新建成房屋价格的走势分析有一定的适用性，能够反映房地产价格变化的某些规律。

不足之处在于：第一，该方法认为生产成本决定房地产价格，但房地产价格并不是由生产成本决定，而是由房地产的效用决定并受供求关系的影响。采用房地产投入要素成本的变动反映房地产价格的变动，存在较大的偏差。第二，在生产力提高的情况下，成本投入价格指数往往高估房地产价格指数。第三，该方法不能用来反映土地价格和二、三级市场的房屋价格变化。无论是理论基础还是实际应用，成本投入法均欠科学，目前已经很少使用。

（二）中位数价格法

中位数价格法选取房地产样本价格的中位数编制价格指数。房地产市场价格易受极端值（最高价、最低价）的影响，中位数价格能够克服影响集中反映市场变动的趋势，具有较好的代表性。计算公式为：

$$I = \left(\frac{P_t}{P_0}\right)_{\frac{N+1}{2}} \tag{1}$$

其中，I 表示房地产价格指数，P_0 和 P_t 分别代表基期和计算期的价格，N 代表样本个数。

中位数价格法非常简便，不需要利用相关手段对样本数据进行复杂的处理。中位数价格法在一定程度上比加权平均价格法更能反映房地产市场的真实情况。

（三）平均值法

平均值法采用房地产样本价格和基期相比得出的值相加，然后求得平均数。计算公式为：

$$I = \frac{1}{N} \times \sum \frac{P_t}{P_0} \tag{2}$$

该方法比较简单，在样本数据不是很充足的情况下仍可以在一定程度上反映房地产价格波动。同时也存在着自身局限性，如果样本数量需要很多，各个样本之间又存在较大的差距，计算出来的结果容易产生很大的偏差。

（四）加权平均法

影响房地产市场的因素具有多样性，采用加权平均法编制价格指数是比较好的方法。常用的两种指数是拉氏指数（Laspeyres index）和帕式指数（Paasche index）。

1. 拉氏指数

拉氏指数是德国经济学家拉斯贝尔（Laspeyres）于 1864 年提出，是将权重固定在基期的综合指数法，以单纯指数变化反映房地产价格的综合变动。计算公式为：

$$I = \frac{\sum p_t q_0}{\sum p_0 q_0} \tag{3}$$

其中，I 表示价格指数，p_0 和 p_t 分别为基期、报告期房地产商品的价格。q_0 表示固定基期权重，即基期市场中各房地产商品的典型使用量或总量。

拉氏指数把一个“典型”的时间通过收集市场中具有代表性的各产品的典型使用量或总量固定权重，“典型”时期即为基期。基期确定的权重在指数各计算期内保持不变，报告期则需要不断收集最新的价格数据。将收集的价格数据和确定的权重代入公式计算就可以得出价格指数。

2. 帕式指数

帕氏指数由德国经济学家帕煦（Paasche）于1874年提出。计算公式为：

$$I = \frac{\sum p_t q_t}{\sum p_0 q_t} \tag{4}$$

帕氏指数与拉式指数的显著区别在于权重非固定，权重随报告期不同而变化。帕氏指数使用“典型”的时期为报告期，其随时间的变化而变化，报告期需要收集最新的价格数据和确定权重的产品用量或总量数据。帕氏指数明显优于拉氏指数在于可以反映市场结构的即时变化；然而，帕氏指数的权重必须每年甚至每月重新定义，显著增加时间和数据收集的成本。

（五）重复交易法

重复交易法最早由贝利（Baily）、缪斯（Muth）和诺斯（Nourse）于1963年提出，利用房地产的重复交易案例，采用同一栋房屋在两个时期售出的价格资料计算房地产价格指数。不同的时期考察的房地产在结构、材料、外部品质等方面均相同，免去了控制房地产品质的麻烦，保证了前后期对比的样本的同质性，该价格指数能够反映房地产市场供求关系的变化。

假定 P_1 为房屋第一次售出价格，P_2 为房屋第二次售出价格，X 为房地产品质因素，β 为各品质因素对房地产价格的影响系数，T 为房地产是否售出的虚拟变量（卖出取1，未卖出为0），r 为在 T 期的房地产价格变动。房地产价格变动模型为：

$$\ln P_2 - \ln P_1 = (\sum \beta_{i2} \ln X_{i2} + r_2 T_2) - (\sum \beta_{i1} \ln X_{i1} + r_1 T_1) + \varepsilon \tag{5}$$

整个价格变动中，一部分是由品质变化引起，另一部分是由供求关系引起，由于假定同一房地产商品两次售出期间的品质没有发生变化，该模型可简化为：

$$\ln P_2 - \ln P_1 = r_2 - r_1 + \varepsilon \tag{6}$$

能够得到可用作比较的价格变动量，编制的指数可以通过前后期对比反映房地产市场供需变化。该方法经过实践和专家的多次修正，理论上已经相当完整。然而，重复交易法的缺点也限制了其广泛运用。具体如下：

（1）两次重复出售价格记录的房地产数量有限，样本容量相对较小，抽样误差较大。

（2）重复交易价格的周期很难与指数要求的周期相匹配。

（3）房地产再交易间隔期间发生重大整修或品质质量变动会影响价格指数的真实性。即使房地产品质在两次交易之间没有发生改变，也难以保证该房地产在不同的时期能够给人们带来相同的效用。

（4）重复交易的资料两次交易的期间不能太长，否则品质固定的假设受到限制。

（5）只利用重复交易价格信息而偏废一次性交易资料，难以保证资料的市场性。

二、我国房地产价格指数

（一）官方房地产价格指数

1. 70 个大中城市新建住宅价格指数

我国政府机构正式发布的反映房地产价格水平和变动趋势的价格指数，是国家统计局公布的 70 个大中城市房地产价格指数。分为住宅销售价格指数、住宅租赁和物业服务价格指数。

住宅销售价格指数分为新建住宅价格指数和二手住宅价格指数。新建住宅销售价格数据直接采用北京市住建委的网签数据。新建住宅按房屋类型分为保障性住房和新建商品住宅。新建商品住宅按房屋面积分为 90 平方米及以下，90 ~ 144 平方米和 144 平方米以上。

（1）新建住宅价格指数具体步骤。

第一，计算某一新建住宅项目 90 平方米及以下、90 ~ 144 平方米、144 平方米以上三个基本分类的环比指数；

第二，采用双加权算法计算全市三个基本分类的环比指数，即分别利用本月销售面积和金额作为权数计算价格指数，然后将两个价格指数再简单平均计算；

第三，计算保障性住房环比价格指数，计算方法与商品住宅基本分类计算方法一致。

定基价格指数的计算公式[①]：

$$L_t = L_{t-1} \times \frac{\sum P_t Q_{2010}}{\sum P_{t-1} Q_{2010}} \tag{7}$$

月环比价格指数的计算公式：

$$本月环比价格指数 = \frac{L_t}{L_{t-1}} = \frac{本月定基价格指数}{上月定基价格指数} \times 100\% \tag{8}$$

月同比价格指数的计算公式：

$$本月同比价格指数 = \frac{L_t}{L_{t-12}} = \frac{本月定基价格指数}{上年同月定基价格指数} \times 100\% \tag{9}$$

（2）二手住宅销售价格指数计算步骤。

第一，先计算各城市基本分类月环比价格指数。计算公式为：

$$H_{i,j} = \frac{P_t^{i,j}}{P_{t-1}^{i,j}} \tag{10}$$

第二，计算全市基本分类环比价格指数。采用双加权计算全市各基本分类的环比指数，即分别利用本月销售面积和金额作为权数计算价格指数，然后将两个价格指数再简单平均计算。计算公式为：

$$R_{t,\ t-1}^{j} = \frac{\sum_{i=1}^{n} H_{i,\ j} w_t^{i,\ j}}{\sum_{i=1}^{n} w_t^{i,\ j}} \tag{11}$$

2. 国房景气指数

（1）国房指数编制方法。

“国房指数”即“国房景气指数”，是国家统计局1997年研制建立的“全国房地产开发业综合景气指数”的简称，是对房地产业发展变化趋势和变化程度的量化反映，是房地产市场景气变化的综合反映，用百分制表示。数据资料来源于国家统计局房地产统计机构进行的调查，数据资料月月更新。

国房指数的编制方法根据经济周期波动理论和景气指数原理，采用合成指数的计算方法，从房地产业发展必须同时具备的土地、资金和市场需要三个基本条件出发，选择房地产开发投资、资金来源、土地转让收入、土地开发面积、新开工面积、竣工面积、

① 根据国家统计局《住宅销售价格统计调查方法》，定基价格指数以2010年为基期，Q_{2010}表示2010年销售面积。

空置面积、商品房销售价格八个具有代表性的统计指标进行分类指数测算，再以 1995 年 3 月为基期对比计算出的综合指数体系。

国房指数的测算分为八个部分：一是确定指标体系；二是建立原始指标数据库；三是消除量纲的影响；四是确定权数；五是确定基准对比时期；六是消除季节、价格因素影响；七是建立分类指数和国房景气指数计算数学模型；八是国房景气指数计算结果的分析报告。

（2）国房指数编制方法优势。

国房指数采用了与目前国家统计部门消费价格指数类似的理论架构，属于拉氏年距同比指数。指数基值以上年同期为 100 点，权重由专家打分确定。指数计算中权重一直固定，基值不固定。由于国房指数属于合成指数，指数的变动实际上反映了房地产市场的综合情况，可以较全面地反映房地产市场目前的景气状态。

国房指数是同期相比计算得出的指数，采用指数数值表示，同比变化比较清楚。国房指数系统采样由各级统计部门采用统计报表制度，对注册房地产公司等进行统计监督。数据来源有统计面广、来源稳定等优点，数据具有较好的广泛性。

（3）国房指数的缺陷。

不同指标变化对指数造成的影响不能清晰反映。国房指数综合了多种信息资料，综合反映市场状况，但先行、同步、滞后等不同指标变化指数造成的影响却不能清晰反映，需要单独说明。

忽视了指数的横向与纵向可比性。国房指数由于是环比指数且为合成指数，虽然包容了大量市场信息，但缺少纵横比较的能力。若要进行纵向比较，必须经过逐级换算，工作量大。

调查数据的可靠性问题。国房指数采样由各级统计部门采用统计报表制度。统计部门沿用旧的习惯，在设计指标后，下发到相关房地产开发公司，由后者填写后进行上报。房地产开发公司出于各种顾虑或由于对编制房地产指数意义认识不足，很难填报客观、准确的数据。

（二）机构编制的房地产价格指数

1. 中房指数

（1）中房指数编制方法。

中国房地产指数系统（China real estate index system）简称“中房指数”，是中国指数研究院开发的一套以价格指数形式反映全国各主要城市房地产市场发展变化轨迹和当前房价变动状况的指标体系，是我国最早研究、编制并公布的房地产价格指数系统。中房指数采用抽样调查方法，在对市场商品房项目进行调查的基础上，采用聚类分析方法确定样本，对样本进行较长时间的跟踪调查。

中房指数以 1994 年 11 月北京物业的比较价格为基值，按用途分为四大类即住宅、商业服务业用房、办公用房和厂房仓库，将各城市的四类物业以其销售价格为依据，分别分为高、中、低三档，以各类各档次物业的销售量为权数计算四类物业的平均价格，最后将这四类物业的平均价格以竣工量为权数求得加权平均价格，作为各城市的物业比较价格。计算公式为：

$$\text{某时期城市房地产价格指数}=\frac{\text{某时期该城市物业比较价格}}{1994\text{ 年 }11\text{ 月北京物业比较价格}}\times 100\% \qquad (12)$$

（2）中房指数编制方法优势。

中房指数是修正的拉氏指数，以基期商品房比较价格为基值，基期指数定为 1000 点，属于定基指数。采用加权平均方法，权数采用基期时各类物业的规模比重。基期与权数在一定时段内固定，在市场结构有了较大变化时，调整基期与权数。由于权数固定，中房指数在计算时可以消除权数变化对指数的影响，可以更纯粹地反映“同类同质商品”的价格变动情况。

中房指数采用了抽样调查方法，在对市场商品房项目进行调查的基础之上，采用聚类分析方法，确定样本，然后对样本进行较长时间的跟踪调查。中房指数样本数据直接来源于市场，对市场反映及时、灵敏，保证了中房指数系统对市场的准确把握。

中房指数属于定基指数，不同时期指数值可以直接对比，具有比较好的历史可比性，可以采用图表直观地表示出市场周期发展状况以及目前市场形势、趋势和幅度。

（3）中房指数的缺陷。

中房指数开创了我国现行房地产价格指数编制之先例，有许多值得推行之处，但具体编制技术方法仍有不足，需进一步完善。

首先，指数测算方法不完善。现实应用的公式未考虑物业结构类型的变动，公式所选用的权重是报告期的物业面积，而原始公式所用的权重是固定的即基期的物业面积。原始公式的优点在于剔除了因物业结构变化引起的指数变动，使指数变动完全表现为物业价格的变化。现实应用的公式则操作简便，实施费用降低，但如果完全按照加权平均法的样本选择方式，则会在指数中包含非价格变化因素。为了解决这一问题，目前中房指数在实际操作中主要用于同一项目、同一小区的物业价格样点。其实是借鉴了重复交易法的思想，存在指数理论基础不完善的问题。

其次，样本数据缺乏代表性。样本数据是编制指数的最基本的资料，为保证指数的科学性和准确性，应首先保证足够的样本量、均匀的样本区域和物业类型分布、样本数据的及时更新、样本数据的真实性和连续性等。目前在房地产指数编制的样本数据方面存在着样本规模小、样本区域和物业类型分布不合理、样本数据缺乏时效性、连续性、真实性等问题。

最后，指数的应用受到限制。目前我国各类房地产指数在应用上尚处于初始阶段。由于指数本身不完善、质量不高、指数的变动与市场的实际变化趋势可能并不相符，从而影响了指数的应用。

2. 戴德梁行指数

戴德梁行指数是我国香港戴德梁行于 1991 年分季度测算的价格指数，分为写字楼租金指数、住宅租金指数、住宅售价指数等，覆盖北京、上海、广州和深圳四个城市，每个季度戴德梁行通过自己的内部刊物对外界发布。

3. 地方价格指数

一些研究机构编制了地方性房地产指数。例如，伟业指数、西安 40 指数、上房 50 指数、郑州 40 指数等，基本上采用与中房指数或国房指数相似的理论模型体系。

三、特征价格模型

住房产品具有耐久性、空间固定性等特点，是一种异质性商品，产品之间在构成使用价值的各个特征方面具有明显的差异，如住宅的位置、层次、朝向、户型结构等。对于异质性商品，采用特征价格模型计算价格可以更加纯粹的反映市场供求关系形成的价格。

从微观到宏观，影响住房价格的因素众多，具体如图 1 所示。基于 Hedonic 模型计算的住房价格，能够规避宏观层面的各种因素引发的住房价格短期波动，更能刻画房地产市场的长期均衡价格（见图 1）。

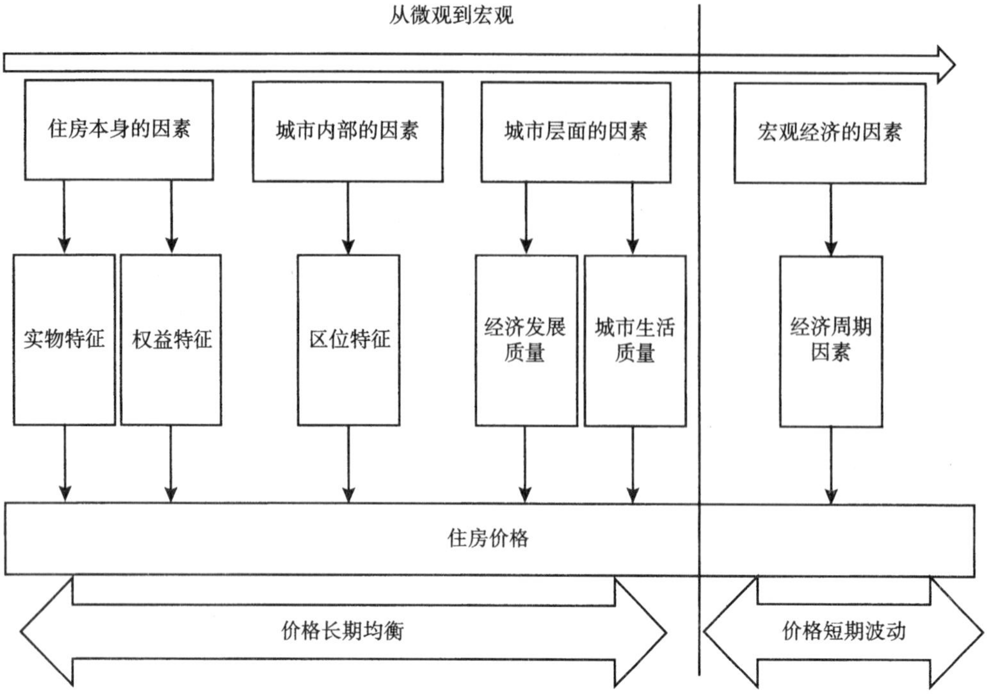

图 1　从微观到宏观影响住房价格的因素

（一）特征价格模型的理论基础

1. 消费者购买决策理论

消费者购买决策理论是指消费者为了满足个人的需求，在一定购买动机支持下，在一定购买力约束下，对可供选择的两个或者两个以上的方案进行分析、评价，选择最佳的购买方案，以及在购买活动后进行评价的一个过程。消费者购买决策包括需求认知、信息收集、方案评价、购买决策、购后评价五个过程。消费者需求是由所处环境的内外部因素决定的，需求是购买动机的起因。

影响消费者购买决策的因素有很多，其中影响最大的是消费者的购买能力即消费者的收入。尤其是购买住宅的时候，由于住宅总价较高，即使住宅的属性价格远低于其效用价格，消费者购买能力不足时仍不可能决定购买住房。对于这种情况，可使用如下函数形式进行解释。设定消费者收入为 M，想要购买的住宅包含 n 个特征，总价为 Z，消费者除购买住宅外其他消费总价为 Y，则需要满足：

$$M \geqslant P(Z) + Y$$

其中，$P(Z)$ 为住宅的 Hedonic 价格函数：

$$P(Z)=P(Z_1, Z_2, Z_3, \cdots, Z_n)$$

效用函数为：

$$U \geqslant U(Z, Y)$$

消费者愿意支付的住宅的效用函数为：

$$U \geqslant U(Z, M-P(Y)) \tag{13}$$

2. 生产者决策理论

生产者决策理论从供给端出发，对市场供给进行分析，追求利润最大化。生产者所能获取利润如下函数表示：

$$R \geqslant P(Z, N)-C(Z, N)$$

其中，R 表示生产者获取的利润，P 表示提供 N 项特征的住宅价格，C 表示提供 N 项特征的成本。

生产者想要获取最大利润，即 $\max[P(Z, N)-C(Z, N)]$需要满足：

$$\frac{\partial P}{\partial Z}=\frac{\partial C}{\partial Z} \tag{14}$$

当市场处于均衡状态，生产者想要获取最大利润，生产者的供给函数曲线一定相切于住宅特征价格曲线。在相切点，每个生产者的每个住宅特征的边际成本和住宅特征价格相等。

3. 住宅特征市场均衡理论

美国经济学家罗森（Rosen）于 1974 年提出产品特征市场均衡模型。产品在市场上的特征价格随着特征的效用及消费者期望得到的效用之间的博弈而变化。商品的特征价格下的隐含效用不能满足消费者的期望效用时，价格逐渐下降，隐含效用高于消费者的期望效用时，消费者甚至愿意花费更高的价格得到商品。价格的上涨或者下降，最终趋于一个平衡，即是市场均衡。

特征价格函数 $P(Z)$ 是满足消费者效用情况下住宅特征 Z_j 的价格函数。市场均衡（即效用需求和特征供给平衡）情况下，开发商的供给曲线（要价曲线）、消费者的需求曲线（出价曲线）以及特征价格曲线三者相切，开发商获得利润最大化，消费者获得效用最大化，特征市场出现均衡价格，市场上的数量为均衡数量。具体如图 2 所示。

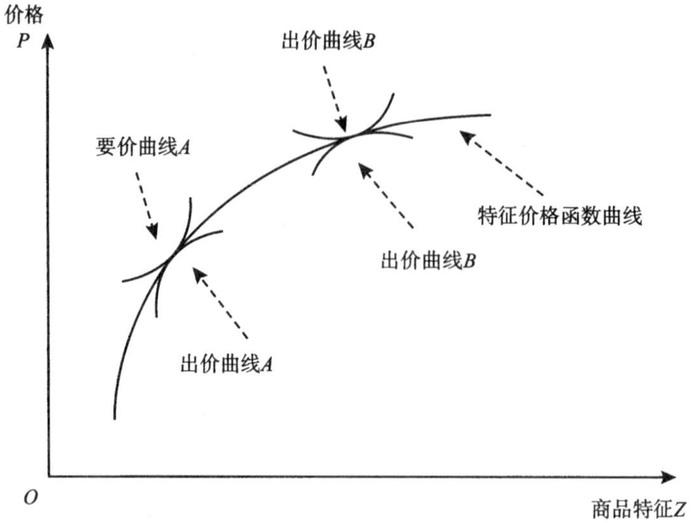

图 2 特征属性的市场均衡图

（二）特征价格模型理论的假设条件

1. 住宅的异质性

同质的住宅特征属性较少，消费者在购买选择时缺乏弹性，采用特征模型研究价格函数实践意义不大。住宅的异质性表明住宅拥有大量的特征属性，每种特征属性都具有效用，消费者根据自己的需求选择不同的特征属性满足自己的期望效用。住宅的特征属性影响住宅的效用水平，住宅的异质性决定了住宅的特征属性。因此，异质性是 Hedonic 模型应用的首要条件。

2. 市场的隐含性

市场的隐含性是指商品的每个特征属性都具有相应的隐含价格。隐含价格由特征属性的效用直接决定，隐含价格也是特征价值的直接反映。市场价格主要由市场供需和产品成本决定，隐含价格则是由产品的价值和效用决定。Hedonic 模型是基于商品的特征属性和效用为基础进行研究，因此，市场的隐含性则是模型的另一个假设条件。

3. 市场的均衡性

住宅特征价格是供给和需求不断平衡下形成，供给大于需求时，产品出现过剩，价格逐渐下降，达到平衡；需求大于供给时，产品供不应求，价格上升抑制消费者需求，且供应商为了获取更多利润在价格上涨过程中增加供给阻碍价格继续上涨，形成新的平衡。只有在市场均衡下，特征属性才能体现效用价格。

（三）特征价格模型的函数形式

Hedonic 模型的函数形式由巴特勒（Butler）于 1982 年提出，住宅的特征属性分为区位、建筑结构、邻里环境三类，这三类的特征属性决定了住宅的特征价格。Hedonic 模型最基本函数形式以区位、建筑结构、邻里环境为自变量的函数。

$$P = f(L, S, N)$$

$$P = \sum_{i=1}^{l} P_i^L L_i + \sum_{j=1}^{m} P_j^S L_j + \sum_{k=1}^{n} P_k^N L_k \tag{15}$$

其中，P 表示特征价格，L 为区位属性，S 为建筑结构属性，N 为邻里环境属性。随着 Hedonic 模型不断发展，函数式也出现很多形式。

1. 主要的函数形式

线性函数、对数函数、半对数函数和对数线性函数是经常采用的四种简单函数形式。

（1）线性形式（linear）：$P = \alpha_0 + \sum \alpha_i Z_i + \varepsilon$。

自变量与因变量均以线性形式进入模型，则回归系数对应特征的隐含价格，此时是一常数。

（2）对数形式（log－log）：$\ln P = \alpha_0 + \sum \alpha_1 \ln Z_i + \varepsilon$。

自变量与因变量均以对数形式进入模型，则回归系数对应特征的价格弹性，此时是一常数。

（3）对数线性形式（log－linear）：$\ln P = \alpha_0 + \sum \alpha_i Z_i + \varepsilon$。

自变量采用线性形式，因变量采用对数形式，则回归系数对应特征价格与产品总价格之比，则 $\alpha_i = P_{Zi}/P$。

（4）半对数形式（semi－log）：$P = \alpha_0 + \sum \alpha_i \ln Z_i + \varepsilon$。

自变量采用对数形式，因变量采用线性形式，则回归系数对应产品中某一特征的总价格，则 $\alpha_i = Z_i P_{Zi}$。

2. 灵活的函数形式

为了得到更精确的结果，有些文献采用更为复杂的函数形式，称之为灵活的函数形式（flexible functional form）。主要包括以下三种形式（式中 i，j，$k=1$，2，3，…，n）。

（1）translog 形式：优点是右边是线性形式，可利用线性回归，缺点是 Z_i 不能为 0。

$$\ln P = \alpha_0 + \sum \alpha_k \ln Z_k + (1/2) \sum \sum \alpha_{ij} \ln Z_i \ln Z_j + \varepsilon$$

（2）semilog quadratic 形式：右边是线性形式，可利用线性回归。

$$\ln P = \alpha_0 + \sum \alpha_k Z_k + (1/2) \sum \sum \alpha_{ij} Z_i Z_j + \varepsilon$$

（3）generalized linear functional form 形式：非线性模型。

$$P = \alpha_0 + \sum \alpha_k (Z_k)^{1/2} + (1/2) \sum \sum \alpha_{ij} (Z_i)^{1/2} (Z_j)^{1/2} + \varepsilon$$

这三种函数形式考虑了自变量之间交互作用，涉及更多的回归参数估计，可能更好地反映自变量和因变量之间潜在的函数关系。

3. Box – Cox 变换

另一种函数形式是 Box – Cox 变换：

$$\frac{P^\lambda - 1}{\lambda} = \beta_0 + \sum \beta_i Z_i^\lambda + \varepsilon$$

当自变量和因变量的 λ 均取 1，则是一个简单的线性函数。当自变量的 λ 均为 1 和因变量的 λ 接近于 0，则变成对数线性的形式。一些研究发现，λ 的数值显然不等于 0 和 1，说明复杂的函数形式比线性或者对数形式更能拟合这些数据。最普遍的函数变形是二次 Box – Cox 变换函数形式：

$$\frac{P^\lambda - 1}{\lambda} = \beta_0 + \sum \beta_i Z_i^\lambda + \frac{1}{2} \sum \sum \gamma_{ij} Z_i^\lambda Z_j^\lambda + \varepsilon \tag{16}$$

（四）特征价格模型的变量选择

1. 建筑特征

建筑特征是指满足住宅功能的一些特征。如楼盘的高度、面积、房间数、类型、绿化率、容积率等。随着城市的发展，住宅高度随之增高，消费者具有更多的选择空间，一些年轻人喜欢住在高楼层，老年人偏向于低楼层。住宅的面积越大、房间数越多，总价越高。

2. 邻里特征

住宅的周边环境及配套设施构成住宅的邻里特征。配套设施如商场、菜市场、银行、学校、医院、运动场等都会对住宅价格产生积极影响，周边的恶劣环境如垃圾场、炼油厂等则会对住宅的效用构成负面影响。住宅周边的景观如临海、公园、绿化带等则会增加消费者的体验而带来附加的效用。

3. 区位特征

住宅的区位是从城市范围的角度衡量，住宅区位指住宅所在地距离城市中心或者中央商务区的距离，还包括住宅的区域规划、交通条件等。离城市中心、中央商务区距离与隐含价格成反相关，交通条件与隐含价格成正相关，区域规划则视情况而定，例如，城市重新进行区域划分设定开发新区，则区域规划特征对住宅价格影响巨大。

（五）特征价格模型的估计及检验

1. 特征价格模型的估计

（1）最小二乘法估计（OLS）。

通过计量方法可以对 Hedonic 模型中的未知参数进行估计，最小二乘法是最为常用也是最有效的方法。最小二乘法估计参数是利用残差平方和最小的原则确定样本的回归函数，即确定合适的参数 α_j，使全部样本值的残差平方和最小，即：

$$\min \sum e_i^2 = \sum (Y_i - \hat{Y}_i)^2 \tag{17}$$

其中，$\sum e_i^2$ 为残差平方和，Y_i 为样本的真实值，$\hat{Y}_i$为样本的估计值。最小二乘法是计量经济学模型中参数回归估计的使用率非常高的方法，操作简单且实用性高。最小二乘法得到的多元线性的参数估计值具有线性、无偏性、最小方差性。

（2）加权最小二乘法估计（WLS）。

在最小二乘法估计方法中，规定样本方差是一个常数，即所有的变量对于计算过程具有相同的贡献。但是，模型中的部分变量相比于其他变量变异性较大，这种情况下样本方差不是一个常数，此时使用最小二乘法估计参数就不合适。如果变量的变异性可以通过其他变量进行预测，可以使用加权最小二乘法，WLS 方法可以在回归分析计算过程中给予不同的变量不同的权值，变异性小的变量赋予更大的权值。

2. 特征价格模型的检验

（1）. 显著性检验。

计量经济学中，通常采用拟合度检验、变量显著性检验、方程显著性检验等方式检验模型的准确性，检验过程中分别采用 R^2、F、t 作为统计量。拟合度 R^2 是指样本回归值与观测值之间的拟合程度，即回归平方和与总离差平方和的比值。总体显著性检验即 F 检验，就是检验全部解释变量对被解释变量的共同影响是否显著。回归参数的显著性检验，即 t 检验，目的在于检验当其他解释变量不变时，该回归系数对应的解释变量是否对因变量有显著影响。

（2）方差分析。

回归方程的方差分析的检验值为 0.000，即小于 0.001，说明方程高度显著，拒绝全部系数均为 0 的原假设，进入方程的变量线形关系能够成立。

（3）共线性检验。

线性回归模型的假设之一是模型中任何自变量之间不存在精确的线性关系。如果这种线性关系存在，则自变量完全共线或存在完全共线性，共线性会使参数估计不稳定。

变量容忍度和方差膨胀因子法（VIF）是共线性检验常用到的两种方法，其中容忍度越小（一般小于 0.1 判断），说明该自变量被其余变量预测的越准确，共线性越严重。方差膨胀因子容忍度的倒数（一般大于 10 判断），方差膨胀因子越大，说明该自变量与其他自变量关系越密切。经验判断方法表明：当 $0 < VIF < 10$，不存在多重共线性；当 $10 \leq VIF < 100$，存在较强的多重共线性；当 $VIF \geq 100$，存在严重多重共线性。

四、编制北京市住宅价格指数

（一）数据收集与整理

1. 数据的收集

经与链家研究院交流、沟通以及协商，得到 2016 年 7 月 ~2017 年 6 月的 110560 条原始交易记录。交易记录中含有成交时间、成交总价、房屋建筑面积、房屋建成年代、房屋室数、物业费、房屋朝向、总层数、所在楼层、房屋用途、是否为经济适用房、位置、距离天安门的距离、车位数、户数、绿化率、容积率和贷款额指标。

表 1　　原始交易记录的特征变量

特征分类	特征变量	变量代码
建筑特征	房屋建筑面积	*area*
	房屋建成年代	*year*
	房屋室数	*hnum*
	房屋朝向	*dire*
	总层数	*tnum*
	所在楼层	*znum*
	车位数	*carn*
	户数	*hunu*
	绿化率	*gree*
	容积率	*plot*
	物业费	*wfee*
邻里特征	—	—
区位特征	距天安门的距离	*dist*

2. 数据的处理

由于原始数据质量存在一定程度的问题，正式使用数据之前，需要对数据加以处理，数据处理过程如下。

（1）甄别数据。

在“房屋用途”甄别出交易记录中含有商住两用、别墅、工业厂房、写字楼、四合院、商业营业用房、“未知”等交易记录，这些交易均属于非真正意义上的商品房买卖，需要将不属于商品住宅的数据记录删除。“是否为经济适用房”不用甄别，因为自 2011 年开始，经济适用房已经退出历史舞台。

（2）标识数据。

建模计算之前，需要对实际交易数据和观测收集数据进行逐一标识、等级赋值、综合评价打分和设定相应的定类变量名称，例如，住宅的朝向的区分在数据库记录是文字型的，需要转换成虚拟变量。

（3）删除缺失和异常数据。

一是删除缺失数据。原始数据的各特征指标中，均存在数据缺失的记录，需要删除。二是删除异常值。有的住宅房价记录为每平方米几百元、几十元甚至还有几元；有的交易面积记录为几平方米。非正常交易的数据显然不能作为计算数据，因为它们不能代表市场信息，在计算中需将异常值删除。三是删除错误数据。“车位数”“绿化率”“容积率”存在负值的交易记录，应该是数据录入时出现的错误，也要删除。

经过甄别、赋值、删除等处理程序，最后得到可以使用的真实数据记录为 57904 条，比原始数据记录总数 110560 条少了 52656 条。数据记录的时期分布如表 2 所示。

表 2　可直接使用数据的时间分布

时期	观测数（条）
2016 年 7 月	7476
2016 年 8 月	9650
2016 年 9 月	7974
2016 年 10 月	2533
2016 年 11 月	3104
2016 年 12 月	4752
2017 年 1 月	3433
2017 年 2 月	6367
2017 年 3 月	8090
2017 年 4 月	1766
2017 年 5 月	1341
2017 年 6 月	1418
可用数据记录	57904

（二）模型估计

1. 引入时间虚拟变量

为了体现不同时间价格的变化，加入时间虚拟变量，以反映不同时期市场的供需关系变化。

2. 选择基准月份

由于数据记录处于2016年7月至2017年6月这12个月的范围，因此选择2016年7月作为基期，所有交易记录作为样本数据。以对数线性Hedonic模型作为计算模型，模型形式为：

$$\ln P = \alpha_0 + \sum_{i=1}^{m} \alpha_i X_i + \sum_{j=1}^{n} \beta_j M_j + \varepsilon \tag{18}$$

其中，P 为住宅商品房成交均价，X_i 为第 i 项影响住宅商品房的特征变量，M_j 为第 j 个交易月份特征变量。构建住宅特征价格指数时建立的基准期特征价格模型，需将“交易时间”这一特征变量转换成11个交易月份的虚拟变量，以此体现房价随时间的变化特征，其他特征变量保持不变。本次指数编制中进入模型的备选特征变量为12个。

3. 估计模型系数

先对含有12个备选特征变量的基准期特征价格模型进行估计，依据经济与统计检验，剔除影响不显著以及与经济意义不符的特征变量，最后引入10个特征变量进入模型，模型的拟合结果和检验情况如表3和表4所示。

表3 基准期（2016年7月）特征价格模型的拟合优度检验

R	R^2	F统计量	伴随概率
0. 5463	0. 5461	3181. 5800	0. 0000

表4 基准期（2016年7月）特征价格模型的回归系数及其显著性检验

特征变量	回归系数	回归标准误差	t统计量	伴随概率	共线性检验（VIF）
常数项（*C*）	18. 3891	0. 4062797	45. 26	0. 0000	—
房屋建筑面积（*area*）	-0. 00258	0. 0000494	-52. 23	0. 0000	3. 28
房屋建成年代（*year*）	-0. 00365	0. 0002038	-17. 91	0. 0000	1. 68
房屋室数（*hnum*）	0. 046358	0. 0022906	20. 24	0. 0000	3. 09
物业费（*wfee*）	0. 060403	0. 0010648	56. 72	0. 0000	1. 58
房屋朝向（*dire*）	0. 012561	0. 0011819	10. 63	0. 0000	1. 36
距天安门距离（*dist*）	-0. 0000293	0. 000000169	-173. 48	0. 0000	1. 37

续表

特征变量	回归系数	回归标准误差	t 统计量	伴随概率	共线性检验（VIF）
车位数（*carn*）	0.0000258	0.00000127	20.34	0.0000	1.72
户数（*hunu*）	-0.0000112	0.000000725	-15.43	0.0000	1.59
绿化率（*gree*）	0.00127	0.0001463	8.69	0.0000	1.12
容积率（*plot*）	-0.00368	0.0009291	-3.96	0.0000	1.22
2016 年 8 月	0.068185	0.0039597	17.22	0.0000	1.91
2016 年 9 月	0.179112	0.0041376	43.29	0.0000	1.79
2016 年 10 月	0.212870	0.0059038	36.06	0.0000	1.28
2016 年 11 月	0.220823	0.0054709	40.36	0.0000	1.34
2016 年 12 月	0.260906	0.0047566	54.85	0.0000	1.51
2017 年 1 月	0.283351	0.0057788	49.03	0.0000	1.30
2017 年 2 月	0.335663	0.0043708	76.80	0.0000	1.65
2017 年 3 月	0.389259	0.0041092	94.73	0.0000	1.80
2017 年 4 月	0.371765	0.0067579	55.01	0.0000	1.20
2017 年 5 月	0.351119	0.0075779	46.33	0.0000	1.15
2017 年 6 月	0.305258	0.0074118	41.19	0.0000	1.16

4. 计算基准月份 2016 年 7 月的特征价格

基准月份 2016 年 7 月的特征价格计算公式为：

$$P_0 = e^{\alpha_0 + \sum \alpha_i x_{0i}} \tag{19}$$

其中，P_0 为标准住宅的平均价格，x_{0i}为标准住宅中第 i 项特征变量的取值，α_i 为第 i 项特征变量（不包括“交易月份”变量）在模型中的非标准化回归系数。

经计算，2016 年 7 月特征价格值为 44365.89 元/平方米，对数值为 10.7002。

5. 计算 2016 年 8 月至 2017 年 6 月的平均价格

$$P_{0j} = e^{10.7002 + M_j} \tag{20}$$

其中，P_{0j}为第 j 月标准住宅的平均价格，M_j 为第 j 月交易月份虚拟变量的未标准化回归系数，计算出各月的标准特征价格，即可得到定基价格指数，如表 5 所示。

表5　基准期（2016年7月）北京市标准住宅的特征价格及定基指数计算结果

时间	未标准化系数	特征价格对数值	特征价格绝对值（元/平方米）	定基指数	环比指数
2016年7月		10.7002	44365.89	100.00	100.00
2016年8月	0.0682	10.7684	47496.49	107.06	107.06
2016年9月	0.1791	10.8793	53068.45	119.62	111.73
2016年10月	0.2129	10.9131	54890.55	123.72	103.43
2016年11月	0.2208	10.9210	55328.83	124.71	100.80
2016年12月	0.2609	10.9611	57591.63	129.81	104.09
2017年1月	0.2834	10.9836	58898.87	132.76	102.27
2017年2月	0.3357	11.0359	62062.00	139.89	105.37
2017年3月	0.3893	11.0895	65479.02	147.59	105.51
2017年4月	0.3718	11.0720	64343.48	145.03	98.27
2017年5月	0.3511	11.0513	63028.70	142.07	97.96
2017年6月	0.3053	11.0055	60203.41	135.70	95.52

（三）价格指数比较

将计算的2016年7月至2017年6月北京市二手住宅价格环比指数与国家统计局公布的全国70个大中城市中的北京市二手住宅价格环比指数比较，如图3所示。

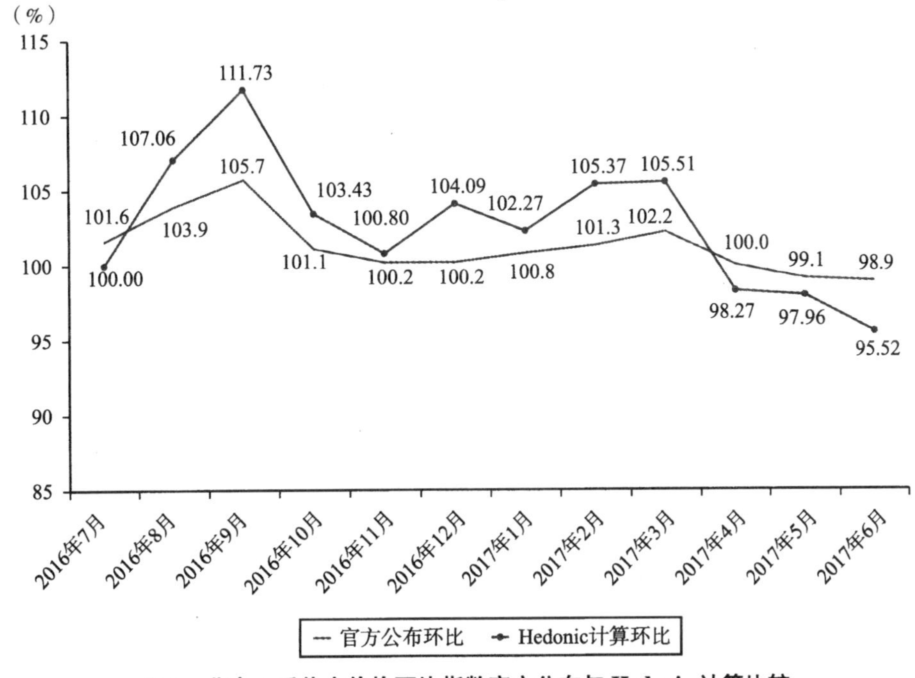

图3　北京二手住宅价格环比指数官方公布与Hedonic计算比较

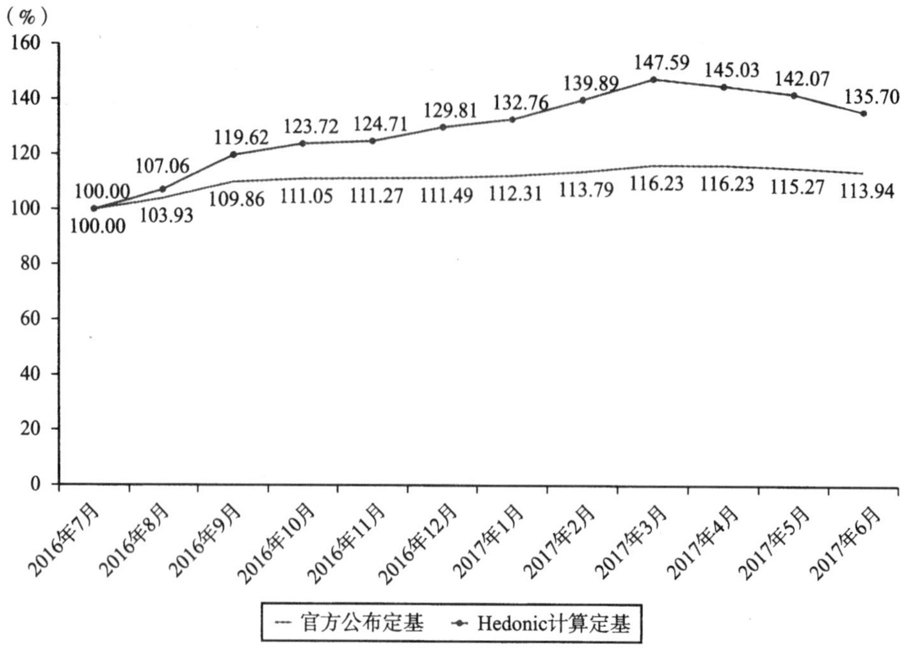

图4　北京二手住宅价格定基指数官方公布与 Hedonic 计算比较

两种不同方法计算出来的房价指数存在明显差异。从环比来看，官方公布的北京市价格指数波动幅度较小，2016 年 9 月二手住宅价格指数环比上涨 5.7%，较 8 月份的环比涨幅扩大 1.8 个百分点。Hedonic 方法计算的北京市价格指数波动更加明显，2016 年 9 月二手住宅价格指数环比上涨 11.73%，较 8 月份的环比涨幅扩大 4.67 个百分点。2016 年我国房地产价格整体呈大幅上扬之势，北京市房地产市场尤其明显，Hedonic 方法计算的价格指数与市场认同度较为吻合。

五、结　　论

特征价格模型将房地产商品的价格分解，以显现出各项特征的隐含价格。基于 Hedonic 模型计算的住房价格，可以更加纯粹反映由供求关系引起的价格变动，更能反映房地产市场的长期均衡价格。

（一）引入 Hedonic 模型编制房价指数可以完善当前我国房价编制的体系框架

我国代表性的全国房地产开发业综合景气指数、70 个大中城市房地产价格指数和中国房地产指数系统，均直接应用价格指数理论来编制，即加权平均法，基本原理是以报告期房地产实际交易项目的价格与基期实际交易项目的价格相比作为指数，通过加权将大量的交易项目加总，在一定程度上降低房地产品质差异及市场结构变动对指数带来的影响。同时，这三个房地产价格指数系统均存在不同程度的失真问题。特征价格理论是国外编制房地产价格指数最主要的理论基础之一，根据我国目前房地产市场的现状及其发展趋势，宜用特征价格理论作为编制房地产指数的理论依据，以进一步完善我国房地产价格指数。

（二）引入 Hedonic 模型编制房价指数可以使市场更加客观了解房价变化程度

一是可以为购房者提供准确的房产信息。房地产价格上涨一般是由市场因素和非市场因素引起，商品住宅均价的变化如果无法区分是市场因素还是非市场因素引起，则不利于购房者对市场走势的判断。引入特征价格模型的房地产价格指数可以为购房者提供客观的信息，有助于购房者做出正确的购房决策，引导消费者理性消费，促使市场供需平衡，以实现资源的优化配合。

二是可以为房地产商项目运作过程中提供准确的信息参考。商品住房价格是其所包含的所有特征价格的总和，开发企业可以根据商品住房的特征进行不同的组合，对商品住房的位置、类型、面积、装修程度、物业管理服务、小区环境、生活便利性和交通便捷性等因素综合考虑来开发产品并定价。房地产开发的各环节中，如土地竞买、项目开盘时间、房地产销售价格制定等都需要对市场有准确的把握，引入特征价格模型的房地产价格指数有助于房地产商了解市场的真实价格及其变化趋势，从而做出正确的投资决策。

（三）引入 Hedonic 模型编制房价指数可以为政府部门制定相关政策提供依据

住房特征价格反映各种特征因素对商品住房价格的影响程度，结合商品住房特征的分布情况，可以了解整个城市商品住房小区的布局、公共服务配套设施的完善程度、小区周围环境的优劣以及交通是否便捷等情况，可以为城市规划、城市功能的完善、基础设施的合理布局、旧城改造的方向等提供相应的参考信息。房地产业持续稳定发展不仅关系着国民经济的健康发展，也关系着社会的和谐稳定。我国房地产市场尚处于中期发展阶段，房价快速上涨带来了诸多隐患，应根据准确的房价指数变化判断房地产市场的走势，以提高房地产市场调控的前瞻性和精准性。引入特征价格模型的房地产价格指数可以为政府管理和调控房地产市场提供科学的依据。

参考文献

[1] 焦恩稚．成都市房地产住宅市场投资分析［D］．成都：西南财经大学，2014.

[2] 石薇，王洪卫，谷卿德．运用分位回归特征价格模型构建住房价格指数［J］．统计与决策，2015（4）：9-12.

[3] 孙斌艺．住宅市场的微观结构：关于教育因素对上海住宅价格影响的计量经济分析［J］．财贸经济，2008（9）：114-118.

[4] 孙玉环．改进住宅销售价格指数编制质量的一种思路探讨［J］．统计研究，2011（10）：28-35.

[5] 王德，黄万枢．外部环境对住宅价格影响的 Hedonic 法研究——以上海市为例［J］．城市规划，2007（9）：34-46.

[6] 王洪玉，韩正龙．地铁影响住房价格的空间异质性测度——以上海市地铁 11 号线为例［J］．城市问题，2015（10）：36-42.

[7] 温海珍．城市住宅的特征价格：理论分析与实证研究［D］．杭州：浙江大学，2004.

[8] 文苑棠．住房特征价格指数编制方法与实证研究——以广州为例［J］．市场经济与价格，2014（9）：19-23.

[9] 姚家庆．基于 Hedonic 模型城市住宅价格指数研究［D］．杭州：浙江工商大学，2014.

[10] 姚丽，谷国锋，王建康．基于空间计量模型的郑州城市新建住宅空间效应研究［J］．经济地理，2014（1）：69-74.

[11] 张胜．我国主要城市房地产价格指数的预测方法及预测研究［D］．马鞍山：安徽工业大学，

2015.

[12] 赵亮. 基于特征价格模型的沈阳市商品住房价格指数 [J]. 东北大学学报（自然科学版），2015 (8): 23-30.

[13] 周娟. 基于两类模型的昆明市房价指数编制研究 [D]. 昆明：昆明理工大学，2014.

[14] Bulter R V. The Specification of Hedonic Indexes for Urban Housing [J]. Land Economics, 1982, 58 (1): 96-108.

[15] Court A T. Hedonic Price Indexes with Automotive Examples, In the Dynamics of Automobile Demand [M]. New York: General Motors, 1939.

[16] Nelson A C, Genereux J, Genereux M. Price Effects of Landfills on House Values [J]. Land Economics, 1992, 68 (4): 359-365.

[17] Nelson J P. Meta-Analysis of Airport Noise and Hedonic Property Values [J]. Journal of Transport Economics and Policy, 2004, 38 (1): 1-27.

[18] Ridker R, Henning J. The Determinants of Residential Property Values with Special Reference to Air Pollution [J]. Review of Economics and Statistics, 1967 (49): 246-257.

外汇市场重大风险爆发、防范和应对的国际经验及启示

徐　鹏

内容提要　当前国际形势严峻复杂，外汇市场重大风险频繁爆发。在回顾相关理论基础上，分析了欧洲货币体系，以及东亚、拉美和当前新兴经济体外汇市场重大风险事件，并对外汇市场重大风险爆发的共性因素以及国外防范与应对汇市风险的经验和教训进行了总结，最后给出我国防范与应对外汇市场重大风险的启示。共性因素有：宏观经济结构失衡现象较为严重，汇率制度过于僵硬，金融自由化步伐过快，债务问题过于严重，美元汇率的周期性反弹，短期资本主要流向虚拟经济。经验和教训有：坚守固定汇率制终将造成外汇储备的大量流失，灵活运用货币政策有利于加快经济复苏进程，灵活运用财政政策有利于市场信心的恢复，及时寻求国际社会援助可以有效降低汇市风险的波及广度和深度，重大风险事件加速了金融体系的改革和整顿，转变经济发展方式可解决宏观经济的结构失衡问题。重要启示有：稳是主基调，稳是大局，要在稳的前提下进行风险防范；汇率政策要统筹兼顾、更加灵活，通过多措并举完善跨境资本管理框架；投资政策要内外并举，尤其是加大外商投资吸引力度。

近年来，随着国内经济金融化和国际经济一体化的深入推进，人民币外汇市场呈现出诸多风险苗头，对经济社会造成了一定负面影响。自“8·11”汇率改革以来，人民币汇率对美元大幅贬值、资本外流规模大幅增加，截至2016年12月，人民币兑美元中间汇价累计贬值达到11.4%，非储备性质金融账户余额累计减少8189亿美元。与此同时，通过市场信心和流动性等渠道，人民币汇率波动不仅对国内房地产市场、股票市场、债券市场和大宗商品市场造成了一定冲击，而且也加速了国际大型跨国公司撤离中

国的步伐。在金融全球化浪潮中，特别是人民币加入国际货币基金组织的特别提款权（SDR）以后，中国外汇体制市场化改革将面临新的嬗变背景，改革进程中面对的环境可能会更加复杂、面临的风险可能会不断加剧、汇率波动的“蝴蝶效应”可能会快速放大，为保持经济社会的平稳运行，有必要对外汇市场重大风险的防范与应对进行研究。

2015 年以来，受主要经济体货币政策分化、地缘政治风险和国际大宗商品价格波动加剧等多种因素影响，国际外汇市场重大风险频繁爆发，新兴市场国家表现尤为明显。其中，俄罗斯、哈萨克斯坦、阿根廷、阿塞拜疆和委内瑞拉相继放弃了钉住美元的固定汇率制度。在新兴市场国家货币遭受频繁抛售背景下，外汇市场重大风险的爆发、防范和应对再度引起了市场和学界关注，尤其是与过往外汇市场重大风险的比较研究。当前，我国正处于全面建成小康社会的决胜阶段，在严峻复杂的国际形势下，研究外汇市场重大风险的生成机理和应对、防范国际经验，对于外汇市场体制改革和有效规避资产市场的风险传染具有重大现实意义，同时也有助于深刻认知供给侧结构性改革的重要性。

本文的研究框架具体如下：首先，界定了外汇市场重大风险概念并对相关理论模型进行了回顾；其次，梳理了主要经济体外汇市场重大风险爆发的基本事实，厘清了汇市风险爆发的源头和发生机理，并分析了汇市风险对其他主要市场与宏观经济造成的冲击；再其次，总结了外汇市场重大风险爆发的共性因素，以及主要国家防范与应对汇市风险的主要做法和经验教训；最后，在总结经验教训的基础上给出了对我国的启示，并提出国内防范和应对外汇市场重大风险的思路和对策建议。具体研究思路如图 1 所示。

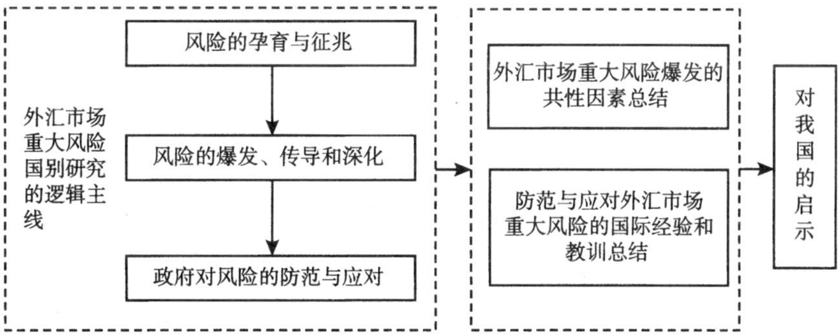

图 1　研究思路

一、外汇市场重大风险的概念界定与理论沿革

（一）外汇市场重大风险的概念界定

实际研究中，学界和业界更习惯于使用“货币危机”一词来描述外汇市场重大风险概念。典型的货币危机可以表述为：在投机冲击下，一国货币当局宣布放弃固定汇率制度，导致该国货币汇率在短时间内大幅贬值的情形。《新帕尔格雷夫经济学大辞典》则将货币危机定义为：一国货币汇率在短期内大幅贬值的现象。本文扩大了外汇市场重大风险（货币危机）的内涵，将外汇市场重大风险界定为，在外汇市场积累和爆发，可能在不同市场间相互传导、交叉感染，并对金融体系稳定性产生冲击，进而给实体经济造成重大负面影响的风险。外汇市场重大风险往往伴随着一国货币汇率在短期内大幅贬值、资本市场泡沫破裂、社会矛盾和问题暴露以及实体经济的大幅滑坡。

（二）外汇市场重大风险的理论沿革

为更好开展实证部分研究，有必要对外汇市场重大风险的理论沿革进行梳理和总结。关于外汇市场重大风险的生成机理和演变路径，经济学家做了大量理论工作，提出了众多有益模型。其中代表性的主要有，克鲁格曼（Krugman，1979）、弗勒德和盖布勒（Flood & Garber，1984）的第一代外汇市场重大风险理论模型，奥伯斯菲尔德（Obstfeld，1994，1996）的第二代外汇市场重大风险理论模型，克鲁格曼（1996）、张和瓦拉斯科（Chang & Velasco，1998）的第三代外汇市场重大风险理论模型，克鲁格曼（1999）的三元悖论（the impossible trinity）理论。

克鲁格曼于1979年提出的国际收支危机模型是关于外汇市场重大风险的第一个比较成熟的理论模型。之后，弗勒德和盖布勒（1984）通过简化分析克鲁格曼模型，给出了投机攻击时间的显示解，从而完成了第一代外汇市场重大风险的基本理论模型。从理论分析的基本逻辑来看，第一代外汇市场重大风险模型着重强调宏观基本面对外汇市场重大风险的影响，即当宏观基本面的恶化时，如国际收支失衡、失业率上升、通货膨胀加剧，采取固定汇率制度的国家将会遭遇外部投机冲击，偶发性的投机冲击可以在短时

间内耗尽政府所持有外汇储备，迫使政府放弃固定汇率制。虽然第一代模型建立在固定汇率制度背景之下，但康奈利（Connelly，1986）和多恩布什（Dornbusch，1987）研究表明第一代模型的结论同样也适用于爬行钉住汇率制度。第一代模型很好地解释了20世纪八九十年代拉美国家的外汇市场重大风险，对于2015年以来俄罗斯、哈萨克斯坦、阿塞拜疆等新兴市场国家的外汇市场大幅贬值情形也同样适用。

1992年，欧洲货币体系危机的爆发对第一代外汇市场重大风险模型提出了挑战。首先，英国、意大利在外汇市场重大风险爆发之前，宏观基本面并没有像拉美国家那样显著的恶化。其次，一些放弃联合浮动汇率制度的国家还具有充足的外汇储备。针对欧洲货币体系危机的研究促进了第二代外汇市场重大风险模型的发展。第二代模型的代表作主要有奥伯斯特菲尔德（1994，1996）、亚赫和萨瑟兰德（Ozkan & Sutherland，1995）、奔萨德和珍妮（Bensaid & Jeanne，1997）。这些研究均侧重于从政府的相机抉择和投机者的预期自我实现角度分析外汇市场重大风险的爆发。第二代外汇市场重大风险理论认为：外汇市场重大风险爆发的根源在于投资者贬值预期的自我实现；在外汇市场重大风险爆发之时，政府并不一味坚守固定汇率制度，而在固定汇率和浮动汇率制度之间进行相机抉择。

1997年东南亚金融危机的爆发推动了第三代外汇市场重大风险模型的发展。这一代模型侧重于从银行、企业等微观个体角度探讨外汇市场重大风险爆发的成因。主要有两个分析思路：一是克鲁格曼（1996）、科尔赛迪等（Corsetti et al.，1999）提出的道德风险模型；二是张和瓦拉斯科（1998）提出的流动性不足模型。其中，道德风险模型认为政府对金融机构的隐性担保，容易导致信贷的过度投放，推动资产泡沫膨胀，引致资本外流和外汇市场重大风险的爆发。流动性不足模型则认为当国际流动性不足时，即国际资产和国际负债期限错配时，银行体系容易发生挤兑危机，在悲观预期作用下，外汇市场重大风险将“自我实现”。

克鲁格曼（1999）在总结上述三代外汇市场重大风险理论时认为，由于三元悖论的存在，使一国政府不可能同时实现货币政策的独立性、资本自由流动以及固定汇率制度三大目标。20世纪90年代以来的经验表明，持续的国际收支逆差、资本自由流动加上固定汇率制度是发生外汇市场重大风险的充分必要条件（余永定，2000）。在国际收支持续逆差、资本外流加剧的背景下，为维持本币汇率稳定，政府可能会通过提高利率手段来实施紧缩性货币政策。虽然高利率可以在一定程度上抑制资本外流、阻止投机性攻击、恢复市场信心、稳定汇率等，但其也存在缺陷，即高利率往往会导致经济衰退，最终迫使政府放弃紧的货币政策。因此，外汇市场重大风险爆发的制度性原因在于政策目标的不协调和不一致。为防范外汇市场重大风险，走出三元悖论，克鲁格曼认为政府在制定宏观经济政策目标时应协调一致。

二、外汇市场重大风险事件的国别研究

主要研究20世纪90年代以来发生的外汇市场重大风险事件。具体包括：1992年欧洲货币体系的外汇市场重大风险、1997年东亚国家的外汇市场重大风险、1994～2002年拉美国家的外汇市场重大风险以及2015年以来的新兴市场国家的外汇市场重大风险。在外汇市场重大风险事件的国别研究中，遵循风险演变过程这条逻辑主线，首先厘清风险的孕育与征兆，接着分析风险的爆发、传导和深化，最后总结政府防范与应对风险的主要做法。鉴于外汇市场重大风险生成、传导、防范和应对的研究资料非常丰富，诸多经济学领域文献均有涉及。在此，将侧重从经济、金融层面对外汇市场重大风险中的一些典型事实和演变过程进行分析。

（一）欧洲货币体系外汇市场的重大风险

欧洲货币体系成立于1979年，旨在限制成员国货币之间汇率波动和实现欧洲经济货币联盟。欧洲货币体系创始成员国包括联邦德国、法国、意大利、荷兰、比利时、丹麦、爱尔兰和卢森堡八个国家。之后，希腊、西班牙、英国和葡萄牙相继加入该货币体系。1992年9月，欧洲货币体系外汇市场爆发重大风险。这一重大风险不仅瓦解了欧洲货币体系的汇率机制，同时也推迟了欧洲货币一体化进程。接下来，对这一重大风险的演变过程进行分析。

1. 风险的孕育与征兆

欧洲货币体系在外汇市场重大风险爆发之前，经济、汇率结构缺陷早已突显，概括起来，主要表现为以下两个方面：

（1）经济发展两极分化，结构失衡更加突出。

进入20世纪90年代，受世界经济需求疲弱等外部因素影响，绝大多数欧洲经济体的经济增长出现了减速和衰退，经济结构失衡显得更加突出（见图2）。两德统一虽然

使德国财政负担加重，通货膨胀上升，但就整个经济形势而言，德国在欧洲货币体系中仍属出类拔萃，其GDP保持着5%的中高速增长。相比德国经济，英国经济则显得较为疲弱，GDP增长率逐年下降，并且1991年降至-1.24%。此外，英国的通货膨胀水平和失业率也居高不下，经常项目常年为逆差。与英国类似，意大利和西班牙宏观经济也面临严峻挑战，GDP增速降低，通货膨胀和失业率高企，经常项目常年逆差。法国虽然在治理通货膨胀方面取得了一定成绩，但就整个经济而言，仍显得较为脆弱。由于各国经济此消彼长，政策优先关注目标不尽相同，导致政策取向进一步分化，经济结构进一步失衡。长此以往，国际金融市场势必会对欧洲货币体系成员国之间的经济协调能力产生怀疑，引发欧洲外汇市场的动荡。

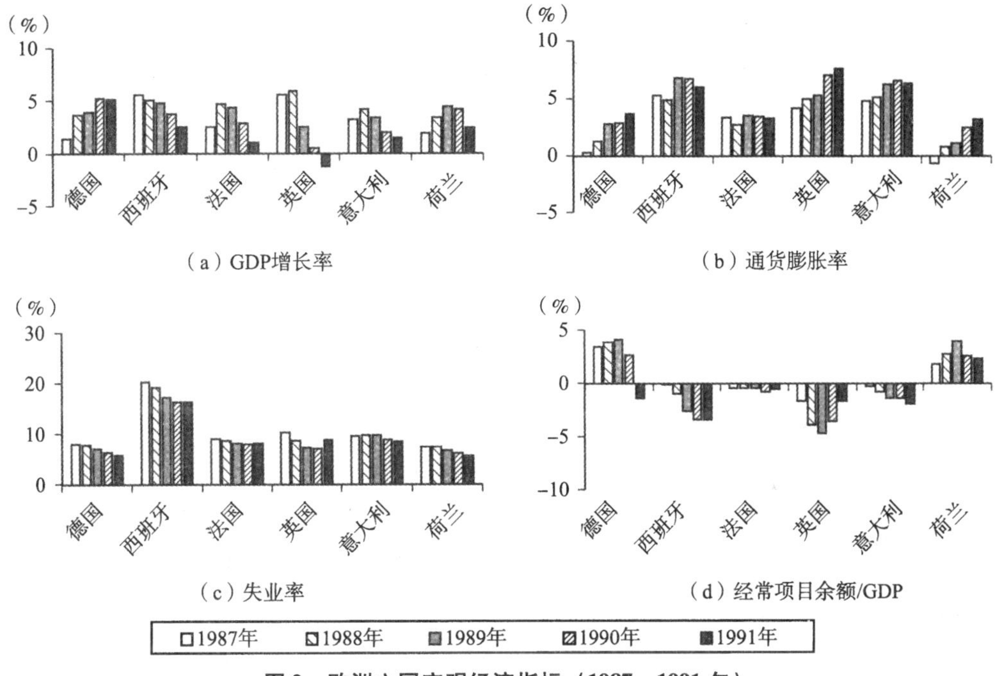

图2 欧洲六国宏观经济指标（1987~1991年）

注：如无特别说明，本文均采用消费者价格指数来衡量通货膨胀水平。
资料来源：世界银行WDI数据库、国际货币基金组织WEO数据库以及各国央行网站。

（2）汇率制度存在缺陷，宏观调控举步维艰。

欧洲货币体系的汇率制度实质上可看作是一种有管理的联合浮动汇率制度。具体而言，该汇率制度以欧洲货币单位（ECU）为中心，要求成员国货币与欧洲货币单位挂钩，并在一定区间内浮动；成员国货币之间实行固定汇率制度，并且上下波动幅度不超过中心汇率的2.25%（西班牙和葡萄牙为6%）；成员国货币对美元实行联合浮动汇率。值得注意的是，在欧洲货币体系建立早期，货币委员会根据各国的经济实力状况，频繁调整中心汇率，然而20世纪80年代末，出于加速欧洲货币一体化进程的意图，货币委员会并未对中心汇率做出任何调整，导致成员国货币之间的名义汇率严重偏离他们的实际有效汇率。鉴于外汇市场上私人部门需求的并不是欧洲货币单位，同时德国在成员国中起着中心国作用，因此其他成员国将本国货币钉住目标由欧洲货币单位转移至德国马克，并将本国货币与德国马克汇率之间的波动作为央行入市干预的标志。

20世纪80年代末至90年代初，德国联邦银行连续调高贴现率和抵押贷款利率，虽然有效抑制了国内通货膨胀和经济过热问题，但对欧洲货币体系其他成员国而言则带来了相当大的负面影响。具体而言，欧洲汇率制度是一种以德国马克为核心的联合浮动汇率制度，为维持成员国之间的固定汇率，根据利率平价理论，当德国提高利率时，其他成员国不得不相应提高利率，否则其他成员国的货币就会受到巨大冲击，此外，利率的提高势必会引起成员国货币对美元汇率的上浮。对于陷入经济衰退的欧洲大陆而言，为刺激经济增长，货币政策需要降低利率，而对于稳定成员国汇率而言，货币政策须与德国联邦银行保持一致，即提高利率。这样就给欧洲货币体系成员国的宏观调控造成了举步维艰的局面，长此以往，势必引起欧洲外汇市场的动荡和联合浮动汇率制度的瓦解。

2. 风险的爆发、传导和深化

（1）风险爆发。

随着《马斯特里赫特条约》公投在丹麦受阻，以及德国联邦银行将贴现率提高至历史最高纪录8.75%，欧洲外汇市场的紧张局势逐渐加剧（参见图3）。为维持芬兰马克与德国马克的固定比价，芬兰央行不得不大量抛售德国马克，但鉴于德国马克储备十分有限，没过多日储备就被消耗殆尽。1992年9月8日，芬兰政府不得不宣布芬兰马克与德国马克脱钩，自由浮动，结果当日，芬兰马克对德国马克的汇率下降了14.5%。虽然芬兰并不是欧洲货币体系的正式成员国，但芬兰马克与德国马克脱钩的事实，却成为欧洲货币体系外汇市场重大风险爆发的导火索。没过多日，意大利和英国的外汇市场相继爆发重大风险，至此欧洲货币体系的外汇市场的重大风险全面爆发。

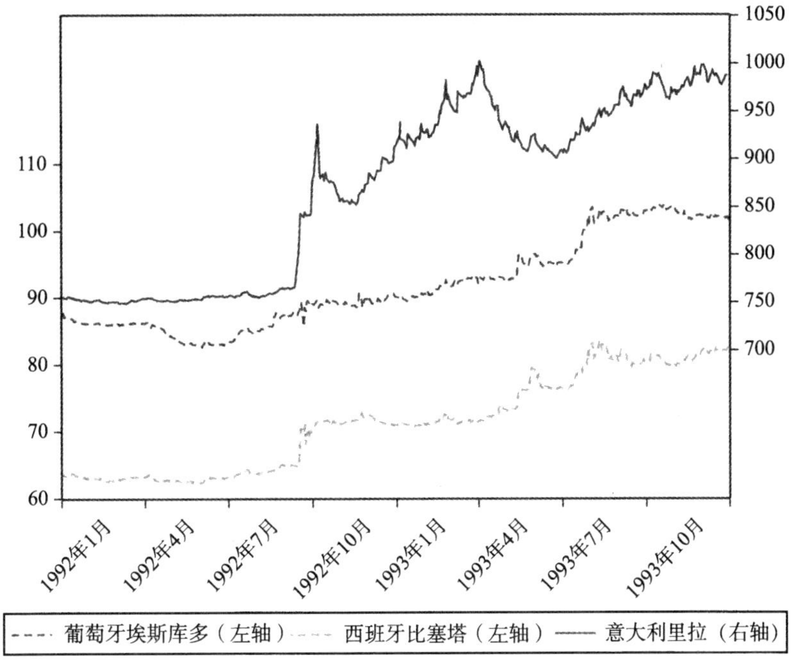

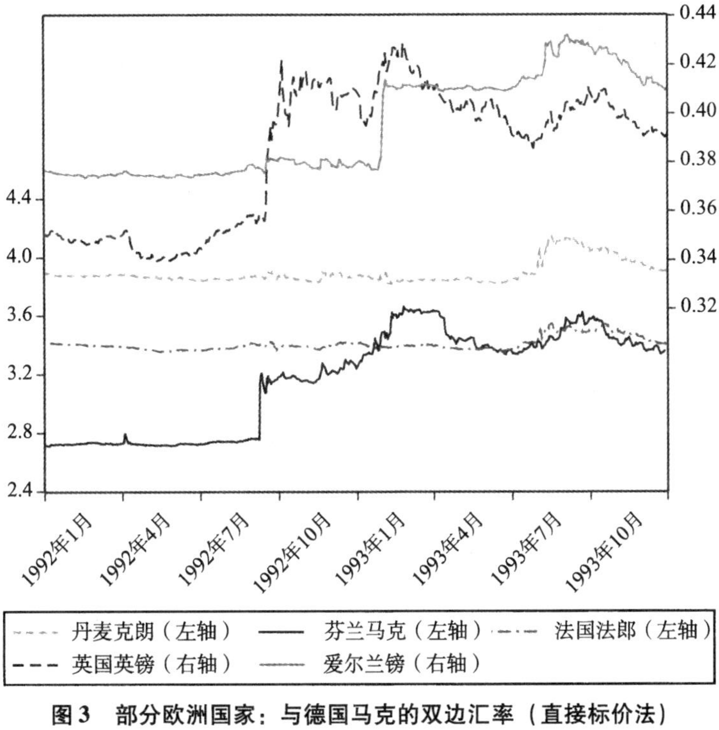

图 3 部分欧洲国家：与德国马克的双边汇率（直接标价法）

资料来源：根据德国联邦银行官网数据整理获得。

（2）风险的传导和扩散。

欧洲货币体系成员国中，意大利率先受到巨额投机资金的攻击。1992 年 9 月 10～11 日，尽管德国联邦银行和意大利银行大规模入市干预，但意大利里拉对德国马克的汇率却跌出了欧洲货币体系要求的最大下限。13 日，欧洲货币体系委员会不得不宣布意大利里拉对其他成员国货币贬值 7%，这是欧洲货币体系自 1990 年 1 月 8 日以来第一次调整中心汇率比价。虽然意大利里拉中心汇率得到下调，同时德国联邦银行降低了贴现率和伦巴德利率（类似于抵押贷款利率），但是这些措施并没有抑制住里拉的下跌趋势，9 月 17 日，意大利宣布暂时退出欧洲货币体系汇率机制。在自由浮动后，意大利里拉对德国马克汇率进一步贬值，贬值幅度最高达 23%。

随着意大利里拉的不断贬值，投机资金又将攻击目标锁定住英镑。1992 年 9 月 16 日，为捍卫英镑的地位，英格兰银行接连提高利率，将最低贷款利率从 10% 上调至 12%，并宣布第二天将最低贷款利率进一步上调至 15%。虽然英格兰银行、德国联邦银行和法兰西银行大力入市干预，但是在伦敦交易所交易结束时，英镑最终还是突破了欧洲货币体系规定的对德国马克比价的下限。当晚，英国政府宣布暂时退出欧洲货币体系汇率机制，并让英镑在市场上自由浮动。此后，英镑汇率持续下跌，英镑对德国马克汇率最高贬值达 14%。与此同时，西班牙比塞塔贬值 5%，其他没有宣布贬值的货币，如法国法郎、丹麦克朗和爱尔兰镑等也均受遭到了货币贬值浪潮带来的强烈冲击，并相继跌破了汇率机制所规定的浮动下限。

1993 年伊始，在投机资金的强烈冲击下，欧洲货币委员会允许爱尔兰镑贬值 10%，这次贬值是欧洲货币体系历史上最大幅度的一次性贬值。由于西班牙和葡萄牙宏观经济状况恶化，加之比塞塔和埃斯库多的汇率一直处于剧烈波动中，5 月 13 日，经欧洲货币委员会批准，比塞塔和埃斯库多分别贬值 8% 和 6%。进入 7 月，法国法郎再次遭受投机攻击。虽然法兰西银行和德国联邦银行多次联手干预，但收效甚微。为挽救欧洲货币体系，实现欧洲统一货币的最终目标，8 月 2 日凌晨，欧洲货币体系各成员国终于达成协议，决定在中心汇率基础上将法国法郎、西班牙比塞塔、比利时法郎、丹麦克朗、葡萄牙埃斯库多和爱尔兰镑等六种货币的浮动范围扩大至上下各 15%。汇率浮动范围的扩大，有效抑制了投机行为，至此，历时一年的欧洲货币体系外汇市场重大风险告一段落。

（3）风险的深化。

外汇市场重大风险的爆发，使欧洲股票市场交易量出现了不同程度的萎缩。1992 年德国、法国和英国的股票市场交易总额与 GDP 比例，相比 1991 年，分别下降了

3.24%，1.39%和1.36%。此外，外汇市场重大风险的爆发也对欧洲实体经济产生了较为深远的负面影响。从图4中可以看出，除英国外，欧洲货币体系其他重要成员国的GDP增速均出现了明显下滑，其中德国、西班牙、法国和意大利在1993年更是出现了负增长。与此同时，各国的失业率也都出现了不同程度的上升，其中西班牙尤为明显，1993年西班牙失业率突破了20%，法国、英国和意大利也较为严重，失业率也都突破了10%。受宏观经济不景气影响，各国通货膨胀水平和私人投资意向也都出现了不同程度的下降。

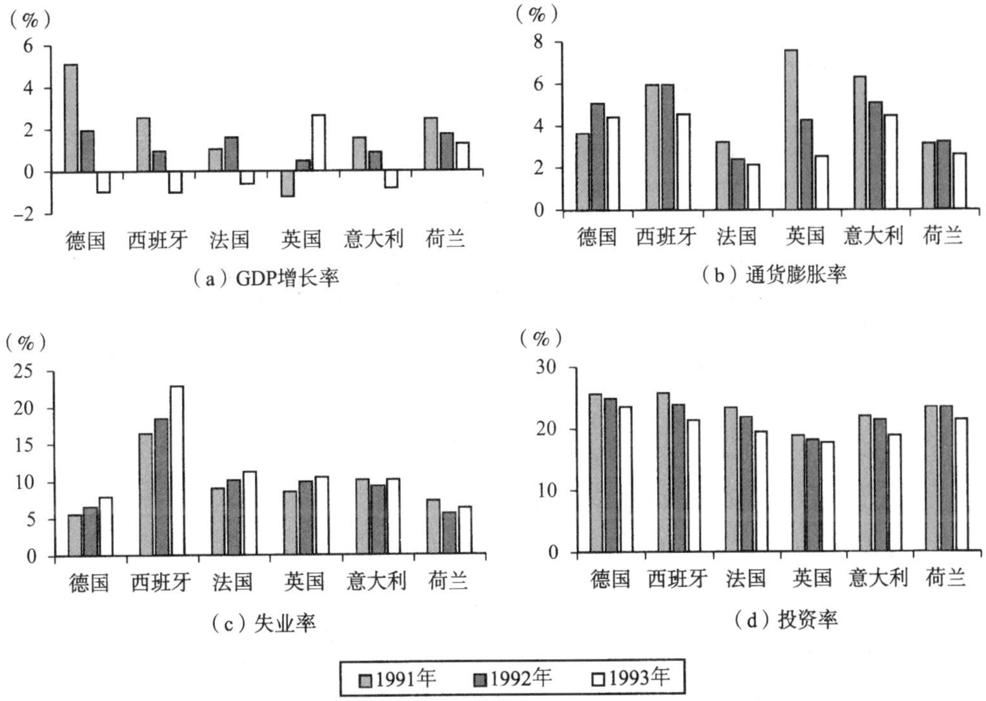

图4　欧洲六国宏观经济指标（1991～1993年）

资料来源：世界银行WDI数据库。

3. 政府对风险的防范与应对

为应对外汇市场重大风险，欧洲货币体系各成员国纷纷入市干预，主要有以下三种手段。一是成员国央行相互之间通过贷款安排，联手买入弱币，卖出强币，改变外汇市场的供求关系。二是货币政策的操作，强币国家通过降低利率放松银根，弱币国家通过提高短期利率紧缩银根，并在外汇市场平稳时，下调之前提高的短期利率。风险爆发期间，德国先后七次下调贴现率和伦巴德利率，意大利、英国、法国等国先后不同程度地上调和下调短期存贷款利率和回购利率。三是改变欧洲货币体系原有的中心汇率安排。1992～1993年，欧洲货币委员会先后下调过意大利里拉、西班牙比塞塔、葡萄牙埃斯库多、爱尔兰镑、法国法郎、比利时法郎和丹麦克朗的中心汇率。外汇市场重大风险结束后，欧洲各国相继下调了存贷款利率，希望以此来促进出口，提高投资，并最终实现经济的复苏和繁荣。

（二）拉美外汇市场的重大风险

20世纪90年代，拉美外汇市场重大风险频繁爆发。风险发生国墨西哥、巴西和阿根廷金融体制的同构性特征使风险爆发的原因极其相似。这几个国家都在20世纪90年代初加快了金融市场的开放步伐，都为治理恶性通货膨胀率实行与美元挂钩的固定汇率制度。然而随着美元的走强，这些国家的国际收支状况出现了恶化，外债负担受到了沉重压力，脆弱的经济终究不堪重负，最终外汇市场重大风险相继爆发。

1. 风险的孕育与征兆

拉美国家外汇市场重大风险爆发之前，汇率制度的缺陷和外债规模的隐忧早已显现，概括起来，表现如下：

（1）金融自由化步伐过快，汇率制度过于僵硬。

20世纪80年代末，拉美国家大力推进金融自由化。一时间，金融自由化浪潮席卷整个拉美大陆。这次金融自由化涉及面相当广泛，主要内容具体包括：利率市场化、废除资本管制、取消贷款限制、引进外资银行、国有银行私有化、加强中央银行独立性等。虽然金融自由化在一定程度上缓解了金融抑制，增加了资本流入，促进了经济增长，但值得注意的是，过分依赖外资，则会加重经济的脆弱性，一旦外部环境出现变化，资本流动出现逆转，势必会对经济增长造成负面影响。此外，拉美国家政府对金融体系也缺乏有效监管，多数金融机构已涉入高风险金融业务，金融市场的系统性风险逐渐加剧。

与此同时，为治理恶性通货膨胀，拉美国家普遍实行了与美元挂钩的固定汇率制度。虽然这一措施使通货膨胀率迅速降低，并促进经济平稳增长，但是拉美国家与美国之间的通货膨胀水平还是存在较大差异。根据购买力评价理论，这一通货膨胀差异水平，致使拉美国家货币被高估。名义汇率的高估，削弱了拉美国家出口的竞争力，造成经常项目常年出现逆差。从图5中可以看出，墨西哥、巴西和阿根廷在风险爆发的前几年，经常项目均出现了巨额逆差，并且逆差额与GDP比例也都达到了较高水平，以墨西哥为例，多数年份墨西哥逆差超过了200亿美元，并且逆差额与GDP比例超过了5%。

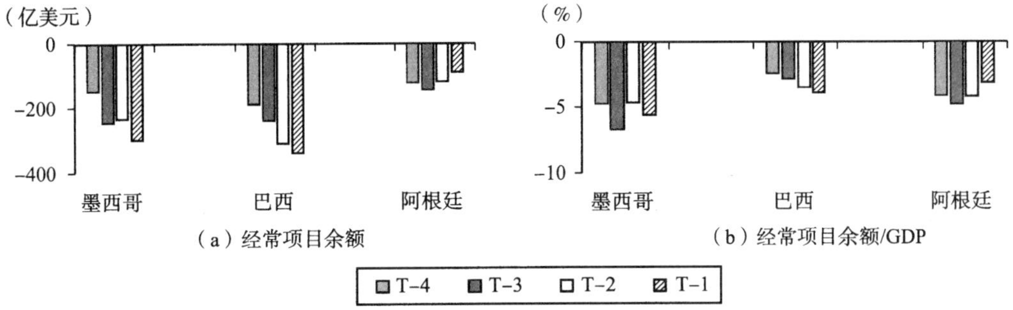

图5 拉美三国经常项目情况

注：T表示外汇市场风险爆发年份，T-1表示外汇市场风险爆发前一年，依次类推。
资料来源：世界银行WDI数据库和EIU全球宏观经济数据库。

（2）外债负担难以为继，财政支出节节攀升。

外债问题一直是拉美国家经济的隐患。虽然“布雷迪计划”有效缓解了拉美国家20世纪80年代的债务问题，但这一措施治标不治本，90年代拉美国家的债务问题出现了进一步深化。从图6中可以看出，在外汇市场重大风险爆发前，墨西哥、巴西和阿根廷的外债总额不断攀升，分别突破了1300亿美元、2400亿美元和1500亿美元关口，外债总额占GDP的比例也均突破了20%，阿根廷表现则尤为明显，1999年阿根廷外债总额占GDP的比例甚至突破了50%。外债规模的过大势必会加重外债的负担。偿债率指标显示，墨西哥、巴西和阿根廷外债负担较为严重，均超过了30%的国际危险线，每年的还本付息额数以百亿美元为计。巨额的外债规模严重制约了拉美经济的发展，特别是大量外债并没有用来发展国内经济，而是用于维持固定汇率制度和偿还旧债，其结果陷入了借新债还旧债的恶性循环，一旦举债无望，就不可避免地给经济造成毁灭性打击。

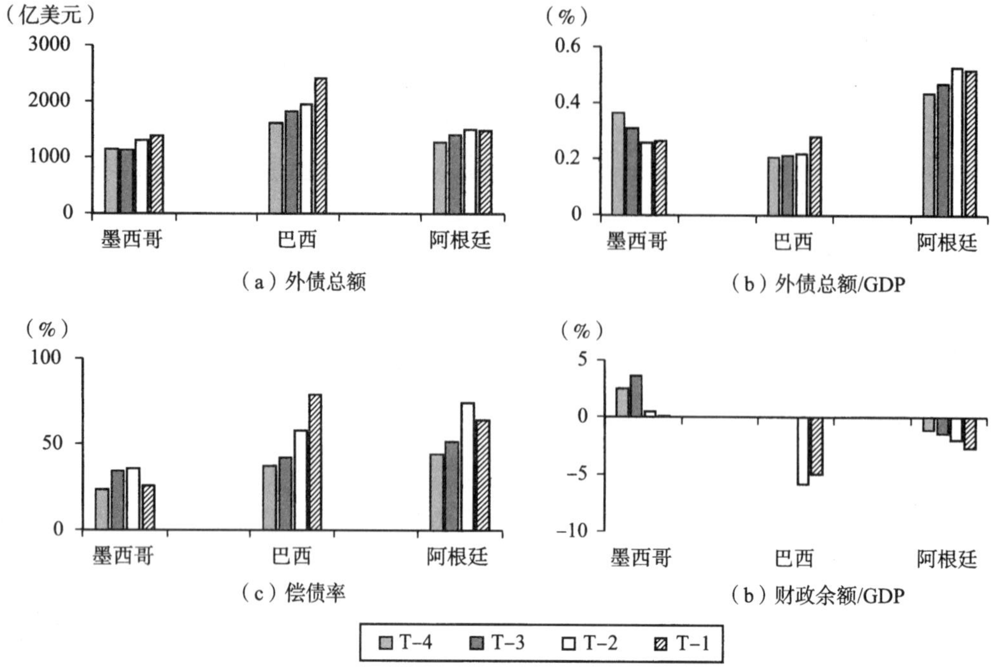

图6　拉美三国外债负担与财政收支情况

注：T 表示外汇市场风险爆发年份，T-1 表示外汇市场风险爆发前一年，依次类推；偿债率是指当年的还本付息额与当年出口创汇收入额之比；1995～1996 年的巴西财政余额数据缺失。

资料来源：世界银行 WDI 数据库和 EIU 全球宏观经济数据库。

在经济发展的同时，拉美国家的财政支出也出现了节节攀升。如图 6 可示，墨西哥的财政余额虽然保持着盈余，但在财政支出每年都增加的情况下，财政盈余则逐年递减，财政盈余由 1992 年的 460 亿墨西哥比索下降到了 1994 年的 10 亿墨西哥比索。相比墨西哥，巴西和阿根廷的财政赤字问题则显得较为严重。1997～1998 年，巴西财政赤字占 GDP 的比例突破了 5%，远高于世界公认的 3% 警戒线。由于阿根廷公务人员数量庞大，并且工资待遇高、福利待遇优厚，致使阿根廷财政支出一直居高不下。由于财政收入主要来自税收，而 20 世纪 90 年代中后期阿根廷税收出现了锐减，此时阿根廷的财政赤字问题不断加重，2001 年，阿根廷的财政赤字与 GDP 比例达到了 2.7%。

2. 风险的爆发、传导和深化

（1）风险爆发。

1994 年 12 月墨西哥新任总统赛迪略执政后，继续实行金融自由化改革和大力吸收外资政策。然而由于外贸赤字恶化和国内政局不稳，外国投资者对墨西哥经济增长的信心开始动摇，外资流出急剧增加。为维持汇率稳定，墨西哥央行动用外汇储备进行市场干预，然而由于外汇储备有限，墨西哥政府不得不于12月20日宣布让比索对美元贬值15%。然而，这一措施不仅没有起到稳定市场作用，反而引发了投资者恐慌，加速了资本外逃。为稳定比索汇率，墨西哥政府两天之内抛售40亿~50亿美元外汇储备，12月22日，墨西哥国家外汇储备几近枯竭，最终不得不宣布让比索自由浮动。至此，墨西哥外汇市场重大风险全面爆发。

1999年1月6日，巴西第三大州米纳斯吉拉斯州宣布因财源枯竭，3个月内无力偿付联邦政府的154亿美元债务。此消息一出，立即引发了投资者对巴西经济增长的担忧，资本开始大量外逃。为阻止资本外逃，巴西政府将基准利率提高至41%，然而这一举措并未能改变雷亚尔贬值的趋势。1月13日和15日，巴西央行两次宣布扩大雷亚尔对美元汇率的浮动区间，并允诺18日前不入市干预。然而这一措施并未能阻止雷亚尔大幅贬值的趋势，18日，巴西央行宣布改行浮动汇率制，让雷亚尔与美元自由浮动。至此，巴西实行52年已久的固定汇率制度宣告终结，巴西外汇市场重大风险全面爆发。

2001年由于阿根廷经济持续衰退，财政赤字居高不下，加之外债负担不堪重负，阿根廷国内金融形势不断恶化，并多次出现金融动荡。11月，国际货币基金组织以阿根廷政府未能实现将财政赤字降为零的目标为由，决定暂停拨付12月份的美元贷款。此举进一步引发了投资者对阿根廷经济的担忧，没过多日，阿根廷银行存款和外汇储备均出现了大幅度下降。12月，为阻止银行挤兑和资本外逃现象，阿根廷政府实施了金融管制措施。虽然金融管制使银行系统幸免于难，但阿根廷政府却深陷外债偿付危机之中。2002年1月6日，阿根廷新一届政府通过了经济改革方案，并在国会授权下，1月11日，放弃了比索与美元1∶1挂钩的联系汇率制度，结果当日比索贬值40%。至此，阿根廷外汇市场重大风险全面爆发。

（2）风险的传导和扩散。

墨西哥外汇市场的重大风险迅速传染至资本市场，造成了股票市场和债券市场的剧烈震荡。风险爆发后的3个月内，墨西哥股票市场持续下跌，其中IPC指数下跌近50%。此外，墨西哥一大批银行、证券公司和企业面临流动性困难，濒临破产边缘。与此同时，外汇市场重大风险已开始波及全球市场，拉美、北美、欧洲和亚洲各主要股票市场指数均出现了不同程度的下跌。在拉美地区，由于巴西和阿根廷采取的也是固定汇率制度，墨西哥外汇市场的重大风险迅速蔓延至这两个国家，并造成了两国金融市场的资金短缺和资本外逃等现象。

巴西外汇市场的重大风险不仅使国内股票市场的深度下跌，同时也引发了全球金融市场的动荡，拉美国家则首当其冲。1999年1月13日，雷亚尔正式贬值后，投资者纷纷撤离拉美新兴市场，结果当日，阿根廷、墨西哥、智利、哥伦比亚等国的股指分别出现了大幅下挫情形。由于巴西是美国、英国和德国的重要出口市场，巴西外汇市场的重大风险使美国道琼斯指数13日开市跌逾260点，而英国和德国两大欧洲股票市场在临近收盘时跌幅也均双双突破4%。亚洲股市也出现了全线下滑。然而，时隔两日，巴西央行宣布再次扩大雷亚尔浮动区间，结果当日巴西股市疯狂上涨，并带动全球股市全线飘红。这一跌一涨，幅度之大，变化之快，波及面之广，刷新了世界金融市场动荡的新纪录。巴西外汇市场重大风险的爆发引发了投资者对新兴市场投资的担忧。

阿根廷外汇市场重大风险很快波及邻国，巴西雷亚尔和智利比索对美元汇率连创新低，为减少阿根廷比索贬值带来的商品竞争力冲击，巴拉圭和乌拉圭两国相继宣布货币贬值。阿根廷外汇市场重大风险对拉美国家对外投资和吸引外资也产生了一定程度的负面影响。据EIU统计，2002～2003年拉美国家内部之间的FDI/GDP指标，相对2001年分别下降了0.5个和1个百分点。相比墨西哥、巴西外汇市场重大风险，阿根廷外汇市场重大风险对世界主要经济体的影响相对有限。

（3）风险的深化。

进入1995年2月，墨西哥经济全面进入衰退。全年墨西哥经济增长率下降至-5.76%，通货膨胀率由1994年的6.97%飙升至35%，公开失业率由1994年的4.2%上升至6.9%。由于比索大幅贬值，一些依赖进口原材料进行生产的企业因成本上升被迫停产。此外，外债危机再次卷土重来，全年外债还本付息额达到260亿美元，相比1994年增加60亿美元，偿债率由25.8%攀升至27%。由于资本外流，加之金融管制，墨西哥国内市场利率普遍上升，大部分企业面临资金短缺问题。

巴西外汇市场重大风险的爆发对实体经济产生了较为严重的负面冲击。1999全年巴西经济增长缓慢，实际GDP增速为0.47%，比过往五年历史平均水平低2.67个百分点。通货膨胀水平也有所上升，由1994年的3.2%上升至4.86%。失业问题较为严重，公开失业率继续在10%的高位徘徊。巴西债务负担比墨西哥更加严重，1999年外债还本付息额达到680亿美元，偿债率更是高达112%，远超30%的国际警戒线。

阿根廷外汇市场重大风险的爆发也对实体经济产生了较大的负面影响。2002全年阿根廷经济出现了较为严重的滑坡，实际GDP增速为-10.9%，创下了有统计数据以来经济增长的最低纪录。经济增速的大幅下降，造成城市居民大面积失业，失业率一直维持在18%的高位水平。通货膨胀也显著飙升，由2001年的-1.1%上升至25.9%。此外，为偿还外债，减少财政赤字，阿根廷政府开源节流，一方面提高了边际税率，另一方面大幅削减了社会福利支出，百姓生活水平开始下降。

3. 政府对风险的防范与应对

为应对外汇市场重大风险，墨西哥、巴西和阿根廷政府综合运用了多种政策组合，概括起来，主要分为两个阶段，其中第一阶段主要采取了稳定金融的政策组合，第二阶段主要为恢复经济发展添砖加瓦。为维持外汇市场的稳定，风险发生国均积极入市干预，并加强对市场动向的监控，随时应对市场变化。此外，为阻止资本外流，风险发生国也都采取了高利率的货币政策，尽管政策效果不尽人意，但它体现了风险发生国政府在维持固定汇率制度上的决心。一旦改行浮动汇率制，为恢复市场信心，风险发生国便向国际经济机构和经济强国寻求援助。以墨西哥为例，1995 年墨西哥政府向国际货币基金组织、国际清算银行和美国政府寻求了500 亿美元应急贷款，这一贷款一方面缓解了墨西哥资金奇缺的燃眉之急，另一方面也有助于提高国际信用，增强投资者对墨西哥金融市场的信心。与此同时，为维护金融体系稳定，风险发生国均对财务困难的商业银行和金融公司进行了救助与重组。

稳定金融系统后，为恢复经济增长，风险发生国采取多种政策措施，具体而言，主要有以下四种。一是实行紧缩性财政政策，实现增收节支，减少政府赤字和外债规模。二是实行宽松性货币政策，促进国内投资，加速经济复苏。三是鼓励出口，减少进口，对出口行业提供优惠信贷、出口补贴等扶持政策，对进口产品实行临时关税、产品配额等保护政策。四是大力引进外国直接投资项目，刺激国内投资和消费，扩大国内市场内部需求。

（三）东亚地区外汇市场的重大风险

第二次世界大战后，东亚地区抓住外部机遇，成功实现了经济赶超。然而值得注意的是，在实现经济赶超过程中，经济、金融层面却积累了大量矛盾。1997 年 7 月，一场因泰铢贬值引发的金融风暴席卷亚洲，并蔓延至东欧和拉美。其动荡之剧烈、危害之严重，可谓举世震惊。接下来，对这一重大风险的演变过程进行分析。

1. 风险的孕育与征兆

东亚经济体在外汇市场重大风险爆发之前，各种结构性缺陷早已突显，概括起来，主要表现为以下四个方面：

（1）宏观经济结构失衡，资产价格泡沫膨胀。

20 世纪 90 年代初期和中期，东亚经济体在经济增长方面取得了举世瞩目成绩，并被世界银行冠以东亚奇迹称号。然而值得注意的是，对于大多数东亚经济体而言，其国内储蓄并不能满足自身强烈的投资需求，经济增长的动力主要来自国际资本的流入，经常账户常以逆差相伴。由表 1 可知，泰国、马来西亚、菲律宾、印度尼西亚和韩国的储蓄率均小于投资率，并且经常项目余额与 GDP 的比例均为负数，说明上述经济体存在宏观经济过热和结构失衡问题。

表 1　　东亚经济体宏观经济指标（1990～1996 年）　　单位：%

经济体	GDP 增长率	通货膨胀率	储蓄率	投资率	财政余额/GDP	经常项目余额/GDP
泰国	8.26	5.10	34.36	41.44	3.19	-6.91
马来西亚	9.48	3.71	33.16	38.72	0.33	-5.55
菲律宾	2.83	10.21	19.35	22.89	-1.69	-3.98
印度尼西亚	8.00	8.62	26.34	30.84	1.14	-2.49
韩国	8.00	6.37	33.50	34.86	1.65	-1.42
新加坡	8.69	2.52	46.70	34.86	15.10	11.98
中国香港	4.95	9.15	32.78	29.57	1.70	3.64
中国	10.77	11.00	40.48	39.61	-1.90	1.14

注：如无特殊说明，表中数据为 1990～1996 年的平均值。
资料来源：世界银行 WDI 数据库和国际货币基金组织 WEO 数据库。

尽管产出水平没有表现出高通货膨胀的信号，但随着资本的大量流入和银行信贷的过度投放，资产价格进入快速上升通道，股票市场和不动产经济表现尤为明显。以泰国为例，1993 年泰国 SET 综合指数大幅上涨 72.69%，并达到 1682.85 历史高位；1993～1996 年间，投向房地产的外国直接投资大幅增加，一度占据泰国外国直接投资净流入的 33%～42%，加之泰国的银行住房贷款力度不断加强，导致首都曼谷等大城市的地价和房价出现了快速上涨，资产价格泡沫不断膨胀。

（2）外债规模过度，债务结构不合理。

经常项目的巨额赤字和经济发展的过热，使多数东亚经济体不得不过分依赖于外债。在外汇市场重大风险爆发之前，多数东亚经济体的外债情况已开始恶化。从表 2 中可以看出，除 1995 年菲律宾外债总额增量为负外，其余年份东盟四国的外债总量均保持正增长，并且外债总额与实际 GDP 比值不断扩大，外债负担不断加剧。以泰国为例，1990 ~ 1996 年七年间泰国外债总额的平均增速高达 25.79%，1996 年外债总额更是达到 1128.38 亿美元，占当年实际 GDP 比例为 45.00%，过度借债十分明显。

表 2　　东盟四国的外债结构（1990 ~ 1996 年）

项目	泰国	马来西亚	菲律宾	印度尼西亚
1996 年外债总额（亿美元）	1128.38	396.73	440.01	1289.88
外债总额增长率（%）	25.79	14.02	6.42	11.92
外债总额增量情况	持续为正	持续为正	只有 1995 年为负	持续为正
外债总额/实际 GDP（%）	45.00	37.33	62.68	60.28
短期负债/外债总额（%）	38.84	19.83	15.02	19.79
短期外债/外汇储备（%）	89.14	24.72	103.96	150.67
民间无担保外债/外债总额（%）	33.20	23.46	8.27	20.46

注：如无特别说明，表中数据均为 1990 ~ 1996 年的平均值。
资料来源：世界银行 WDI 数据库。

东盟四国外债规模不仅过度，同时债务结构也表现出不合理性。一是流动性过强的短期外债过多。东盟四国中，1990 ~ 1996 年间泰国的短期外债与外债总额比例高达 38.84%，虽然菲律宾和印度尼西亚这一比例相对较低，但两国短期外债与外汇储备比例却达到 103.96% 和 150.67%，外汇储备不足十分明显。二是民间无担保的外债比例过高。东盟四国中，泰国、马来西亚和印度尼西亚的民间无担保外债与外债总额占比均超过 20%，其中泰国风险暴露尤为明显，平均为 33.2%。

（3）银行体系状况恶化，不良资产率攀升。

银行体系在东亚各国金融体系中占据着举足轻重的地位。如表 3 所示，在金融体系尚不发达的泰国和马来西亚，其银行信贷规模也均超过 GDP 一倍有余。在 20 世纪 90 年代初期和中期，通过银行渠道，巨额的国外资本流入致使东盟四国的私人部门信贷大幅增加。以泰国为例，私人部门信贷从 1992 年的 20% 上升到 1994 年的 30%，1995 年虽然开始下降，但也能保持两位数的高速增长。

表 3　　东亚五国的融资结构与银行资产状况（1996 年）　　单位：%

经济体	融资结构		银行资产状况	
	银行信贷/GDP	股市市值/GDP	私人部门信贷增速	不良资产/总资产
泰国	145.49	52.83	14.6	18.0
马来西亚	142.42	303.57	30.5	5.6
菲律宾	67.92	97.35	48.7	3.4
印度尼西亚	54.02	40.02	21.4	9.2
韩国	49.53	23.06	19.8	14.0

资料来源：世界银行 WDI 数据库，国际货币基金组织 WEO 数据库和胡祖六（1998）。

由于前期银行体系信贷投放过多和过快，加之信贷投放主要流向房地产等高风险领域，一旦经济出现增速下滑迹象时，信念崩溃和信用危机将使银行体系的脆弱性无限放大，其直接表现是银行资产负债表背负着大量不良资产。从表 3 可以看出，在汇市重大风险爆发前夕，泰国的不良资产/总资产的比例已高达 18%，不良资产的大量积累，已对泰国金融体系和经济体系构成了实质性威胁。

（4）金融自由化步伐过快，汇率制度缺乏弹性。

在当年华盛顿共识建议下，多数东亚经济体加快了金融自由化步伐。金融自由化本身无可厚非，但是脱离了本国国情和发展阶段的金融自由化无疑会损害金融体系的稳定和经济的健康发展。作为金融自由化过程中的一个典型事实，资本项目的过早开放使得国际资本大量涌入，这对于尚不发达的金融监管部门来说无疑提出了一道新难题。表 4 中的资本流动分类统计数据显示，东盟四国的私人净资本流入主要由短期资本流入构成，泰国的表现则尤为明显，1991 ~ 1996 年间，泰国的短期资本流入占净私人资本流入比例高达 75.98%。

表 4　　东亚五国的资本流动（1991 ~ 1996 年）　　单位：%

经济体	净直接投资/净私人资本流动	净债券投资/净私人资本流动	其他净投资/净私人资本流动
泰国	11.09	12.62	75.98
马来西亚	57.11	-0.34	43.23
菲律宾	49.50	5.40	45.62
印度尼西亚	38.37	11.44	49.37
韩国	-8.91	80.48	29.11

注：净私人资本流动由净直接投资、净债券投资和其他净投资构成；如无特别说明，表中数据为 1991 ~ 1996 年的平均值。

资料来源：根据 1997 年 12 月《世界经济展望中期评估报告》相关数据整理而得。

资本流动的潜在不确定性不仅对金融体系提出了挑战，同时也对汇率政策提出了更高要求。多数东亚经济体实行的是与美元挂钩的固定汇率制度，因此汇率的变化将会影响到这一地区的国际竞争力。当美元在 1994 ~ 1995 年走弱时，这一地区的经济体竞争力进一步加强，而当美元在 1995 年下半年大幅回升时，这些经济体则因竞争力下降，导致出口减速，经济增长放缓。竞争力的变化不仅可以影响着国际收支中的经常项目，同时还可以通过商品和服务贸易利润以及投资者对未来汇率变化的预期影响着国际收支中的资本项目。僵硬的汇率制度和开放的资本项目，使多数东亚经济体宏观经济政策受到极大限制，并容易成为国际投机者的攻击目标。

2. 风险的爆发、传导和深化

（1）风险的爆发。

1996 年以来，东亚不少经济体出现了经济过热和金融监管失控等诸多问题，国际投资基金则乘虚而入，将投机目标锁定到了东南亚新兴市场国家，尤其是经济问题最为严重的泰国。1997 年 2 月，国际投机资金对泰铢发动了第一轮攻击。3 个月后，投机资金卷土重来，致使泰铢对美元汇率跌至 10 年以来的最低点 26.1 泰铢/美元，同时迫使泰国央行实施资本管制和提高利率。面对着持续的市场压力和巨额资本的流出，为维持泰铢汇率稳定，泰国央行的外汇储备几乎耗尽，最后不得于 7 月 2 日宣布放弃实行 14 年已久的固定汇率制度，改行浮动汇率制。结果当日，泰铢对美元汇率跌至 27.75 泰铢/美元，跌幅近 10%，至此东亚外汇市场重大风险正式爆发。参见图 7。

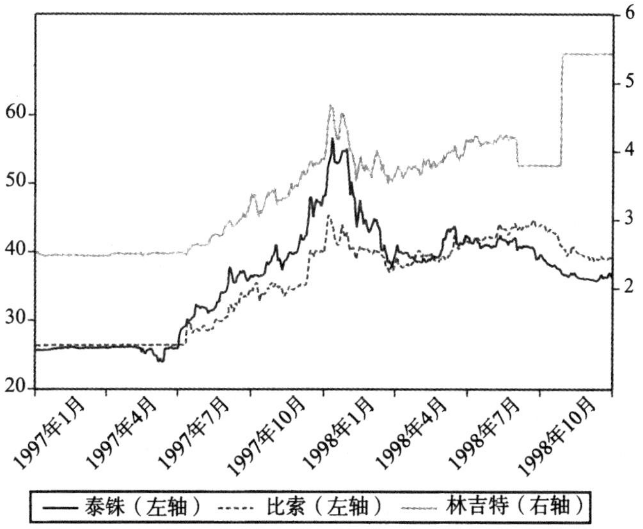

（a）

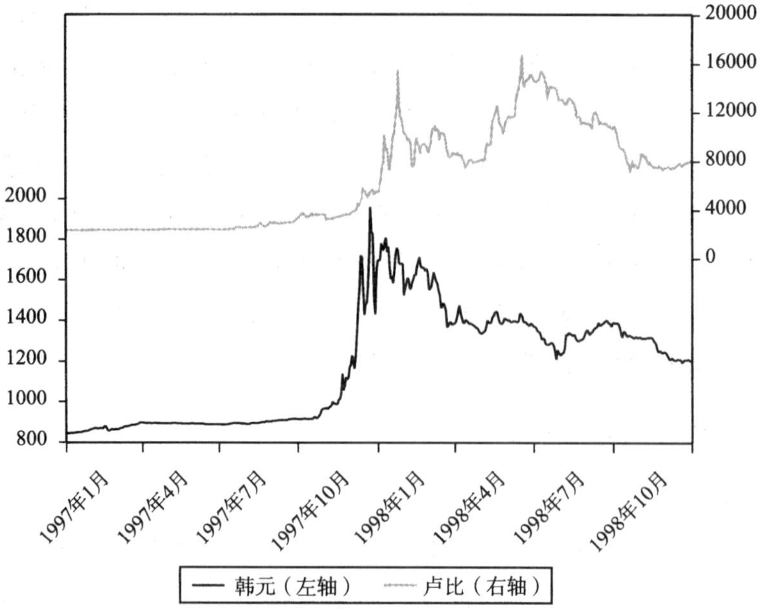

（b）

图7 东亚五国：与美元的双边汇率（直接标价法）

资料来源：Bloomberg。

（2）风险的传导和扩散。

泰国外汇市场重大风险的爆发迅速在东南亚地区形成了多米诺骨牌效应。菲律宾、马来西亚和印度尼西亚在动用外汇储备入市干预无效后，也纷纷了放弃实行已久的固定汇率制度。鉴于宏观经济结构进一步失衡，加之巨额资本大量流出，在改行浮动汇率制之后，东南亚各国货币兑美元汇率连创历史新低，截止到10月中旬，泰国泰铢和印度尼西亚卢比累计下跌超过30%，马来西亚林吉特和菲律宾比索累计下跌也超过了20%。外汇市场的剧烈震荡，使东南亚股票市场出现了大幅度下跌。与7月初相比，10月末的泰国SET综合指数和雅加达证券交易所指数分别下跌15%和25%。此外，东南亚各国的房地产价格也出现了急速下跌，银行坏账不断增加，高峰时期，泰国和印度尼西亚的银行不良贷款率逼近50%，马来西亚、菲律宾和韩国也超过10%。

随着东南亚外汇市场重大风险事件的进一步发酵，亚洲其他国家或地区也开始受到牵连。10月下旬，巨额投机资金开始攻击香港联系汇率制，起初引起香港恒生指数跌破9000点关口，但在香港特区政府重申不会改变现有汇率制度下，恒生指数大幅上涨，一举站上一万点大关。11月中旬，韩国外汇市场重大风险开始爆发。11月17日，韩元对美元汇率首次突破1000∶1，来到1008.6∶1，12月23更是来到历史最高位1962∶1，短短一个多月时间，韩元对美元汇率贬值高达94.53%。东南亚和韩国外汇市场的重大风险爆发对日本金融业造成了严重打击，1997年下半年，日本一些银行和证券公司相继破产，日元对美元汇率也一路下跌，至此东南亚外汇市场重大风险已演变为东亚外汇市场重大风险。

东南亚外汇市场的重大风险不仅传染至亚洲其他国家，同时也给大洋彼岸的拉美国家和北极圈的俄罗斯造成了巨大压力。1998年，由于资本流入减少，大宗商品价格疲软，大多数拉美国家经济增速开始减缓。1月中旬，巴西放弃了坚持已久的爬行汇率制度。放弃汇率挂钩不到两个月，巴西雷亚尔对美元汇率就大幅贬值40%。受此影响，邻国阿根廷和委内瑞拉的货币也遭受到不同程度的贬值。受石油价格下跌和东亚经济危机等不利外部环境影响，8月17日，俄罗斯当局宣布扩大卢布兑美元的浮动区间，并推迟外债偿还时间。由于市场对上述新政策反响极为不利，加之债务延期细则不明，9月2日，迫于市场压力，俄罗斯央行最终让卢布实行自由浮动，结果当日卢布对美元汇率大幅贬值70%。

（3）风险的深化。

外汇市场重大风险的爆发不仅对多数东亚各国的虚拟经济造成了严重创伤，同时也对其实体经济产生了较大负面冲击。从表5可以看出，泰国外汇市场重大风险爆发后，东亚五国的经济增速出现了大幅度滑坡。其中，泰国经济增速下滑十分显著，1997年第四季度至1998年第二季度分别下降11.5%、16.8%和15.8%；印度尼西亚经济增速也出现了明显下滑，1998年第二季度经济增速大幅降至-16.5%。与此同时，东亚五国的物价水平也出现了不同程度的上涨，其中印度尼西亚表现尤为明显，1998年前两个季度，印度尼西亚的通货膨胀水平分别上涨29.9%和52.1%。此外，其他宏观经济指标如失业率也急剧恶化。以韩国为例，韩国的失业率从危机前的2.25%攀升至1998年6月的7%，达到了12年以来的最高水平。

表5　　东亚五国宏观经济指标（1997年第二季度~1998年第二季度）　　单位：%

国家	宏观指标	1997年第二季度	1997年第三季度	1997年第四季度	1998年第一季度	1998年第二季度
泰国	经济增长	7.5	-4.2	-11.5	-16.8	-15.8
	通货膨胀	4.3	6.1	7.5	9.0	10.3
马来西亚	经济增长	8.4	7.4	6.9	-2.8	-6.8
	通货膨胀	2.5	2.3	2.7	4.3	5.7

续表

国家	宏观指标	1997 年第二季度	1997 年第三季度	1997 年第四季度	1998 年第一季度	1998 年第二季度
菲律宾	经济增长	5.5	4.9	5.6	1.7	-1.2
	通货膨胀	5.3	5.9	7.5	7.9	9.9
印度尼西亚	经济增长	6.8	2.5	1.4	-7.9	-16.5
	通货膨胀	4.9	6.0	10.1	29.9	52.1
韩国	经济增长	6.6	6.1	3.9	-3.9	-6.6
	通货膨胀	4.0	4.0	5.1	8.9	8.2

注：经济增长以实际 GDP 同比增长表征。
资料来源：1998 年 10 月《世界经济展望》。

3. 政府对风险的防范与应对

在外汇市场重大风险爆发前期，多数东南亚国家通过采取提高市场基准利率、入市干预和实施金融管制等措施，来抵御巨额资金外逃和投机资金的攻击。例如，泰国央行将贴现率由 10.5% 提高至 12%；马来西亚央行规定本国银行与外国客户的林吉特掉期交易最高额度为 200 万美元；菲律宾央行将隔夜拆借利率从 15% 提高至 32%，同时向市场抛售 20 亿美元，并宣布停止美元期货交易 3 个月。虽然上述货币、汇率手段未能有效阻止住东南亚外汇市场的跌势，但其对稳定市场秩序起到了关键作用。

为防止外汇市场重大风险的蔓延和扩大，东亚经济体加强了地区间的协调与合作。例如，1997 年 7 月 25 日，泰国、马来西亚、菲律宾、印度尼西亚等 10 个经济体的金融当局鉴定了货币互换协议；1997 年 9 月中旬，泰国曼谷召开了第一次亚欧财政部长会议，会议集中讨论了遏制和打击金融投机行为的对策。此外，国际货币基金组织也对风险发生国进行了大规模援助，并要求受援国通过控制通货膨胀、减少经常项目赤字、保持平衡预算和推动金融改革等行动，走出汇市重大风险泥潭。地区协调的加强和国际货币基金组织的救助对稳定市场信心起到了积极作用。

为缓解重大风险对实体经济的冲击，东亚经济体纷纷削减开支，并鼓励出口。例如，泰国政府前后三次消减 1998 年度财政预算，同时给予创汇企业更多优惠措施；马来西亚政府消减 20% 的政府开支，同时降低出口关税并放松对出口商品种类和数量的限制。此外，为降低不良债权，营造良好经济环境，风险发生国对金融市场也进行了改革。具体包括，对银行贷款进行清查与监管、对商业银行实施兼并与重组、加大本国金融业开放力度等。国际收支状况的改善和金融市场体系的改革对推动经济复苏起到了积极作用。

(四) 21 世纪以来新兴市场国家的外汇市场重大风险

2015 年以来，全球经济形势严峻复杂，经济复苏整体趋弱。新兴市场国家金融市场频繁动荡，本币相继大幅贬值、资本纷纷快速逃离，并对其实体经济发展、金融体系正常运行产生了一系列负面影响。以下主要以俄罗斯、哈萨克斯坦、阿塞拜疆、阿根廷、委内瑞拉等大宗商品出口导向的新兴市场国家为例进行外汇市场的重大风险分析。

1. 风险的孕育与征兆

新兴市场国家外汇市场重大风险爆发之前，经济结构问题早已突显，概括起来，主要表现为以下两个方面。

（1）内部经济进入滞胀，外部经济出现失衡。

2012 年以来，新兴市场国家的经济增速出现明显下滑。从图 8 中可以看出，俄罗斯和委内瑞拉的 GDP 增速持续下行，2015 年更是下降至 -3.7% 和 -5.7%，其他新兴市场国家的 GDP 增速也均在低位徘徊。与此同时，各国失业率和通货膨胀率居高不下。2012 ~ 2015 年间，各国失业率均位于 5% 以上的水平，多数国家通货膨胀水平逐年上升，委内瑞拉表现则尤为明显，2015 年通货膨胀率高达 121.7%。内部经济滞胀不仅容易导致新兴市场国家的名义汇率高估，同时更易使投资者产生对本币的贬值预期，加剧资本外流。此外，多数新兴市场国家的外部经济也均出现了失衡。由图 5 可知，阿根廷经常账户常年维持逆差，委内瑞拉、哈萨克斯坦和阿塞拜疆的经常账户于 2015 年出现逆差。值得注意的是，新兴市场国家的经常项目逆差主要是依靠国外短期资本流入来平衡的，一旦短期资本流动出现逆转，外汇市场便不可避免地出现剧烈震荡。

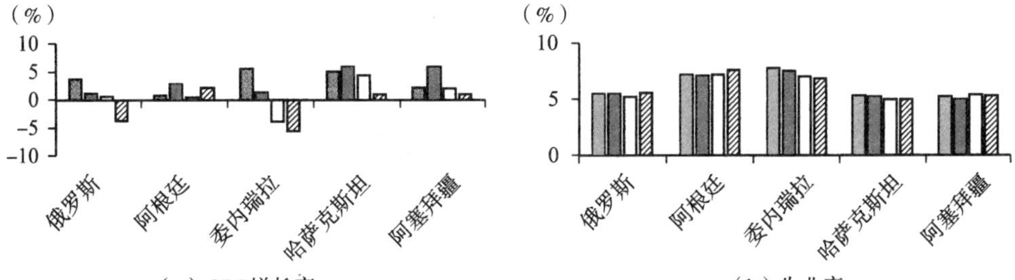

（a）GDP增长率　　（b）失业率

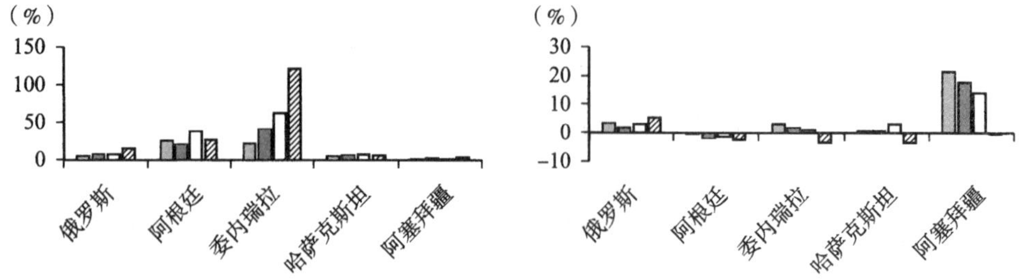

（c）通货膨胀率　　　　（d）经常账户余额/GDP

2012年　2013年　2014年　2015年

图 8　部分新兴市场国家宏观经济指标（2012～2015 年）

资料来源：EIU 全球宏观经济数据库。

（2）外债负担不堪重负，财政赤字不断攀升。

债务问题一直困扰新兴市场国家多年。其中，拉美国家就曾多次爆发过债务危机，俄罗斯也曾出现过债务违约问题。近些年，受国际大宗商品价格下跌，特别是石油价格下跌的影响，新兴市场国家外汇收入大幅减少，外债负担不堪重负。从图 9 可以看出，俄罗斯的外债规模最大，年平均超过 6000 亿美元，哈萨克斯坦、阿根廷、委内瑞拉其次，债务规模也均突破了 1000 亿美元。与此同时，外债总额与 GDP 比例也处于相对高位，其中哈萨克斯坦表现尤为明显，高峰时期的哈萨克斯坦外债总额占 GDP 的比例甚至逼近了 40%。外债规模的过大势必会加重外债的负担。偿债率指标显示，哈萨克斯坦和委内瑞拉外债负担十分严重，均超过了 30% 的国际警戒线，俄罗斯和阿根廷外债负担也较为严重，也均达到了 20% 的高位水平。新兴市场国家每年还本付息额数以百亿美元计算。此外，新兴市场国家的财政赤字也不断攀升，2015 年俄罗斯和阿根廷的财政赤字与 GDP 比例分别突破了 -2% 和 -5%，委内瑞拉更是下降至 -20.7%。债务风险的增加和财政赤字的攀升，加大了新兴市场国家货币的贬值压力，外汇市场剧烈波动在所难免。

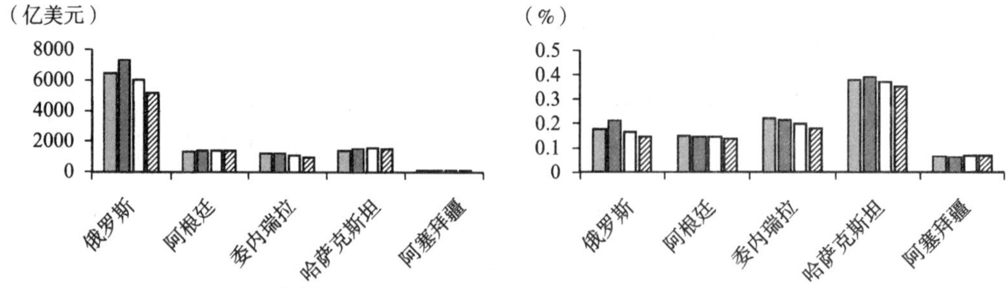

（a）外债总额　　　　（b）外债总额/GDP

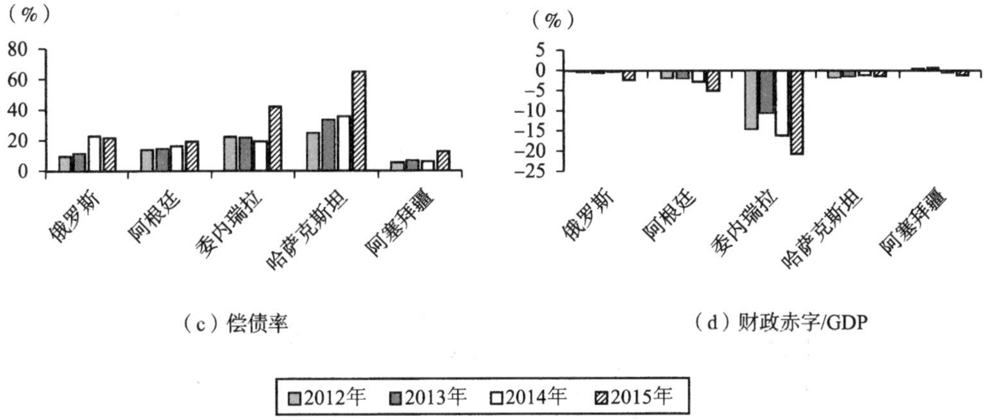

图9 部分新兴市场国家外债负担与财政收支情况（2012～2015 年）

资料来源：EIU 全球宏观经济数据库。

2. 风险的爆发、传导和深化

（1）风险的爆发。

2015 年以来，受美元走强预期、地缘政治风险和国际大宗商品价格持续下跌等多种因素影响，新兴市场国家外汇市场重大风险频繁爆发（见图 10）。2014 年 11 月，俄罗斯央行放弃了固定汇率制度，改行自由浮动制，2015 年卢布对美元汇率贬值高达 25.76%。考虑到俄罗斯卢布大幅贬值，为保持本币竞争力，2015 年 2 月 21 日，阿塞拜疆央行 12 年来首次调整官方汇率，将本币马纳特的官方汇率由 1 美元兑 0.78 马纳特调至 1∶1.05 水平，马纳特官方汇率瞬间贬值 33.86%。2015 年 8 月 20 日，哈萨克斯坦央行宣布放弃坚戈对美元汇率的波动区间限制，导致当日坚戈对美元汇率贬值达 27.94%。2015 年 12 月 16 日，在美联储宣布上调联邦基金目标利率 25 个基点当日，阿根廷政府宣布取消实行四年已久的资本管制措施，此举直接引致次日的比索对美元汇率贬值 35.57%。在阿根廷比索暴跌阴霾尚未完全散去之际，2015 年 12 月 21 日，阿塞拜疆央行宣布取消本币马纳特对美元的钉住汇率制度，直接引发马纳特对美元汇率大幅贬值 47.63%。2016 年 2 月 18 日，委内瑞拉政府调整官方汇率，将 1 美元兑 6.3 玻利瓦尔调至 1∶10 水平，玻利瓦尔官方汇率瞬间贬值 58.73%。

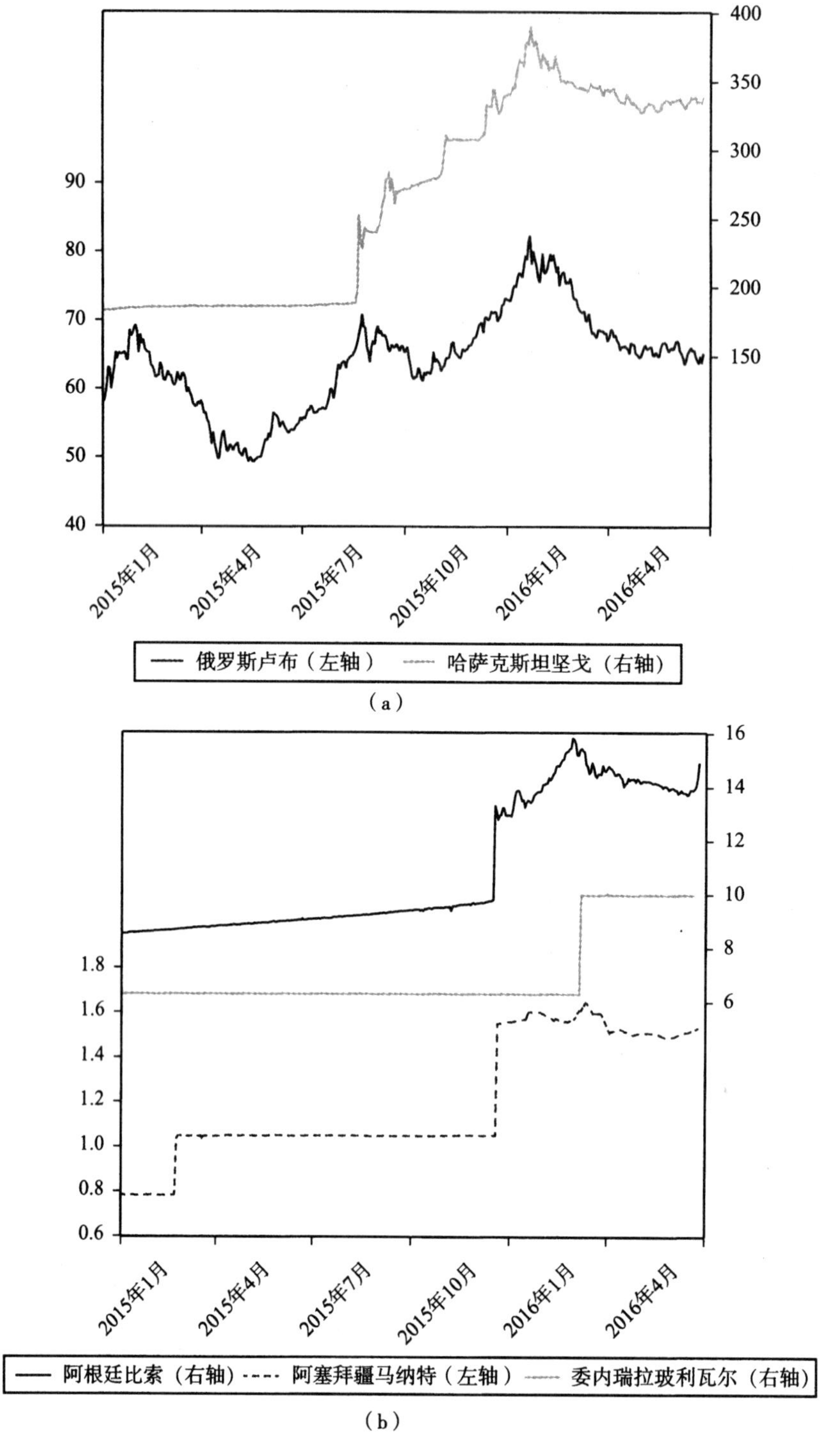

图 10　部分新兴市场国家：与美元的双边汇率（直接标价法）

资料来源：Investing。

（2）风险的传导和扩散。

新兴市场国家外汇市场的重大风险迅速传染至资本市场，造成了股票市场和债券市场的剧烈震荡。2015 年 4 月至 2015 年 12 月期间，俄罗斯股票市场持续下跌，其中，RTS 指数下跌近 27%。此外，外汇市场重大风险对风险发生国的银行系统造成了伤害。据惠誉统计，在 2015 年马纳特首次贬值的几个月内，阿塞拜疆银行的外币存款比例从 1 月末的 51% 上升至 70% 以上，12 月的这次大幅贬值将加重该国银行业的债务负担。与此同时，外汇市场重大风险开始波及全球，尤其是那些采取与美元挂钩、依赖大宗商品出口的新兴市场国家。其中，伊拉克、阿曼、尼日利亚、利比亚和厄瓜多尔的外汇市场均出现了动荡，大量资金开始外逃。

（3）风险的深化。

外汇市场重大风险的爆发使原本雪上加霜的新兴市场国家的实体经济更加恶化。俄罗斯联邦统计局数据显示，2015 年下半年俄罗斯实际 GDP 增长率降至 -3.8%，远低于过往五年同期平均水平。与此同时，2015 年下半年俄罗斯 CPI 同比大涨 15.1%，远高于俄罗斯央行年初设定的 5% 目标。由于物价的上涨和卢布贬值，俄罗斯街头时常出现抢购风潮，货架常空空如也。此外，俄罗斯失业率也居高不下，2005 年 12 月更是突破了 6%，滞胀现象较为严重。其他新兴市场国家的经济下行风险依然较大，通货膨胀也十分严重。国际货币基金组织 2016 年 4 月的《世界经济展望》预计，2006 年，阿根廷、委内瑞拉、哈萨克斯坦和阿塞拜疆的实际 GDP 增长率将分别降至 -1%、-8.0%、0.1% 和 -3.0%，通货膨胀水平分别上升至 36.7%、481.5%、13.1% 和 12.8%。另外，绝大部分新兴市场国家的经常项目逆差继续扩大，失业率依旧处于中高位水平。

3. 政府对风险的防范与应对

为应对外汇市场重大风险，新兴市场国家综合运用了多种政策组合。在外汇市场爆发前夕，为维持特定的汇率目标，新兴市场国家大量动用外汇储备买入本国货币，抛售外币。然而考虑到国家外汇储备具有重要战略性意义，在外汇储备消耗殆尽之前，绝大多数新兴市场国家宣布放弃固定汇率制度，让本国货币自由浮动。以阿塞拜疆为例，为维持固定汇率制度，阿塞拜疆央行的外汇储备已从 2015 年年初的 138 亿美元下降至 10 月的 68 亿美元，为保护本国外汇储备，阿塞拜疆央行不得不于 2015 年 12 月 21 日宣布让本币马纳特自由浮动。

外汇市场重大风险爆发后，为防止货币过度贬值造成资本大量外流和短期通胀压力，新兴市场国家均采用了提高短期基准利率货币手段，一旦汇率波动趋于平稳后，为刺激经济复苏，新兴市场国家也均会回调基准利率。以阿根廷为例，在外汇市场重大风险爆发当日，阿根廷央行通过公开市场操作，拍卖 LEBAC 票据，将 90 天 LEBAC 利率提升至 37.5%。随后两周，阿根廷外汇市场趋于平稳，为避免高利率对投资和消费造成较大冲击，阿根廷央行又将 90 天 LEBAC 利率回调至 31%。为避免比索深度下跌，阿根廷央行也通过货币互换、国际贷款等多种方式筹措美元储备。

汇率大幅贬值后，新兴市场国家的大宗商品出口竞争力相应增强。为刺激出口创汇，新兴市场国家开始对出口商品实施优惠政策。另外，为减少政府赤字和外债规模，新兴市场国家开始消减政府开支，深化公用事业改革，同时谋求国际金融组织和友好国家的援助。

三、外汇市场重大风险爆发的共性因素总结

通过回顾外汇市场重大风险事件，可以发现，不论是发达国家的外汇市场重大风险，还是发展中国家的外汇市场重大风险，实际上都是内外因素共同作用的结果。宏观经济的结构失衡和金融体系的脆弱性从根本上决定了外汇市场重大风险形成的内部根源和外部机制。从内因和外因两个方面对外汇市场重大风险爆发的共性因素进行总结。

（一）宏观经济结构失衡是外汇市场重大风险爆发的第一内因

1. 宏观经济结构失衡现象较为严重

无论是欧洲货币体系的外汇市场重大风险，还是新兴市场国家的外汇市场重大风险，在风险爆发前，这些国家的宏观经济均出现了结构性失衡现象，其中外部经济失衡现象表现尤为明显。具体而言，风险发生国的经济增速出现了明显下滑，通货膨胀与高失业率并存，财政赤字不断攀升，并且经常账户无一例外地出现了巨额逆差。另外观察到，外汇市场重大风险爆发也与综合国力有关，大部分外汇市场风险都是发生在小国。

2. 汇率制度过于僵硬

无论是联合浮动汇率制度，还是联系汇率制度，本质上它们都无异于固定汇率制度。虽然国定汇率制度能够给进出口贸易带来确定性，同时还能减少国际经济波动对本

国的影响。但是这种固定汇率制度却深受外部投机因素的影响，尤其是在资本完全自由流动情形下。事实证明，在庞大的投机性资金抛售压力下，政府的外汇储备往往是有限的，最终的结果是政府会放弃干预，让汇率大幅贬值，实现自由浮动。

3. 金融自由化步伐过快

在当年华盛顿共识建议下，多数新兴市场国家加快了金融自由化步伐。金融自由化本身无可厚非，但是脱离了本国国情和发展阶段的金融自由化无疑会损害金融体系的稳定和经济的健康发展。资本项目的过早开放和利率管制的全面放松，使得国际短期资本大量涌入，同时加之金融监管较为薄弱，导致新兴市场国家虚拟资产价格的急剧膨胀和银行不良贷款率迅速攀升，并弱化了相关国家的国际竞争力。

4. 债务问题过于严重

债务问题一直困扰新兴市场国家多年，尤其是拉美国家。在每次外汇市场重大风险爆发前，新兴市场国家均存在外债规模过度和外债结构不合理问题。外债规模的过度加剧了新兴市场国家的偿债压力，尤其是那些依赖大宗商品出口的国家，一旦遇见大宗商品价格持续下跌，这些国家将会面临债务违约问题。外债结构的不合理使得新兴市场国家金融体系更加不稳定，尤其是短期外债，一旦重大风险来临，这些短期资金将迅速逃离这些新兴市场国家。

（二）美元周期性反弹是外汇市场重大风险爆发的第一外因

1. 美元汇率的周期性反弹

每次外汇市场重大风险爆发前，无一例外均出现了美国联邦基金利率的上调和美元汇率反弹的情况，外汇市场重大风险随美元汇率也表现出周期性特征。对于国际大宗商品出口国而言，由于大宗商品普遍用美元计价，当美元汇率进入上升通道时，大宗商品价格往往会出现回调情形，由于出口国的平衡财政收支预算主要是基于大宗商品价格做出的，大宗商品价格持续下降往往会恶化相应出口国的贸易收支状况，并可能造成债务危机，甚至是外汇市场重大风险。同时，出于大类资产配置、资金避险、国际储备货币、预期强化等因素考虑，美元升值也会诱发国际资金的回流美国，加速新兴经济体资本账户恶化，并可能导致外汇市场重大风险爆发。

2. 短期资本主要流向虚拟经济

资本账户的持续顺差，弥补了经常账户的长期逆差和储蓄缺口，有利于实现更高的经济增长。经验证明，如果短期资本大量流向虚拟经济而非投资于实体经济，那么将会造成资本市场和房地产市场的泡沫，在外部投机资金攻击以及内部资金避险要求下，一旦泡沫破裂，将会进一步引起金融机构破产、资本外逃加剧、市场流动性衰竭等连锁反应，加上经常账户长期赤字的存在，外汇市场重大风险的爆发在所难免。

四、防范与应对外汇市场重大风险的国际经验和教训

回顾外汇市场重大风险事件，风险发生后，一些国家很快抑制住了风险的扩散与蔓延，并在短时间内重返经济增长的高速路径；而另一些国家则在风险面前显得无能为力，最终致使经济增长陷入长期停滞状态。如何防范与应对外汇市场重大风险就显得十分重要。以下对防范与应对外汇市场重大风险的国际经验和教训进行总结。

（一）坚守固定汇率制终将造成外汇储备的大量流失

历史经验表明，外汇市场重大风险大都发生在实施钉住汇率制度的国家。面对投机冲击，为维持固定汇率目标，各国中央银行一般都会入市干预，抛售外汇储备。事实证明，中央银行的外汇储备在投机风潮下显得杯水车薪，根本无法满足外汇市场的巨大需求，最终迫使各国央行宣布本币汇率的贬值。以英国、韩国为例，在风险爆发前，两国均拥有高额的外汇储备，但是它们都无力应对投机资金的攻击，在外汇消耗殆尽之际，英国宣布退出欧洲货币体系，让英镑自由浮动，韩国则是让韩元大幅贬值。在外汇风险应对中，巴西政府的做法值得借鉴。由于巴西央行较早放弃入市干预拯救雷亚尔，使得巴西央行保住了近400亿美元的外汇储备。虽然让雷亚尔自由浮动，但是充足的外汇储备稳定了市场信心，使巴西外汇市场动荡迅速得到缓解。

（二）灵活运用货币政策有利于加快经济复苏进程

外汇市场重大风险爆发后，为避免货币过度贬值和稳定市场信心，各国央行或金融

货币当局一般都会采取紧缩性货币政策，提高短期利率。提高利率一方面可以提升本币资产的名义收益率，加大卖空本币的机会成本；另一方面还可以降低通胀预期和投资需求，有利于改善国际收支状况。一旦汇率波动趋于平稳后，为刺激经济复苏，风险发生国均会采取适度宽松的货币政策，并相应回调短期利率。例如，欧洲货币体系外汇市场重大风险爆发后，意大利、英国和法国等国都曾相继大幅提高过短期利率，一旦外汇市场平稳后，为避免高利率对实体经济的伤害，意大利、英国和法国等国先后不同程度地下调了短期存贷款利率和回购利率。

（三）灵活运用财政政策有利于市场信心的恢复

财政政策在应对外汇市场重大风险中发挥着重要作用。如果外汇市场重大风险是由一国节节攀升的财政赤字引起的，那么紧缩性的财政政策将是十分有效的。例如，1999年的巴西外汇市场重大风险就是由巨额财政赤字引起的，为应对风险，巴西政府采取了紧缩性的财政政策。虽然紧缩性财政政策放慢了经济增长速度，但它可以有效控制国内信用扩张，有利于市场信心的恢复。如果外汇市场重大风险并非是由财政问题引起的，那么积极的财政政策在刺激经济复苏中将起着决定性作用。例如，东亚外汇市场重大风险爆发时，东亚各国的财政状况相对良好，国际货币基金组织在初期援助东亚国家时，要求受援国采取紧缩性财政政策，后来发现“药不对症”，于是 1998 年第一季度允许受援国采用扩张性财政政策刺激经济增长。扩张性财政政策对东亚国家走出风险阴影，实现经济复苏起到了重要作用。

（四）及时寻求国际社会援助可以有效降低汇市风险的波及广度和深度

面对外汇市场重大风险的冲击，风险发生国一般都会谋求国际社会的援助。在 1994 年墨西哥外汇市场重大风险爆发后，美国政府、国际货币基金组织和国际清算银行分别向墨西哥政府提供了 200 亿美元、178 亿美元和 100 亿美元的贷款援助。正是由于这些援助贷款在短期内的迅速投入，使墨西哥外汇市场重大风险的波及广度和深度大大降低。在 1997 年东亚外汇市场重大风险爆发后，泰国、印度尼西亚和韩国先后向国际货币基金组织、世界银行和日本政府申请援助贷款，由于援助贷款条件苛刻，以及未能及时到位，导致上述国家错过了贷款援助投入的最佳时间，从而造成风险的进一步扩大与蔓延。

（五）重大风险事件加速了金融体系的改革和整顿

外汇市场重大风险爆发后，风险发生国都加快了金融体系的改革和整顿，从而使其更具市场化和国际化。以1997年东亚外汇市场重大风险为例，为抑制风险的扩大与蔓延，各国政府首先关闭了无清偿能力的金融机构，并将其资产转移给重组机构和专门的资产管理公司。其次，允许公共资金介入银行重组，鼓励外国投资者进入银行领域，同时加快国有银行私有化步伐。最后，强化宏观审慎管理框架，通过提高资本充足率和金融机构的财务透明度，进一步增强金融机构的自身实力。应该看到，尽管外汇市场重大风险给相关国家带来了重大损失，但是其深化了金融体系的改革，这种深度调整对经济的可持续发展无疑是有益的。

（六）转变经济发展方式可解决宏观经济的结构失衡问题

1997年亚洲外汇市场重大风险的爆发，使东亚各国开始反思经济发展方式中的种种问题，其中韩国反思的尤为明显。风险过后，韩国对经济发展战略进行了调整。具体而言，一是转变政府职能，将政府主导型经济转为市场主导型经济；二是加速产业结构升级，强化高新技术产业在经济增长中的作用；三是转变经济发展方式，采取出口和内需联合驱动的方式发展经济。这些措施制度和实施，使得韩国摆脱了重大风险的泥潭，实现了内外部经济的共同健康发展。相反地，阿根廷、巴西和俄罗斯等国在外汇市场重大风险爆发后，并未转变经济发展方式，依旧过度依赖大宗商品出口，一旦国际大宗商品出口受阻或价格大幅下挫，这些国家的宏观经济结构失衡问题便会再次凸显，外汇市场剧烈动荡在所难免。

五、对我国防范与应对外汇市场重大风险的启示

结合外汇市场重大风险爆发的共性因素、不同国家应对外汇市场重大风险的经验与教训以及现阶段我国所处基本国情，外汇市场重大风险的防范与应对，要从国民经济全局出发，从宏观视角谋划，通过微观政策措施，最终达到经济社会福利的最大化。

（一）宏观经济运行和金融自由化过程要保持稳定

一是宏观经济运行要保持平稳。在稳增长、调结构和转方式过程中，宏观经济平稳运行对于防范与应对外汇市场重大风险至关重要。稳是主基调，稳是大局，要在稳的前提下进行人民币外汇体制的重大改革。新兴经济体经验证明，保持适度经济增长至关重要，任何以经济增长大幅回落为代价的金融、财税等体制改革，都会给经济社会带来灾难性结果。以东亚外汇市场重大风险为例，重大风险爆发后，各受灾国接受国际货币基金组织援助方案，实行双紧的财政政策和货币政策来进行经济市场化改革。事实上，国际货币基金组织方案加剧了东亚受灾国经济的进一步恶化，金融机构相继破产、实体企业举步维艰、社会冲突不断爆发，在国际货币基金组织修正援助方案后，各受灾国经济社会才出现转机。因此，在防范和规避外汇市场重大风险时，稳增长是首要义务，稳增长是最基本要素。经济新常态下，结构性改革必须要在经济平稳运行下进行，宏观经济政策也必须与结构调整协调一致。

二是金融自由化过程要渐近有序。拉美国家和东南亚国家金融自由化的经验教训表明，一方面，金融自由化过程须与本国国情和发展阶段相结合，步伐不能盲目过快；另一方面，金融自由化过程也要与金融监管体系相匹配，缺乏监管的金融体系势必会对宏观经济造成严重后果。正因如此，金融自由化过程要渐近有序。坚持渐近有序改革原则，应在国内金融体系全面自由化后，全面推进金融体系的对外开放。此外，还需保持国家对金融业的合理保护与适度控制，并强化金融监管在金融自由化中的“裁判员”作用。总之，对于我国而言，金融自由化过程（尤其是利率市场化和资本账户开放）是一个长期的过程，需要任重道远，不可一蹴而就。

三是在“稳字当先”基础上，强化创新理念在防范汇市重大风险中的重要作用。通过梳理外汇市场重大风险爆发的基本事实可以发现，外汇市场重大风险多发生于新兴市场国家，并表现出极强的重复性特征。究其原因，多数新兴市场国家产业结构单一，过度依赖大宗商品和低附加值产品出口，缺乏先进的生产技术和发明专利，一旦遭遇发达经济体政策变化和国际资本流动逆转，新兴市场国家的外汇市场剧烈波动在所难免。相形之下，发达经济体则通过持续创新，推动着经济的健康发展。综合国力的不断增强，使得发达经济体外汇市场重大风险的发生概率大为降低。因此，防范和化解外汇市场重大风险的根本之道在于创新。目前，我国正处于经济结构转型升级的关键时期，坚持创新发展理念，通过技术变革、高端人才培养和社会管理模式创新，从供给侧寻找新的增长动能，对于有效规避外汇市场重大风险具有重大裨益。

（二）汇率政策要统筹兼顾、多措并举、更加灵活

一是重视汇率、货币政策的国际协调。重视2016年10月1日，人民币正式纳入SDR货币篮子。人民币纳入SDR意味着人民币的国际认可度和国际化速度将大幅提升。2017年是实施“十三五”规划的重要一年，同时也是供给侧结构性改革的深化之年。2017年国际环境依然错综复杂，不确定性和不稳定因素依然较多。在此背景下，为营造良好的结构性改革环境，最大限度地释放改革红利，提升世界大国形象，中国更应重视汇率、汇率政策的国际协调，不仅要完善与美国、欧盟、日本等主要经济体经济状况的定期交流机制，同时也要与“一带一路”上的沿线国家建立更加紧密的互联互通机制。汇率、货币政策的国际协调，不仅有利于中国政府塑造自身经济运行轨迹，扎实推进供给侧结构性改革，同时也有助于维护世界金融秩序稳定，提升人民币在世界货币池子中的影响力。

二是增强人民币汇率双向浮动弹性。历史经验表明，外汇市场重大风险大都发生在实施钉住汇率制度的国家，尤其是那些汇率制度过于僵化的新兴市场国家。由于绝大多数新兴市场国家钉住美元，每当美元走强时，这些国家的货币将被高估，贬值压力随之加大。为降低本币的过度单边升值或贬值预期，增强本币汇率的双向浮动弹性，货币当局可以参考一篮子货币对原有汇率目标进行调节。2015年，受美联储加息预期影响，美元总体走强，人民币实际有效汇率相对于全球多种货币大幅升值。相应地，市场对人民币贬值压力随之加大。2015年8月11日，中国人民银行完善了人民币兑美元汇率中间价形成机制，即人民币兑美元汇率中间价的形成不仅要以市场供求为基础、同时还要参考一篮子货币进行调节。汇率形成机制改革后，人民币汇率双向浮动弹性开始增强，市场贬值预期随之减弱。

三是加强汇率、货币政策预期管理。在货币形态与金融资产日趋复杂、规模不断扩大的背景下，预期管理对于货币、汇率政策的调控显得至关重要。未来预期的变化不仅会影响市场主体的行为，同时也会影响货币、汇率调控政策的实施效果。为使相关政策更加有效，央行一方面要加强与公众沟通，避免由于公众的“羊群效应”引发对未来政策路径的非理性预期。考虑到公众的预期并非完全理性，加之央行与公众之间存在信息不对称，因此央行有必要通过沟通建立与公众之间的桥梁，帮助公众正确理解央行的意图，从而提高政策调控的有效性，避免外汇市场重大风险的发生。另一方面，央行要保持货币、汇率政策的延续性和稳定性，避免不一致性造成公众预期的反转变化。此时，央行有必要专门发布并解读下一阶段的政策思路，提高公众对货币、汇率政策的预

见性，帮助货币当局实现宏观经济目标。

四是进一步完善跨境资本宏观审慎管理框架。梳理外汇市场重大风险爆发的基本事实可以发现，外汇资本和跨境资金的流动性在风险爆发前夕逐渐增强，同时流动方向也发生了逆转。当局如未采取管制和干预措施，那么外汇市场的风险将会进一步传递到股票市场、债券市场和房地产市场，风险汇聚一起，形成系统性风险，进一步引致实体经济的衰退。为保持外汇市场的稳定性，防范系统性金融风险的发生，有必要将外汇流动性和跨境资金流动纳入宏观审慎管理范畴。另外，还需进一步完善跨境资本指标体系的建设。在外汇市场重大风险预警问题中，预警指标体系的构建是预警问题的关键，指标体系构建合理与否直接关系到预警结果的好坏。一个好的指标体系不仅可以帮助职能部门全面、准确地了解外汇市场的运行情况，同时也有助于提高外汇市场重大风险预警的准确度。因此，也有必要将跨境资本指标体系建设纳入宏观审慎管理框架。

（三）投资政策要内外并举、有保有压

一是对内要加大外商投资吸引力度。外汇市场重大风险总是伴随着资本大量外流。虽然我国外汇市场运行较为平稳，但资本外流现象较为显著，尤其是实体经济领域中的大型跨国公司目前正撤离或考虑撤离中国。在美元指数上升周期、世界经济复苏缓慢背景下，为振兴实体经济，保持人民币汇率基本稳定在合理均衡水平，当务之急要加大外商投资吸引力度。参照外汇市场重大风险发生国经验，首先，着力实施减税政策，降低企业生产经营成本，增加企业盈利能力，提升企业核心竞争力；其次，完善市场经营环境，除继续减少审批环节之外，加大法制化市场建设力度，营造公平有序竞争环境；最后，鼓励高新技术外商投资，通过研发投入的持续增加，增强经济内生增长动力。

二是对外要认真防范对新兴市场国家的投融资风险。目前，巴西、俄罗斯、哈萨克斯坦、委内瑞拉等新兴市场国家是我国除美国、欧盟、日本之外的主要投资和贸易对象。外汇市场重大风险的爆发，使上述新兴市场国家经济更加恶化，主权风险逐渐显现。为防范和应对主权风险的发生，一方面，对这些国家的投融资和贸易活动要慎重行事；另一方面，对各类涉险资产要认真进行评估，并通过利用金融衍生工具和约束条款等避险手段，将损失降到最低。

参考文献

[1] 陈学彬．当代金融危机的形成、扩散与防范机制研究［M］．上海：上海财经大学出版社，

2001.

［2］陈雨露，马勇．大金融论纲［M］．北京：中国人民大学出版社，2013.

［3］董小君．金融风险预警机制研究［M］．北京：经济管理出版社，2004.

［4］胡祖六．东亚的银行体系与金融危机［J］．国际经济评论，1998（5）.

［5］金洪飞．货币危机理论综述［J］．当代经济科学，2011（5）：34－43.

［6］刘鹤．两次全球大危机的比较研究［M］．北京：中国经济出版社，2013.

［7］鲁政委．货币危机：历史经验、当前形势与对策［J］．中国金融，2018（13）：40－41.

［8］吴有昌．货币危机的三代模型［J］．世界经济，2000（3）：39－42.

［9］姚淑梅．国际金融危机的演变与中国的应对［M］．北京：人民出版社，2010.

［10］余永定，陆磊．中国应从亚洲金融危机中汲取的教训［J］．金融研究，2000（12）：1－13.

［11］臧跃茹，等．"十三五"时期防范重大市场风险的对策思路研究［R］．中国宏观经济研究院内部研究报告，2016.

［12］郑冲．新兴市场国家货币贬值原因、影响与启示［J］．银行家，2014（12）：98－100.

［13］Bensaid B，Jeanne O. The Instability of Fixed Exchange Rate Systems When Raising the Nominal Interest Rate is Costly［J］. European Economic Review，1995，41（8）：1461－1478.

［14］Chang R，Velasco A. The Asian Liquidity Crisis［R］. NBER Working Paper，1998.

［15］Connolly M. The speculative attack on the peso and the real exchange rate：Argentina，1979～1981［J］. Journal of International Money & Finance，1986，5（1）：117－130.

［16］Corsetti G，Pesenti P，Roubini N. Paper Tigers?：A Model of the Asian Crisis［J］. European Economic Review，1999，43（7）：1211－1236.

［17］Dornbusch R. Collapsing Exchange Rate Regimes［J］. Journal of Development Economics，1987，27（1－2）：71－83.

［18］Flood B R，Garber P. Collapsing Exchange－Rate Regimes：Some Liner Examples［J］. Journal of International Economics，1987，17：1－13.

［19］Krugman P. A Model of Balance-of-Payments Crises［J］. Journal of Money Credit & Banking，1979，11（3）：311－25.

［20］Krugman P. Are Currency Crises Self-fulfilling?［J］. NBER Macroeconomics Annual，1996，11：345－378.

［21］Obstfeld M. Models of Currency Crises with Self-fulfilling Features［J］. European Economic Review，1996，40（3－5）：1037－1047.

［22］Obstfeld M. The Logic of Currency Crises［R］. NBER Working Paper No. 4640，1994：62－90.

［23］Ozkan F G，Sutherland A J. Policy Measures to Avoid a Currency Crisis［J］. Economic Journal，1995，105（429）：510－519.

我国跨市场风险传染机制研究

梁 俊

内容提要 近年来，随着金融市场开放程度的提高，以及大量跨市场金融业务的涌现，跨市场风险传染问题引起了各界的高度关注。跨市场风险是各种金融机构在追求规模经济和范围经济、不断突破分业经营限制而相互融合的过程中，由于加强了在资本、资金、产品等方面的联系而导致的某个市场或行业的风险极易引起其他市场或行业同时遭受损失的可能性。这种风险具有影响面广、传导机制复杂、传播迅速、传染超越地区关联及经济联系的特点。目前，跨市场风险在我国主要表现为影子银行、交叉性金融工具和金融控股公司相关的风险传染。核心的传染机制是：在高度复杂和紧密联系的金融系统内，由于监管机制不健全，在非理性预期影响下，投资者通过调整资产配置产生了跨市场风险传染。防控好我国的跨市场风险传染，需要加大对重点领域重点业务的监管力度，加速监管理念由行业监管转向功能监管，并加强预期引导。

近年来，随着金融市场化改革进程加快，金融市场竞争日趋激烈，不同机构间的交叉、融合不断加深，金融业务和金融产品创新不断涌现。交叉、融合的趋势，有效打破了金融市场的分割，成为推动我国利率市场化的重要力量。在提高金融效率、创造新盈利空间的同时，金融风险的交叉和传染也日益复杂，对我国仍然以分业监管为主的监管体系提出了巨大的挑战。监管部门和决策者也高度关注跨市场风险传染。2016 年央行发布的《中国金融稳定报告 2016》明确指出“一些跨行业、跨市场风险及风险传染的隐患值得关注”，并强调要“强化对跨行业、跨市场风险及风险传染的分析研判，落实监管责任，防止监管空白和监管套利”。在第五次全国金融工作会议上，成立了国务院金融稳定发展委员会，该机构的一个主要职责就是弥补现有金融监管体制的不足，消除机构间“交叉区域”“真空区域”的套利机会，最大限度地减小对经济、金融领域的冲击。中共十九大后，央行前行长周小川①也撰文强调“当前金融风险跨市场、跨行业、跨区域、跨境传递较以往更为频繁，使监管协调机制不完善的问题显得更加突出了”。跨市场风险传染机制是决定跨市场风险影响大小、传染方向的关键。分析跨市场风险传染机制，对于加强和改善金融风险监测，健全金融监管部门之间的通报机制，防范跨市场风险进而守住不发生系统性金融风险的底线，都具有重要意义。

一、跨市场风险传染的理论基础

跨市场风险和单个市场风险不同，是市场间的一种传导（或传染）风险，涉及多个市场。具体来说，它是各种金融机构在追求规模经济和范围经济、不断突破分业经营限制而相互融合的过程中，由于加强了在资本、资金、产品等方面的联系而导致的某个市场或行业的风险极易引起其他市场或行业同时遭受损失的可能性。这种风险具有影响面广、传导机制复杂、传播迅速、传染超越地区关联及经济联系等特点。跨市场风险是金融业发展到一定阶段的产物，是在金融机构突破分业经营模式的过程中出现的，其产生的基础是各类金融市场和金融活动主体在资本、资金、业务等方面的紧密联系。理解跨市场风险传染机制是防范这类风险的重要前提。

跨市场风险传染理论是金融传染理论的一部分②。金融传染理论主要研究一个市场或国家的金融风险为什么以及如何传染到其他市场或国家（明明，2015），具体来说，金融传染扰动发生后市场间联系相对于无扰动时期的显著增强，在风险传染的过程中，不同市场往往会出现资产价格以及资本流的联动（comovements）（Dornbusch et al.，2000）。这种资产流的联动并不必然意味着风险，但如果这种联动在危机期发生，并且影响是消极的，那么它就是传染（Calvo & Reinhart，1996）。

从理论上看，跨市场风险传染可分为两类，一类是通过经济基本面联系（fundamental links）的传染，另一类是通过投资者行为（investors' behavior）的传染（Dornbusch et al.，2000；Kaminsky et al.，2003；Treveno，2014）。第一类传染源自不同市场在贸易和金融上存在的紧密联系，由于这种联系的存在，一个市场的扰动会通过这种市

① 周小川．守住不发生系统性金融风险的底线［M］//党的十九大报告辅导读本．北京：人民出版社，2017.

② 跨市场风险传染主要是一个国家内不同市场间的风险传染，而金融传染不仅包括跨市场传染，还包括跨行业、跨国的风险传染，范围更广。

场间的相互依赖性外溢到其他市场，形成金融风险的传染。第二类传染并不要求不同市场存在紧密的基本面上的联系，它主要是由于投资者投机、信息不对称条件下的选择以及避险和维持流动性等行为导致的传染。这种传染无法通过经济基本面的基础变量来解释，即使两个市场间的经济联系非常薄弱，但只要投资者心理预期发生变化，或出现信心危机，随之发生的投资者行为的改变也可能导致跨市场风险传染。

（一）经济基本面的联系

基于经济基本面联系的风险传染主要通过国际贸易的联系和金融联系实现。由于本文主要关注金融市场的风险传染，故不涉及国际贸易联系导致的风险传染（参考 Dornbusch et al.，2000；明明，2015；等等），而主要关注通过金融联系途径产生的风险跨市场传染。

从理论上来看，联系紧密的金融系统对风险传染可能有三种不同影响。第一，会使风险更快地传染到其他市场和机构；第二，能通过迅速分散风险从而降低扰动的冲击；第三，在不同情况下影响可能不一样。至于哪种情况更符合现实则与各国金融系统的结构特点以及扰动的大小程度相关。首先，联系更紧密的金融系统是一种不稳定因素，可能导致系统性风险。一些文献指出联系紧密的金融系统会加速金融压力（financial distress）和清偿问题像传染病一样从单个机构蔓延到系统的其他部分。例如，菲菲尔－里蒙（Vivier－Lirimont，2006）认为随着一家银行业务关联单位的增加，系统性风险爆发的可能性也会增加。布鲁姆等（Blume et al.，2011，2013）通过建模模拟银行间风险传染的分析也得到了相同的观点。其次，联系更紧密的金融系统可能有利于分散风险。艾伦和盖尔（Allen & Gale，2000）认为，在一个联系紧密的金融网络中，一家受冲击影响的银行的损失会被它很多的债权机构（人）所分担，从而减少直接冲击单个机构的负面冲击对整个金融系统的影响。最后，联系紧密的金融系统对风险传染的影响可能是会变化的。阿西莫格鲁（Acemoglu，2015）发现，当对某个机构的负面冲击足够小的时候，一个紧密联系的金融网络会提高金融稳定性，因为广泛的债务联系使单个机构的风险被分担、弱化，这和艾伦和盖尔（Allen & Gale，2000）的发现一致。而当负面冲击的强度超过一定临界值，紧密的金融联系将成为扰动传导的机制，使金融系统变得脆弱。而松散的金融网络则会起到减缓风险传染的作用，原因在于受冲击银行的较高级别的债券机构（人）承担了大部分损失，从而使系统的其余部分较少受到影响。

（二）投资者行为

投资者的行为也会产生风险的跨市场传染。由投资者行为产生的风险传染无法从宏观基本面的联系来解释。即使两个市场联系非常松散，一个市场的危机并没有直接恶化另一个市场的情况，但只要投资者行为发生了改变，在这两个市场间也可能产生风险传染。那么，投资者行为的变化是如何导致风险传染的呢？具体来说，投资者主要通过投机、信息不对称、避险、维持流动性和程序性止损等行为制造跨市场风险传染。

1. 投机行为

投机行为是指一个投资者如果预期未来能将资产高于买入价卖出，就会接受高于资产基础价值（即该资产未来收益流现值的期望值）的价格，购买该资产的行为（Harrison & Kreps，1978）。投机者买进的目的只是为了卖出，并从价格波动中获利。投机行为有其积极的一面，一定的投机能起到维持资产价格，增强市场流动性（投机的存在让交易更容易完成）的作用，但投机更广为人知的是其消极的一面，市场中过度的投机或恶意的投机（如囤货居奇）会产生风险并可能造成风险传染。

2. 信息不对称下的选择行为

信息不对称指交易中的各方拥有的信息量的多寡存在差异。信息不对称普遍存在，并可能导致风险的跨市场传染。在市场交易中，总会有一些交易者拥有更多的信息，从而形成了对其他交易者的信息优势，处于信息劣势的交易者可能会对信息形成误判，或采取跟随策略，从而造成了风险的放大和传染。具体来说。信息不对称引起风险跨市场传染的途径主要有两条。第一，缺乏其他市场信息可能造成风险跨市场传染。由于缺乏其他市场的信息，一个市场上的投资者可能会对其他市场的价格或投资者的行为的变化过于敏感，容易因为其他市场的变化改变投资组合，从而使扰动从其他市场传染到投资者所在的市场。科德雷斯和普瑞斯克（Kodres & Prisker，2002）提供了这方面的理论支撑，发现风险传染之所以会发生是因为在信息不对称的情况下，本市场的投资者会把其他市场交易量的变化部分误判为是由本市场资产价值变化的信息引起的，基于这种判断做出的投资决策使扰动从其他市场传染进来，形成风险传染。特雷维诺（Treveno，2014）发现由于缺乏其他市场信息，市场主体会高估其他市场上市场主体行为的影响，并可能造成风险传染。第二，缺乏本市场信息也可能造成风险跨市场传染。信息不对称会使得本市场上处于信息劣势地位的投资者模仿有信息优势的投资者的行为，引发连锁反应（羊群效应），使得风险快速传染和放大，并可能引起系统性风险。卡尔沃和门多萨（Calvo & Mendoza，2000）发现，即使投资者是理性的，搜集信息的高成本也会引发模仿的“羊群效应”，并造成风险传染。基姆和魏（Kim & Wei，1997）指出，名声效应也会导致信息不对称的投资者采取模仿行为。一些投资者尤其是基金经理，特别在乎他们的名声，在信息不对称的情况下，提前行动容易出现错误，这会使他们名声受损。为了避免这种情况发生，他们往往愿意做本市场的跟随者，这导致了普遍的“羊群效应”和风险传染。

3. 避险行为

风险出现时，投资者出于避险考虑对资产组合的调整会导致风险跨市场传染。当出现市场扰动时，投资者出于避险考虑往往会卖出风险资产，购买安全资产，这会导致风险资产的风险溢价不断上升，并可能造成风险跨市场传染。这种现象被称为安全投资转移（flight to quality），安全投资转移效应是风险跨市场转移的重要原因。科德雷斯和普里茨克（Kodres & Pritsker，2002）研究了风险通过投资者对资产组合进行调整进行跨市场传染的机制，他们采用不同市场间价格的联动表示风险传染，发现当一个市场遭遇异常扰动（idiosyncratic shock）时，投资者会调整资产组合，以降低总体风险，导致风险跨市场传染。奇普里亚尼等（Cipriani et al.，2013）通过实证研究验证了卡巴莱罗和库尔特（Caballero & Kurlat，2008）提出的风险传染的理论机制的存在。事实上，风险通过这种机制进行跨市场传染的现象普遍存在，卡巴莱罗和库尔特（Caballero & Kurlat，2008）指出，美国金融市场自 2007 年以来经历漫长的安全投资转移时期，即使是货币市场基金都被认为是不安全的资产，这种效应使美国国债利率降到了 0，并使黄金和原油的价格攀升到历史最高位。

4. 维持流动性的行为

某个市场的流动性约束可能造成投资者出售其他市场资产来维持流动性，引起风险传染。当出现局部市场风险时，投资者在某个市场上会面临流动性约束问题，为了维持该市场的流动性，他们可能会被迫出售其他市场的资产，造成抛售资产价格跳水，将风险传染到其他市场。多恩布什（Dornbusch et al.，2000）指出，一些高杠杆投资者（如对冲基金和银行）在风险出现后，常常被要求追加保证金，往往被迫出售其他市场资产来筹集资金。还有一些开放基金的经理在风险出现后如果预期未来要给投资者补偿，也会出售其他市场资产来筹资。这些行为造成资产价格下降，使某个市场最初的扰动传染到其他市场。邢天才和田蕊（2011）指出当银行面临流动性风险时，会出售持有的资产来避免倒闭的风险[①]，出售行为会使得这些资产的市场价格下降，这会使得其他持有类似资产的银行及投资者面临资产贬值带来的巨大损失，这些银行和投资者不得不靠出售其他资产来弥补自身的流动性不足问题，而这又会造成这些资产价格的下滑，造成风险向相应资产市场的进一步传染。

5. 程序性止损行为

程序式止损会对风险跨市场传染起到推波助澜的作用。程序性止损原本是用于防范风险的一种手段，但在资产价格下跌到止损线时，它可能引发大量抛售，成为风险的传染源或放大其他市场传染过来的风险。莫西里（Morrisi et al.，2004）指出市场中的短视交易者（traders with short horizon）的程序性止损可能会触发风险传染。市场中的很多交易者都有止损线，当资产价格快下降到止损线位置时，一些交易者就会出售资产，进一步加大价格下滑压力，并引发新一轮的竞卖。任何一个短视交易者出售风险资产，都会增加其他短视交易者出售风险的可能，使出售风险变成了一种类似于银行挤兑的相互增强的行为。这种迅速放大风险的机制会让风险的传染变得更迅速。斯基纳西和史密斯（Schinasi & Smith，2000）指出基本的投资组合原则能很好地解释风险的跨市场传染，一个投资者如果遵循“实现既定收益条件下的风险最小化”的投资组合策略，当一种资产的投资回报率受到不利冲击时，他可能会大幅减持其他风险资产，导致风险从一个市场传染到其他市场，并且投资者的杠杆率越高，他们对风险就越敏感，这种风险传染也会更明显。

二、我国跨市场风险传染的表现形式

跨市场金融风险源自跨市场金融活动，从实践层面来看，可以将跨市场金融活动划分为两个层次：一是金融机构利用业务和产品的创新，跨越多个金融市场的子市场；二是金融机构通过获取多种金融牌照，同时从事银行业、证券业和保险业，通过跨市场的机构主体来打通资本、货币市场以及保险市场。过去几年中，这两类跨市场金融活动都得到了迅速发展。由于跨市场牌照获取难度相对较大，中小型金融机构往往难以介入，

① 理论上来说，银行可以向第三方发行一些金融合约以未来的收入为担保获取流动性，但现实中往往存在诸多限制，这种方式并不可行（Drehmann & Nikolaou，2010）。

因此，利用业务、产品创新来实现跨市场交易已成为更为主流的模式，这也是我国金融综合化经营值得关注的一个特征。具体来说，我国目前的跨市场金融活动主要有三类：影子银行、交叉性金融工具和金融控股公司，与这三类金融业务或机构相关的风险传染是目前我国跨市场风险传染的主要表现形式。

（一）影子银行导致的跨市场风险传染

影子银行[①]（shadow banking）一般指提供类似于传统商业银行服务，但游离于传统金融监管体系之外的非银行金融中介（Pozsar et al.，2013）。金融危机发生之前，学术界和决策者对影子银行的关注很少，但金融危机爆发后，特别是雷曼兄弟公司倒闭以及 Reserve Primary Fund 货币市场基金遭遇挤兑事件后，人们开始广泛地关注影子银行对金融市场稳定的影响。由于经济发展和金融结构存在较大差异，中国影子银行的内涵与国外存在很大差别。根据中国人民银行在《中国金融稳定报告 2013》中的提法，中国的影子银行主要指正规银行体系之外的，由具有流动性和信用转换功能，存在引发系统性风险或监管套利可能的机构和业务构成的信用中介体系。根据阎庆民和李建华（2014）的分类，目前中国的影子银行系统主要由四类机构和业务组成：“三会”[②] 分业监管、分业经营框架下的机构和业务，各部委和地方政府监管的类金融机构，当前不受监管的机构和业务，金融市场新兴的影子银行业务（见表 1）。

表 1　　　　中国影子银行体系包含的机构和业务分类

“三会”分业监管、分业经营框架下的机构和业务	各部委和地方政府监管的类金融机构	当前不受监管的机构和业务	金融市场新兴的影子银行业务
银行理财业务 信托理财业务 证券理财业务 基金理财业务 保险理财业务 金融公司业务 第三方支付结算公司 保理业务	典当公司 担保公司 融资租赁公司 私募股权公司 小额信贷公司 金融资产交易所	新兴网络金融公司 民间融资 第三方理财机构	资产证券化 融券业务和回购业务 货币市场基金

资料来源：阎庆民，李建华．中国影子银行监管研究［M］．北京：中国人民大学出版社，2014。

① 影子银行这个概念最早由美国太平洋投资管理公司执行董事保罗·麦卡利（Paul McCully）在 2007 年的美联储年度会议上提出，指未受到政府监管的，吸收短期资金，运用高杠杆的非传统金融中介（McCulley，2009）。

② 2018 年机构改革后，中国银监会和中国保监会已合并，目前“三会”已经变成了“两会”。

近年来，中国影子银行的规模迅速扩大，根据金融稳定委员会（FSB）发布的《2017 年全球影子银行监测报告》，中国 2017 年的影子银行规模达到了 7 万亿美元，占到了全球影子银行规模的 15%。总体来看，影子银行引起跨市场风险传染的表现主要有三个。

第一，影子银行业务游离于现有监管体系之外，容易通过内在联系将风险传染到正规银行体系。在一定意义上，影子银行发挥着与传统银行类似的资金借贷功能，但不像传统银行一样面临着较为严格的资本充足率、合意贷款管理、贷款投向限制等监管要求，普遍具有高杠杆、资金来源不稳定、缺乏中央银行信用支持等特征（中国人民银行金融稳定分析小组，2013）。由于难以监管，且信息披露不充分，影子银行业务中不规范的金融行为时有发生，如不规范的投资（影子银行资金用途往往被隐藏，很多资金流入了房地产、产能过剩行业等高风险领域）、互联网金融、典当、未经批准的证券业务、变相期货业务、不规范的私募基金等领域，都有可能成为风险源头（杨海平，2015）。影子银行通常与传统银行存在紧密联系，对银行融资依赖度很大，其风险容易溢出到正规银行体系。

第二，影子银行将各类金融市场和市场主体更紧密地联系在一起，使风险更容易传染。尽管目前中国金融业仍处在分业经营阶段，但一些影子银行业务，如理财、资管，却以丰富多样的投资模式，涉及了多个跨行业主体，联结了多个金融市场，使得风险进行跨市场传染变得更容易。以当前缺乏监管的互联网金融为例，在互联网平台上，银行、证券、保险、信托、基金和来自其他行业的机构合作不断加深，逐渐演化出复杂的合作模式，在这种模式下，电商、金融机构之间进行跨行业交织，金融市场之间发生了大量关联交易，显著放大了传统金融风险，加大了系统性风险的突发性、传染性和不可预测性。国内对互联网金融的监管尚处于探索阶段，监管协调难，监管难度大，易引发系统性金融风险。

第三，影子银行为逃避监管和进行套利所催生的金融过度创新是风险传染的重要源头。为了逃避现有监管体系，以及进行套利活动，影子银行业务出现了大量创新，新的金融衍生工具大量产生、资产证券化产品迅速增加、数学模型类产品大量推广。这些创新削弱了政府进行金融调控和金融监管的效果，加大了金融脆弱性，也成为风险跨市场传染的重要源头。

（二）交叉性金融工具导致的跨市场风险传染

交叉性金融工具是跨市场、跨行业金融创新的主要形式，具体来说，是指在分业经营条件下，银行、证券、保险等机构间通过协议规定，为实现不同功能的金融服务的融合而提供的金融产品（人民银行张家口市中心支行课题组，2005）。一般交叉性金融工具的开发都是为了绕开政策和法规的约束，加之开发时间都比较短，在技术支持、操作过程控制等方面还不成熟，因而极易发生市场风险，并引发跨市场风险传染。具体来说，目前中国的交叉性金融工具可以分为如下三类：银行与证券合作、银行与保险合作、证券与保险合作。具体见表2。

表2　　交叉性金融工具的分类

分类	投融资类	委托代理类
银行与证券合作	1. 银行为上市公司融资 2. 银行为证券公司融资	1. 资金转账、清算、结算 2. 托管业务 3. 合作开发理财产品
银行与保险合作	1. 银行为保险公司融资 2. 保险资金在银行存款	1. 银行代销保险产品，代收保费，代付保险金 2. 委托存贷款 3. 合作开发理财产品
证券与保险合作	保险资金用于证券投资	1. 代办保险 2. 合作开发理财产品 3. 资产管理

资料来源：根据杨少俊（2007）整理。

交叉性金融工具是市场融合的重要产物，连接着不同子市场的流动性，容易受到多个子市场流动性波动的影响。通过资金结算、销售合作、相互融资和跨业产品等渠道，风险可以以交叉性金融工具为载体在各子市场间传递与扩散。

第一，资金结算层面的风险传染。我国的资金结算都是商业银行来做的，因此当银行出现结算困难的信用风险时，风险便会随着业务链条在金融体系中传染。

第二，销售合作层面的风险传染。在分业经营条件下，单个金融机构很难提供便利的“一站式”金融服务，金融机构往往会通过合作提供这种服务，因此会产生基于这种合作关系的风险传染。

第三，相互融资层面的风险传染。由于不同市场结构存在差异，金融机构经营战略的差异造成了不同金融机构的资金有余有缺，这就产生了融资需求和供给。除了银行可以供给资金，保险公司在特定条件下也能成为资金的提供者。融资层面的交叉性业务包括银行为证券、保险等金融机构提供贷款，同时也包括银行吸收其他金融机构的存款，该层面的风险源就是存贷款等形成的债权债务关系，风险通过债务链条在不同市场间进行传染。

第四，跨业产品层面的风险传染。理财产品层面的交叉性业务主要表现为证券、银行和保险等合作开发的各种理财产品。理财产品原则上来说是一种投资者风险自负的产品，但为了获得竞争优势，一些金融机构会给出承诺收益，在金融机构出现亏损时，可能产生风险，并可能传染到其他市场。

（三）金融控股公司导致的跨市场风险传染

金融控股公司是以控股公司形式存在的，主要资产分布在银行、保险、证券等两个以上金融子市场中的企业集团。一般来说，金融控股公司需要满足两个特征。第一，主要从事金融业务，并至少从事银行、证券、保险中的两种或两种以上的业务；第二，母公司至多从事银行、证券、保险、实业中的一种业务，其余业务由其控股子公司经营。目前，我国的金融控股公司大致可以分为两类，纯粹金融控股公司和事业型金融控股公司。纯粹金融控股公司的母公司并没有具体的实际业务，通过股权管理各子公司的经营活动，主要职能是监督管理，例如，中信控股公司、光大集团和中国平安；事业型金融控股公司指母公司经营一项事业，同时又控制其他子公司从事其他类型金融业务，例如，中国银行、工商银行。

金融控股公司主要通过关联交易和股权关系传导市场风险。

第一，通过关联交易的风险传染。关联交易是集团内部合作的一种重要方式，正是由于关联交易的存在，原本要在市场中进行的各种交易变成了在集团内部进行，节约了集团的交易成本，使集团的协同效应得以实现，公司独立利润和效率得以提高。另外，关联交易也使得风险更容易地在交易双方传导，进而在整个集团传导，并传导到集团之外，造成更大的金融风险。

第二，通过股权关系的风险传染。金融控股公司交叉持股现象普遍，股权关系非常复杂，这种错综复杂的股权关系会像导线一样将风险传染开来。如果集团里的某一个子公司出现问题，风险就会顺着控股关系链条进行传导，并可能在某些子公司被放大和加强。

三、我国跨市场风险传染的机制

目前我国跨市场风险传染的机制是，在高度复杂和紧密联系的金融系统内，由于监管机制不健全，在非理性预期影响下，投资者通过调整资产配置产生了跨市场风险传染。

（一）金融系统复杂性和关联性不断增强是跨市场风险传染的基础条件

随着金融创新的不断涌现和金融改革的持续深化，我国金融系统的复杂性和关联性不断提升，这为风险传染提供了良好的“基础设施”，极大地增加了跨市场风险传染，并进而引发系统性金融风险的可能。

1. 金融系统复杂程度不断提升

随着金融创新的快速发展，金融领域一些新业态、新商业模式、设计复杂的结构化产品和金融衍生品不断涌现。这些金融产品活跃了市场，也有一些产品为了规避监管，行走在灰色地带。例如，没有资质和牌照的机构开发的互联网金融产品，房地产市场中的首付贷产品，一些通过影子银行体系发行的结构化产品等。这些金融产品游离于监管体系之外，通过增加运作环节，拉长金融服务链条等方式，加剧了金融风险。由于我国金融监管体系仍然不健全，部门监管业务分工难以对金融市场实现全覆盖，监管依然存在真空地带，市场风险防范与监管面临主体缺失的问题。

2. 金融机构和金融市场间的联系愈加紧密

随着金融混业经营改革的深化，银行、信托、证券、基金、保险业务相互交叉，商业银行表外业务快速扩张，互联网金融平台和各类型资产交易平台纷纷涌现，货币市场、信贷市场、债券市场、股票市场之间的联系愈发紧密，风险传递也显著增加。例如，目前金融各业的合作愈加突出，不仅银证合作、银保合作、银信合作、银基合作等更加活跃，而且新增加了证保合作、证信合作、证基合作等等。在此基础上，推出了一系列跨机构、跨市场和跨行业的金融运作方式和金融产品，使金融机制、金融运作更加复杂化，也使得金融运作的链条更加延长。

3. 各种类金融机构和非金融机构纷纷介入金融活动

类金融机构是指以从事金融活动为主营业务同时又不持有金融机构牌照的法人机构。非金融机构主要指上市公司等实体企业将本应投入经营运作的资金转为金融交易或其他金融活动。这些机构进入金融系统，不仅增加了潜在的风险源，还可能充当风险传染的节点、加速器和放大器，极大地增加跨市场风险传染的可能。

（二）监管体制机制不健全是跨市场风险传染的外部原因

在新业态新机构新产品快速发展的形势下，我国监管协调机制不完善的问题显得更加突出，这是导致金融风险跨市场、跨行业、跨区域、跨境传递更为频繁的外部原因。

1. 分业监管模式的弊端日益突出

中国的金融监管的组织框架在过去十年间形成了银行、证券与保险分业监管的格局。这种分业监管的模式在过去防范金融风险上发挥过积极的作用，但是随着金融创新不断涌现，以及金融发展的需要，这种分业监管模式的弊端越来越明显。第一，地市以下缺乏证监会和保监会机构，其监管存在空白。第二，在监管上存在相互交叉的现象。第三，分业监管模式已跟不上金融创新与发展的需要，给各种社会乱办金融行为以可乘之机。第四，监管部门之间不协调的局面，给被监管单位增加了不应有的负担。

2. 金融控股公司存在监管真空

“加强金融控股公司监管”出现在政府工作报告之中。随着金融改革的推进，国内许多产业集团和金融机构都在积极以金融控股公司的形式实现混业经营，既包括非银行金融机构集团，也包括产业资本集团及众多民营企业集团。金融控股公司通过整合分散的金融资源，以规模化、大型化和完善的功能来提升金融业的竞争力。在目前的分业监管体系下，对金融控股公司的监管明显滞后于市场的发展，导致风险的加大。第一，监管机构各管一段，缺乏实质性的监管协调使金融控股公司有机会利用管制差异进行监管套利。第二，金融控股公司组织结构上的特点，使其面对的风险除了各项金融业务本身所形成的一般风险之外，还有由“集团控股进行混业经营”这一组织架构所带来的特殊风险：传染风险（此外还有财务杠杆风险、内幕交易风险等），这些风险没有强有力的监管协调机制是无法控制的，在特定的情况下，还有可能导致系统性的金融风险。

3. 统计数据和监管信息尚未集中统一

要有效防控跨市场风险传染和系统性金融风险，监管部门就要掌握各个部门的金融统计数据和监管信息，否则将难以对风险进行研判，在这方面还存在较多问题。第一，我国仍缺乏一个强有力的宏观审慎监管部门来整合“穿透式监管”所需的数据和信息，无法对所有金融机构、重要金融市场、资本流动（包括外债）进行统一监管，各部门只负责银行、保险、证券交易、资本流动等领域的一个方面，不同部门之间的政策协调难度依然较大。第二，由于缺乏跨市场的数据和信息，金融资产的存量、流量和增量等的动态难以把握，根据金融资产的存量变化、流向变化和增量变化等选择有效对应的防控风险举措（包括预警举措、消解举措等）也难以做到。金融监管部门的诸多举措在很大程度上不是防患于未然而是陷入持续应对“救火”的事务性监管工作中。

4. 一些创新金融活动游离在金融监管之外

随着金融领域跨市场、跨行业的新业态、新产品不断涌现，原有的条块式监管模式越来越显得捉襟见肘。很多跨市场、跨行业的金融活动游离在金融监管之外，增加了风险传染的可能。例如，对影子银行的监管力度远远跟不上影子银行的发展，不仅商业银行的监管套利愈演愈烈，民间金融以各种名目比如互联网金融的名义也大举进入了传统的银行信贷体系，像银行一样经营信贷业务，但是不像银行一样受到资本充足率等指标的约束。监管部门也在注意这些问题，对非标、各种类授信项目，开始要求考核指标。对于各种通道，也开始要求有净资本的考核要求。但仍有一些金融业务，如集中度很高的移动支付业务（支付宝和财付通（微信支付）的市场份额占到了90%以上），却依然缺少有效的监管，游离在监管系统之外。

（三）投资者的资产配置行为和非理性预期是跨市场风险传染的内在原因

从理论层面来看，投机、信息不对称、避险、维持流动性和程序性止损等投资者行为都可能导致跨市场的风险传染，从实践层面来看，这些因素主要通过两个渠道发挥作用，这两个渠道是跨市场风险传染的内在原因（见图1）。

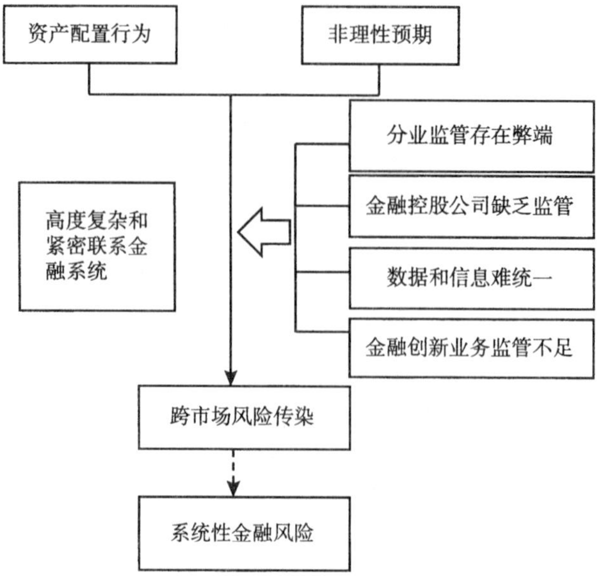

图1　中国的跨市场风险传染机制

1. 投资者的资产配置行为是跨市场风险传染的第一个内在原因

金融风险由金融资产价格的波动引起，当某个金融市场由于资产价格的波动出现大的风险时，金融市场间的收益均衡关系被打破，市场中的投资者利用这一波动进行有利于自己的资产配置活动，正是这一行为使得某个金融市场的风险对其他金融市场产生外在的冲击效果，金融风险在金融市场间形成了传染关系。此外，许多“金融大鳄”之类的国际金融集团和投机资本会在全球的股票市场、外汇市场、银行间市场、期货市场等市场中寻找机会，一旦出现套利机会，这些资本就会在相关金融市场中快速出击，从而造成关联金融市场的剧烈波动。

2. 投资者的非理性预期是跨市场风险传染的第二个内在原因

投资者作为金融市场的重要参与主体，是金融市场赖以生存和发展的核心基础。在现有的市场交易制度和运行体制不完善的情况下，各类投资者的投资理念与眼光、投资心态以及投资行为都与成熟市场要求相差甚远，投资者做出非理性的投资决策不可避免。当某个市场出现资产价格明显上涨时，投资者可能认为这是经济繁荣或者资产价格普遍上涨的信号，于是增加其他资产的需求，这会吹大其他市场的资产价格泡沫，导致风险传染。一旦某个市场资产泡沫破裂，投资者心理与预期会发生重大改变，由于“羊群效应”的存在，恐慌心理会在投资者中传播，各个市场会出现大量的抛售行为，造成资产价格大幅下跌，并可能引致系统性金融风险。

四、防范我国跨市场风险传染的对策

为更好地防控跨市场风险传染，政府和相关监管部门需要做好以下三方面的工作。

（一）加大对重点领域重点业务的监管力度

我国跨市场风险问题突出反映在影子银行、交叉性金融业务和金融控股公司三个领域。要更好地防控跨市场风险，守住不发生系统性金融风险的底线，必须加强对这些领域的监管力度。一是要强化对影子银行的监管力度。中国影子银行的主要问题是跨越不同金融细分领域的资产管理产品发展带来的风险。目前，中国的影子银行已在监管范围内，但是监管标准不统一，过高的合规成本“鼓励”了影子银行进行监管套利。需要从统一资产管理产品框架着手，强化影子银行产品的“穿透式监管”。透过产品的表面形态，看清相关业务和行为的实质，将资金来源、中间环节与最终投向穿透连接起来，根据产品功能、业务性质和法律属性明确监管主体和适用规则。二是要强化对交叉性金融工具的监管力度。交叉性金融工具的核心是银行、证券和保险三类金融业务之间的合作。过去三会分别监管三类业务在一定程度上造成了这类跨市场业务的监管“盲区”，目前中国银监会和中国保监会已经合并，但证监会仍然单独运行，下一步要加强中国证监会和中国银保监会之间的监管协调，以及数据和信息共享，并充分发挥金融稳定发展委员会的作用，统筹金融监管，更好地防范这一类跨市场业务的风险。三是要强化对金融控股公司的监管力度。金融控股公司可能通过关联交易和股权关系产生跨市场风险传染，我国对这一类机构的金融风险监管依然是空白。可以借鉴国有独资商业银行股份制改革试点的成功经验，由国务院成立专门的工作领导小组及其办公室，解决这些问题。在监管方法上，以对金融控股公司并表监管为主，同时加强对集团内关联交易的监管。在立法上，要尽快出台《金融控股公司法》，从法律的角度对其进行监管。除了以上三个领域，还有一些金融创新业务（如移动支付、数字货币），也值得监管部门高度关注。一方面，要将这些业务纳入监管范围，防范可能的金融风险；另一方面，要给这些业务一定“自由空间”，防止“管得太死”，扼杀了金融创新，妨碍了金融发展。

（二）加速监管理念由行业监管转向功能监管

中国金融业当前的分业监管模式强调对行业的监管和机构的监管，这种“铁路警察，各管一段”的监管方式，导致不同部门对同类金融业务监管规则不一致，难以实现全流程监控和全覆盖监管，尤其难以防范跨市场、跨行业、跨区域的风险。金融监管框架改革的基本取向不应只停留于不同监管部门监管职能的调整上，应该加速监管理念由行业监管为主转向功能监管为主。需要解决好三个基础性问题：其一，划分好金融行为。要科学合理地划分金融行为类型，因为金融功能划分是实现功能监管的基础。其二，界定好部门监管边界。根据金融行为类型划分，科学合理地界定各家金融监管部门的职能和监管边界，将金融机构、类金融机构和非金融机构的金融行为均纳入监管对象的范畴，既避免金融监管的“真空”“缺失”或“盲区”的存在，又避免各家金融监管部门彼此间的掣肘或行为不协调，实现金融监管对各种金融行为（从而金融风险）的全覆盖。其三，进行协同监管。要根据金融产品和金融行为的复合特性，实施金融监管部门的联合监管，实现对每个金融活动的程序、条线和节点的复合监管，避免因某个节点崩垮可能引致的整个金融蛛网的崩散。

（三）加强预期引导

理性预期对于金融平稳健康发展至关重要。“羊群效应”“跟风现象”“黑天鹅事件”产生的根本原因在于市场中存在非理性预期和行为。当局部风险出现时，如果不对预期进行积极引导，市场上可能会出现恐慌，引发多个市场的集体性资产抛售行为，局部风险就可能放大成系统性金融风险。政府必须加强金融市场的预期引导，及时阻断风险跨市场传染和放大的链条。具体来说政府需要做好如下四点。一是要注重与社会公众沟通。政府拥有信息优势，但要将政府意图清晰无误传递给公众，就必须要加强与社会公众的沟通。二是要做好舆情监测。谣言很可怕，一旦谣言传播扩散并被个体作为决策依据后，将可能出现“谣言成真”的情况。管理机构应加强各自有关领域的舆情监测，及时组织澄清谣言，并依法严厉打击谣言制造者。三是要做好舆情引导。在发现负面舆情后，需要第一时间处理，并防止事态进一步恶化演变。四是加强对市场预期研判。政府应有意识加强对市场预期研判，通过各种中介机构调查，了解社会民意，以更好管理与引导社会公众预期。

参考文献

[1] 明明. 流动性理论与分析 [M]. 北京：中国金融出版社，2015.

[2] 人民银行张家口市中心支行课题组. 对我国跨市场跨行业金融风险防范问题研究 [J]. 华北金融，2005 (9).

[3] 邢天才，田蕊. 流动性周期视角下的金融风险传染研究 [M]. 北京：中国金融出版社，2011.

[4] 阎庆民，李建华. 中国影子银行监管研究 [M]. 北京：中国人民大学出版社，2014.

[5] 杨海平. 流动性周期视角下的金融风险传染研究 [M]. 北京：中国金融出版社，2015.

[6] 杨少俊. 我国跨市场金融风险及其防范研究 [D]. 福州：福建师范大学，2007.

[7] 中国人民银行金融稳定分析小组. 中国金融稳定报告 2013 [M]. 北京：中国金融出版社，2013.

[8] 中国人民银行金融稳定分析小组. 中国金融稳定报告 2016 [M]. 北京：中国金融出版社，2016.

[9] 周小川. 守住不发生系统性金融风险的底线 [M] //党的十九大报告辅导读本. 北京：人民出版社，2017.

[10] Acemoglu D, Ozdaglar A, Tahbaz - Salehi A. Systemic Risk and Stability in Financial Networks [R]. NBER Working Paper No 18727, 2013.

[11] Allen F, Gale D. Financial Contagion [J]. Journal of Political Economy, 2000, 108 (1): 1 - 33.

[12] Blume L, Easley D, Kleinberg J, Kleinberg R, Tardos E. Network Formation in the Presence of Contagious Risk [J]. ACM Transactions on Economics and Computation, 2011, 1 (2): 1 - 10.

[13] Blume L, Easley D, Kleinberg J, Kleinberg R, Tardos E. Which Networks are Least Susceptible to Cascading Failures? [R]. In Proceedings of the 2011 52nd IEEE Annual Symposium on Foundations of Computer Science. Washington, DC: IEEE Computer Society, 2011.

[14] Caballero R J, Kurlat P. Flight to Quality and Bailouts: Policy Remarks and a Literature Review [R]. Working Paper, 2008.

[15] Calvo G A, Mendoza E G. Rational Contagion and the Globalization of Securities Markets [J]. Journal of International Economics, 2000, 51 (1): 79 - 113.

[16] Dornbusch R, Park Y C, Claessens S. Contagion: Understanding How It Spreads [J]. The World Bank Research Observer, 2000, 15 (2): 177 - 197.

[17] Drehmann M, Nikolaou K. Funding Liquidity Risk: Definition and Measurement [R]. BIS Working Papers No 316, 2010.

[18] Kaminsky G L, Reinhart C M, Vegh C A. The Unholy Trinity of Financial Contagion [J]. Journal

of Economic Perspectives, 2003, 17 (4): 51 -74.

[19] Kim J, Wei S - J. The Big Players in the Foreign Exchange Market: Do They Trade on Information or Noise? [R]. NBER Working Paper No 6256. National Bureau of Economic Research, Cambridge, Mass, 1997.

[20] Kodres L E, Pritsker M. A Rational Expectations Model of Financial Contagion [J]. The Journal of Finance, 2002, 57 (2): 769 -799.

[21] McCulley P. The Shadow Banking System and Hyman Minsky's Economic Journey [J]. The Research Foundation of CFA Institute, 2009.

[22] Morrisi S, Shin H S. Liquidity Black Holes [J]. Review of Finance, 2004.

[23] Pozsar Z, Adrian T, Ashcraft A, Boesky H. Shadow Banking [J]. FRBNY Economic Policy Review, 2013, 12.

[24] Schinasi G J, Smith R T. Portfolio Diversification, Leverage, and Financial Contagion [J]. IMF Staff Papers, 2000, 47 (2).

[25] Treveno I. Informational Channels of Financial Contagion [R]. Working Paper, 2014.

[26] Vivier - Lirimont S. Contagion in Interbank Debt Networks [R]. Working Paper, 2006.

价格篇

国外生产者与消费者价格指数变化规律及特征研究

徐　鹏

内容提要　国际视角看，价格运行可总结为五条规律：价格波动周期与经济周期具有同步性，PPI 波动幅度往往大于 CPI，PPI 向 CPI 的正向传导效应在经济上行周期较为显著，PPI 与 CPI“剪刀差”现象由于体制机制不畅时常发生，CPI 在经济发展水平高的经济体往往呈现出低位稳定运行态势。2012 年以来，世界价格运行表现出了四个方面特征：价格低位运行成为主流趋势、PPI 与 CPI 背离表现出全球化特性、价格背离持续时间较长、价格传导机制在不同国家表现出差异性。CPI 与 PPI 背离成因分析中，发现背离主要是由典型品构成不同、经济景气度转换和劳动力成本上升三因素引起的。在 CPI 与 PPI 典型品构成及权重情况分析中，发现价格典型品分类主要依据国际分类标准，权重资料来源更加精细，权重更新频率逐步加快，CPI 权重结构水平不断动态调整。在建议中，认为经济新常态时期，要保障食品和农产品供应稳定，加快大宗商品价格稳定机制建设，完善价格统计指标体系建设，加强价格运行预期管理，增加价格运行特征的国际比较研究。

2012 年以来，我国经济发展告别了高速增长阶段，逐渐步入到增速换挡、方式转变、结构调整和动能转换的“新常态”时期。这一时期，我国生产者价格指数（PPI）和消费者价格指数（CPI）出现了明显的背离，并且这一现象持续了 58 个月之久，2016 年 11 月份才告一段落。2012 年 1 月以后，PPI 与 CPI 同比变化的剪刀差长期保持在 3% 以上的水平，并于 2015 年 8 月达到峰值 7.9%，创造了 PPI 统计有史以来 PPI 与 CPI 背离幅度的最大记录。两者之间持续背离的现象说明在新常态时期，我国经济运行中的结构性矛盾较为突出。为化解这一矛盾，2016 年我国进行了供给侧结构性改革，在“五大理念”指引和“五大政策”支撑下，产能过剩问题有所缓解，资源能源类产品价格开始回升，PPI 同比止跌回升，结束了与 CPI 的持续背离。2018 年 12 月，我国 PPI 同比增速为 0.9%，CPI 为 1.9%，PPI 再次在 CPI 之下运行，PPI 与 CPI 背离可能有重现苗头。为把握 PPI 与 CPI 运行规律，剖析背离发生原因，提出有益政策建议，有必要分析上一轮 PPI 与 CPI 背离的成因和事实。纵观世界经济发展史，可以发现，我国的 PPI 与 CPI 持续背离现象在不同国家的不同发展阶段均出现过。随着我国经济、金融全球化的深入推进，有必要站在国际视角探讨 PPI 与 CPI 的变化规律和运行特征，剖析两者的典型品构成以及权重调整情况，并据此总结提炼出我国 PPI 与 CPI 背离的解释因素及变化趋势，以期为“十三五”时期价格调控提供有益思路和决策参考。

本文研究框架具体如下：首先，界定了价格指数相关概念并对国内外研究现状进行了回顾；其次，从国际视角分析了 PPI 和 CPI 的运行规律，并在总结这一轮经济周期下行阶段价格运行特征基础上，对 PPI 与 CPI 的持续背离成因进行了解释；再其次，剖析了 PPI 与 CPI 的典型品构成以及权重调整情况；最后，在研究结论基础上，给出了未来价格调控的新思路。具体研究思路如图 1 所示。

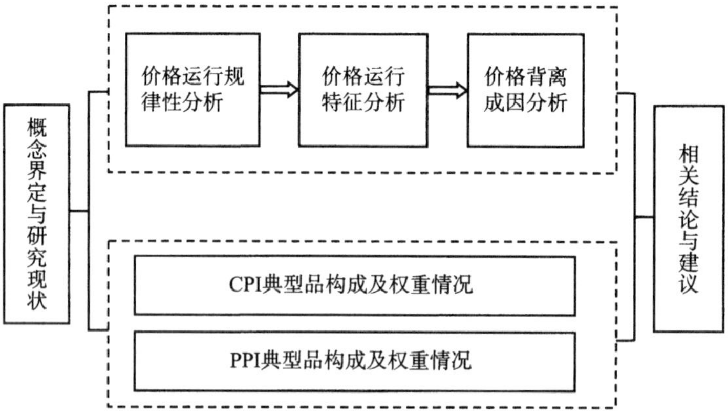

图 1　研究思路框架

一、概念界定与研究现状

为避免出现概念上的含糊，同时也为更好开展实证研究，有必要对涉及的一些重要概念进行界定，对相关研究进行梳理和总结。

（一）基本概念界定

1. 生产者价格指数与消费者价格指数

生产者价格指数（PPI）和消费者价格指数（CPI）均为一相对数。前者反映，一定时期内生产资料和生活资料出厂价格总水平的变动趋势和程度；后者反映，一定时期内城乡居民所购买的生活消费品和服务项目价格总水平的变动趋势和程度。两者之间存在着交通运输成本、劳动力成本、政府税收和中间商利润等差别。早年，一些国家先编制批发物价指数（WPI），在条件成熟时，再将 WPI 改造成 PPI。例如，美国 20 世纪 70 年代将使用近 90 年的 WPI 改造成 PPI。也有一些国家采取过渡方式，例如，日本，2003 年将 WPI 改为企业物价指数（CGPI）。目前，国内绝大部分学者所讨论的我国 PPI，实际上是国家统计局公布的工业生产者出厂价格指数。鉴于目前我国恩格尔系数和基尼系数较高，在讨论消费者生活费用支出时，我国更习惯于使用 CPI，而不是欧美发达经济体所提倡使用的核心 CPI（去除食品和能源大类之后的 CPI）。

2. 生产者与消费者价格指数背离

生产者与消费者价格指数背离是指，一定时期内生产者价格指数与消费者价格指数走势存在不同步，并且两者缺口持续为负或为正，呈现出“剪刀差”的现象。具体表现为两种情形，一种是生产者价格指数负增长阶段发生的背离，另一种是生产者价格指数正增长阶段发生的背离。本章考虑的主要是前一种情形。主要原因有两个：一是 2012 年以来，我国经济运行多位于生产者价格指数持续走低阶段，考虑这一时期的背离现象更具有现实意义；二是国际经验表明，主要经济体在生产者价格指数负增长阶段出现过多次背离情形，而在上涨阶段则较少出现背离情形，考虑到信息的充分性和完备性，本章主要考虑生产者价格指数负增长阶段所出现的背离情形。

（二）国内外研究现状

有关 PPI 与 CPI 变化规律的研究文献非常丰富，诸多经济学领域文献均有涉及。在此，就 PPI 与 CPI 的传导机制、背离、典型品构成三个部分进行梳理和总结。

1. PPI 与 CPI 传导机制研究

PPI 与 CPI 之间的作用关系与传导机制一直是宏观经济领域研究的核心问题。关于两者之间的传导机制一共有以下四种情形，即 PPI 带动 CPI，CPI 带动 PPI，PPI 与 CPI 双向传导，PPI 与 CPI 独立或不规则变动。

传统的生产链传递理论认为，PPI 代表了生产链上游的初级产品成本，而 CPI 则代表生产链下游的最终消费品价格，上游的生产成本变化将通过“初级产品—中间产品—最终产品”这一完整的生产链传递给下游的消费品，最终表现为 PPI 的变动引起了 CPI 的滞后变化，PPI 成为 CPI 的先行指标。席尔瓦和瓦尔拉斯（Silver & Wallace，1980）、西多伊等（Sidaoui et al.，2010）、刘敏等（2005）的经验性研究证实了该传导理论。

随着理论研究的不断发展，现有分析表明价格传导中，CPI 可以先于 PPI 变动，即价格传导存在反向倒逼机制。派生需求理论认为，消费者的需求在很大程度上决定着最终消费品的价格，而最终消费品价格的变动将会对上游初级产品的需求乃至价格变动产生反向传导的倒逼机制，最终表现为 CPI 引领 PPI 变动。柯尔克洛和兰格（Colclough & Lange，1982）、卡波雷尔等（Caporale et al.，2002）、贺力平等（2008）的经验性研究佐证了该传导理论。

在生产链传统理论与派生需求理论共同作用下，PPI 与 CPI 往往表现出双向传导特性。琼斯（Jones，1986）研究 1947～1983 年美国 PPI 和 CPI 关系时发现，两类价格指数之间存在双向反馈特性。杨子晖等（2013）在研究 15 个国家物价指数时发现，阿根廷、墨西哥和美国存在 PPI 与 CPI 的双向传导机制。王晓芳和王瑞君（2013）的经验研究表明，PPI 与 CPI 的双向传导机制也存在于我国。此外，徐伟康（2010）和张成思（2010）的研究结论也验证了该传导机制。

PPI 与 CPI 之间存在着交通运输成本、劳动力成本和生产力等差别，这些差别的存在使得上下游价格传导机制不畅，从而弱化 PPI 与 CPI 之间的双向反馈机制。以传统生产链理论失效为例，在交通运输成本和劳动力成本保持不变情形下，初级产品成本的增加不一定导致上游生产成本的显著增加，而且，生产技术的改善一定程度上可以抵消掉初级产品成本增加带来的负面影响，从而使 PPI 的变动不能通过生产链影响到 CPI，此时传统生产链理论失效。刘康（2014）研究发现，我国 2006 年间不存在 PPI 与 CPI 的双向传导关系。

2. PPI 与 CPI 背离

关于 PPI 与 CPI 的背离现象，国内学者进行了大量有益探讨。刘志成（2014）在研究刘易斯转折期日本、韩国和中国台湾地区的通货膨胀时发现，上述国家或地区均存在PPI（日本为CGPI）与CPI的持续背离情形。他认为这一现象是由刘易斯转折期劳动力成本提升所导致的。具体可以从以下两个方面进行解释。其一，CPI中包含服务价格，而PPI中则极少包含服务项目，劳动力成本的上升会大幅度提高服务价格，尤其是劳动生产率提升缓慢的餐饮服务项目和家庭服务项目；其二，CPI中农产品以及与之密切相关的食品权重较大，PPI中农产品及相关产品权重较小，而多数农产品是劳动密集型产品且技术进步缓慢。

吕捷和王高望（2015）通过构建三部门动态随机一般均衡模型，研究了2011～2013年我国PPI背离CPI的结构性原因。研究发现，宽松的货币政策一方面导致劳动力不断从基础农业部门流向加工服务业部门（最终产品销售部门），推动加工服务业部门的扩张和基础农业部门的收缩；另一方面使CPI不断上涨而PPI在经历一个短期的上升以后开始不断下降，从而出现了PPI与CPI的阶段性背离。

吕光明和金蛟（2015）研究了1995～2015年我国PPI与CPI四次背离情形。研究发现，四次背离均出现在宏观经济不景气时期，2011年以来的这次背离持续时间最长，背离幅度最大。该研究认为导致2011年以来这一轮大幅持续背离的原因主要有三个。第一个是基本原因，即在价格正向传导堵塞背景下，需求主导的经济周期机制容易使两指数出现背离；第二个是外部诱因，即世界经济深度调整导致外部需求羸弱；第三个是根本原因，即国内生产与需求的结构性错配。

3. PPI与CPI典型品构成

为更好地分析PPI与CPI的传导机制、厘清两者之间的持续背离现象，有必要对两类价格指数的典型品构成及权重调整的相关文献资料进行梳理分析。

首先介绍与CPI相关的文献。高艳云（2009）从国际视角比较了CPI的编制方式及公布模式，指出我国CPI的权重和产品篮子更新较慢，这方面应借鉴发达国家经验，进一步提升CPI的编制质量。谢敏（2009）对世界主要经济体CPI的典型品构成进行了一个简要说明。李立新和高艳云（2011）、曾五一和王开科（2014）研究了美国消费者价格指数（CPI和PCE）体系，并给出了完善我国CPI统计的若干建议。栾江、仇焕广和李强（2012）通过对世界49个国家的CPI权重数据对比发现，我国CPI核算中食品权重偏高，而教育文化娱乐、交通通信的权重则偏低。徐强（2013）对经济合作与发展组织（OECD）国家的CPI编制进行了比较研究，研究发现，绝大多数OECD国家均按照联合国的“按目的划分的个人消费分类”标准对CPI篮子进行分类，并且多数OECD国家每年都会对权重进行变更。刘伟艳（2015）对金砖国家和OECD国家的CPI编制进行了国际比较研究，聚类分析表明，我国与美国、日本、瑞士、印度和巴西等国家属于一类，总体而言，CPI编制符合国际标准。

关于PPI研究方面的文献资料相对较少。国际货币基金组织2004年出版的《生产者价格指数手册：理论与实践》是目前关于PPI理论与实践最为完整的概观。丁红和胡胜杰（2011）从发展历程、涵盖产业、编制方法与步骤及指数特点四个方面简要介绍了美国服务业PPI。冯朋娇（2013）深入系统地研究了德国PPI编制的理论方法与实践经验，并给出完善我国PPI编制的相关建议。朱国艳（2014）阐述了我国PPI编制的主要方法与编制特点，并从经济活动范围、数据收集范围、数据采集方法、数据质量调整以及指数计算五个方面，与日本、欧盟和北美等发达经济体的PPI编制进行了比较研究。刘蔚（2015）探讨了国际服务业生产者价格指数制度，并给出了对我国的启示。

二、PPI与CPI运行规律和特征分析

（一）价格运行规律性分析

PPI和CPI波动具有周期性，并且这一波动周期与经济增长周期具有同步性。在价格波动周期中，PPI波动幅度往往要大于CPI，尤其在经济景气度转换之际，PPI波幅将会加剧。受体制、机制、发展水平的影响，PPI向CPI的正向传导效应往往不通畅，易造成价格“剪刀差”现象交替出现。PPI向CPI的正向传导效应主要表现在经济上行周期，随着经济发展水平提高，在经济下行周期，CPI往往呈现出低位稳定运行态势，PPI向CPI的正向传导效应不再那么显著。

1. PPI在经济景气转换之际，波动较为剧烈

纵观经济发展史，在经济处于过热之际，PPI往往表现出大幅上行态势；而在经济处于过冷之时，PPI则往往表现出大幅下行态势。一上一下，PPI波动较为剧烈，弹性较强。例如，在2008年世界经济危机爆发前夕，英国和日本PPI高位运行，而当经济危机爆发之时，两国PPI大幅震荡回落，日本PPI甚至跌至-6%水平。为化解危机给世界经济带来的负面冲击，世界主要经济体分别采取积极的财政政策和货币政策，在投

资、贸易、消费强力支撑下，2009 ~2010 年 PPI 开始出现大幅反弹（见图 2）。

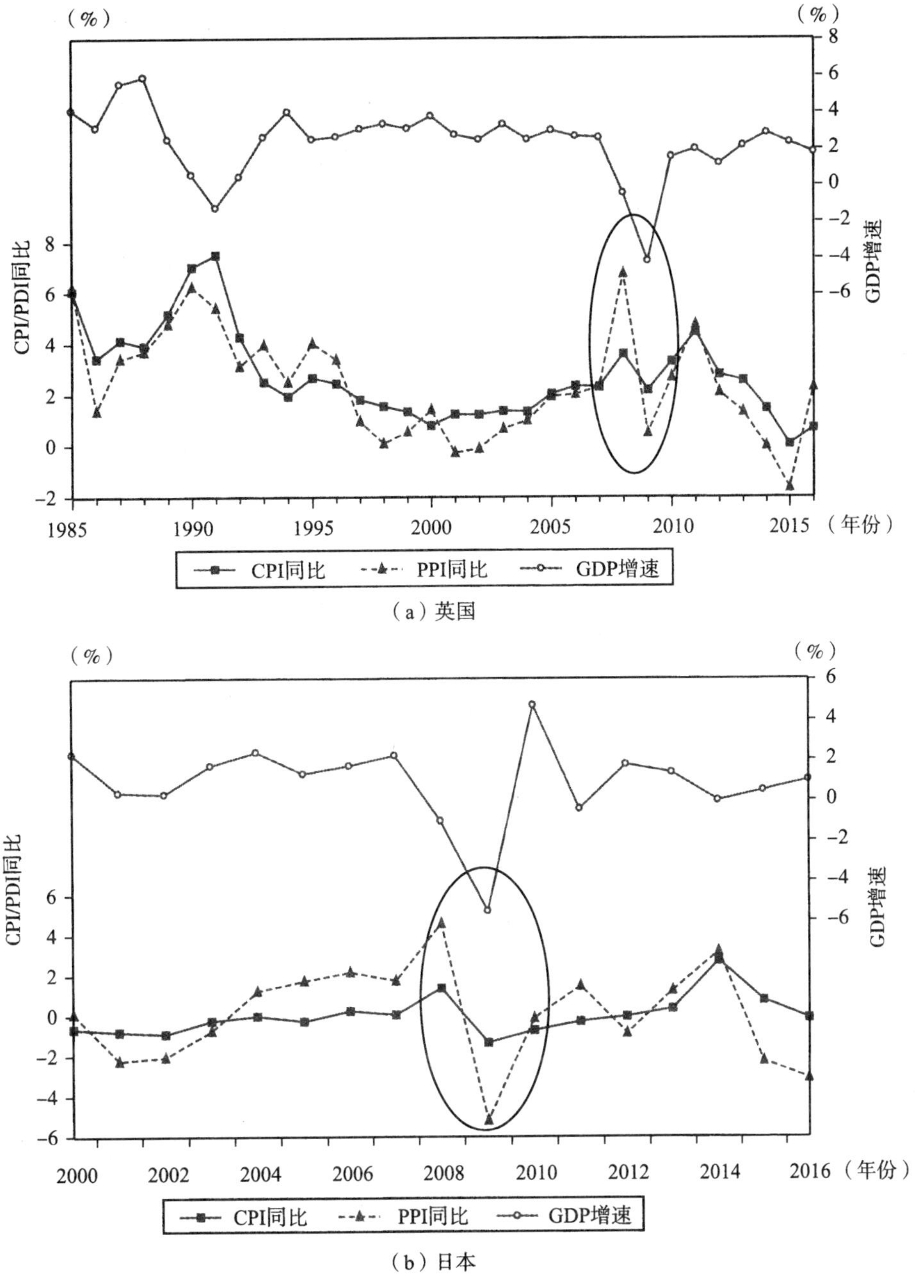

图 2　英国和日本经济景气转换之际 PPI 波动情况

资料来源：CPI 数据来自 OECD，PPI 数据来自各国统计部门，GDP 数据来自世界银行。

2. 经济发展水平越高，CPI 往往表现出低位稳定运行态势

CPI 运行水平、波动幅度与经济发展水平呈现出反向关系，即经济发展水平越高的经济体，其 CPI 往往表现出低位稳定运行态势，反之则呈现出高位大幅波动态势。从图 3 可知，经济发展水平高的英国和日本，其 CPI 呈现出低位运行态势，并且在较小的区间内上下波动；对于经济发展水平相对较低的俄罗斯和南非，其 CPI 往往呈现出高位运行、大幅波动的特征。究其原因，一是发达国家货币政策最终目标往往为保持物价稳定，并且多数发达国家采取了通货膨胀目标制度；二是发达国家虚拟经济的快速发展，使大量“超发”货币进入虚拟经济“蓄水池”，“超发”货币并未对实体经济和商品市场造成较大冲击；三是经济、贸易的全球化，使得发达国家充分享受发展中国家人口红利，其结果是发达国家日常生活用品价格较为低廉；四是发展中国家食品供给往往处于供应紧张状态，尤其是那些强依赖于资源和能源的新兴市场国家，容易造成 CPI 大幅波动。

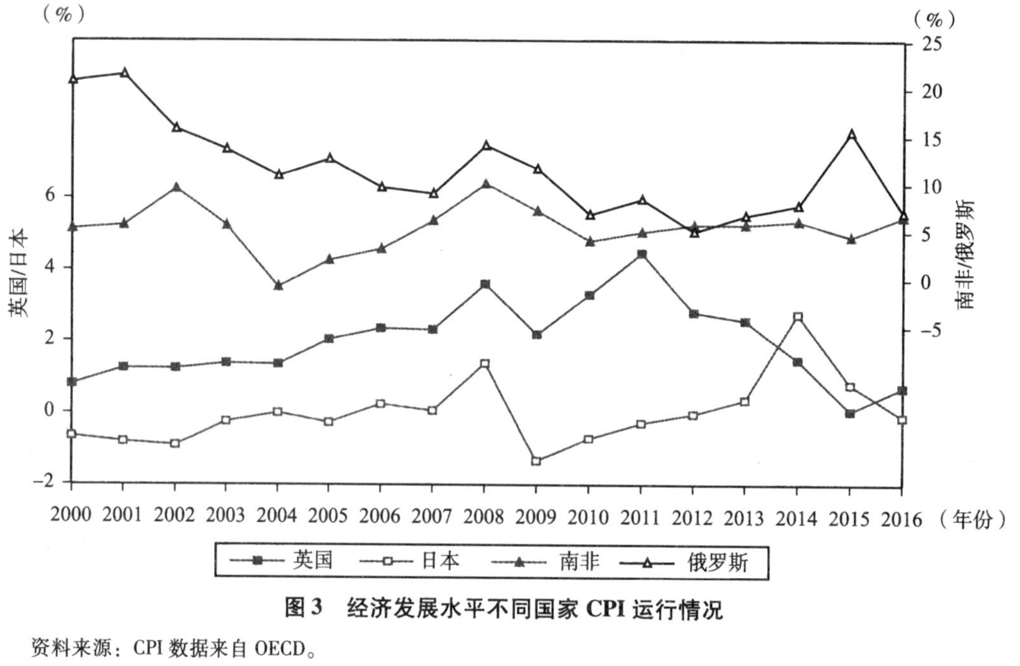

图 3　经济发展水平不同国家 CPI 运行情况

资料来源：CPI 数据来自 OECD。

3. 经济周期上行阶段，PPI 向 CPI 传导较为显著

经济周期上行阶段，PPI 向 CPI 的正向传导效应较为显著，而在经济周期下行阶段，这一正向传导效应往往并不那么显著（见图 4）。从 PPI 和 CPI 的内涵看，两者反映的

是宏观经济总供求关系。PPI 波动往往与宏观经济总需求联系在一起，特别是投资需求，供给的阶段性变化也会对 PPI 波动产生影响，一般而言，PPI 需求弹性较大。CPI 波动主要受消费需求影响，其中基本生活需求占据主导地位，CPI 需求弹性一般较小。

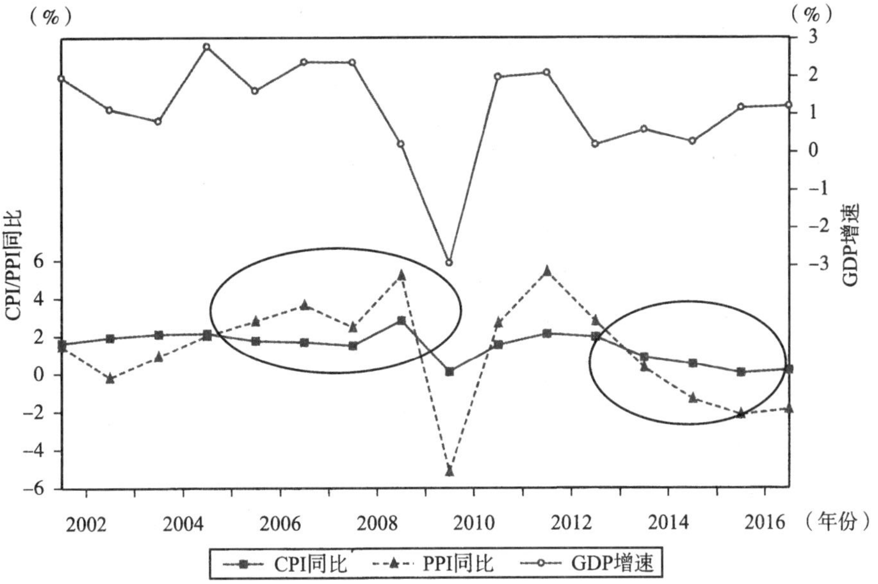

（a）法国

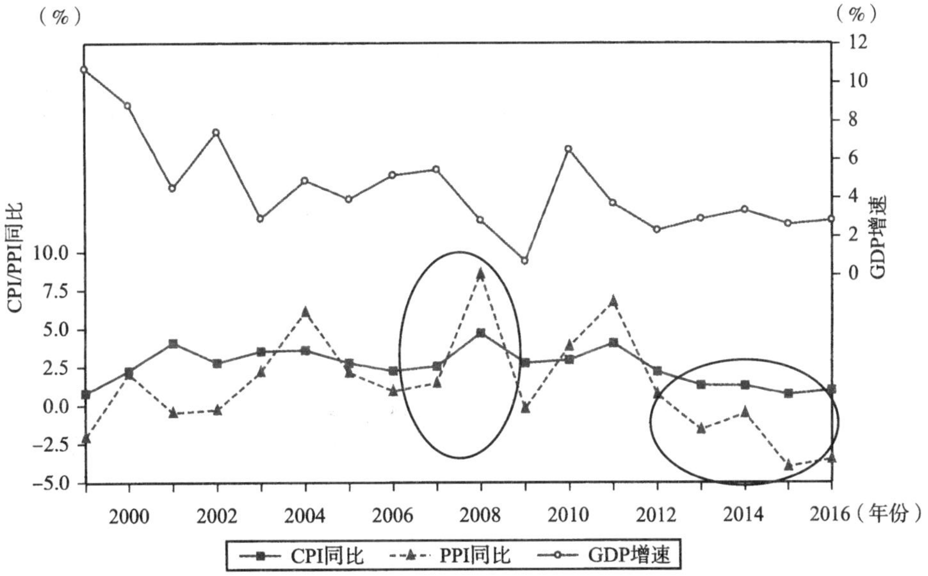

（b）韩国

图 4　经济周期不同阶段 PPI 向 CPI 的传导效应

资料来源：CPI 数据来自 OECD，PPI 数据来自各国统计部门，GDP 数据来自世界银行。

当经济处于上行通道时，投资需求较为旺盛，带动PPI大幅上行，投资的快速增长会带动经济快速增长，同时快速增长的经济会带动消费需求快速增长，消费需求的快速上涨往往会拉动CPI大幅上涨，PPI向CPI的正向传导效应较为显著。而当经济处于下行通道时，投资需求萎靡不足，PPI大幅回落，由于CPI刚性需求较大，加之消费需求具有棘轮效应，CPI往往表现出低位稳定的运行态势，相比经济周期上行阶段，PPI向CPI的正向传导效应并不那么显著。

4. 体制机制不畅通，导致PPI与CPI“剪刀差”现象时常出现

PPI向CPI传导中，由于存在体制机制差异，往往造成PPI与CPI走势背道而驰，价格缺口持续为正或为负。传统生产链传递理论指出，由于上游生产成本通过生产链传递给终端消费品，代表上游生产成本的PPI与代表终端消费品需求的CPI之间存在正向传导关系。客观上，通过传导机制，PPI与CPI之间既有趋同性也有差异性，而这种差异性除与它们典型品构成不同有关以外，同时又与价格体制、市场体制、经济体制、经济周期、发展阶段等相关。这种趋同中的差异性往往致使PPI向CPI传导渠道受阻，导致PPI与CPI“剪刀差”现象时常出现。从图5至图7可以看出，对于不同时期不同国家而言，由于存在体制机制上的差异和束缚，PPI与CPI之间的“剪刀差”现象时常出现，尤其在经济周期下行阶段，“剪刀差”现象表现较为明显，持续时间较长。

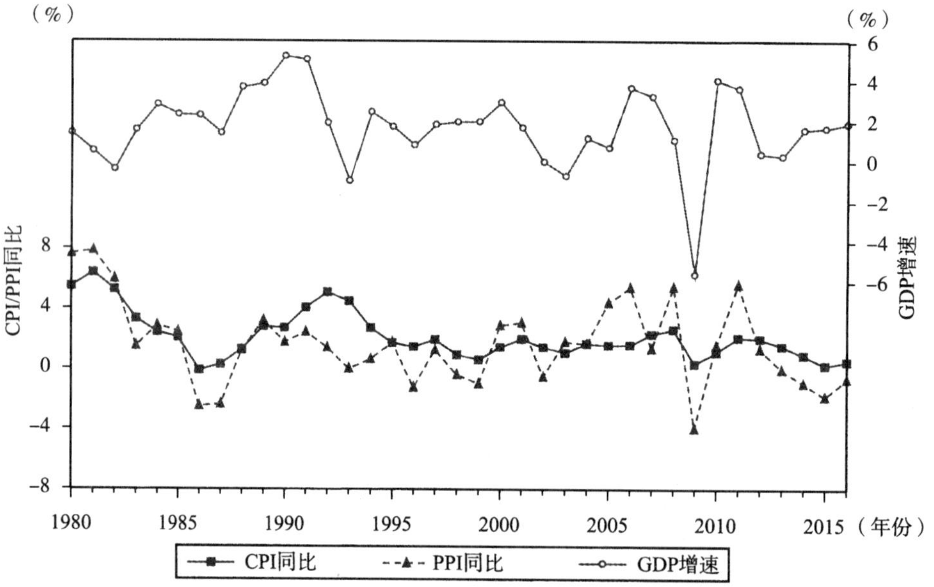

（a）德国

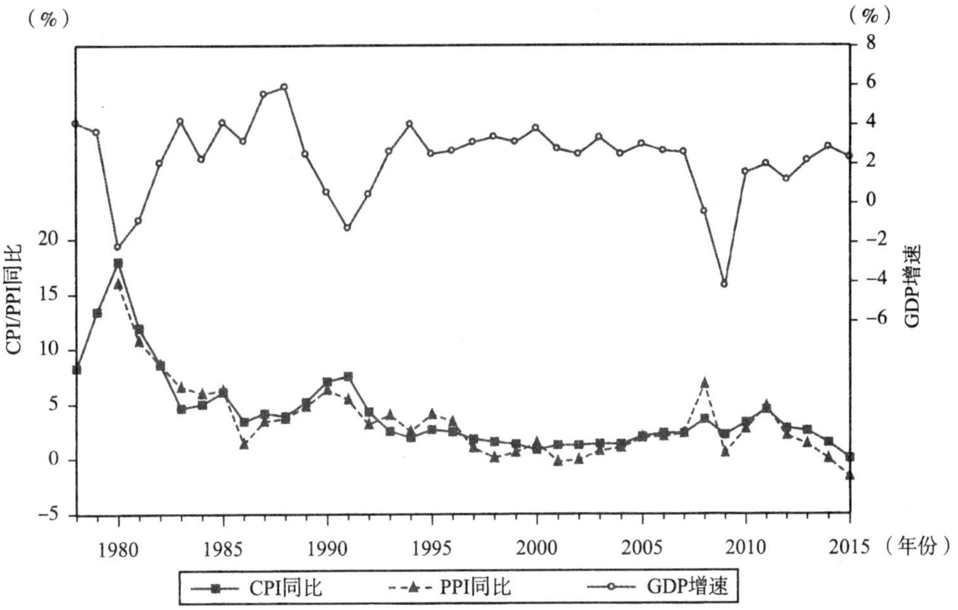

（%）
（%）
CPI/PPI同比
GDP增速
20
15
10
5
0
−5
8
6
4
2
0
−2
−4
−6
1980
1985
1990
1995
2000
2005
2010
2015（年份）
CPI同比
PPI同比
GDP增速

（b）英国

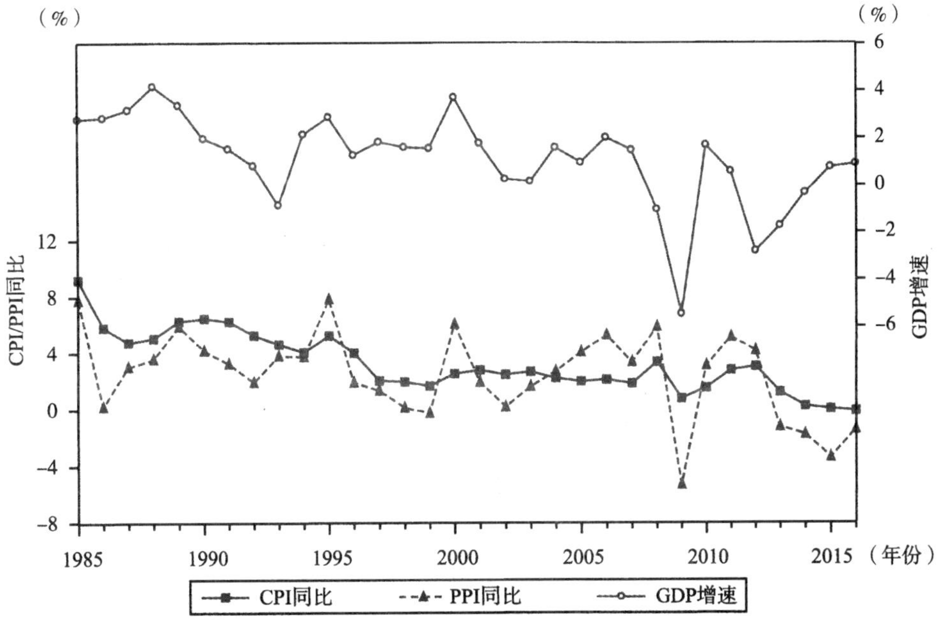

（%）
（%）
CPI/PPI同比
GDP增速
12
8
4
0
−4
−8
6
4
2
0
−2
−4
−6
1985
1990
1995
2000
2005
2010
2015（年份）
CPI同比
PPI同比
GDP增速

（c）意大利

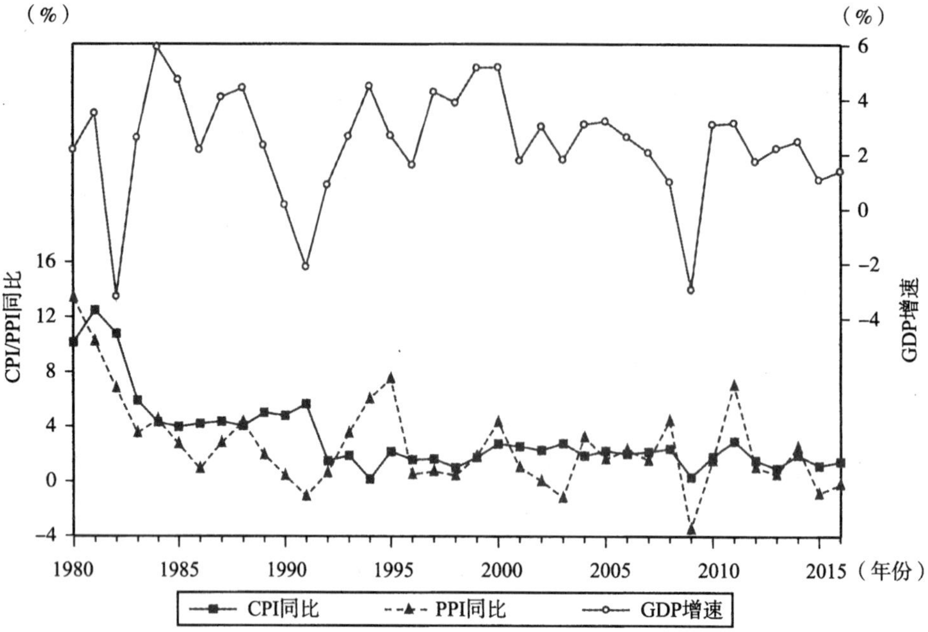

(d)加拿大

图5 部分发达国家PPI与CPI走势

资料来源：CPI数据来自OECD，PPI数据来自各国统计部门，GDP数据来自世界银行，本图德国1990年前的数据不含民主德国。

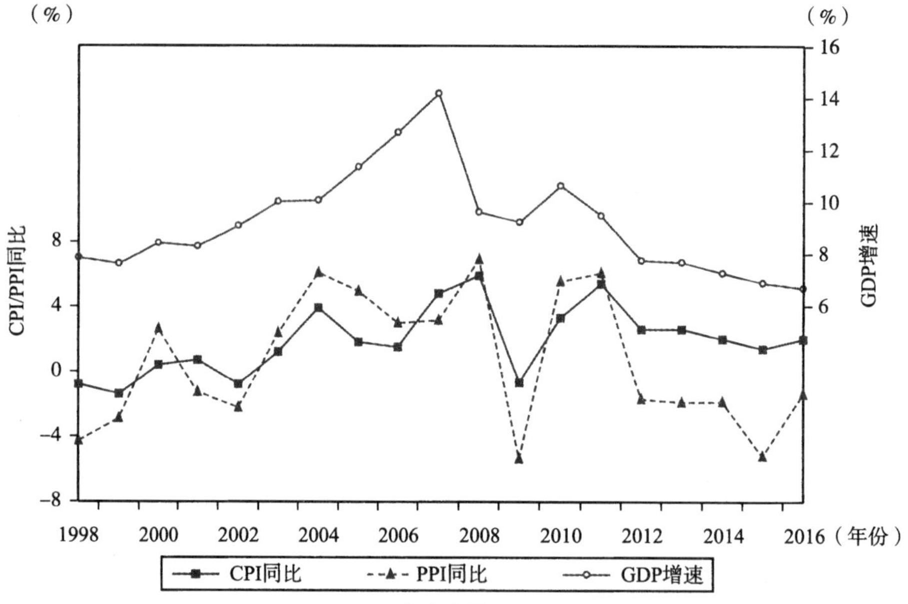

(a)中国

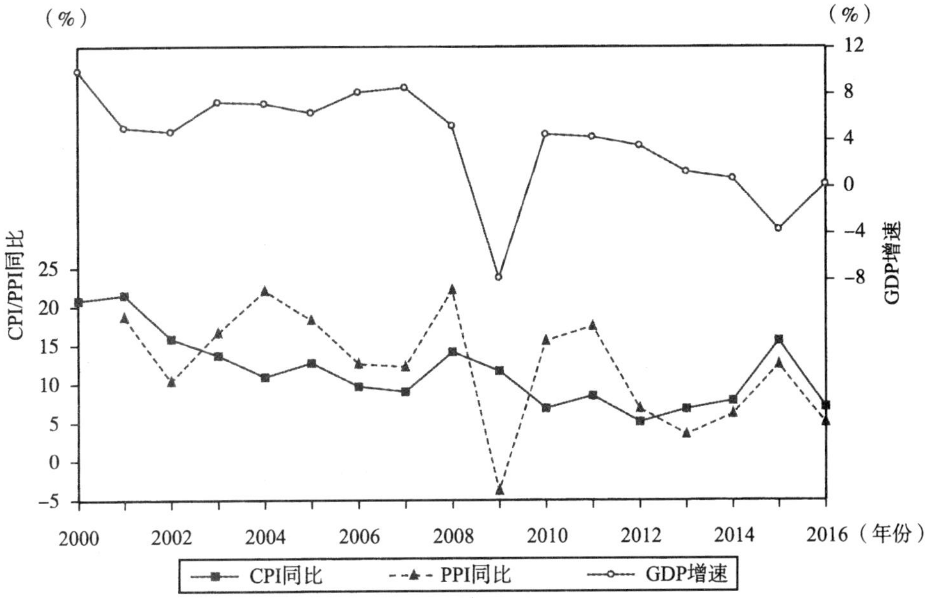
（%）
（%）
CPI/PPI同比
GDP增速
12
8
4
0
−4
−8
25
20
15
10
5
0
−5
2000
2002
2004
2006
2008
2010
2012
2014
2016（年份）
CPI同比
PPI同比
GDP增速

（b）俄罗斯

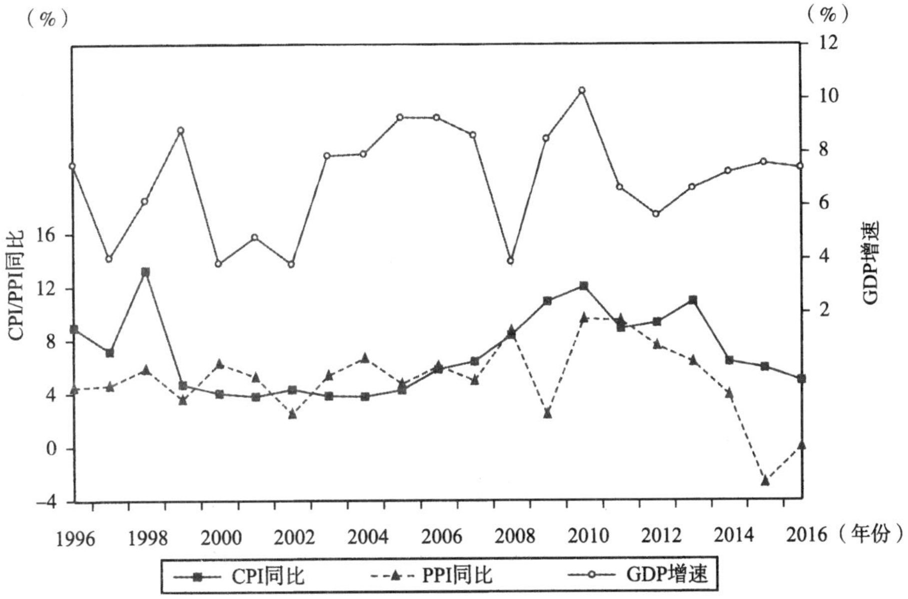
（%）
（%）
CPI/PPI同比
GDP增速
12
10
8
6
4
2
16
12
8
4
0
−4
1996
1998
2000
2002
2004
2006
2008
2010
2012
2014
2016（年份）
CPI同比
PPI同比
GDP增速

（c）印度

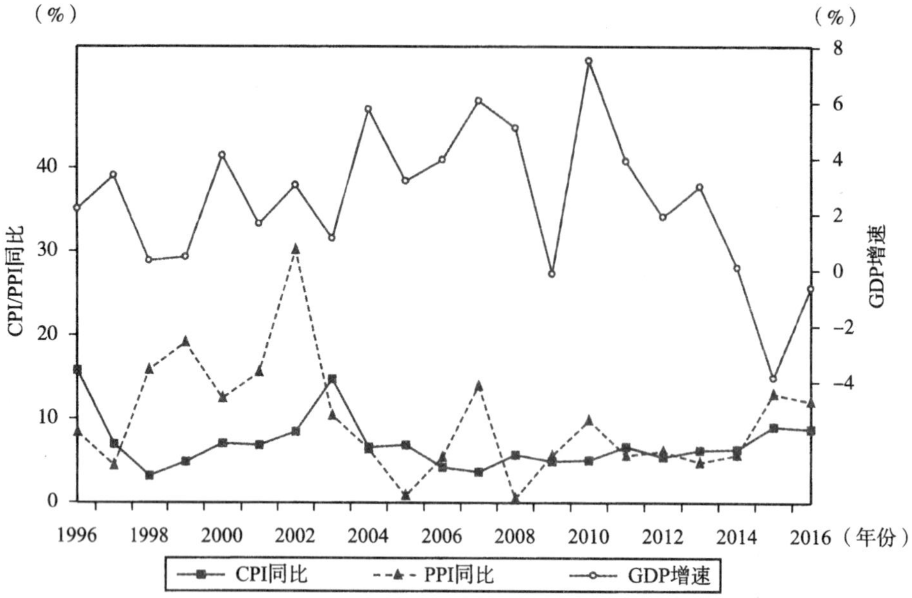

（d）巴西

图 6　四大金砖国家 CPI 与 PPI 走势

资料来源：CPI 数据来自 OECD，PPI 数据来自各国统计部门，GDP 数据来自世界银行。

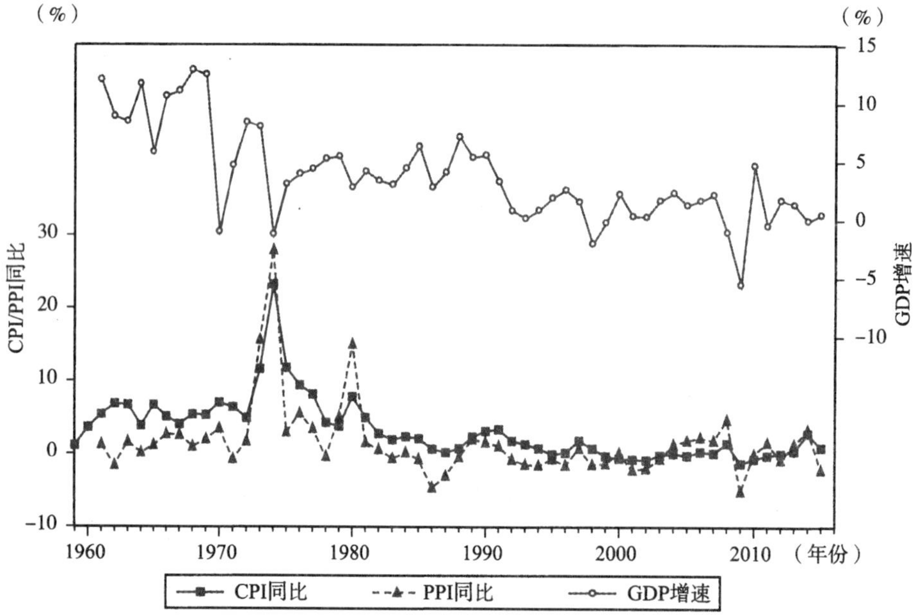

（a）日本

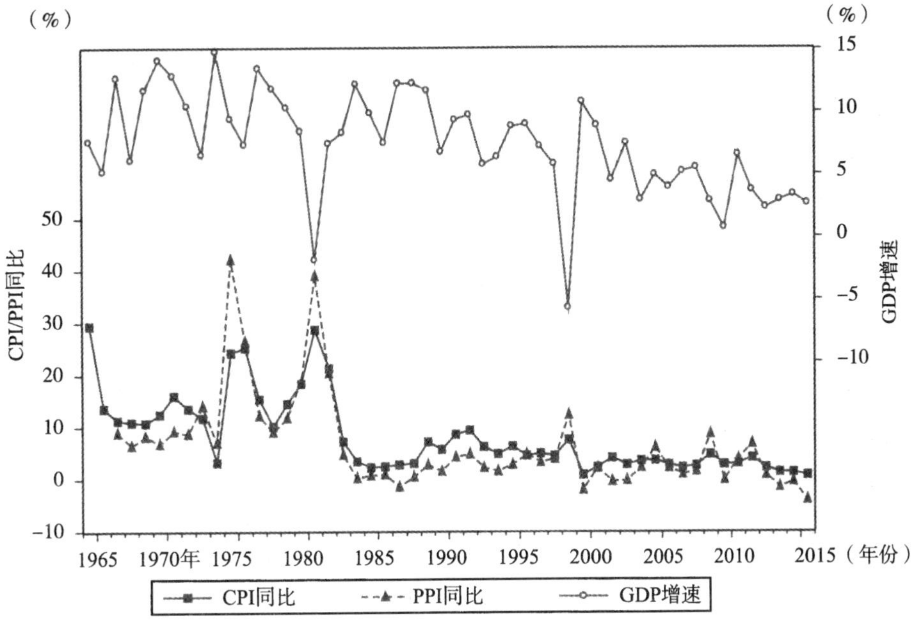

（b）韩国

图 7 日本和韩国 PPI 与 CPI 走势

资料来源：CPI 数据来自 OECD，PPI 数据来自各国央行，GDP 数据来自世界银行。

5. 价格波动与经济增长周期具有趋同性，PPI 波幅要大于 CPI

价格波动周期与经济增长周期基本保持一致，具有趋同性。具体而言，当经济周期处于上行阶段时，PPI 波动往往与经济增长保持基本同步，而 CPI 波动则略滞后于经济增长。当经济周期处于下行阶段时，PPI 波动往往领先于经济增长，而 CPI 波动则与经济增长基本同步。在价格波动周期中，PPI 波动幅度往往要大于 CPI。究其原因，一方面，消费具有惯性，人们消费习惯在短期内难以迅速改变，CPI 刚性较大，而投资极易受到货币政策、财政政策和外部供给冲击的影响，PPI 刚性较小；另一方面，与 PPI 相比，CPI 与百姓生活更为息息相关，政府宏观经济政策目标往往与 CPI 或者核心 CPI 挂钩，一旦临近或超过 CPI 目标值时，政府就会启动应急预案进行干预，这一行动无形中会降低 CPI 的波动范围。从图 2 和图 4 可以看出，英国、日本、法国、韩国的 PPI 波动幅度都要大于 CPI。

（二）价格运行特征分析

价格运行规律具有普遍性和一般性，而价格运行特征则具有特殊性和差异性。在价格运行规律作用下研究价格运行特征具有重要意义。考虑到 2012 年以来，我国经济新常态时期与世界经济周期下行阶段相互叠加，为此本部分主要考虑此阶段的PPI与CPI运行特征。经济周期下行阶段中，绝大多数国家均出现了PPI与CPI（包括核心CPI）的背离现象，并且这一现象具有长期性，在增速换挡期不排除“背靠背”发生的可能。相比金砖国家，发达国家PPI与CPI具有较强相关性。正向传导关系与反向倒逼机制存在于不同国家中。

1. 发达国家CPI温和上涨，PPI小幅下降

自2012年起，发达国家PPI和CPI走势均出现了背离，并呈现出CPI温和上涨和PPI小幅下降的特征（见图5）。在七国集团（G7）成员国中，德国和意大利已连续5年出现背离，法国和英国出现4年，美国、日本和加拿大则从2014年开始出现背离现象。5年间，G7成员国CPI年均涨幅为1.17%，PPI年均涨幅为-0.57%，与过往10年的平均值相比分别降低0.35个和1.7个百分点。CPI与PPI之间的“剪刀差”也由2012年的0.38%扩张至2016年的2.54%。

2. 金砖国家两极分化，资源输出国家“滞胀”较为明显

2012年以来，新兴市场国家PPI与CPI的走势出现两极分化，中国和印度的通胀中枢有所下移，而巴西和俄罗斯的则高位徘徊，“滞胀”现象较为明显（见图6）。中国和印度的PPI与CPI走势与发达国家基本一致，两国均出现背离现象，同时价格总水平处于下行通道中，不同的是两国PPI下降水平和波动幅度要远高于同期发达国家。巴西和俄罗斯的PPI与CPI走势则与上述国家相反，两国价格总水平在高位运行。通胀高企叠加低（负）经济增长率，使得巴西和俄罗斯“滞胀”现象较为显著。

3. 背离具有起伏性和差异性，不排除“背靠背”发生的可能

从历史上看，在经济周期下行阶段，发达国家均出现了PPI与CPI的背离现象，并且这一现象表现出起伏性和差异性，而对于处于增速“换挡期”的国家，则有可能发生连续两次背离情形（见图5和图7）。在1992年欧洲货币体系危机前后，德国、英国和意大利三国的背离时长达5年之久。韩国则在增速换挡期持续背离，并且背离时长达15年之久。日本和加拿大则在增速“换挡”阶段，出现连续两次背离状况，并且背离时长呈递减特征。其中，日本和加拿大第一次背离时长达到9年和5年，第二次背离时长则缩减至6年和4年。平均而言，经济周期下行阶段，发达国家背离时长大约为6~7年。

4. 核心CPI总体运行稳定，与PPI之间也表现出背离特征

这轮经济下行周期，核心CPI总体运行平稳，波动幅度较小，与PPI之间也表现背

离特征（见图8）。核心CPI反映的是消费价格变化中较为稳定的成分，是剔除较大波动成分，即食品和能源之后的CPI。在经济周期下行阶段，多数国家能源CPI大幅震荡下行，而食品CPI的波动则相对稳定。上述特性决定核心CPI走势较CPI平稳，同时运行中枢位于CPI之上。结合图5，可以看出，发达国家核心PPI与CPI之间也存在背离现象，并且在经济周期下行阶段表现得更为明显。

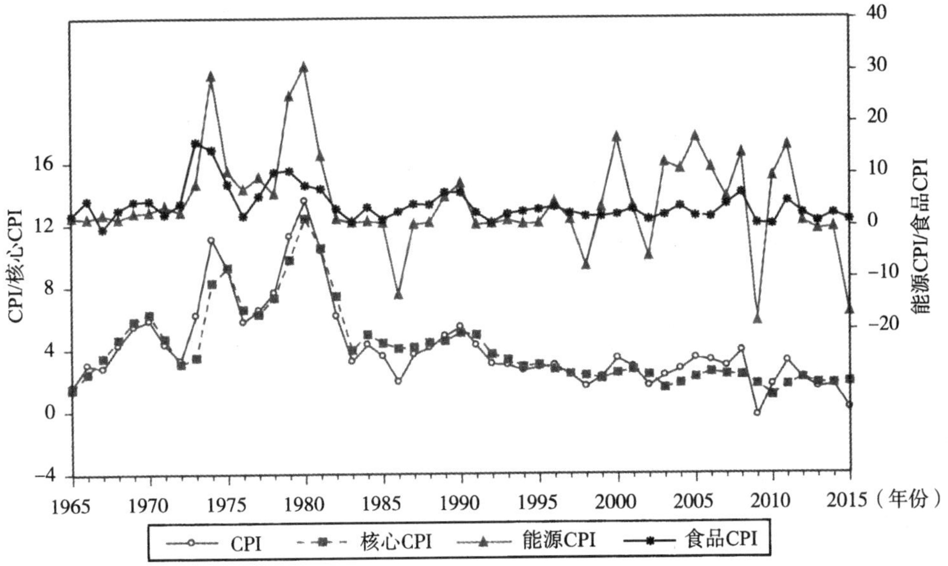

（a）美国

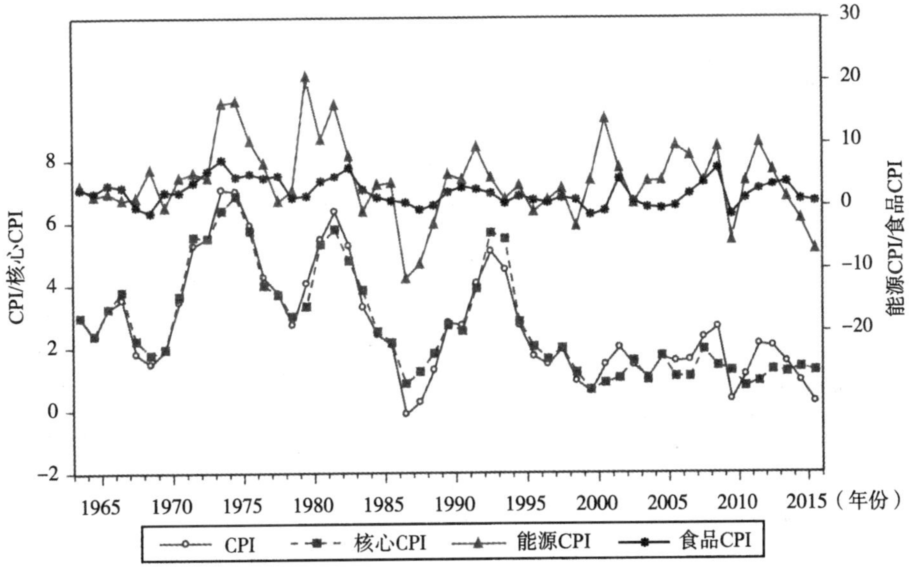

（b）德国

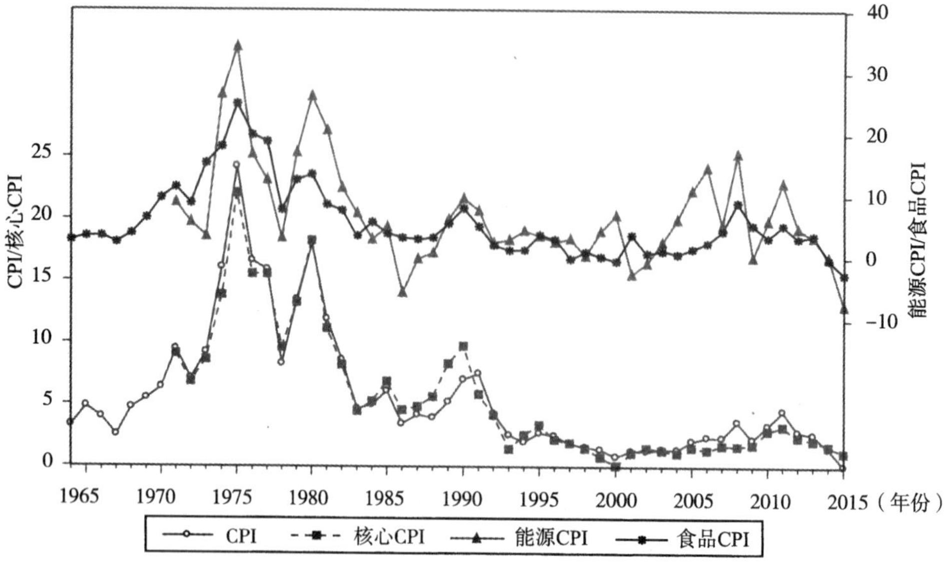

（c）英国

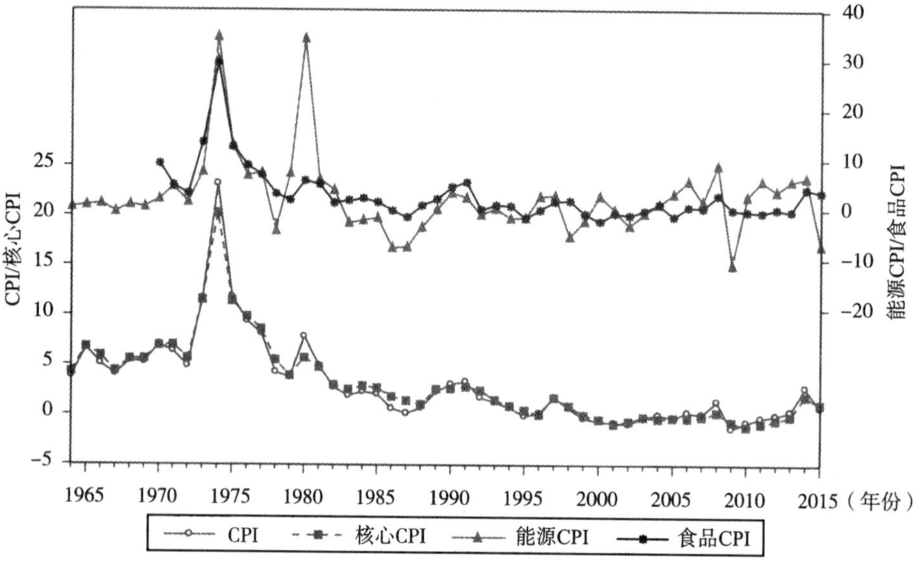

（d）日本

图 8　部分发达国家核心 CPI 与 CPI 走势情况

注：本图德国 1990 年前的数据不含民主德国。
资料来源：OECD 数据库。

5. 价格相关性突显差异，传导关系“正反”皆有

这轮经济下行周期中，发达国家 CPI 与 PPI 之间表现出了强相关性，而金砖国家则

相对较弱，并且绝大多数国家最强相关性出现在同期分析中（见图9）。正向传导关系与反向倒逼机制存在于不同国家中。平均而言，G7 成员国同期相关系数为0.89，高于金砖国家0.17；1～6 滞后期的比较中，G7 成员国也分别高于金砖国家0.22（PPI 滞后）和0.1（CPI 滞后）。除巴西和俄罗斯最强相关系数出现在滞后第1 期外，其余国家均出现在同期分析中。加拿大、德国、日本、英国和巴西以 PPI 向 CPI 正向传导为主，而中国、美国、法国、印度和俄罗斯则以 CPI 向 PPI 反向倒逼为主，剩余国家“正反”关系则大致相等。正向传导关系与反向倒逼机制存在于不同国家中。

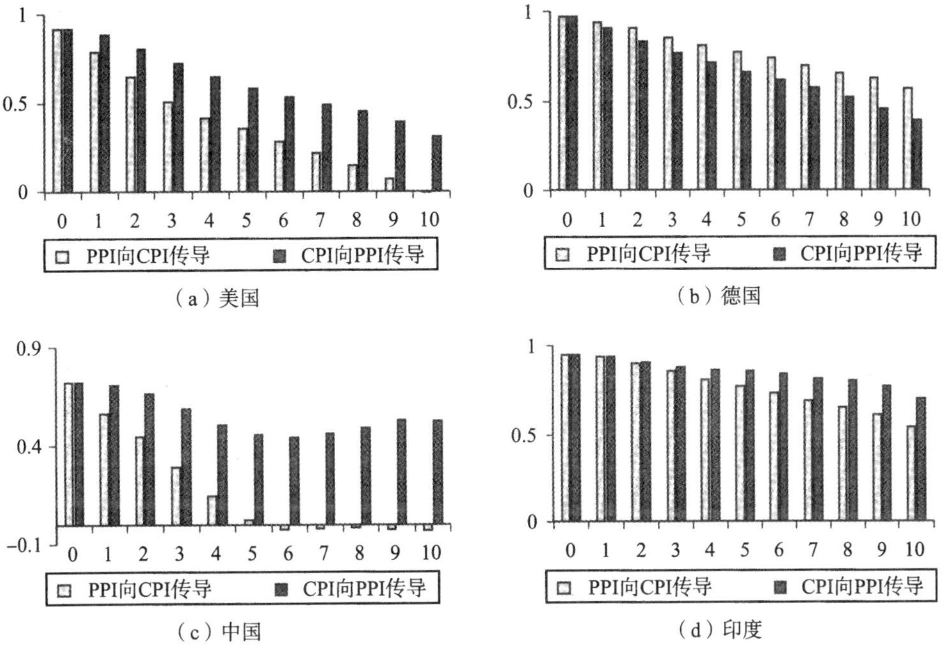

图9　四个国家 CPI 与 PPI 交叉相关系数

注：横坐标表示滞后阶数；本文附录中给出了 G7 国家和金砖国家的 CPI 与 PPI 交叉相关系数。

(三) 背离成因分析

从国际视角看，PPI 与 CPI 背离主要是由指数自身典型品构成不同、宏观经济景气度转换和劳动力成本上升三因素引起的。

1. 典型品构成不同导致背离现象时有发生

统计口径和指标含义上的差异性，导致 PPI 与 CPI 背离现象时有发生，在经济周期下行时期，发达国家价格背离程度要小于发展中国家。从国际统计口径看，CPI统计的是居民日常生活消费品和服务项目价格，而PPI统计的则是工业品价格，极少包括服务项目价格。在CPI权重构成中，服务性支出占据较大份额（见表1）。目前，多数国家都已达到30%水平，韩国、英国和意大利甚至超过40%。此外，尽管CPI与PPI都统计工业品价格，但CPI只统计生活资料工业品价格，工业品统计范围远小于PPI。从指标含义看，CPI统计的是终端消费市场的零售价，而PPI统计的则是工业品出厂批发价，两者之间存在着交通运输成本、税费和中间商利润等差别。发达国家与发展中国家价格背离差异主要体现在PPI产业覆盖范围上，由于政治制度和经济制度不同，多数发达国家PPI总指数除包括采矿、制造业和公共部门外，还包括农业、运输和电信服务部门（PPI权重情况分析详见本文第四部分）。正是由于发达国家PPI产业涵盖范围广，在经济周期下行时期，其PPI波动幅度往往要小于发展中国家，相应价格背离程度也要小于发展中国家。

表1　　主要国家CPI服务性支出权重情况　　单位：%

国家	1995年	2000年	2005年	2010年	2015年
美国	29.2	29.6	29.6	30.2	31.4
日本	28.9	29.5	30.9	30.4	30.4
德国	26.1	28.1	29.2	30.1	30.1
英国	29.3	37.3	39.1	37.5	40.7
法国	27.8	32.9	32.7	34.5	38.5
意大利	29.3	32.4	36.0	38.4	40.7
加拿大	24.2	25.8	28.2	28.8	28.4
韩国	32.9	36.9	45.0	44.2	43.4
俄罗斯	—	—	18.6	21.0	21.4
南非	—	—	—	27.6	29.7

资料来源：OECD数据库。

2. 经济景气度低迷加剧PPI震荡下行

PPI中涵盖的商品基本上属于可贸易品，其价格易受国际市场价格变动影响，在经济形势低迷时，PPI往往表现出震荡下行趋势，且下降速度和幅度要大于CPI，而在经济形势高涨时，PPI则表现出震荡上升趋势，且上升速度和幅度要大于CPI。PPI中涵盖的能源、资源和原材料等基本上属于可贸易品，其价格易受国际市场影响，在一价定律作用下，可贸易品价格和PPI走势将在全球趋同。由表2可知，主要贸易国家的PPI与国际大宗商品CRB指数高度相关，同时国家之间的PPI也呈现出趋同特征。值得注意的是，理论而言，波罗的海干散货指数（BDI）反映的是国际贸易运输成本变动情况，是CRB和PPI的先行指标，但由于决定CRB和PPI走势的因素不止运费成本一项，在某一特定观测时段，BDI与PPI和CRB的相关性可能显得较低。

表2　主要国家PPI与BDI、CRB指数之间的相关系数（2012年1月～2016年6月）

项目	CRB	BDI	中国	德国	法国	英国	印度	日本	韩国	美国
CRB	1									
BDI	0.44	1								
中国	0.84	0.49	1							
德国	0.81	0.26	0.69	1						
法国	0.76	0.21	0.61	0.98	1					
英国	0.80	0.34	0.80	0.89	0.87	1				
印度	0.86	0.44	0.84	0.78	0.76	0.92	1			
日本	0.67	0.57	0.66	0.26	0.19	0.31	0.48	1		
韩国	0.83	0.38	0.88	0.80	0.74	0.83	0.81	0.54	1	
美国	0.90	0.41	0.92	0.75	0.68	0.85	0.88	0.65	0.91	1

资料来源：Wind，笔者整理而得。

受国际经济环境影响，PPI往往比CPI表现出更大波动性。在经济上行周期中，PPI涨幅显著高于CPI；反之，在经济下行周期中，PPI降幅也显著高于CPI。2004～2008年，G7成员国和金砖三国（中国、印度和南非）的PPI年均涨幅为4.13%，比同期CPI（2.60%）高1.53个百分点。2012～2015年，上述国家的PPI年均增速降至0.27%，降幅比CPI高3.45个百分点。根据库存周期理论，此轮中国PPI快速回升受益于经济景气度的转换，当前制造业PMI位于荣枯线以上水平可以佐证这一判断。

3. 劳动力成本上升支撑CPI中枢

统计口径中劳动密集型产品和服务较多，致使CPI更易受劳动力成本上升影响。与PPI不同，CPI统计口径中劳动密集型产品和服务项目占据较大份额，劳动力成本的增加将会大幅提高产品和服务价格，尤其是劳动生产率提升缓慢的餐饮服务项目和家庭服务项目。以日本和韩国为例，在刘易斯转折时期，由于劳动力供给从之前的近乎“无限”转变为相对短缺，导致两国劳动力成本持续快速上涨，并进一步造成PPI与CPI的持续背离（见图 10）。在这轮经济周期下行阶段，我国人口红利正在消退，劳动力成本快速上升，农产品价格和服务性支出支撑了 CPI 中枢。此外，值得注意的是，虽然房屋价格并不直接计入 CPI 统计范围，但房价持续上涨则会导致服务场所租金成本和提供各类服务的劳动人口生活成本不断攀升，间接抬升 CPI 中枢水平。

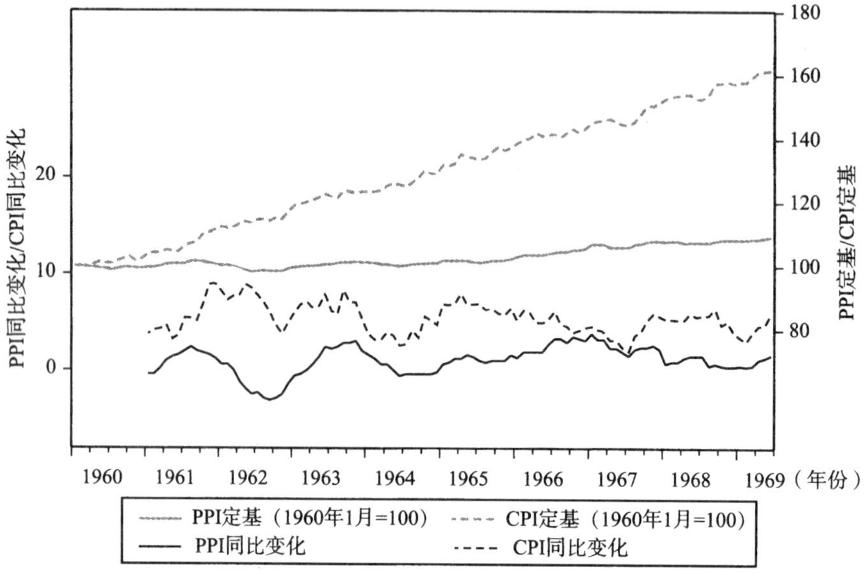

（a）日本

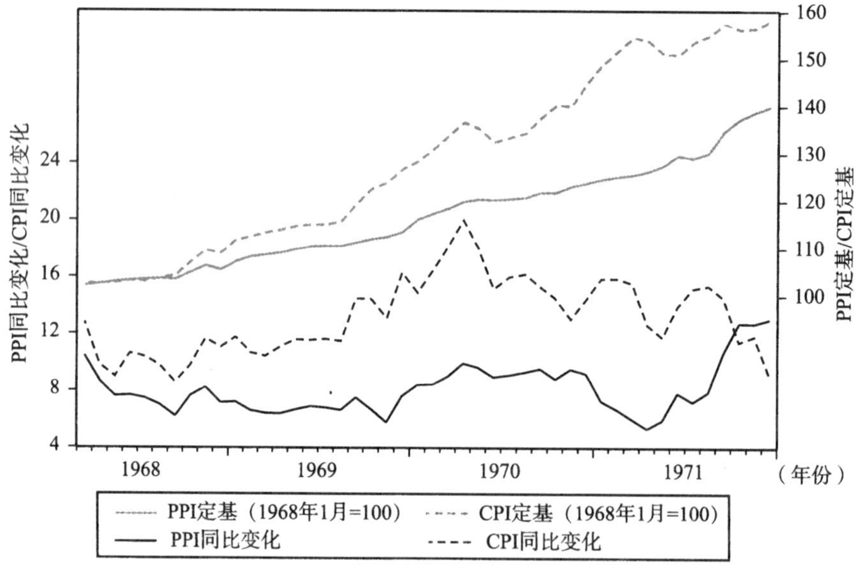

（b）韩国

图 10　日本和韩国 CPI 与 PPI 背离情况

资料来源：CPI 数据来自 FRED，PPI 数据来自各国央行。

三、CPI 与 PPI 典型品构成及权重情况

（一）CPI 典型品构成及权重情况

各国 CPI 典型品分类都充分借鉴了联合国分类标准，但由于消费结构和风俗习惯不同，不同国家的 CPI 商品篮子规模和结构表现出一些差异。CPI 核心构成部分——典型品权重资料主要来自住户支出调查数据和国民经济核算账户，随着科学技术的不断进步和消费结构的快速变化，CPI 权重更新频率逐渐加快。CPI 大类权重中，医疗保健和居住类权重保持稳中上升态势，而食品类权重则呈现出稳中下降趋势。

1. CPI 典型品构成情况

各国典型品分类主要借鉴联合国分类标准。为便于国际比较，在对 CPI 商品和服务进行分类时，国际通行准则——《消费者价格指数手册：理论与实践》推荐使用联合国的“按目的划分的个人消费分类”（COICOP)。COICOP 将居民消费支出分为 12 大类：食品和不含酒精饮料，酒精饮料、烟草和麻醉品，衣着和鞋类，住房、水、电、煤气和其他燃料，陈设品、家用设备和住房的日常维修，医疗保健，交通，通信，娱乐和文化，教育，餐馆和旅馆，其他物品和服务。

消费结构、饮食习惯等因素导致各国商品和服务分类有所差异。从表 3 可以看出，大部分西方发达国家 CPI 商品和服务分类标准均参照了联合国的 COICOP，而美国、加拿大、日本和澳大利亚则使用了本国自身的分类体系，其中美国和加拿大分为 8 大类，日本分为 10 大类，而澳大利亚则为 11 大类。金砖国家中，除南非采用联合国分类标准外，其余国家则根据自身情况编制了不同分类标准，其中，中国、印度、俄罗斯和巴西分别将居民消费支出分为 8 大类、5 大类、3 大类和 9 大类。

表 3　金砖国家和部分 OECD 国家 CPI 典型品构成情况

国家	大类	中类	小类	基本类	大类典型品构成
中国	8	24	80	262	食品烟酒，衣着，居住，生活用品及服务，交通通信，教育文化和娱乐，医疗保健，其他商品和服务
印度	5	—	—	—	食品，燃料和照明，居住，服装、床上用品和鞋类，其他项
俄罗斯	3	—	—	—	含酒精饮料的食品，非食物商品，服务
巴西	9	19	—	373	食品和饮料，住房，家庭用品，衣着，交通，健康和医疗保健，个人消费，教育，通信
南非	12	—	—	—	联合国分类标准
美国	8	34	70	305	食品和饮料，住房，衣服，交通，医疗保健，娱乐，教育和通信，其他商品与服务
日本	10	47	67	—	食品，住房，燃料、电力和水费，家具和家用设备，衣着和鞋类，医疗保健，交通和通信，教育，文化和娱乐，其他项
德国	12	—	—	—	联合国分类标准
英国	12	39	71	—	联合国分类标准
法国	12	37	—	—	联合国分类标准
意大利	12	38	106	530	联合国分类标准
加拿大	8	—	—	169	食品，居住，陈设品和家用设备，衣着和鞋类，交通，医疗保健，教育文化和娱乐，酒精饮料和烟草
韩国	12	—	—	—	联合国分类标准
澳大利亚	11	34	—	89	食品和不含酒精饮料，酒精饮料和烟草，衣着和鞋类，住房，陈设品、家用设备和服务，医疗保健，交通，通信，娱乐和文化，教育，保险和金融服务

注："—"表示缺省值。
资料来源：徐强（2013）和笔者整理。

2. CPI 权重情况

（1）权重资料来源。

权重资料主要源自住户支出调查和国民经济核算。从表 4 可以看出，金砖国家权重数据主要来自住户支出调查，而经济合作与发展成员国权重数据则主要来自住户支出调查和国民经济核算两个渠道。值得注意的是，住户支出调查关于某些类别的支出数据可能并不十分可靠，此时需要参考专项调查、历史平均支出和行政记录等数据，进行对照校准，并以此降低抽样调查所产生的误差。

表 4　　金砖国家和部分 OECD 国家 CPI 权重来源及其更新频率

国家	权重来源	权重更新频率
中国	城乡住户支出调查	5 年
印度	家庭收入与支出调查	5 年
俄罗斯	住户预算调查	1 年
巴西	消费者支出调查	5 年
南非	住户收入和支出调查	5 年
美国	消费者支出调查	2 年
日本	家庭收入与支出调查	5 年
德国	住户收入和支出调查	5 年
英国	国民经济核算，支出与食品调查	1 年
法国	国民经济核算	1 年
意大利	国民经济核算，住户预算调查	1 年
加拿大	住户支出调查	4 年
韩国	国民经济核算，住户预算调查	5 年
澳大利亚	住户支出调查	5 年

注：消费者支出调查、家庭预算调查、住户预算调查与住户支出调查是同一个概念。
资料来源：徐强（2013）和笔者整理。

（2）权重更新频率。

权重更新频率取决于消费结构的变化速度。1987 年，国际劳工统计学家会议（ICLS）决议建议，权重应定期更新，至少每 10 年进行一次，以确保其代表性。然而随着科学技术的不断进步和消费结构的快速变化，为保证 CPI 指数的连续性、准确性和相关性，2003 年 ICLS 决议建议，权重调整频率应更加频繁一些，如每 5 年一次，对于处于重大经济变革的国家可每年更新一次。由表 4 可知，样本国家的权重调整频率均在 5 年以内，调整频率大幅加快。例如，2002 年之前，美国大约每 10 年调整一次权重，随着居民消费结构和模式的快速变化，2002 年之后，美国劳工部每 2 年将 CPI 指数调整一次。

（3）权重结构水平。

食品类权重不断下降，但降幅速度趋于缓和。总体看，2005～2015 年，主要发达国家食品和非酒精饮料类权重平稳保持在 13.0% 水平，分别较 2000 年和 1995 年下降 0.8 个和 2.9 个百分点；分项看，美国的食品和非酒精饮料类权重最低，样本期间内均值为 8.6%，而日本的食品和非酒精饮料类权重最高，样本期间内均值为 19.3%，其余国家权重则介于两者之间（见图11）。

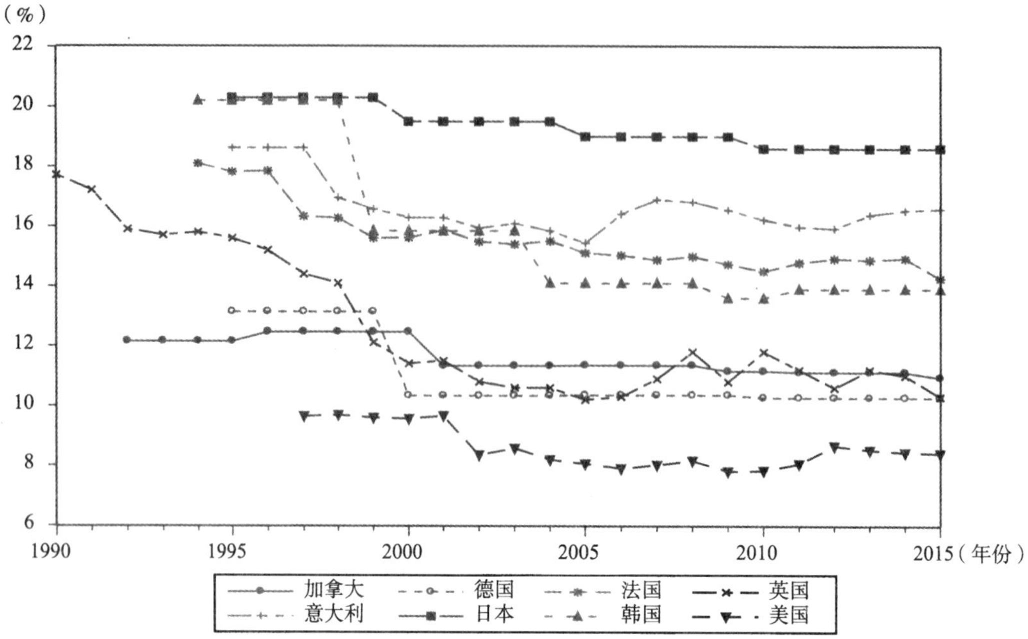

图11　1990～2015年主要发达国家CPI食品和非酒精饮料类权重占比

资料来源：OECD数据库。

能源类权重总体前升后降，国别之间呈现差异性。总体看，1995～2010年，受世界经济快速增长影响，原油价格大幅上涨，能源类权重在CPI中的占比不断提高，由1995年的7.6%稳定上升至2010年的8.9%。然而受世界经济增速放缓影响，原油价格大幅下跌，能源类权重在CPI中的占比不断下降，2015年下降至8.5%。国别之间，2010～2015年的能源类权重变化呈现出了差异性，德国、日本和韩国权重维持高位水平，而美国和英国则不断下降（见图12）。

居住类权重稳中有升，美国、德国、日本、加拿大引领全球。趋势上看，居住类权重在主要发达国家CPI中的占比均不同程度提高。1995年和2000年，居住类权重分别为19.4%和21.9%，2010年和2015年则分别上升至22.3%和22.5%。国别上看，美国居住类权重占比最高，平均为36.2%；德国、日本和加拿大紧随其后，在26%～30%之间；意大利、英国和法国较低，在10%～13%之间（见图13）。

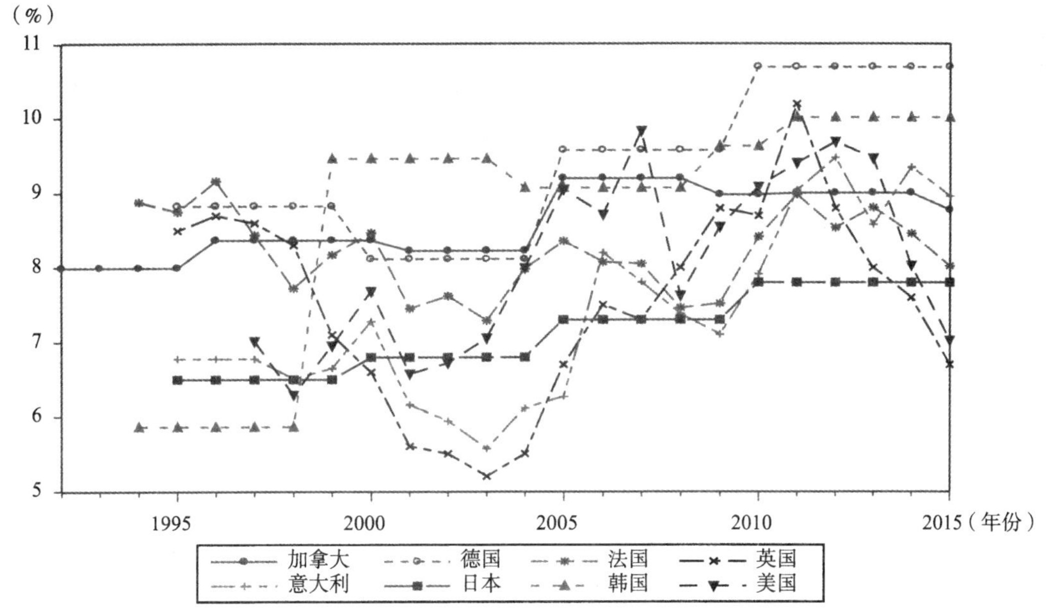

图 12　1992～2015 年主要发达国家 CPI 能源类权重占比

资料来源：OECD 数据库。

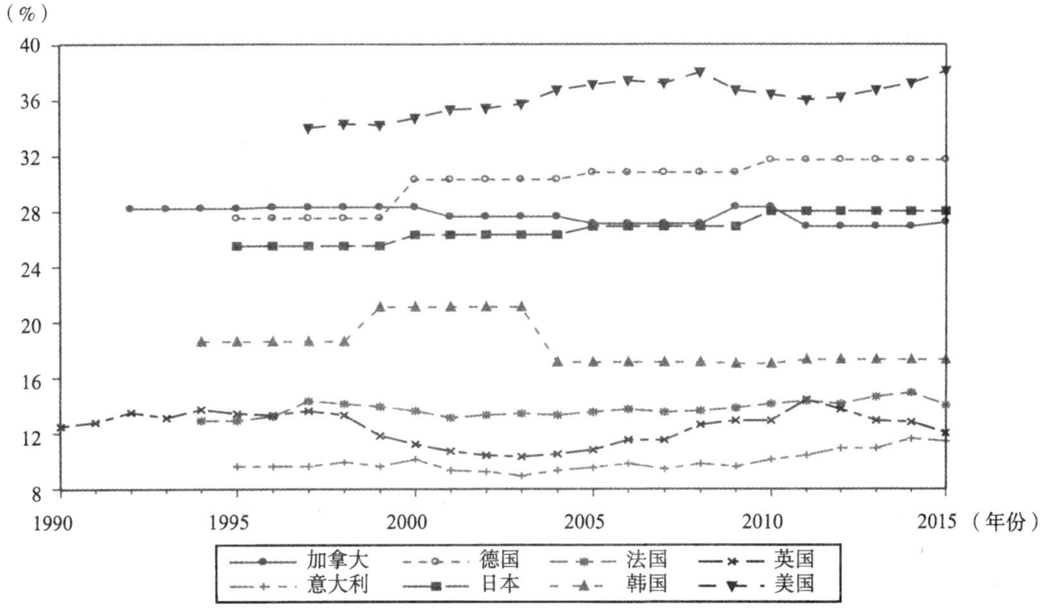

图 13　1990～2015 年主要发达国家 CPI 居住类权重占比

资料来源：OECD 数据库。

医疗保健类权重稳步上升，但仍低于中国权重水平。从图 14 可以看出，1995 ~ 2015 年间，主要发达国家的医疗保健类权重出现了“五连跳”，从 1995 年的 4.5% 跃升至 2015 年的 6.0%，平均每 5 年上升 0.4 个百分点。样本范围内，尽管法国医疗保健类权重占比最高（9.8%），但仍低于中国 10% 的平均水平（城乡家庭消费支出调查数据估算），说明我国居民医疗保健负担较重。

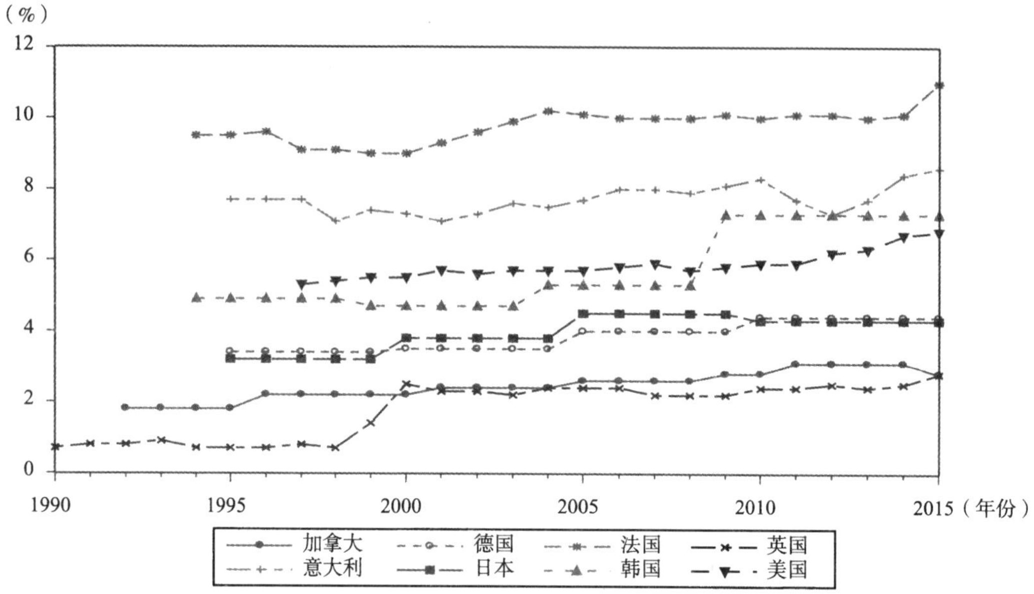

图 14　1990 ~ 2015 年主要发达国家 CPI 医疗保健类权重占比

资料来源：OECD 数据库。

（二）PPI 典型品构成及权重情况

相比 CPI，PPI 典型品分类缺少国际标准，各国 PPI 篮子的规模和结构存在较大差异。PPI 权重资料主要来自行业销售产值数据，权重频率调整则取决于产业结构变化和相对价格变动程度。

1. PPI 典型品构成情况

PPI 典型品分类缺少国际标准，各国分类标准差异性较大。从表 5 中可以看出，多数国家 PPI 统计范畴仅涉及与工业生产活动相关的采掘业、制造业以及电力、热力、燃气和水的生产和供应业，而有一部分国家也涵盖了农业以及运输和通信服务业。例如，英国和法国的经济活动分类采用统一的欧盟工业分类标准（NACE），而美国和加拿大则依据北美分类标准（NAICS）。值得说明的是，所有分类标准都包含了制造业，只有日本、韩国和澳大利亚把农业生产活动包含在内，而我国则是单独编制农业领域的PPI。此外，日本和欧盟标准均包含了废料和废物处理活动，美国和加拿大则包含了大部分服务业。

表5　　中国和部分OECD国家PPI典型品构成情况

国家	分类标准	典型品构成
中国	中国工业行业分类体系	采掘业，制造业，加工业
美国	北美分类标准	采掘业，公用事业，制造业，服务业，建筑业
日本	日本产业分类体系	采掘业，制造业，农、林、牧、渔业，电力、天然气和水、废料和废物处理业
德国	欧盟工业分类标准	采掘业，制造业，水的生产和供应业，电力、热力生产和供应业，燃气生产和供应业
英国	欧盟工业分类标准	采掘业，制造业，水的生产和供应业，电力、热力生产和供应业，燃气生产和供应业
法国	欧盟工业分类标准	采掘业，制造业，水的生产和供应业，电力、热力生产和供应业，燃气生产和供应业
意大利	欧盟工业分类标准	采掘业，制造业，水的生产和供应业，电力、热力生产和供应业，燃气生产和供应业
加拿大	北美分类标准	采掘业，公用事业，制造业，服务业，建筑业
韩国	韩国产业分类体系	农、林、牧、渔业，采掘业，制造业，电力、天然气和水的供应业，运输业，金融服务业
澳大利亚	澳大利亚新产业分类体系	制造业，农、林、牧、渔业，采掘业，电力、热力、水生产和供应业，建筑业，住宿餐饮业，运输仓储业，物业

资料来源：IMF数据库。

2. PPI权重情况

（1）权重资料来源。

PPI权重资料主要来源于行业销售产值数据。从表6可以看出，除法国、加拿大和澳大利亚权重资料来源于国民账户和投入产出表外，其余国家权重资料则主要来自行业销售产值数据。由于中国的PPI特指工业领域，此时的行业销售产值等价于工业销售产值。值得注意的是，为使权重数据更加准确，一些基本分类的权重资料需要通过独立的工业企业产品权重调查获得。

表 6　中国和部分 OECD 国家 PPI 权重来源及其更新频率

国家	权重来源	权重更新频率
中国	工业销售产值数据	5 年
美国	行业销售产值数据	5 年
日本	国内行业销售产值数据	5 年
德国	营业额统计数据，生产统计数据	5 年
英国	行业销售产值数据	5 年
法国	国民账户	5 年
意大利	部门业务统计数据，商业登记数据	1 年
加拿大	投入产出表	5 年
韩国	行业销售产值数据	5 年
澳大利亚	投入产出表	1 年

资料来源：笔者整理。

（2）权重更新频率。

权重更新频率取决于产业结构变化和相对价格变动程度。随着经济全球化的不断深入和产业结构的快速转换，《生产者价格指数手册：理论与实践》建议 PPI 权重至少每 5 年进行一次更新。由表 6 可知，样本国家的权重调整频率均在 5 年以内，其中意大利和澳大利亚调整速度较快，每年更新一次。值得注意的是，对于权重更新的国家来说，权重的参考期存在一些差异。例如，美国的权重参考期是 2012 年，而英国、德国、法国则是 2015 年。

四、主要结论

（一）价格运行规律

一是价格波动周期与经济周期具有同步性。当经济处于上行周期时，PPI 波动往往与经济增长保持基本同步，而 CPI 波动则略滞后于经济增长。当经济处于下行周期时，PPI 波动往往领先于经济增长，而 CPI 波动则与经济增长基本同步。PPI 与 CPI 波动基本趋同。

二是 PPI 波动幅度往往大于 CPI。受统计范围、需求弹性、政府干预程度因素影响，PPI 波动幅度往往要大于 CPI，尤其在经济景气度转换之际，PPI 波幅将会加剧。

三是 PPI 向 CPI 的正向传导效应在经济上行周期较为显著。当经济处于上行通道时，投资需求带动 PPI 大幅上行，在生产链传递理论作用下，PPI 变动引起 CPI 的滞后变化。而当经济处于下行通道时，投资需求萎靡不足，PPI 大幅回落，受制于 CPI 弹性需求和消费的棘轮效应，PPI 向 CPI 的正向传导效应并不显得通畅。

四是 PPI 与 CPI“剪刀差”现象受体制机制不畅时常出现。PPI 向 CPI 传导过程中，由于受到外部诸如价格体制、市场体制、经济体制、经济周期和发展阶段等因素影响，PPI 向 CPI 的传导渠道易于受阻，往往造成 PPI 与 CPI 走势背道而驰，价格缺口持续为正或为负，“剪刀差”现象时常出现。

五是 CPI 在经济发展水平高的经济体往往呈现出低位稳定运行态势。CPI 运行水平、波动幅度与经济发展水平往往呈现出反向关系，即经济发展水平越高的经济体，其 CPI 往往表现出低位稳定运行态势，反之则呈现出高位大幅波动态势。这一规律可由通货膨胀目标制、虚拟经济、经济全球化和产业结构来进行说明。

（二）价格运行特征

一是价格低位运行成为主流趋势。经济周期下行阶段，除自然资源输出国巴西和俄罗斯外，多数国家 CPI 和 PPI 呈现出双下行特征。虽然呈现出低位徘徊特征，但通缩压力也并不十分显著。在物价温和情形下，为刺激经济增长，目前全球新一轮宽松政策已经开启，欧洲和日本相继实施了负利率政策。

二是价格背离表现出全球化特性。PPI 与 CPI 背离具有全球普遍性，典型品构成不同、经济景气度转换和劳动力成本上涨三个因素可以较好解释该背离现象。为此，在经济周期下行阶段，应充分认识价格背离这一全球化特征，对我国 PPI 与 CPI 的持续背离现象不宜过度担忧和解读。

三是价格背离持续时间较长。从历史经验看，在经济周期下行阶段，PPI 与 CPI 表现出了长期趋势性，平均而言，发达国家背离时长大约为 6 ~ 7 年。对于处在增速换挡期的国家，则有可能出现两次持续背离现象。对于我国而言，此轮价格背离持续时长达到5年之久，虽已告一段落，但考虑到我国处于新常态时期，同时外部环境复杂多变，不排除价格持续背离现象再次发生的可能性。

四是价格传导机制在不同国家表现出差异性。发达国家PPI与CPI之间表现出了强相关性，而金砖国家则相对较弱。正向传导关系与反向倒逼机制均存在于研究国别中，只不过是孰轻孰重的问题。

（三）价格典型品构成及权重情况

一是价格典型品分类主要依据国际分类标准。世界主要经济体CPI典型品分类主要借鉴了联合国分类标准，但由于自身消费结构和风俗习惯不一，不同国家CPI商品篮子表现出一定差异性。相比CPI，PPI典型品分类主要依据各大经济体工业分类标准，例如，中国、美国和德国主要分别依据了中国工业分类标准、北美分类标准和欧盟工业分类标准。

二是权重资料来源更加精细。CPI权重资料主要源自住户支出调查和国民经济核算数据，辅以参考专项调查、历史平均支出和行政记录等数据对照校准。PPI权重资料主要来源于行业销售产值数据，必要时对工业企业进行专项调查。

三是权重更新频率逐步加快。目前，多数国家CPI权重调整频率均在5年以内，美国调整频率较快，2002年之后，每2年调整一次。多数国家PPI权重调整频率一般设定为5年，少数国家（如意大利和澳大利亚）调整速度较快，每年更新一次。

四是CPI权重结构水平不断动态调整。CPI大类权重中，食品类权重不断下降，但降速趋缓；能源类权重总体前升后降，国别之间呈现差异性；居住类权重稳中有升，美国、德国、日本、加拿大位居全球前列；医疗保健类权重稳步上升，但权重大小仍然偏低。

五、政策建议

考虑不同国家价格运行规律及特征和现阶段我国基本国情，同时结合价格指数典型品构成及权重变化情况，在价格调控上给出如下建议：

第一，保障食品和农产品供应稳定，保持CPI平稳运行。CPI实质上反映的是社会稳定，不同于发达经济体，中国的CPI食品和农产品权重占比较高，波动幅度较大，对CPI拉涨作用明显。经济新常态下，面对复杂严峻的国内国际环境，为保持CPI平稳运行，应健全农副产品供应保障机制，以问题为导向调整优化补贴方式和额度，确保农副产品有序生产和平稳供应。同时，完善食品价格监测体系和联动机制，强化对各类“高频”数据的采集与校验，积极采取相应措施防范和平抑食品价格可能出现的大幅波动；完善储备调节及应急处置预案，确保极端天气状态下和节假日期间各地食品充足供给。

第二，加快大宗商品价格稳定机制建设，平抑 PPI 大幅波动。此轮中国 PPI 的大幅下跌在于大宗商品价格的深度下跌。经济新常态下，为减少 PPI 与 CPI“剪刀差”现象时常出现，疏通价格机制传导渠道，避免 PPI 大幅上行或下行，当务之急是加快大宗商品价格稳定机制建设。一是理顺要素价格市场形成机制，加大产业链上下游供求缺口分析，正确处理好去产能、保供应、稳价格的关系。二是借助行业协会和第三方机构力量，加强企业环保、税收、质量、安全等方面的监督检查，积极营造健康有序的市场竞争秩序和发展环境。三是密切跟踪分析资源能源类大宗商品价格走势，加强长短期价格预测研判，完善“黑天鹅”事件价格应急机制，及时发声、主动发声，确保资源能源类大宗商品价格稳定合理。

第三，完善价格统计指标体系建设，加大权重信息公开透明度。比较研究发现，我国统计指标体系建设与发达经济体相比，较为落后。在经济新常态下，我国经济结构已悄然发生转变，统计部门应与时俱进，增加服务业生产者价格指数，合理调整现有 CPI、PPI 和其他价格指数商品篮子，并在时间恰当时，公布价格篮子中商品权重信息，以此增强价格统计指标体系透明度。此外，还应建立健全价格统计指标发布体系和数据库建设。具体做法可参见美国劳工统计局和欧洲统计中心。

第四，加强价格运行预期管理，及时发布价格运行权威解读。此轮 PPI 与 CPI 的背离引起了学术界和业界的热烈讨论，然而在国际比较分析之后，本文发现没有必要过度解读上述背离情形，因为背离具有全球化特征，不仅是中国独有。因此，在经济新常态下，预期管理对于价格总水平稳定运行显得至关重要。未来价格预期的变化不仅会影响市场主体的微观行为，同时也会影响宏观调控政策的实施效果。为此，国家相关职能部门一方面要加强与公众沟通，帮助公众正确认识新常态下的价格运行特征；另一方面要保持宏观调控政策的延续性和稳定性，避免政策不一致性造成公众预期的反转变化。

第五，增加价格运行的国际比较研究，为宏观调控添砖加瓦。在经济新常态下，应拓展分析视角，加强价格运行特征的国际比较研究。通过比较研究，深挖价格水平的内在运行规律和特征，厘清价格水平变化的趋势性、周期性、季节性和偶然性因素，借此为宏观政策调控提供有力依据。具体操作上，可先深入研究国际组织机构的价格统计标准，然后在统一框架下，开展国与国间的价格运行特征比较分析。

附录　G7 成员国与金砖国家 CPI 与 PPI 交叉相关系数

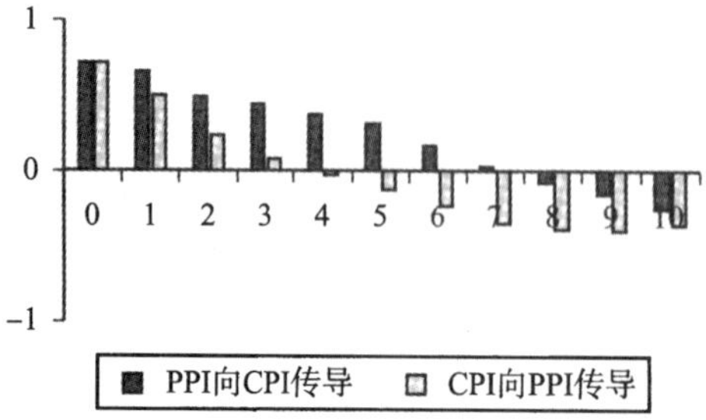

（a）加拿大

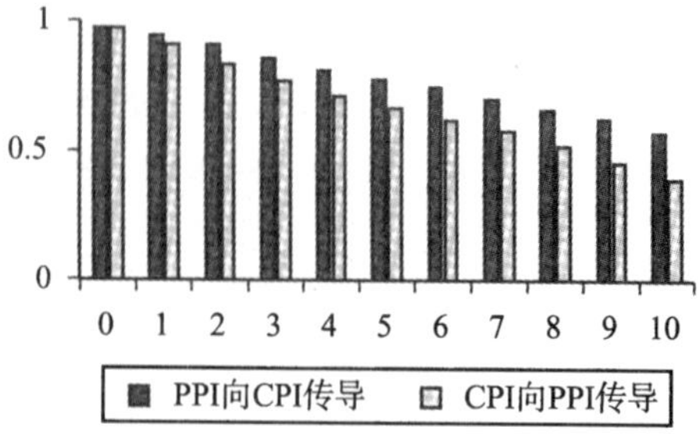

（b）德国

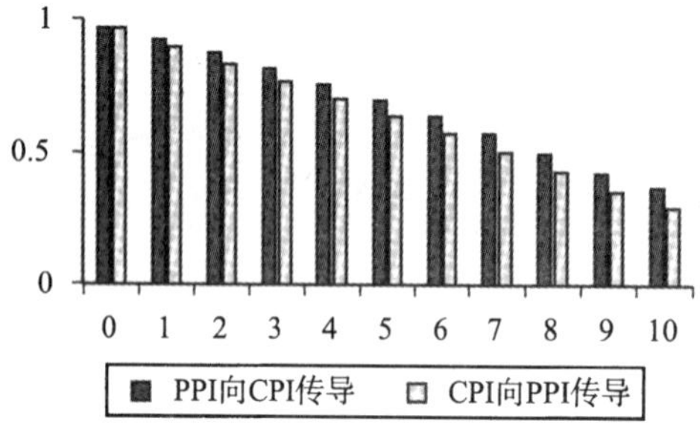

（c）意大利

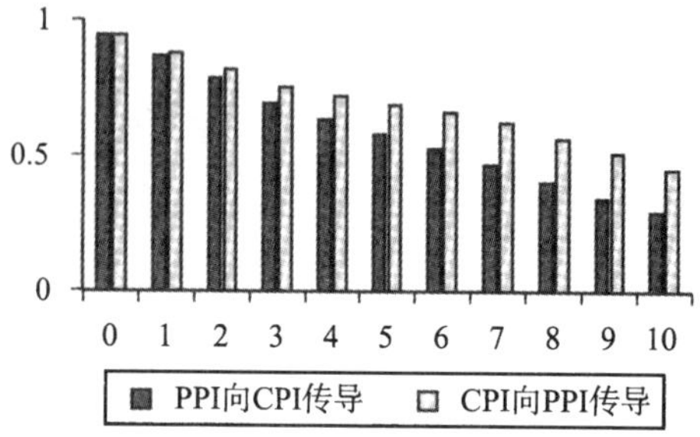

（d）法国

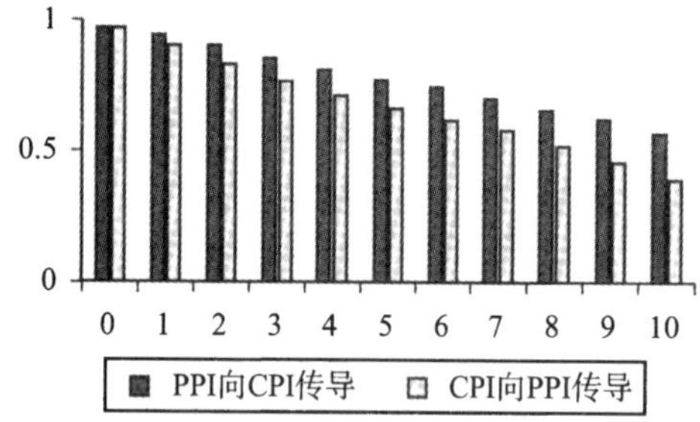

（e）英国

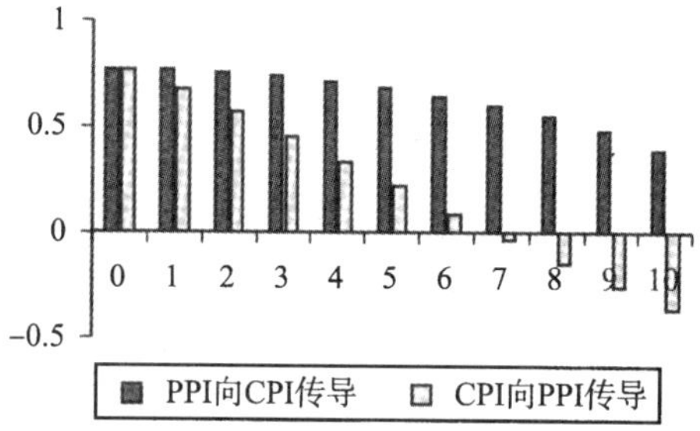

（f）日本

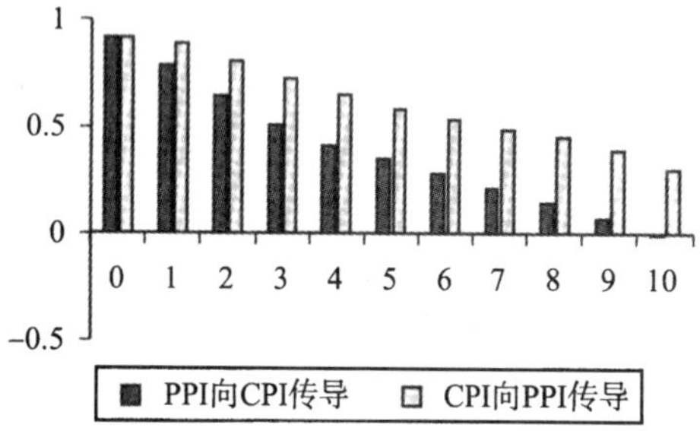

（g）美国

附图 1　G7 成员国

资料来源：OECD 数据库。

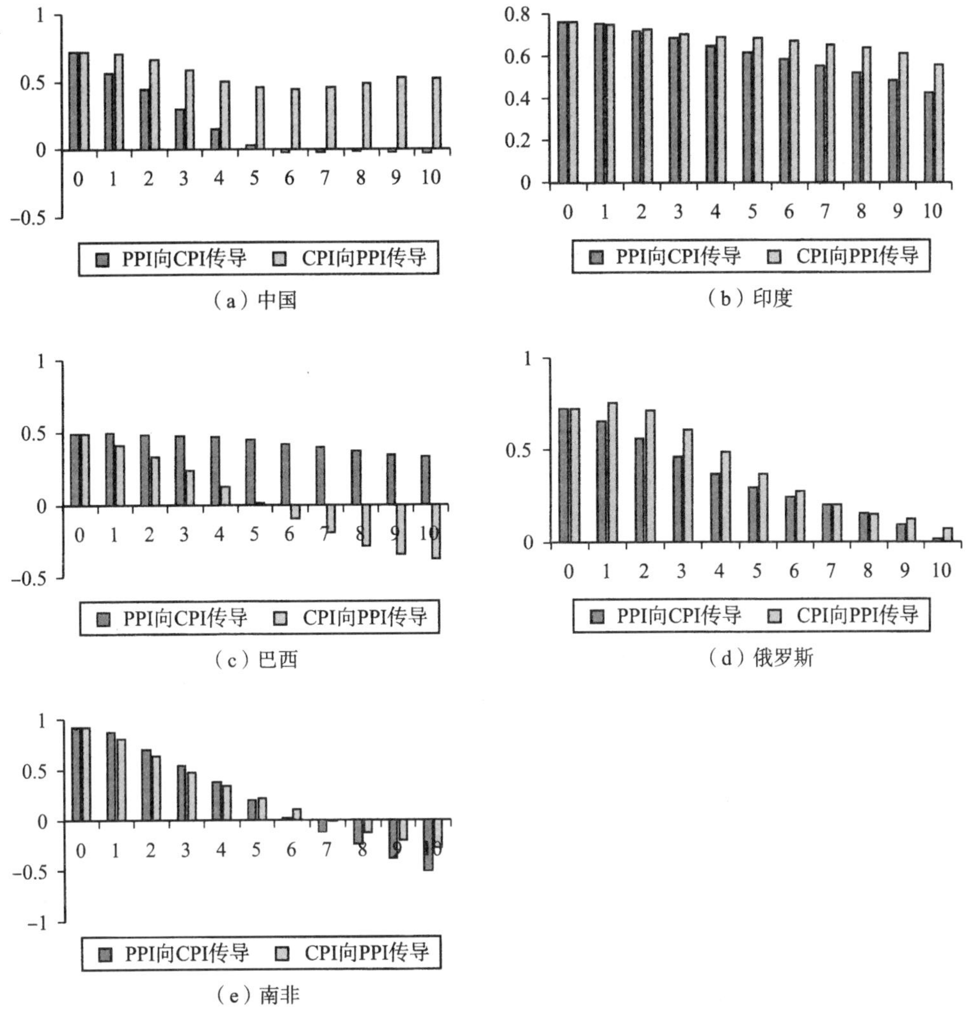

附图2　金砖国家

资料来源：OECD 数据库。

参考文献

[1] 丁红，胡胜杰. 美国服务业生产者价格指数（SPPI）简介［J］. 中国统计，2011（8）：46－47.

[2] 杜金富，等. 价格指数理论与实务［M］. 北京：中国金融出版社，2014.

[3] 冯朋娇. 德国生产者价格指数的编制方法及对中国的借鉴［D］. 沈阳：东北财经大学，2013.

[4] 高艳云. CPI 编制及公布的国际比较［J］. 统计研究，2009（9）：15－20.

[5] 贺力平，樊纲，胡嘉妮. 消费者价格指数与生产者价格指数：谁带动谁？［J］. 经济研究

2008 (11): 16 - 26.

[6] 李立新，高艳云. 美国消费价格指数的统计实践及对我国的启示 [J]. 中国物价，2011 (5): 54 - 56.

[7] 刘康. PPI、CPI 传导机制研究 [J]. 国际金融研究，2014 (5): 24 - 30.

[8] 刘敏，张燕丽，杨延斌. PPI 与 CPI 关系探析 [J]. 统计研究，2005 (2): 24 - 28.

[9] 刘伟艳. 我国现行 CPI 编制的国际比较研究——以金砖国家与 OECD 国家为例 [J]. 首都经济贸易大学，2015.

[10] 刘蔚. 国际服务业生产者价格指数制度及对我国的启示 [J]. 西部金融，2015 (3): 66 - 69.

[11] 刘志成. 刘易斯转折期的通胀及其治理——日本、韩国和中国台湾的经验及启示 [J]. 经济学家，2014 (5): 25 - 34.

[12] 吕光明，金蛟. 我国 PPI 与 CPI 背离的特征表现与成因分析 [J]. 债券，2015 (12): 29 - 33.

[13] 吕捷，王高望. CPI 与 PPI "背离" 的结构性解释 [J]. 经济研究，2015 (4): 136 - 149.

[14] 栾江，仇焕广，李强. CPI 权重确定的国际比较研究 [J]. 价格理论与实践，2012 (7): 57 - 58.

[15] 王晓芳，王瑞君. 总体经验模式分解视角下的 PPI 与 CPI 波动特征及传导关系研究 [J]. 数量经济技术经济研究，2013 (5): 128 - 139.

[16] 谢敏. 我国 CPI 的国际可比性研究 [D]. 长沙: 湖南大学，2009.

[17] 徐鹏，郭丽岩，周适. 2017 年价格总水平变化趋势展望 [J]. 中国物价，2017 (1): 16 - 19.

[18] 徐强. OECD 国家 CPI 编制的国际比较及借鉴 [J]. 统计研究，2013 (6): 95 - 103.

[19] 徐伟康. 对《消费者价格指数与生产者价格指数: 谁带动谁?》一文的质疑 [J]. 经济研究，2010 (5): 139 - 148.

[20] 杨子晖，赵永亮，柳建华. CPI 与 PPI 传导机制的非线性研究: 正向传导还是反向倒逼? [J]. 经济研究，2013 (3): 83 - 95.

[21] 曾五一，王开科. 美国 GDP 核算最新调整的主要内容、影响及其启示 [J]. 统计研究，2014 (3): 9 - 15.

[22] 张成思. 长期均衡、价格倒逼与货币驱动——我国上中下游价格传导机制研究 [J]. 经济研究，2010 (6): 42 - 52.

[23] 朱国艳. 我国 PPI 编制的特点及国际比较 [J]. 价格理论与实践，2014 (8): 63 - 65.

[24] Caporale G M, Pittis N. Causality Links Between Consumer and Producer Prices: Some Empirical Evidence [J]. Southern Economic Journal, 2002, 68 (3): 703 - 711.

[25] Colclough W G, Lange M D. Empirical Evidence of Causality from Consumer to Wholesale Prices [J]. Journal of Econometrics, 1982, 19 (2-3): 379-384.

[26] ILO, et. al. Consumer Price Index Manual: Theory and Practice [R]. International Labor Office, 2004.

[27] IMF. Producer Price Index Manual: Theory and Practice [R]. 2004.

[28] John S G, Elliot W. Reconsideration of Weighting and Updating Procedures in The US CPI [R]. BLS Working Paper, 2009: 431.

[29] Jones J D. Consumer Prices, Wholesale Prices, and Causality [J]. Empirical Economics, 1986, 11 (1): 41-55.

[30] Sidaoui J, Capistrán C, Chiquiar D, et al. On the Predictive Content of the PPI on CPI Inflation: The Case of Mexico [J]. BIS Papers Chapters, 2010, 49 (3): 249-257.

[31] Silver J L, Wallace T D. The Lag Relationship between Wholesale and Consumer Prices: An Application of the Hatanaka-Wallace Procedure [J]. Journal of Experimental Social Psychology, 1980, 12 (3): 375-387.

“十三五”时期我国物价总水平变化趋势研究

王　丹

内容提要　随着我国经济发展进入换挡加速期，经济运行速度变化、结构优化、动力转换的特点日趋明显。受供求两方面因素影响，价格总水平运行也表现出一些新特征。需进一步认识要素成本和市场需求变动新形势，把握价格总水平运行的典型特征和一般规律，形成价格调控新思路，对于准确分析研判价格形势，防止价格异常波动，保持价格总水平基本稳定意义重大。本文以价格水平变化的历史规律为指引，总结我国改革开放以来价格总水平运行特征，深入分析国际经济环境与国内影响因素共振作用下价格总水平的演化路径，为价格总水平变动趋势研判奠定基础。

一、绪　论

（一）研究背景及意义

1. 保持价格总水平基本稳定是宏观调控的主要目标之一

在市场经济中，市场调节作为社会资源配置方式，在实现资源优化配置中起着基础性作用，并通过市场机制实现。市场机制是指包括价格、供求、竞争等各类市场要素之间的有机联系。价格机制是通过市场价格变动与供求关系变动之间的相互联系与相互制约发挥作用。价格机制是市场机制中最敏感、最有效的调节机制，价格的变动对整个社会经济活动产生重要的影响。因此，保持价格总水平稳定是宏观调控的主要目标之一。

2. 价格水平波幅过大会影响宏观经济的稳定运行

价格机制对于社会经济的运行和发展起着多方面的调节作用：第一，调节生产和投资的方向及规模，即调节资源的配置；第二，调节商品供求关系，调节消费需求方向和结构；第三，调节收入分配；第四，调节技术进步和经营管理；等等。因此，价格水平的运行引导着资源的正确合理配置，这种价格波动引导社会资源配置的及时性和有效性调整，促使市场经济活动保持高效和活力。但是价格水平异常的波动，如连续物价上涨形成的通货膨胀或者连续物价下跌形成的过度通货紧缩，都会扭曲市场的价格信号，误导社会资源配置，以致正常的经济秩序遭到破坏，经济发展停滞甚至倒退。

针对价格水平波动出现的新问题，需要从价格本身的周期波动当中考察总结其波动规律及特征，寻找影响价格水平波动的原因并提出适当应对措施。当关注到价格水平出现变动时，往往已经错失了最佳的治理时期。因此，有必要加深对价格水平波动特征分析，加强对价格水平波动预测研究力度，前瞻预判未来价格水平走势，以宏观调控等措施防患于未然。显然，研究价格水平波动的特征、波动传导方式和波动走势的预测对于分析宏观经济、制定正确的货币财政政策、保障人民生活水平、维护社会稳定性都具有重要的理论和现实意义。

“十三五”时期，我国逐步迈入高质量发展时期，处于全面深化改革的关键时期，面临产业结构调整和供给侧改革的重要任务。同时，国际经济环境逐步恶化，经济发展的外部性条件出现较大转变，影响物价总水平的因素和方式都呈现出新的变化。因此，有必要对“十三五”时期价格总水平的变化趋势和特征做出前瞻性的判断，以此为基础对保持物价总水平的基本稳定提出相应建议，为“十三五”时期经济社会发展、落实各项经济改革政策提供有力的理论支撑和现实依据。

（二）相关概念

1. 价格总水平

从研究对象上看，价格水平运行包括单个商品的价格水平运行、分类商品的价格水平运行以及价格总水平运行。一般宏观经济中所研究的物价运行是指价格总水平的运行，是反映全部商品和劳动在不同时期价格水平变动情况的相对数，是社会全部商品价格的动态综合指标，是一个宏观经济概念。由于实际衡量价格总水平变动状况时商品流通环节中存在流通费用等因素，而流通环节的不同导致流通费用差异无法横向比较，所以价格总水平是由不包括流通环节费用各类商品的价格指数加权平均后的总指数或者在同一流通环节的各类商品的价格指数加权平均后的总指数所表现。价格总水平的运动包含了各类商品价格总体水平的运动趋势，能够综合反映国民经济总体运行状况，同时对个人消费、财政收入、货币流通等经济活动有很大影响。因而，价格总水平不仅是宏观经济决策的重要依据，同时价格总体水平稳定也是国家宏观调控的重要目标之一。

价格总水平的波动是一个动态的概念，表现为物价总水平上升和下降两种趋势。当一个国家的物价总水平持续上涨时，通常认为出现了通货膨胀，因此也常常把通货膨胀率作为衡量物价波动的指标。而当一个国家物价总水平持续下跌的时候，则认为经济出现了通货紧缩，一般情况下通货紧缩往往会出现实际产出的减少和就业量的下降。通常所说的价格稳定或基本稳定，并不是指价格总水平固定不变，而是指其波动幅度较小。价格总水平的上升、下降与通货膨胀、通货紧缩是既紧密联系又存在差异的概念。一般而言，通货膨胀表现为价格总水平的持续上升，但也有学者提出隐蔽性和抑制性的通货膨胀：即使价格没有上涨，有价无市的商品背后实质上仍是货币的贬值。本章以“十三五”时期中国经济总体的价格水平为主要研究对象，通货膨胀的概念则根据一般理解，限定为价格总水平的持续上涨、货币持续贬值的过程。

2. 价格总水平的测度

目前，经济活动中价格变动的情况或者是否发生了通货膨胀以及通货膨胀的程度，其判定指标是价格上涨率即价格指数。

价格指数按其计算时所采用基准期的差别，可以分为定基价格指数（以某一固定时期为基期）、环比价格指数（以上一期为基期）、年距同比价格指数（以上年同期为基期）。前者反映价格波动的水平变化，后两者表示物价的增长率变化。年距同比价格指数由于以上年同期为基期，在一定程度上消除了季节性因素，得到了最广泛的应用。环比价格指数具有很强的波动性和灵敏性，但受季节性因素影响明显。定基价格指数也受季节性因素影响，但能反映价格的水平波动情况，能够进行较长时间的价格水平比较。以上三类价格指数在本章中都会用到，从而多角度反映我国价格水平波动特征和内在规律。

价格指数按商品类别区分，有工业品出厂价格指数、农产品收购价格指数、服务项目价格指数等；按商品的流通环节和流通渠道区分，有批发价格指数和零售价格指数、集市贸易价格指数以及包括牌价、超购加价、议价和市价的等各种价格总指数；按城乡的差别区分，有城市价格指数和农村价格指数。一般宏观经济研究中，反映价格总水平变动的指标通常有三类：消费者价格指数、工业生产者价格指数、国内生产总值平减指数，三者侧重不同的范畴来测度价格总水平的波动。

（1）消费者价格指数。

消费者价格指数（consumer price index，CPI）是根据家庭消费有代表性的商品和劳动的价格变动状况编制的。居民消费价格指数涵盖了居民日常生活需要的各类消费品和与人民生活密切相关的多种服务项目。在构成上可分为食品、烟酒及用品、衣着、家庭设备、医疗保健、交通和通信、教育文化和娱乐、居住等八个子项；其中，食品进一步分为粮食、肉禽及其制品、蛋、水产品、鲜菜和鲜果等。目前我国用于计算 CPI 的商品和服务项目，由国家统计局和地方统计部门分级确定，计算我国 CPI 的价格资料来源于 31 个省共 500 个调查市县的 6.3 万个商业业态、农贸市场，以及医院、电影院等提供服务消费的单位价格调查点。通过现场采集，搜集到“商品篮子”中各商品和服务项目的价格变动幅度资料再按其权重加权平均计算得出，并且每 5 年调整一次。2016 年开始，CPI 各项商品和服务项目占比使用新的轮换基期权重值，如表 1 所示。

表 1　CPI 各项基期轮换前后权重对比情况　　单位：%

<table>
<tr><th rowspan="2">类别</th><th colspan="4">旧口径</th><th colspan="4">新口径</th></tr>
<tr><th colspan="2">分类</th><th colspan="2">权重</th><th colspan="2">分类</th><th colspan="2">权重</th></tr>
<tr><td rowspan="6">食品</td><td rowspan="6">食品</td><td rowspan="3">猪肉</td><td rowspan="3">3.0</td><td rowspan="6">32</td><td rowspan="6">食品烟酒</td><td rowspan="2">食品</td><td rowspan="2">2.3</td><td rowspan="6">30</td></tr>
<tr></tr>
<tr><td rowspan="2">鲜菜</td><td rowspan="2">2.65</td></tr>
<tr><td rowspan="3">鲜菜</td><td rowspan="3">3.0</td></tr>
<tr><td rowspan="2">烟酒</td><td rowspan="2">3.75</td></tr>
<tr></tr>
<tr><td rowspan="7">非食品</td><td colspan="2">烟酒及其他</td><td>3.99</td><td rowspan="7">68</td><td colspan="2">其他用品和服务</td><td>—</td><td rowspan="7">70</td></tr>
<tr><td colspan="2">衣着</td><td>8.54</td><td colspan="2">衣着</td><td>8.54</td></tr>
<tr><td colspan="2">家庭设备</td><td>5.84</td><td colspan="2">生活用品及服务</td><td>4.74</td></tr>
<tr><td colspan="2">医疗保健</td><td>9.04</td><td colspan="2">医疗保健</td><td>10.34</td></tr>
<tr><td colspan="2">交通和通信</td><td>9.25</td><td colspan="2">交通和通信</td><td>10.35</td></tr>
<tr><td colspan="2">教育文化和娱乐</td><td>14.15</td><td colspan="2">教育文化和娱乐</td><td>14.15</td></tr>
<tr><td colspan="2">居住</td><td>17.82</td><td colspan="2">居住</td><td>20.01</td></tr>
</table>

资料来源：笔者整理。

CPI 的优点在于资料容易收集，公布次数比较频繁，一般每月公布一次，因而能及时反映影响社会公众生活费用的价格趋势。缺点是所包括的范围较窄，并且每5年调整一次，不能及时反映各种资本品以及进出口商品和劳动的价格变动趋势。

（2）生产价格指数。

生产价格指数（producer price index，PPI），是工业品出厂价格指数，反映全部工业生产者出厂价格的变化趋势和变动幅度。由于企业最终要把它们的费用以更高的消费价格转移给消费者，所以，通常认为生产者价格指数的变动对预警消费者价格指数是有参考价值的。目前中国工业生产者出厂价格调查严格遵循了对工业行业代表性强，对国计民生影响大，生产稳定，有发展前景等原则。产品目录包括39个行业大类、191个行业中类、525个行业小类、1702个基本分类的11000多种工业产品，通过工业品出厂价格指数能观察出厂价格变动对工业总产值的影响。

（3）国内生产总值平减指数。

国内生产总值平减指数（GDP deflator index）是衡量一国国内生产总值在不同时期内所生产和提供的最终产品和劳动的价格总水平变化程度的指标。这种指数是按当年价格计算的国内生产总值（名义GDP）与按固定价格计算的国内生产总值（实际GDP）的比率。其优点是包括的范围广，除消费品和劳动外，还包括资本品以及进出口商品等，因而它能较全面地反映一般物价水平的变动趋势。缺点是编制国民生产总值平减指数需要收集大量资料，时滞性比较强，一般一年公布一次，因而不能灵敏及时反映物价的变动趋势。

一般说来，以上三个物价指数有一定的联系和区别。它们在编制过程中有共同的构成成分，共同反映物价总水平的波动情况。但它们也有所区别：消费者价格指数（CPI）主要反映居民的生活水平和居民货币购买力的强弱，是分析物价波动和通货膨胀的重要指标。生产价格指数（PPI）主要反映生产领域的价格波动情况，与CPI具有上下游的关系。PPI能够反映生产者获得原材料的价格波动情况，波动性一般较CPI大，可以用来预测CPI，从而估计通胀风险。如果生产者转移成本，终端消费品价格上扬，通胀上涨；如果不转移，企业利润下降，经济有下行风险。国内生产总值平减指数衡量的是一定时期内全部商品和服务的价格水平，其计算范围相对CPI和PPI最广泛，并且其每期所包含的商品数量和权重一般不是固定的，但其数据统计上较复杂，时滞较大。在实际操作中，西方大多数国家都同时编制和公布消费者价格指数、生产者价格指数和国内生产总值平减指数。在分析物价波动时，一般以消费者价格指数为主，参考其他价格指数。

二、价格总水平运行的历史特征

（一）价格运行周期特征明显

20世纪90年代初至今，我国价格总水平经历了几轮较大的涨跌，周期性特征凸显。总体上经历了两个半周期（如图1和图2所示）。1993年，中央进一步理顺价格，受粮食、钢铁价格放开，工资制度改革，固定资产投资增速加快等因素，经济出现短期过热，1994年CPI涨幅达到了24.2%的极值水平。此后，中央政府采取紧缩的货币政策，提高银行存贷利率，减少货币供应量，1996年通胀得以控制，在1997年CPI涨幅进一步下降到2.8%的较低水平。受亚洲金融危机影响，1999年价格水平进一步下滑，出现了轻微的通货紧缩。随着亚洲金融危机的影响逐步消退，中国加入世界贸易组织，全球化进程持续推进，全球经历了"大缓和"时代，国内通货膨胀水平也逐渐回升，

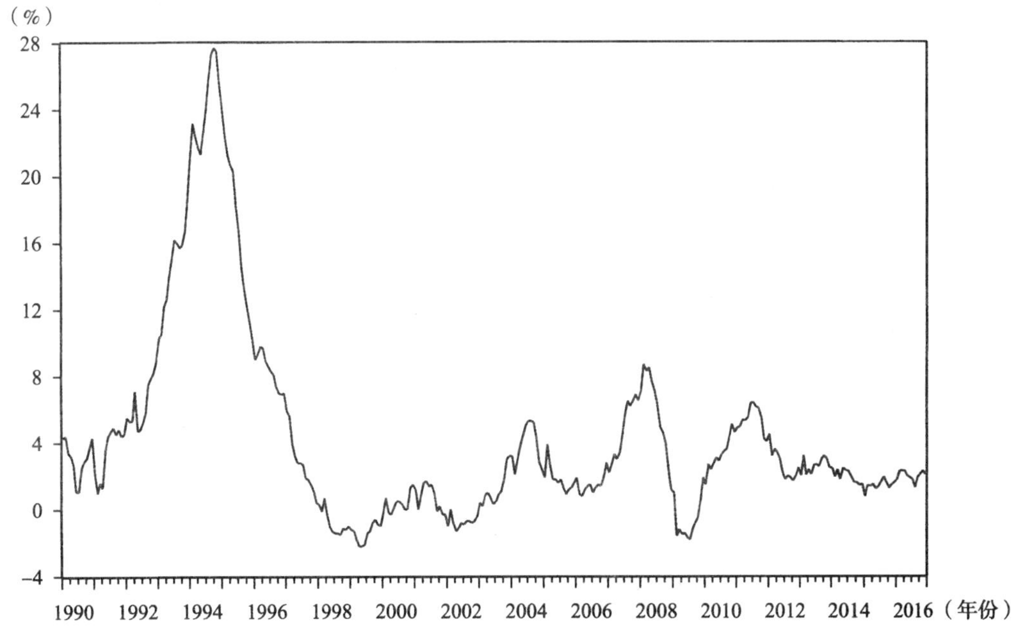

图1　CPI价格同比变化

资料来源：Wind数据库。

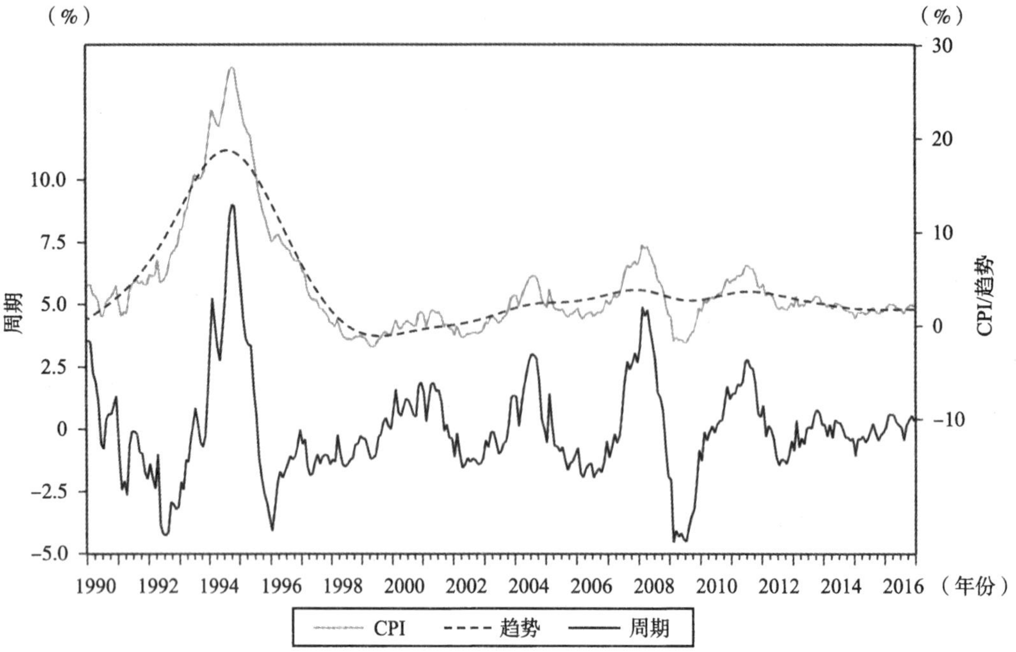

图 2　CPI 价格同比趋势项和周期项分解

到 2008 年达到了新一轮周期的峰值。进入 2008 年，金融危机爆发，受国内经济增速放缓和国际大宗商品价格大幅回落的影响，2009 年价格水平快速下行，再次进入谷底。这是价格总水平变动的第二个周期。危机爆发后，国内开启了大规模的经济刺激，投资增速明显，出现了新一轮的基础设施和房地产投资热潮，价格总水平上升明显，2011 年全年 CPI 达到了 5.4%，此后逐渐回落。但这一轮价格变动未出现一个完整的周期，随着经济发展进入新常态，价格水平周期性特征逐渐弱化，出现了长时期的低水平通胀特征。

可以看出，CPI 的波动周期与经济增长周期运行轨迹相似，并且 CPI 的运行要滞后于经济增长，说明经济运行对价格机制的影响是需要一个滞后周期的，经济增长可以看作是 CPI 运行的先行参考指标。从趋势上可以看出 CPI 在 1990 ~ 1999 年期间经历了一轮大幅度波动，2000 年后出现了一轮比较缓和的波动，其中 2000 ~ 2007 年呈持续缓慢上升趋势，其后进入约两年的下降期，反转回升也持续了约两年，2011 年末开始下降。大体以世纪之交为分隔点，无论平均水平、波动幅度、频率，都出现了巨大变化。这表明经济发展阶段特征的转变，对物价总水平的变化规律有着重大影响。

（二）CPI 与 PPI 呈现周期性背离

在我国宏观经济运行中，类似于本次 PPI 与 CPI 之间的背离并非第一次发生。从 1995 年至 2011 年 10 月，我国 CPI 与 PPI 之间至少出现过四次背离。并且背离的趋势与经济周期密切相关。具体见表 2。

表 2　　我国历次 PPI 与 CPI 背离情况

次数	开始时间	结束时间	持续时间	最大背离时间	最大背离幅度
第一次背离	1995 年 11 月	1999 年 10 月	48 个月	1996 年 11 月	6.9%
第二次背离	2001 年 3 月	2002 年 10 月	20 个月	2002 年 1 月	5.2%
第三次背离	2008 年 11 月	2009 年 12 月	14 个月	2009 年 8 月	6.7%
第四次背离	2011 年 10 月	2016 年 10 月	54 个月	2015 年 2 月	7.9%

资料：笔者整理。

第一次背离从 1995 年 11 月开始，主要表现为 PPI 同比增长率的大幅快速跌落和 CPI 同比增长率的稳步下降。由于 PPI 同比增长率的下降幅度和速度均大于 CPI 同比增长率，导致 PPI 与 CPI 出现背离，最大偏离幅度达到 6.9%。1999 年 PPI 同比增长率开始不断回升，同年 10 月 PPI 与 CPI 才开始同步运动，结束背离。

第二次背离开始于 2001 年 3 月，主要表现为 PPI 同比增长率的大幅下降和 CPI 同比增长率的小幅波动。PPI 同比持续负增长，甚至到 -4% 的低位，而 CPI 同比增长率在 0 附近波动，两者的最大偏离幅度为 5.2%。直到 2002 年 10 月，当 PPI 大幅回升穿越 CPI 之后，背离才宣告结束。

第三次背离从 2008 年 11 月开始，主要表现为 PPI 同比增长率的急剧下降，PPI 同比增长率甚至达到 -8% 的低位，为历史最低，而 CPI 同比增长率虽然也为负，却基本在 -1% 的水平徘徊，两者的最大偏离幅度为 6.7%。2009 年底，PPI 同比增长率回升，两者结束背离。

第四次背离自 2011 年 10 月我国 PPI 同比增长率下行穿越 CPI 同比增长率之后，PPI 同比增长率持续急剧下行，其中枢水平先是在 5% 左右，于 2012 年 3 月下跌到零值以下，之后长期在 -2% 左右徘徊，于 2015 年 2 月再次下行至 -4% 以下，8 月份更是低至 -5.9%。与此同时，CPI 同比增长率也呈现缓慢下行趋势，其中枢水平从交叉点 5% 左右开始，到 2012 年 5 月滑落到 3% 以下，之后长期在 3% 以下，并在 2015 年 1 月探底到

0.8%。PPI和CPI同比增长率的相差幅度自2011年10月之后不断扩大，并在2012年1月之后长期保持在4%以上，最大偏离幅度为7.9%。

通过PPI与CPI的几次历史背离比较发现，其具有以下共同点：一是历次背离的出现与宏观经济不景气背景下的总需求减弱有很大关系，呈现出明显的周期性特征。在我国历次出现PPI与CPI背离时，都伴随着GDP增长率下降或低水平徘徊的情况。二是历次背离都发生在PPI同比增长率大幅快速下降并穿越CPI同比增长率之时，终止于PPI同比增长率的大幅快速回升并穿越CPI同比增长率。

三、“十三五”时期价格总水平环境及供求因素的趋势性变化

（一）影响价格总水平的环境趋势特征

1. 国际环境的新特征

（1）主要经济体持续处于弱复苏态势。

尽管主要经济体采取了大量措施试图推动经济回暖，但全球经济依然低迷。一是实体经济投资回报率低，私人部门投资积极性不高。过低的投资回报率制约了私人部门的投资积极性。二是货币政策对经济的刺激性作用逐渐失效。近几年美、日、欧央行通过量化宽松为市场注入大量流动性，但在实体经济信贷需求疲软的背景下，大量资金流向风险资产并且推高资产价格，对实体经济的促进作用越来越有限。2008年金融危机发生后，主要发达经济体迅速采取了超宽松货币政策，对于防止经济崩溃以及通货紧缩的进一步恶化起到了关键作用，但对于经济潜在增长率下降无能为力。并且，低利率及负利率政策弊端开始显现：引发资产荒，导致资源配置扭曲和期限错配；流动性泛滥，资产价格膨胀，跨境资金流动加剧；恶化收入分配，拉大收入差距；破坏商业银行的资产负债表，欧洲银行业风险开始暴露；因资产回报率下降和杠杆风险攀升，投资追逐黄金、美元、日元、国债等避险资产，并未流入实体经济。

（2）金融市场呈现风险多重叠加和价格持续震荡的倾向。

从全球范围看，金融市场风险日益凸显，欧盟主要国家股市在近两年都超越了

2007年危机爆发前的高点，房地产市场也持续上涨，尤其是大中城市住房价格大幅反弹。新兴经济体中，印度股市和房地产市场连续上扬，巴西住房价格快速上涨。流动性方面，尽管美国、日本、欧盟实施了多轮量化宽松政策，但全球流动性在边际上相对偏紧，货币供应量规模有限，货币政策发挥作用的空间有限。当资产价格处于高位，而流动性无法继续扩张时，市场的波动性就会大大增强，风险性随之上升。

就中国而言，随着利率和汇率市场化程度加深，人民币国际化进程加快，汇率贬值风险加大，美元兑人民币汇率已突破6.85。相应的，部分与汇率水平密切相关的国内资产价格也会剧烈波动，加速资本外流，与国外市场风险形成共振，金融市场的不稳定性明显，可能带来资产价格的大幅波动。加之股市、债市、楼市和汇市风险表现出联通趋势，易相互影响、叠加共振，进而放大风险，会对一般消费品和工业原材料价格产生非对称性影响。

（3）贸易保护主义和逆“全球化”抬头。

贸易保护主义升温，中美贸易摩擦加剧，给我国经济增长带来较大的不确定性。目前，逆“全球化”抬头，导致商品贸易持续低迷，全球贸易增速一直低于经济增速，贸易额更是连续负增长。最终将导致全球资源再配置的贡献下降。贸易萎缩的背景下，全球化红利消退，对经济的拉动作用减弱。

（4）中国受到发达国家和发展中国家的双重挤压。

发达国家已经在一些战略性产业领域取得重大突破，占据了国际竞争的制高点，同时，跨国公司主导全球供应链，掌握全球价值链高端。而东南亚、南亚等国家依靠廉价劳动力、土地、环境等优势，承接了大量劳动密集型产业，如果没有新的比较优势突破，中国有可能陷入高端技不如人、低端又被转移的“三明治”陷阱。

2. 国内环境的趋势性变化

（1）效率和创新取代要素成为增长新动力。

经济换挡加速时期，要素供给条件变化决定经济由高速向中低速换挡，传统的要素动力相对技术和创新等要素的推动力已明显减弱，依靠资本和廉价劳动力投入的增长模式已不能产生新的动力。新常态下，结构调整、动力转换需要通过效率和创新带动经济增长。随着人口红利下降、资源环境约束趋紧、传统比较优势减弱，我国传统大规模扩张模式已难以维系，依靠效率内涵式提升和创新驱动成为新的增长动力。

传统模式下，我国主要通过引进先进技术和资本，与国内廉价劳动力和软约束的资源环境有机结合，形成了低成本的经济增长模式。如图3所示，从2000年之后，技术引进对经济增长的贡献率逐年递减，2006 年以后递减速度有逐步加快的倾向。与此同时，随着我国研发经费的加快投入以及科技产出成果不断增加，科技成果转化率提升，技术创新对技术进步的贡献将进一步增强，自主创新对经济发展的贡献也相应加强。

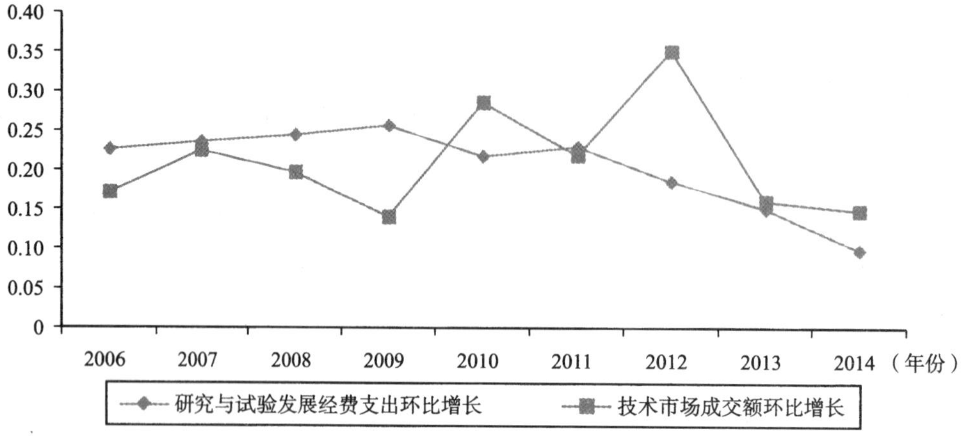

图 3　研发支出与技术市场交易额环比增长

资料来源：中国国家统计局网站。

通过数据分析可知，2006～2009 年，我国研发经费支出环比上涨，从 2011 年开始，我国研发经费虽然是环比增加的，但是其涨幅却是在环比下降的。技术市场的成交额波动较为明显，从 2012 年开始也呈现较为明显的下降趋势。与发达国家相比，我国研发支出的比例还是相对较低的，同时研发投资的效率也有待提升。因此，“十三五”时期，技术创新是能够促进全要素生产率提升的重要动力之一。

（2）供给相对过剩将成为长期趋势。

经济高速增长时期，需求快速增长是拉动增长的重要因素。但我国在“十三五”时期将存在长期的供给过剩问题。由于我国长期实行重工业战略，为重工业企业提供了过度的补贴，并且其未遵循自身比较优势进行生产，形成了长期的产能过剩局面。中国目前的产能过剩实际上是部分行业产出供给量超出市场实际需求量的畸形表现。其直接原因是长期的固定资产投资偏差所导致的产业结构扭曲化，其深层原因则是粗放的增长方式、僵化的体制机制和失误的产业政策等。

（3）人民币汇率波幅加大。

由图 4 可以看出，自 2015 年“8·11”汇改以来，我国外汇储备总体上呈现持续下降态势，国际收支结束了“双顺差”格局，汇率波幅明显增大。当前，我国经济面临

“三期叠加”的巨大压力，在国内资源环境约束加强、要素成本明显提升以及贸易摩擦等多重因素影响下，汇率波幅显著增加，且持续处于贬值通道。随着美联储开启加息进程，以及我国央行的连续降息，中美利差有所收窄，使人民币兑美元汇率不断承受压力，会逐步从升值通道像贬值通道转换。

从图4中可以看出，2010~2015年人民币一直处于曲折的升值通道下，从2015年下半年开始人民币开始进入了强贬值周期，到2017年开始转向，从2018年5月开始又进入了新一轮的贬值通道。受到经济增长换挡、中美贸易摩擦、购买力平价、汇率预期、地缘政治及汇率改革等因素影响，人民币汇率波幅将加大。预计“十三五”时期将经过下调，保持在6~7的区间内双向动态波动。

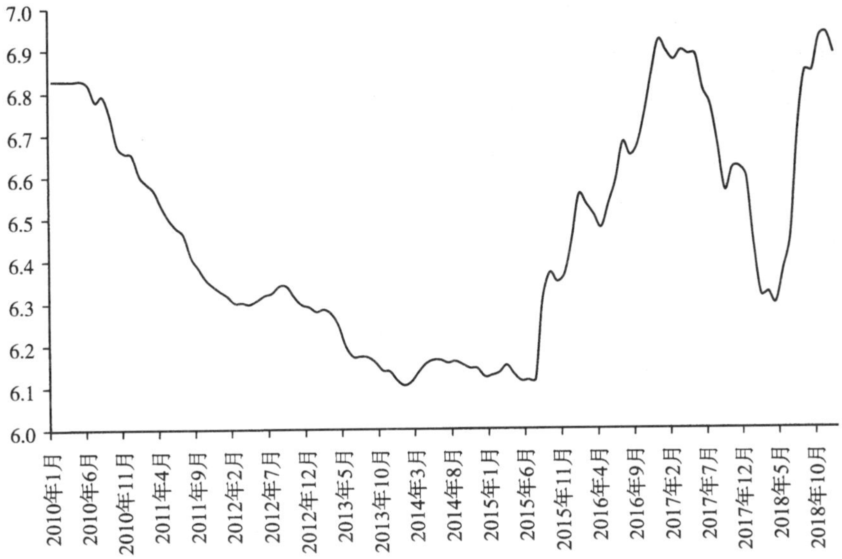

图4 美元兑人民币平均月汇率

资料来源：Wind数据库。

（二）供给层面因素

1. 劳动力成本是拉涨主要动力

“十三五”时期，劳动力成本还将持续上升，这是拉涨价格总水平的首要因素。要素市场中的劳动力作为商品和服务供给中的必要投入，劳动要素价格上升导致劳动力成本上升，直接影响物价总水平的变化。劳动力的价格优势一直是我国要素禀赋的一大特点，一方面支撑了经济快速增长，另一方面对物价总水平构成的上涨压力较小。而伴随着劳动力供求关系变化与刘易斯拐点的到来，我国由劳动力无限供给转变为有限供给，新增劳动力数量减少，劳动力成本持续上涨，劳动力市场出现了总量和结构性“双短缺”现象，预计“十三五”时期还将维持劳动力短缺的趋势。其次，工资—物价“螺旋”上升造成了劳动要素价格攀升，对物价水平上升造成了较大压力。近年来，我国居民生活成本不断攀升，除食品等生活必需品价格上涨较快外，住房价格也在大幅上涨，城市居住价格上涨幅度较大，生活成本的提高间接推动工资的上涨。

从人均可支配收入和GDP环比增幅可以看出（见图5），GDP的增幅要显著高于人均可支配收入的增幅。随着劳动者薪酬的增长开始持续超越劳动生产率的增长，价格水平将承受较大的上涨压力。种种迹象表明，在“十三五”时期，劳动力成本上升的幅度也将趋于常态，将从快速增长通道向温和增长通道转换。这也与我国经济增速放缓，劳动力需求缓慢下降，机械化程度加深有关。综合以上因素，预计“十三五”时期，我国劳动力成本将保持温和上涨的态势。

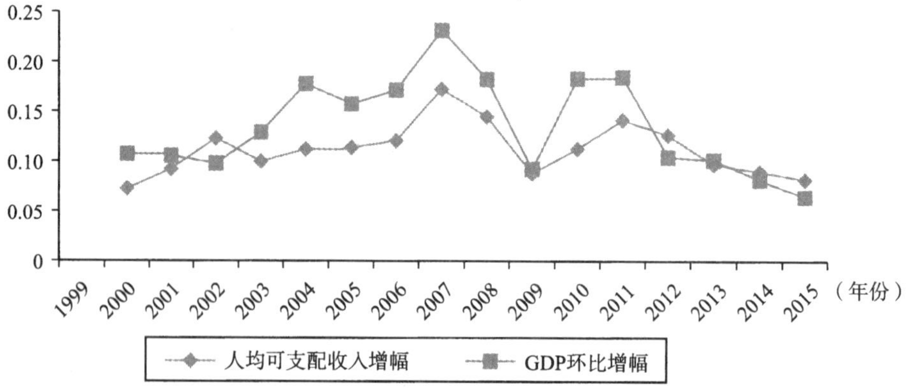

图5 人均可支配收入与GDP增幅

资料来源：Wind数据库。

2. 全球资源性产品从稀缺向过剩转变

国际大宗商品先后出现了数次“台阶式”下跌。周期性因素和结构性因素叠加共振是国际大宗商品下降重要原因，也预示着在“十三五”时期国际资源性产品逐步向供给过剩转变。一是世界经济结构性减速，需求明显趋弱。据联合国统计，2014年和2015年世界经济增长明显低于预期，新兴经济体特别是我国经济下行压力不断加大，导致大宗商品的需求明显回落。二是“十三五”时期全球产能周期性释放，供给则不断增多。由于前期投资继续增多、资源国以量换价、伊核危机缓解等因素，大宗商品供给会继续增多，过剩状况加剧。以原油为例，2014 年全球市场日均富余量为 80 万桶，2015 年则增至 160 万桶。三是美元进入升值通道，2014 年 7 月开始，美元指数不断走强，升值预期将持续。因此，在“十三五”时期，全球资源产品会逐步从稀缺向过剩转变，价格方面，大宗商品需求会进一步走弱，但受到供给端相应调整和成本支撑，价格继续大幅度下跌的可能性较小，总体将呈 L 形长尾，底部 W 形震荡的走势。

3. 长期内价格领域改革对价格总水平拉涨空间有限

“十三五”时期，是全面深化改革的关键时期。与物价总水平相关的改革主要包括：推进能源、交通、电力、医疗等领域价格改革的相关措施，会使相关商品、服务价格呈现上升趋势。因为当前不尽合理的价格形成机制使定价未能充分体现资源稀缺性及环境污染等外部性成本，价格是偏低的。这些商品、服务价格上升对物价总水平具有拉涨动力。

相关改革举措中，医疗体系价格改革对 CPI 的影响较为直接。但从实际实施情况来看，仅在医疗服务价格改革实施的短期几个月内会对 CPI 的拉涨幅度较为明显，而长期影响不显著。因此，总体上价格领域改革因素对“十三五”时期价格总水平不会产生明显的推涨作用。

（三）需求层面因素

1. 经济增长由高速增长向中高速增长转换

“十三五”时期，要素条件变化决定我国经济由高速增长转为中高速增长，从周期角度看，宏观经济总体处于 L 形筑底过程中，经济呈现温和增长态势。首先，消费需求有可能呈现稳中有升的趋势，随着电商经济的兴起，消费模式的改变，消费渠道不断增加，城镇化的推动，创造了带动消费的外部环境条件。同时消费需求的结构升级也是带动消费的一个主要动力。如果能够较好推进产业结构升级，提升商品和服务的升级，就能较好地满足消费结构升级的需求。其次，“十三五”时期，经济体制改革全面深化，打破行政垄断，发展混合所有制经济，大力推动 PPP 的发展，将会提升社会资本的投资意愿，释放社会资本的投资潜力，对经济增长的拉动有一定作用。最后，国际贸易形势不容乐观，由于世界经济持续处于弱复苏，并且我国所面临的地缘政治形势将趋于紧张，预计“十三五”时期国际贸易将很难出现较大幅度的增长。综合上述三方面的原因，宏观经济形势对物价总水平将保持温和上涨的推动力。

2. 固定资产投资增速放缓

2018 年 1 至 12 月，全国固定资产投资（不含农户）635636 亿元，比上年增长 5.9%，增速与 1 ~11 月份持平，比上年同期回落 1.3 个百分点。从环比速度看，12 月份固定资产投资（不含农户）增长 0.42%。其中，民间固定资产投资 394051 亿元，比上年增长 8.7%，增速比上年提高 2.7 个百分点。更重要的是，民间投资增速下滑严重对固定资产投资的增长产生了显著的制约。固定资产投资增速下滑反映的是企业投资意愿不足且难以在短期内回升，如果投资增速难以出现显著的回升态势，整体经济增速也将继续承压，并对物价水平产生影响。

四、“十三五”时期价格总水平运行趋势研判

（一）核心通胀水平稳定

核心 CPI 反映的是消费价格中变化较为稳定的成分，是主要经济体决定货币政策的重要依据。尽管新常态下经济增速处于“换挡期”，但核心通胀总体稳定。2013 年以来，剔除食品和能源的核心 CPI 一直处于 1% ~2% 的合理区间，最高为 2%，最低 1.2%，均值为 1.6%。而同期食品类 CPI 波动较大，最高达到 7.3%，最低仅为 1.1%。这反映出当前物价总水平的波动主要源自食品和能源，宏观经济增速换挡但并未失势。

以“十二五”时期以来 CPI 的平均趋势为基础，将供给侧趋势性因素变化产生的影响逐一叠加，得到未来 CPI 的趋势水平。进入“十二五”时期以来，我国 CPI 经滤波分析得到的趋势值平均为 3.2%。以此为基础，在不考虑价格改革等因素的影响，通过 ARMA 趋势外推，得到“十三五”时期 CPI 的运行中枢将在 2.5% 左右，趋势水平区间约在 1.5% ~4.6%。此外，受经济结构调整、深化改革等因素的内部影响，经济景气可能在“十三五”时期呈现交替情形，基于此，CPI 走势也将形成前低后高的基本形态。

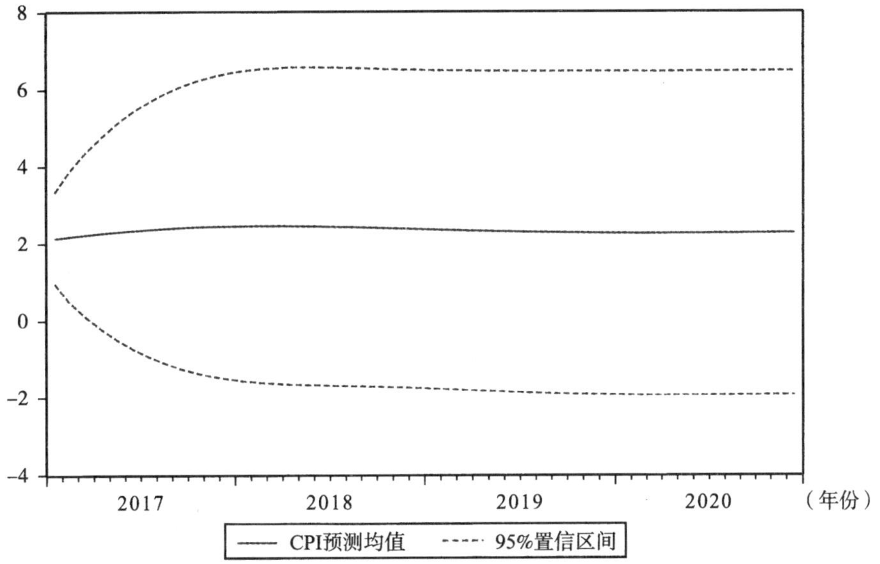

图6 “十三五”时期 CPI 通过 ARMA 预测结果

（二）食品价格波幅不减

食品 CPI 价格的波动具有周期性和季节性的特点。可以看出，“十二五”时期我国食品 CPI 经历了一轮波动上涨，从 2011 年 8 月开始大幅度下降，直至 2012 年 9 月，食品价格的走势趋于平稳，价格中枢始终在 2% ~6% 区间波动。而 2016 年以来，猪肉和鲜菜价格同比分别上涨 27.9% 和 22.6%，分别拉动 CPI 上涨 0.64 个和 0.58 个百分点，对 CPI 上涨的贡献率分别为 26.2% 和 33.3%。猪肉和鲜菜价格合计拉动 CPI 上涨 1.22 个百分点，对 CPI 上涨的贡献率达到 59.5%，对食品和烟酒价格上涨的贡献率为 82.8%。预计在“十三五”时期食品价格的上涨还是要高于非食品价格的上涨，并且受季节性和周期性因素的影响较为明显，在没有自然灾害等外部冲击的情况下，食品价格将继续围绕价格中枢波动运行。

（三）服务类价格中枢上移将较明显

居住类价格虽然是 CPI 分类中第二大波动项，且 2016 年一、二线城市房价大幅度飙升，但由于 2016 年出台房地产调控政策，其影响在滞后期内开始显现，房价由显著上升逐渐向平稳运行通道转换。随着房租的拉动作用逐步减弱，加之房租波动远小于房价、公共事业价格改革到位等因素影响，居住类价格对 CPI 的直接拉涨作用在“十三五”时期并不会特别凸显，而房租增长通过劳动力成本附加对 CPI 服务类价格的间接作用却不容忽视。

服务类价格的上涨趋势在“十三五”时期将较为明显。一是劳动力成本上升因素将持续推动服务类价格的上升，尤其是低技能劳动力成本的上升幅度要高于高技能劳动力成本的上升幅度，并且随着低技能劳动力市场供不应求的趋势增加，其增幅会进一步加大。二是医疗体制改革的逐步推进，在“十三五”时期医疗保健类价格波幅会在短期内增加。以已经实施医药价格改革的江苏省为例，其 1～9 月 CPI 同比上涨 2.3%，医疗保健类价格同比上涨 10.6%，远远超过了食品烟酒类同比上涨 3.9% 的水平，涨幅居八大类消费价格之首。“十三五”时期各省份将进一步推进医疗体制改革，服务类价格将因此被推升。再加之劳动力价格持续上升的趋势，服务类价格的中枢上移趋势将会较为明显。

（四）PPI 将处于持续地位运行态势

2016 年 9 月 PPI 同比结束了连续 54 个月的负增长，走出通缩压力区间，但预计回暖之后不会呈现中枢迅速上移的态势，主要有以下三个原因：一是全球经济基本面没有发生实质性变化，加之贸易保护主义，“黑天鹅”事件频发，世界经济复苏动力不足且不确定性风险加大。二是我国钢铁、煤炭、水泥等行业产能严重过剩的基本情况没有发生改变。需求侧尚不具备支撑上游供应价格持续回升的基础。三是我国传统行业在全球价值链上的位置指数尚未发生实质性改变。近期钢铁、水泥和化工价格上涨较快的一个重要原因是铁矿石、煤炭和原油价格飙升。使得其上游原材料和下游需求“两头挤压”态势更加明显。同时由于我国供给侧结构性改革尚处于初期，我国产业端的比较优势还未向高端转移，加之贸易纠纷和摩擦，产业利润空间被不断缩小，在“十三五”时期难以得到根本转变，PPI 将持续处于低位运行态势。

五、“十三五”时期稳定价格总水平的政策建议

（一）强化价格信号在宏观调控政策制定中的先导作用

把价格总水平变化和价格的结构性变化，作为财政、货币、投资和产业政策决策的

重要依据。价格总体稳定对于改善市场预期、引导企业经营起着关键作用。加强价格调控预案管理，防范价格过度波动风险，特别是警惕金融市场风险对商品市场的冲击和传染效应，保持价格波动处于合理区间。

（二）建立权威价格与供求信息发布机制

加强重点市场供求和价格监测，及时发布信息稳定市场预期，避免价格水平大起大落。加强对价格信息、价格调控政策的解读，引导市场主体准确理解价格信号。加强价格指数与其他重要经济指标之间关系的量化分析，厘清价格水平变化的偶然性、季节性、趋势性和周期性因素，寻找价格运行的先导性指标。在此基础上，科学选择价格指数或指数组合作为宏观调控政策的参考指标。

（三）注重从供需两侧发力调节价格总水平

科学识别引起价格变动的供给因素和需求因素。当价格变动源自需求冲击时，要运用需求管理政策平抑物价。当价格变动源自成本变化时，可通过增加供给和降低成本达到平抑物价的目的；也可以通过多种手段化解产能过剩，避免价格长期低迷损害行业健康。长期看，要通过供给侧结构性改革为价格稳定奠定制度基础。应减免企业税费，降低企业负担，提高企业生产和经营的积极性；减少政府行政干预，放宽市场准入，提升企业经营的自主性和灵活性，增强市场活力；鼓励企业增加研发投入，提高劳动生产率，降低单位产品成本。

（四）注重以结构性政策应对特定因素引发的价格总水平变化

特定要素价格的上涨会造成密集使用该要素的商品或服务价格更快的上涨，从而使价格总水平表现出较强的相对价格调整的特征。在应对价格水平的结构性变化时，要仔细分析成本上升对不同行业和不同商品价格的影响，针对性地采取结构性政策予以调整。例如，对于劳动力成本快速上升导致服务价格上涨，可以鼓励雇员和雇主形成稳定的合作关系避免频繁更换工作造成的劳动力损失，可以加强相关领域的劳动力培训，通过补贴等方式鼓励闲散劳动力从事相关行业。

（五）加强价格统计指标体系建设

“十三五”时期，经济发展已经步入新常态，我国经济结构已经悄然发生转变。统计部门应与时俱进，改变目前漏统范围较大，与实际商品和工业品价格结构出入较大的情况。应增加服务业生产价格指数，合理调整现CPI、PPI和其他价格指数商品篮子，并在恰当时公布价格篮子中商品权重信息，以增强价格统计指标体系的透明度。此外，还应建立健全价格统计指标发布体系和数据库建设。

参考文献

[1] 卜永祥．人民币汇率变动对国内物价水平的影响［J］．金融研究，2001（3）：78－88.

[2] 陈磊，李颖，邵明振．经济周期态势与通货膨胀成因分析［J］．数量经济技术经济研究，2011（8）：147－161.

[3] 陈磊，邵明振．当前我国CPI运行特点和未来走势分析［J］．价格理论与实践，2011（10）.

[4] 陈磊，张同斌．我国通胀率与核心通胀率动态机制实证研究［J］．数量经济技术经济研究，2012（12）.

[5] 高铁梅，刘玉红，王金明．中国转轨时期物价波动的实证分析［J］．中国社会科学，2003（6）：73－83.

[6] 何光辉．中国CPJ与PPI的结构与动态作用机制研究［J］．经济科学，2009（4）：15－30.

[7] 何启志，范从来．中国通货膨胀的动态特征研究［J］．经济研究，2011（7）：91－101.

[8] 贺力平，樊纲，胡嘉妮．消费者价格指数与生产者价格指数：谁带动谁？［J］．经济研究，2008（11）：16－26.

[9] 贺力平，樊纲，胡嘉妮．消费者价格指数与生产者价格指数——对徐伟康商榷文章的回复意见［J］．经济研究，2010（s）：149－154.

[10] 邵明振，陈磊，宋雯彦．我国月度居民消费价格指数的预测方法与应用［J］．统计与决策，2012（10）：30－31.

[11] 王宏利．中国物价走势分析及其宏观调控［J］．世界经济，2005（7）：51－59.

国际原油价格周期性波动趋势研究

周　适

内容提要　当今世界主要大国的石油地缘政治博弈和经济周期的阶段性变化推动国际原油价格呈现周期性波动。本文综合运用了经济学和地缘政治学分析方法，通过分析国际石油秩序中主导大国的战略和库兹涅茨长周期、朱格拉中周期的波动规律，得出望向2030年原油价格中枢将震荡上行的结论。石油地缘政治和原油价格的变化将使我国未来长期内面临更大的风险和挑战。我国与其他石油大国的地缘政治矛盾将进一步加剧，进口原油成本提高增大国内通胀压力，价格震荡加剧对金融市场稳定发展的冲击。对此，建议拓宽全球原油资源发展新空间，提高我国在国际原油市场上的定价权，健全应对原油价格大幅波动的长效机制，多管齐下防范金融系统性风险，以化解原油市场波动对我国产生的不利影响。

原油是国民经济中最为重要的能源和原材料之一，也是一国重要的战略性大宗商品。不同于一般的大宗商品，原油价格和供求变化的背后是经济力量和政治力量交织作用的结果。石油领域的权威专家丹尼尔·耶金甚至认为“石油，10%是经济，90%是政治”。本文综合运用经济学和地缘政治学分析方法，分析预测中长期国际原油价格的变化趋势，以期能够有助于我国在全球原油市场风云变幻中掌握主动、应对挑战。

一、国际原油价格周期性波动的历史规律

第二次世界大战结束以来，全球原油价格走势经历了四轮周期性波动（如图1所示）。第一轮周期自1973～1978年，历时约5年。其中1973年10月至1974年1月是该周期的上行阶段，之后四年价格略有回落。该周期呈现出强劲的上行阶段，但下行阶段

较为疲弱。第二轮周期自 1979～1986 年，历时约 7 年。其中 1979～1981 年是该周期的上行阶段，1981～1986 年油价不断下跌。该周期呈现出强劲的上行和下行阶段。第三轮周期自 1999～2008 年，历时约 10 年。其中，在 1999 年 3 月至 2008 年 7 月的上行阶段，2008 年年中受美国次贷危机冲击，油价开启大幅下跌，2008 年底已跌至 40 美元以下。该周期的特征是持续强劲的上行阶段和大幅急跌的下行阶段。第四轮周期自 2009～2017 年，历时 8 年。其上行阶段是 2009～2011 年。2011～2017 年油价经历了一轮大幅下行阶段。该周期呈现出短升长跌、大起大落的波动特征。

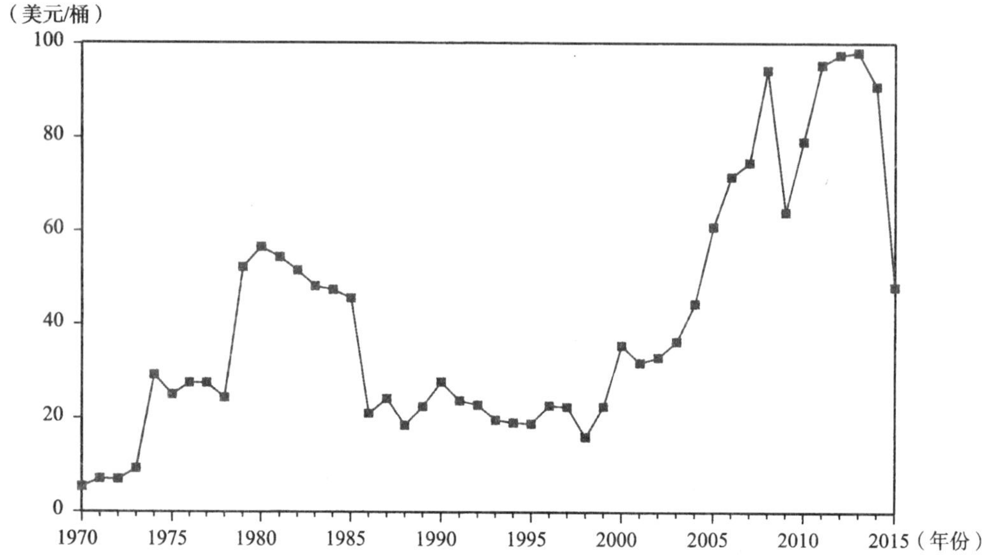

图 1　世界原油价格走势情况

资料来源：世界银行。

二、影响原油价格周期性波动的政治经济力量

国际原油价格周期性波动的背后既有以地缘政治为背景的供给力量的推动，又有经济周期对需求的拉动。价格短期波动的背后还有美元周期的反向影响。

（一）以地缘政治为背景的供给力量的推动

地缘政治是供给变化的主要推手，引发原油价格周期性变化。地缘政治冲突导致的供给下降引发了两轮原油价格的周期性上涨。第一轮上涨源于1973年10月第四次中东战争的爆发，交战的一方为美国等西方国家打入中东的“楔子”——以色列，另一方为欧佩克产油国所支持的阿拉伯国家——埃及和叙利亚。当时掌握原油市场控制权的欧佩克产油国以石油为武器，采取原油减产、禁运、提价等措施打击支持以色列的西方国家，造成国际原油供给大幅减少、价格迅速上升，史称第一次石油危机。第二轮上涨源于1979年伊朗革命爆发，伊朗霍梅尼政权推翻了之前的亲美政权，为打击西方石油资本，伊朗联合欧佩克产油国采取禁运等手段，中断了占全球1/10的原油出口，引发国际油价急剧上升，史称第二次石油危机。同样，油价结束上行阶段也与供给的回升密不可分。第二次石油危机发生以后，非欧佩克国家大力强化了原油的开采和供给力度，石油消费国建立和扩充石油战略储备，使欧佩克对国际石油市场的垄断地位和石油价格的控制能力减弱，造成原油价格大幅下降。供给对最近一轮周期中油价的下行也发挥了显著的作用。美国、加拿大等国加大了对页岩油等非常规石油的勘探开采，有力增加了石油供给，削弱了欧佩克的影响力和控制力，推动原油市场供需格局的改变，对价格形成下行压力。

从微观经济学的角度来看，原油需求的刚性能够强化供给方的影响力。原油需求刚性极强，需求曲线中的一段异常陡峭，使得供给方能够通过对原油产量的调整，对原油价格形成很强的控制力和影响力。国际原油价格的前两轮上涨就是欧佩克利用其垄断地位，通过减少原油产量，使供给曲线在与需求曲线刚性段相交的区间内向左移动，使得原油价格比一般商品价格出现更大幅度的上涨。同样，随着非欧佩克国家原油产量大幅增加和页岩油革命带来原油的产量增加，使供给曲线离开了需求曲线的刚性部分时，油价会在短时间内暴跌，而不是沿着供求曲线缓慢地移动。

（二）与经济周期相一致的需求力量的拉动

需求增长在原油价格周期性变化中起到了重要的拉动作用。一国经济的周期性变化会影响该国的工业产出，进而引起能源需求的变化，最终导致原油价格的波动。20世纪70年代的周期性上行和1999~2008年的周期性上行分别得益于日本等东亚国家和中国、印度等国工业化进程的加速，形成了对石油的巨大需求，带动价格持续上行。反之，当世界主要经济体的经济增速连续回落或启动经济结构转型时，往往会导致对大宗商品需求增速下降，推动大宗商品价格转而进入下行周期。2011年以来全球经济增速放缓和刺激政策的退出导致需求放缓，使国际原油价格面临下行压力。

（三）美元指数周期的反方向影响

美元指数周期对原油价格的影响源于石油美元体系。美国经过长期的博弈之后于1975 年与沙特等欧佩克国家达成了以美元进行原油贸易的协定，美元正式成为国际原油计价和结算的货币，石油美元体系诞生。由于美元是原油的计价单位，在原油真实价值变动不大的情况下，计价货币价值的波动必然会对原油价格产生反向影响。通常情况下，当美元贬值时，以美元计价的原油价格上涨；美元升值时，以美元计价的原油价格下跌。其原理如下：如果美元贬值造成国际上大部分国家的货币相对于美元升值，原油进口国为了购买一定数量的原油所需支付的本币减少，反映在本国市场上就是原油价格降低，这些国家对原油的需求就会上升，如果供给数量不变，就会造成原油的价格上升。对供给方而言，当美元贬值时，美元的实际购买力降低，会使卖出单位原油所能够换来的购买力降低。对于有操控价格能力的世界主要原油生产国，收入降低会使其提高售价，最终博弈的结果是原油价格上升。

三、未来长期国际原油价格波动趋势分析

基于对历史规律的分析，本文认为，站在目前时点上，能够对原油价格长期走势做出较为准确的预测有两种可行的方法：一是从影响原油中长期供给的重要因素——地缘政治入手分析；二是从影响原油中长期需求的重要因素——经济中周期和长周期入手分析。将上述两种政治、经济分析方法相结合，从而把握中长期原油价格走势和波动区间。对于中短期价格走势，微观层面的供求格局分析和库存周期、美元周期等短周期分析能够更精确地发挥作用。

（一）地缘政治与大国博弈对长期原油价格的影响

不同于一般的大宗商品，地缘政治在影响原油价格方面起到了举足轻重的作用。在国际石油秩序中起主导地位的大国最有能力影响价格的走势。因此，本文在分析地缘政治对原油价格长期走势的影响时，首先锁定在国际石油秩序中起主导作用的国家，然后分析主导大国的战略将如何影响价格走势。

1. 美国将成为未来 10 ~ 15 年国际石油秩序中最具影响力的国家

望向 2030 年，国际石油秩序将对原油价格发挥重要的影响力。未来 10 ~ 15 年中，美国将是全球能源秩序中最具影响力的国家。我们不得不正视的一个现实是，美国正借助三大利器不断增强其控制力和影响力：

一是凭借业已成熟且不断扩张的全球布局奠定其霸权地位。美国已通过伊拉克战争、阿富汗战争、伊朗核危机等事件成功占据了石油地缘战略支点，通过政治、经济、外交和军事手段，完成了对中东、中亚、非洲、北美四大世界主要产油区的关键布局和初步控制。下一步将力图对欧佩克形成有利的打压，全面控制中亚、高加索、里海石油区，实现对非洲产油地区的大面积控制，主导开发北美的油气资源，控制国际石油运输线；抑制和“阻截”其他大国对国际原油的控制和影响。

二是非常规油气的发展增强了美国对全球原油供给的影响力。美国非常规油气的发展从两个方面冲击了现有的国际石油秩序。一方面，造成供给过剩、欧佩克减产保价机制失效；另一方面，使非常规油气成为“浮动”产量，能够比传统产油国更灵活地调节原油的供给。如果非常规石油的生产成本大幅降低，生产规模进一步扩大，对石油地缘政治格局的演变产生积极影响。

三是期货等金融衍生品市场的发展带来原油定价权的提升，美元作为石油结算货币的地位颠扑不破。国际石油价格已转向由期货市场（纽约和英国布伦特原油期货市场）和现货市场（欧佩克）共同决定的时代。纽约商品交易所和伦敦国际石油交易所几乎垄断了国际上主要的石油期货交易。随着期货等金融衍生品市场的快速发展，美国将在原油价格形成方面获得越来越大的主导权。此外，美国正在加强与各石油生产国特别是俄罗斯的合作，努力维护和提升美元作为原油主要结算货币的霸主地位。

2. 欧佩克在国际原油现货市场的垄断地位将有所削弱，但仍然具有举足轻重的影响力

非常规石油开发利用规模的扩大、俄罗斯等非欧佩克产油国的“崛起”和主要石油消费国石油战略储备规模的不断扩大将削弱欧佩克的影响力和控制力。但由于中东占有世界 60% 的探明石油储量和国际 40% 的原油产量，在全球原油市场与国际关系中扮演了突出角色，其对全球原油市场的影响力仍不可小视。

其他非欧佩克国家对国际原油价格的影响力将日益扩大，但影响有限。非欧佩克国家的原油产量现已超过欧佩克国家，并有不断上升的趋势。其中俄罗斯是非欧佩克产油国中非常有话语权的一个国家，单体产量位列世界原油产量第二位。出于能源立国的战

略考虑，俄罗斯、玻利维亚等国都在把能源公司国有化，实现石油资源从跨国公司到产油国的“权利转移”，使俄罗斯等非欧佩克产油国的地位和影响力逐渐上升，但总体来看，在对油价的控制力、对国际市场的影响力等方面，欧佩克的地位短期仍难以撼动。

3. 主要大国能源战略变化将促使中长期原油价格温和上升

对世界原油秩序的主导国美国而言，使原油价格保持在60～70美元/桶之间最符合其国家利益，考虑到通胀因素，到2030年，这一价格中枢有可能达到70～80美元/桶。美国的石油利益有两方面内容：

一方面，美国需打压其他产油大国，保障能源独立和原油来源多元化，维护其在国际秩序中的霸权地位。为此，美国需推行以下能源战略：一是加强对欧佩克国家的分化瓦解、扶植高成本的非欧佩克产油国，以削弱低成本的欧佩克国家对市场的影响力。只有当油价持续保持在55美元/桶以上时，非欧佩克国家才会大规模复产，从而挤占低成本的欧佩克国家份额。二是大力发展页岩油、提高美国在全球原油产出中的份额。近期，美国已调整了新的符合本国利益的石油地缘战略。新任总统特朗普推出的“美国第一能源计划”提出：大力发展美国本土的页岩油气，增加美国本土页岩油气资源的开采，以提升美国国内能源产品的产量，实现美国的能源独立，保障国家能源安全。由于页岩油成本相对较高，绝大多数页岩油产区无法在60美元/桶以下的价格盈利，因此只有油价维持在65～70美元/桶以上时，美国页岩油才会大幅增产。另一方面，美国需保障其国内石油消费的低成本，控制原油价格使其不至于过高从而推高整个经济的生产成本。这就意味着美国应尽力将原油价格控制在70美元/桶以下。近期，特朗普总统已提出对美国进口原油征收20%的税率（boarder adjustment tax，BAT），该政策相当于使进口原油的成本提高20%，预计其实施将可能减少百万桶量级的进口轻质原油需求，对中长期油价上涨幅度形成限制。

欧佩克组织中最具影响力的沙特面临“操纵”油价的“两难悖论”。沙特拥有世界上最大的原油生产能力和最大的剩余生产能力（闲置产能），据估算大概每天150万～200万桶，从而为其进行原油市场操纵留有空间。但是，沙特在“操纵”国际油价方面存在“两难悖论”。一方面，将原油价格打压到40美元/桶以下有利于打击伊朗等敌对国家和美国等高成本的页岩油生产国，最符合其国家利益。另一方面，沙特面临的财政危机已不允许其继续实施低油价战略，根据国际货币基金组织和德意志银行在2015年的测算，维持沙特财政平衡的油价需达到104美元/桶。其他一些欧佩克主要产油国也面临着类似的情况。这种两难境地使欧佩克难以有效地实施石油战略来影响国际油价。

主导国的能源战略考虑必然使长期原油价格回归长期生产成本以上。原油的长期生产成本在75美元/桶附近，而短期生产成本仅40美元/桶左右。原油井口建设的资本投入以及矿权收购费用等一系列成本都无法反映在短期生产成本中。如果长期内油价不能弥补这些成本，那么很多原油开采企业都会面临破产退出。因此，从长期来看，油价最终会回归长期生产成本以上，处于75~80美元/桶附近的合理价格区间内。

（二）经济周期阶段性变化对长期原油价格的影响

展望2030年，经济周期的阶段性变化是影响原油价格长期走势的主要经济因素。能够对原油价格长期走势产生作用的经济周期主要有库兹涅茨长周期和朱格拉中周期。

库兹涅茨周期在经验上一般长达18~20年，其核心驱动力是房地产和建筑业的兴盛和衰退。全球石油第一大消费国中国最近一轮的库兹涅茨周期是从1999年开始至今。其中，上行阶段从1999~2013年前后，持续了15年；2014至今进入下行期，从经验规律看，下行期应在2018年底或者2019年底结束。全球石油第二大消费国美国最近一轮的库兹涅茨周期是从1991~2010年。其中，上行阶段从1991~2006年，大约持续了16年；下行阶段从2007~2010年，大致持续了4年。目前全球原油主要需求国正处于长周期的尾部阶段或已走出一轮周期。到2030年，全球经济将经历一轮新的库兹涅茨周期，其中大部分时间是周期的上行阶段，预计可能带来新一轮原油需求的明显增长。

朱格拉周期的长度一般是8~10年，主要驱动力是设备更替和资本投资。全球经济最近一轮朱格拉周期是从2009~2016年或2017年。各国的朱格拉周期大致同步、小幅错位。目前全球原油主要需求国正走出朱格拉中周期的波谷或已走出一轮周期。到2030年，全球经济将经历一轮到一轮半新的朱格拉周期，其中预计有两个上行阶段将与库兹涅茨长周期重叠，其叠加效应预计可能在2018~2022年或2026~2030年，将带来新一轮全球经济景气度的回升。从历史经验看，至2030年，国际原油价格波峰有可能达到80美元/桶以上。

综合上述分析，望向2030年，国际原油价格中枢预计将从50~55美元/桶震荡上行至70~80美元/桶之间。理由如下：其一，地缘政治因素将促使原油价格保持在60~70美元/桶，以1%的通胀来计算，届时的价格区间上限为80美元/桶。其二，原油长期价格必然将回归长期生产成本以上，即75~80美元/桶附近。其三，库兹涅茨长周期和朱格拉中周期的叠加效应预计将带来新一轮全球经济景气度的回升，使国际原油价格波峰有可能达到80美元/桶以上。考虑到库存周期、美元周期等短经济周期和地缘政治冲突对短期价格的影响，价格中枢的上移将在震荡中逐步完成。其中，“十三五”时期将是价格中枢上移的第一个阶段。

四、我国面临的重要挑战和风险

我国作为新兴石油消费大国迅速崛起，进口原油需求量和对国际原油秩序的影响力不断增强，与西方石油大国和新兴工业化国家的地缘政治矛盾也逐步加剧。同时，由于我国尚未在国际原油定价方面掌握主导权，在一定程度上将被动地接受国际原油价格上涨带来的不利冲击。

（一）我国与其他石油大国的地缘政治矛盾将加剧

我国经济体量快速增长，对石油的需求持续增长，但获取国际石油的困难很大。美国、俄罗斯、日本、印度等国从各自的战略利益出发，与中国进行石油争夺。

首先，美国在石油方面对中国的遏制非常明显。在中东、中亚、西伯利亚、南中国海、非洲和拉美的产油国，美国都有防止我国获得新的石油资源的战略安排。

其次，俄罗斯在对我国的石油供给问题上“貌合神离”。石油对于俄罗斯具有重要的战略意义，近年来石油出口占俄罗斯GDP的20%以上、外汇收入的50%～60%、经济增长近90%的贡献率。我国的崛起壮大，也给俄罗斯造成不小的压力。出于国家利益和地缘政治的考虑，俄罗斯不会轻易将石油提供给我国。中俄“安大线”的流产，俄日“安纳线”“泰纳线”的出炉就是俄罗斯这一意图的体现和征兆。

再次，中日两国在能源地缘领域的角力将继续升级。中日两国都是原油需求和进口大国，随着我国需求的持续增加，两国对俄罗斯远东、中东、中亚原油资源和油气长输管道的争夺将更加激烈。

最后，中国面临着来自印度的原油资源争夺和竞争。印度与中国、日本同属亚洲地区石油消费大国，近年来印度经济快速增长带来对国际原油的巨大需求，印度的石油资本必将加速进军中东、非洲等产油地区，对中国与上述地区的石油合作构成挑战。在这种群雄逐鹿的态势下，我国“走出去”利用国际原油资源，一无丰富有效的经验，二无军事基地，困难重重、挑战很大。

（二）进口原油成本提高增大国内通胀压力

油价波动对经济的影响是不对称的，油价上升对经济具有显著的负的影响，但油价下降对经济的影响却很小。望向 2030 年，我国将面临进口原油成本显著提高的问题。目前我国原油对外依存度已高达 65%，我国进口原油大都来自安哥拉、伊朗、利比亚等局势动荡、战乱频发的地区，进口原油的 90% 要通过我国战略位势薄弱的马六甲海峡，海上运输风险较大，进一步加剧了进口原油价格向上波动的概率和幅度。国际原油价格上行将显著增加我国获取原油的成本，用能成本的提升会通过产业链由上游生产资料向下游商品传导，一直波及相关的最终消费品。产品价格的变化、特别是价格的上涨会带动生产成本和生活成本的提高，大面积传导至多个相关行业，进而引发产品和服务价格的全面上涨，最终导致价格总水平的上升。如若调控不当或不力，容易对经济增长产生负面冲击。

（三）价格震荡加剧对我国金融市场稳定发展带来冲击

首先，望向未来中长期，国际原油价格震荡幅度将进一步加剧。在主要经济体继续实施宽松量化货币政策、我国国内经济运行风险逐渐显性化的背景下，国际市场对商品价格走势将更加敏感，加上投机炒作，极易放大波幅。其次，国内外各商品金融市场联动日趋紧密，价格冲击传导迅速。原油价格的暴涨暴跌，容易引发股市、汇市、债市等不同市场之间的风险共振。随着投机资金规模的不断壮大和金融工具的快速创新，跨市场投机破坏性越来越强。在经济增速放缓时期，各市场风险燃点低，不同市场之间更容易发生风险的串联传染，对我国金融市场稳定带来更大挑战。

五、政策建议

（一）拓宽全球原油资源发展新空间，增加有效供给

拓宽进口原油供给渠道。优化我国的石油战略体系，力争在非洲、中东、俄罗斯、

中亚、南美五个产油区域布局，实现原油进口来源多元化。推进与安哥拉等非洲产油国多方面合作的深度和广度，进一步通过合作开采等方式参与石油上游的勘探开采和下游石化行业深加工，或运用优惠贷款、经济援助等方式取得长期供应合同。加大与俄罗斯、中亚国家在石油领域的合作力度。发挥我国在上海合作组织中的影响力和控制力，力争建设从俄罗斯、中亚经由我国至东亚石油消费国的石油运输管线，加快在俄罗斯远东地区的投资布局。发展与中东产油国的合作，利用美国减少从欧佩克进口原油的契机，扩大我国从中东进口的规模，通过合作建厂、引进石油美元投资等方式与中东国家建立长期合作机制。深化与巴西等南美产油国的石油合作，加快在巴西东南部贝拉区块的投资和并购布局。

完善能源进口战略通道。开辟中缅线，使来自中东的原油从缅甸实兑港上岸，通过输油管线经过曼德勒、瑞丽到达昆明。考虑开辟巴基斯坦瓜达尔港至中国新疆喀什的公路、铁路石油运输线，并向东与塔里木油田的石油运输线接通，作为南部运输线的补充。

积极开发利用海外能源矿产资源。加强海外能源基地建设；鼓励国内企业走出去，综合运用参股控股、技术合作、资金支持等方式开展国际合作；抓住国外企业寻求重组的机遇进行跨境并购，掌握资源开发权。

增强国内能源资源的供给能力和潜力。提前布局国内原油资源勘探，加大深海和页岩油气开发力度，保持原油必要的自给率；完善财税支持政策，推动可再生能源行业有序发展。通过财税、金融、投融资政策降低制度性成本，支持企业增强能源资源的供给能力，提升行业竞争力。

（二）提高我国在国际原油市场上的定价权和影响力

推进定价机制市场化。加快推进成品油等大宗商品价格形成机制改革，在竞争主体多元化及有效监管的前提下，实现向实时价格、供需形成价格的转变。促使国内外市场，特别是亚太地区市场更为紧密地联动。进一步放开原油进出口环节的市场准入，推动贸易与生产分离，使市场充分竞争，形成发达的现货市场。

大力发展期现货交易市场并有序推进期货市场国际化。一是加快发展原油现货交易市场。建设若干在全球和国际区域有较大影响力、运营规范、现代化的大宗商品现货交易市场，在原油现货贸易中更多地使用人民币作为计价和结算货币，逐步瓦解“石油美元”格局。二是有序推动期货市场国际化。加快推出以人民币计价和结算的国际原油期货品种，加快交割仓库全球布局，完善期货交易平台和规则体系，完善信息发布机制，加快上海期货交易所等国内大型交易所的国际化步伐，建立能够客观反映亚太地区市场供求关系的基准价市场，大力打造全球重要的能源期货交易中心，实现由国内定价中心—亚太区域性定价中心—全球定价中心的战略转变。

（三）健全应对原油价格大幅波动的长效机制

健全大宗商品储备体系。灵活运用市场机制，合理引导社会资本参与建设、运行和维护储备设施，加快推进多层次储备体系建设，完善政府储备、企业生产经营库存互为补充的储备体系。继续扩大储备规模，使原油储备规模逐步达到90天进口量。针对未来可能出现的能源供给冲击，制定相应增加或释放储备的预案。

综合运用信息发布、金融套保等多种工具。加强对供求缺口、进出口、库存变化的监测分析，及时发布市场供求变化与价格波动信息；合理运用政策工具引导企业及时调整采购与生产计划，鼓励企业通过期货市场套期保值减少风险敞口，有效对冲国际原油价格波动导致的成本和收入大幅变化风险。

（四）多管齐下，防范金融系统性风险

重点防范原油市场波动风险。加强对原油价格异常波动的监测分析，警惕国内外市场流动性对原油期货市场进行题材炒作；厘清原油市场的风险敞口和可能的风险引爆点，防范大宗商品市场过度加高杠杆等行为对风险的放大效应。

防范风险在不同市场之间的串联。合理选择货币政策工具和时机，综合权衡政策对各个市场的影响，防止市场风险在期市、汇市、股市、房市之间的串联和放大。

削弱金融风险与实体经济之间的相互传导。严格监控能源资源类大中型国有企业的金融衍生品投资，完善监管和交易信息披露机制，防范能源资源类实体企业“脱实入虚”及虚拟市场风险向实体经济传导。

参考文献

［1］高环成，杨静．基于历史视角的大宗商品价格周期变化研究［J］．管理现代化，2013（6）．

［2］李乾孙，翁鸣晓．库存周期与大宗商品价格［J］．上海金融，2012（9）．

［3］新湖期货研究所课题组．资本周期与大宗商品价格［J］．上海金融，2012（11）．

［4］杨超．对大宗商品周期趋势的深入分析——基于历史、供求和现实的视角［J］．当代经济管理，2012（12）．

有色金属全球市场价格形成主导权研究

——基于结构性权力的视角

周　适

内容提要　研究有色金属全球市场价格形成主导权的支撑力量和作用机理对于破解“中国溢价”意义重大。现阶段，全球有色金属主要品种的价格形成主导权已经在一定程度上由现货市场转移至期货市场，国际期货交易所成为全球有色金属主要品种的定价中心，并引导全球交易在其制定的交易规则和制度框架下进行。本文认为，结构性权力、而非单纯的贸易体量或市场集中度是有色金属全球价格形成主导权的来源和支撑力量。欧美发达国家及国际巨头企业通过掌握金融结构、生产结构、贸易结构和制度结构四个方面的结构性权力，有力控制了全球有色金属的价格形成主导权。我国在上述四方面存在的结构性权力短板正是未能掌握全球有色金属价格形成主导权的根源。对此，我国应从四个结构性权力的来源入手，建立企业—金融机构—政府多主体协作机制，共同提升我国在全球有色金属价格形成中的影响力。

有色金属是国民经济、国防工业、科技发展必不可少的基础原材料，是提升国家综合实力和保障国家安全的关键性战略资源。我国是全球第一大有色金属精炼品生产国和消费国，但主要有色金属资源禀赋不足。由于缺乏价格形成主导权，我国多年来进口有色金属只能被迫接受“中国溢价”。多数已有研究将我国价格形成主导权的缺失归因于行业集中度低。然而，尽管我国有色金属行业八大公司组成了铜原料谈判小组，但依旧对国际有色金属价格形成没有影响力。这说明有色金属国际市场价格主导权的来源远不止简单的产业集中度。在此背景下，研究国际市场上有色金属价格主导权的形成原因、支撑全球价格形成主导权背后的权力及其作用机理具有重要的理论和现实意义。

一、相关概念

（一）价格形成主导权

与价格形成主导权相关的概念有定价权和定价能力。政治经济学学者罗伯特·达尔（Robert Dahl，1957）认为，权力意味着一个行为体支配另一个行为体的意志和行动的能力，权力意味着强制力，也包括说服力和影响力。在大宗商品定价领域，定价权更倾向于后一种软性的权力，即影响力，因此越来越多的研究不再使用定价权的概念，而是代之以定价能力的概念（pricing power）。关于定价权和定价能力的定义有三种不同的视角：

第一种视角聚焦于概念的内涵。西方经济学理论认为，定价能力是指一家公司改变自己产品价格的时候，对产品需求造成的影响。拥有定价能力的企业在成本上升情况下可以顺利通过提价将新增成本传导给下游且不影响销量（黄河，2013）。

第二种视角从主观效用论出发。认为所谓国际定价能力，就是指一国在多大程度上有能力使进口重要资源性商品的价格接近理想价格（白明，2006）。

第三种视角聚焦于概念的外延。认为大宗商品定价权与定价机制紧密相关，包括两个方面：一是在大宗商品贸易中被交易各方普遍认可的定价规则；二是双方认定的基准价格。买卖双方进行交易时，需要寻找共同认可的商品基准价格或者其他具有权威性的价格，经谈判认可后最终确定有效的价格交易（唐衍伟、王逢宝和张晨宏，2006）。在这里，定价主导权是一种能够成为被参照标的的权力。

（二）结构性权力

结构性权力是由国际政治经济学著名学者苏珊·斯特兰奇（Susan Strange，2006）提出的概念。结构性权力是指形成和决定全球各种政治经济结构的权力，结构性权力主导国之外的国家或地区及其政治机构、经济企业、科学家和专业人员，都不得不在这些结构中活动。结构性权力是决定办事方法的权力，是构造国与国之间关系、国家与人民之间关系或国家与企业之间关系框架的权力，是行为者通过正式和非正式的制度对其他行为者的间接影响和控制的能力。结构性权力设计了支配国际经济关系的惯例和规则的国际体制。拥有结构性权力的国家能够改变其他人面临的选择范围，又不明显地直接对它们施加压力，要它们做出某个决定或选择、而非别的决定或选择。

苏珊·斯特兰奇将结构性权力的基本来源分为四种：对安全的控制、对生产的控制、对信贷的控制以及对知识、信仰和思想的控制。结构性权力并不是存在于单一的结构中，而是存在于四个各不相同但又互相联系的结构中。斯特兰奇将结构性权力看作是一个有着四个面的透明椎体，每一个面都代表着四种权力之中的一种，并通过这四种结构的特定关系产生影响。这四个方面互相支持、不可分离，共同支持了结构性权力这样一种软权力的存在。

二、全球有色金属价格形成主导权的现状及形成过程

（一）全球有色金属价格形成主导权的现状

1. 从基准价格来看，大宗有色金属价格形成主要参照 LME 期货价格，稀有金属主要参照现货市场价格

全球精炼铜现货贸易普遍采用“期货价格 + 升贴水”的定价模式。其中，全球70%的铜贸易以伦敦金属交易所（LME）的铜期货价格作为定价基准，美国国内贸易则以纽约商品交易所（COMEX）的铜期货价格作为定价基准，中国国内贸易以上海期货交易所（SHFE）的铜期货价格作为基准价。升贴水由供需双方协商定价，占价格的比重不到3%，反映不同品牌和交货地点间的价格差异。

全球电解铝现货贸易普遍采用“基准价 + 升贴水”的定价模式。国际市场以伦敦金属交易所（LME）的铝期货价格作为定价基准。中国国内贸易通常以上海期货交易所（SHFE）的铝期货价格或者现货市场（长江有色网、上海有色网、中铝）报价作为基准价，升贴水由供需双方协商确定。

稀有金属价格形成主要参照现货市场价格，也参考伦敦金属交易所（LME）期货价格。稀有金属国际定价主要依据传统的贸易双方磋商价，参考《英国金属导报》（MB）等媒体发布的报价，这些报价主要是通过对全球各地贸易协议中双方磋商价的不完全采

样形成的。同时，钴和钼的价格形成也参考伦敦金属交易所（LME）的期货价格。

2. 从定价规则来看，大部分期货交易遵循伦敦金属交易所的交易规则

伦敦金属交易所（LME）的有色金属期货交易量遥遥领先于全球同类市场。也就是说，绝大部分期货贸易都是在伦敦金属交易所的交易规则下成交的，遵循伦敦金属交易所的定价规则。因此，从价格形成主导权定义外延的两个构成要素——价格基准和定价规则来看，伦敦金属交易所可被认为是全球有色金属的定价中心。最新的实证研究也佐证了这一结论。上海期货交易所（2016）以价格影响力和交易规模两个指标，对全球有色金属定价中心的量化评分表明，伦敦金属交易所的总分高达0.978，上海期货交易所的总分为0.018，纽约商品交易所的总分为0.004。详见表1。

表1 全球有色金属定价中心影响力

项目	伦敦金属交易所	上海期货交易所	纽约商品交易所
价格影响力	1	0	0
交易规模	0.78	0.18	0.04
总分	0.978	0.018	0.004

资料来源：伦敦金属交易所（LME）、上海期货交易所（SHFE）、路透社（Reuters）。

（二）全球有色金属定价中心的形成

全球有色金属定价体系经历了现货市场定价—现货与中远期市场定价两种模式共存—期货市场定价的演变历程。19世纪中期以前，英国作为世界最大的铜、锡生产国，通过皇家交易所（Royal Exchange）为国内有色金属的现货贸易进行市场化定价。19世纪下半叶，英国国内资源枯竭，需要从海外大量进口矿产。为了对冲价格波动风险，伦敦金属交易所建立了中远期交易，逐渐从现货市场发展成现货和中远期相结合的市场。伦敦金属交易所吸引了欧洲大陆的产业机构参与交易，逐渐发展成为欧洲有色金属贸易的定价中心。几十年后，美国取代英国成为全球最大的铜生产国，全球铜产业形成了两种定价模式，其中美国市场采用几家寡头铜生产商公布的现货价格作为定价基准，美国以外的市场经济国家则普遍参照伦敦金属交易所期货价格。20世纪80年代以来，伦敦金属交易所彻底确立了全球有色金属定价中心的地位，美国和中国则存在着两个区域性的定价中心。随着美国生产商影响力的大幅减弱，美国国内逐步过渡到以纽约商品交易

所期货价格作为基准的定价模式；中国国内贸易主要参照上海期货交易所期货价格，同时也参照长江有色网等现货市场价格。

（三）全球定价中心的交易制度

伦敦金属交易所成立于1877年，是全球有色金属交易的定价中心。目前在伦敦金属交易所进行交易的有色金属期货和期权合约主要有铜、铝、锌、铅、锡、镍、钴、钼等品种，同时也有以上述合约为基础的指数合约。合理的交易方式、结算交割仓储制度、会员制度和监管制度，赢得了全球主要的金属贸易商对伦敦金属交易所规则和价格形成的认同，巩固了伦敦金属交易所在有色金属价格形成中的地位。

1. 多种类、互为补充的交易方式

伦敦金属交易所采用三种基本交易方式：圈内交易（floor trading），经纪公司办公室间交易（inter-office trading）和电子交易（LME select）。

一是圈内交易。圈内交易形成的伦敦金属交易所官方价格能够为全球现货贸易提供基准价。圈内交易必须要经过场内交易的会员进行，在每个公司的现场席位后面均有一个助手传递交易指令至场内。圈内交易均采用公开喊价制度，交易时间为伦敦时间11:40～17:00，该制度目前已经运行了120多年。圈内交易时间比较短，总交易量的比例较小，其交易的不足需要由场外交易和电子交易来补充。

二是经纪公司办公室间交易。目前已成为伦敦金属交易所最主要的交易方式。在圈内交易官方结算价格报出后，经纪公司办公室之间的场外交易开始。投资者能够在屏幕系统报价上看到一个指示性的价格，然后电话联系经纪人，可以同时交易若干个品种。办公室间电话交易可以24小时不间断地进行交易，交易目的是调整公司在主要交易场次中未能完成的持仓结构。

三是电子交易。伦敦金属交易所在2001年推出了电子盘交易，客户可以直接通过处理器交易所有伦敦金属交易所期货和期权合约，交易时间为伦敦时间01:00～19:00。电子交易成交量的60%～80%发生于经纪公司之间。

2. 便利的结算、交割和仓储制度

一是交割制度及仓储体系。伦敦金属交易所运作成功的精髓在于其合理的交割制度和仓储制度。伦敦金属交易所的客户和会员来自世界各地，伦敦金属交易所在全世界设

有交割仓库400多个，主要分布在欧洲、美国、中东和远东等地区的32个港口或陆地，能够很好解决异地交割问题，使伦敦金属交易所客户能够将期货和现货交易紧密结合，金属产品可以在全球范围内自由流动（高运胜，2014）。

二是结算制度。在伦敦金属交易所交易规则下，金属期货和期权合约无须每日结算，而是在交割日进行结算，从而给予投资者更多的操作空间，有利于增加市场的流动性。尽管这种结算制度会引发系统性风险，造成市场额外的波动，但能够有效减少结算成本。

三是美元报价、多币种交易。所有的伦敦金属交易所交易品种均采用美元报价，但可以采用英镑、欧元和日元等国际通用货币结算。这种交易方式提高了市场的流动性，为各个品种成功运作提供了市场基础。

3. 具有风控和管理功能的分级会员制度

伦敦金属交易所巧妙地利用分级会员制度平衡了风险控制与吸引流动性之间的矛盾。多层次的分级会员制度使得只有合格的投资者才能进入市场从事不同风险等级的交易，相当于设立了多重的风险缓冲区，增强了交易所控制风险的能力。伦敦金属交易所主要的会员分为5个层级。一级会员（圈内会员RDMS）可以参与三种交易模式（圈内交易、经纪公司办公室间交易、电子交易），签发伦敦金属交易所合约（替客户买卖金属），并且是伦敦金属交易所清算所的会员。二级会员（经纪清算会员ABCMS、经纪非清算会员ABMS）不能参与圈内交易，其他权力与一级会员相同，并且一级会员和二级会员是伦敦金属交易所交易中最重要的构成部分。三级会员不能参与圈内交易，也不能替客户签发合约。四级会员可以签发伦敦金属交易所合约，但不是伦敦金属交易所清算所的会员。五级会员可以作为客户与一级、二级、四级会员进行交易。

对于合格的投资者，伦敦金属交易所能够比其他交易所赋予他们更多的操作空间，从而对合格投资者产生更强的吸引力。例如，伦敦金属交易所不设有涨跌幅制度，交易者有巨大的盈利空间，上海期货交易所则执行严格的涨跌幅制度。伦敦金属交易所一类和二类经纪公司均为做市商，而我国规定经纪公司不能做客户的庄家。伦敦金属交易所经纪公司对于大客户可以采用授信交易，不需要缴纳保证金和维持保证金，减少了大量的资金占用，我国则只能开展保证金交易。

采用会员制度对交易所进行管理也是伦敦金属交易所的一大特色。与世界其他国家不同，伦敦金属交易所采用会员自行管理制，清算也由相对独立的部门——伦敦清算所（LCH）完成。而其他大多数交易所包括我国的交易所，虽然也采取会员制度，但交易所不由会员管理，而是有自己独立的管理层。

4. 多管齐下的监管制度

伦敦金属交易所95%的交易量为英国以外的交易，开放程度很高，对监管形成了不小的挑战。伦敦金属交易所的监管制度主要由以下元素构成：

一是英国金融监管局（FSA）承担综合监管职能。英国金融监管局类似于我国银监会、保监会和证监会的复合体，承担着银行、证券、期货和保险的监管功能。

二是中央清算机构负责资金风险控制。资金风险控制是风险控制的核心环节。伦敦金属交易所所有的清算均通过伦敦清算公司来完成。交易双方均要在伦敦清算公司存入大致相当于合约金额预期每日最大变化值的保证金。若保证金低于合约价值，必须补足到令清算公司满意的安全保证数额为止。当市场行情剧烈波动、市场风险巨大时，伦敦清算公司会要求进一步增加保证金，甚至强制平仓。

三是交易所负责交易风险控制。伦敦金属交易所的市场监控部负责动态监管交易的所有品种，动态的调整期货合约的交易情况。采用分级会员管理和合约分级结算来化解风险。

四是仲裁程序。伦敦金属交易所的仲裁委员会根据长期在贸易实践中形成的惯例进行裁决，并得到英国相关法律和执法机构的认可，由贸易界代表而不是律师担任仲裁员，从而能够快速并符合实际地解决经济纠纷。

三、支撑全球价格形成主导权的结构性权力

全球有色金属定价体系从现货市场定价演变为期货市场定价之后，厘清掌握价格形成主导权的主体并解释其如何掌握了主导权就更为复杂。从表面上看，期货价格是买卖双方自由竞价的结果，但自由竞价并不能解释“亚洲溢价”问题的出现。本文认为，买卖双方的自由竞价并不是真正的“自由”，而是在特定的交易规则和制度框架下进行的。少数机构和国家通过掌握了交易规则和制度的制定权，使得其他市场参与者不得不在该框架下和范围内做出选择，从而以一种隐性的方式真正掌握了价格形成的主导权。价格形成主导权的这种隐性和根本的来源就是结构性权力。根据苏珊·斯特兰奇（Susan Strange，1988）的分析框架，结构性权力有四个方面和作用途径，分别是金融结构、生产结构、知识结构和安全结构。本文根据研究对象和时代特征对苏珊·斯特兰奇的分

析框架进行了调整，从金融结构、生产结构、贸易结构和制度结构四个方面分析了不同国家和主体如何行使结构性权力，影响全球有色金属价格形成。某个国家或市场主体能够在其中一种（或多种）结构上占有优势，并通过该结构运用其结构性权力，而另一些主体则能够在其他结构上占据优势和运用权力，由此形成了有色金属全球市场的博弈格局。

（一）支撑全球价格形成主导权的金融结构

金融结构被定义为支配信贷可获得性的各种安排以及决定各国货币之间交换条件的所有要素。金融结构性权力拥有者——国家或市场主体可以通过三种途径来掌控全球有色金属价格形成的主导权。

1. 成为交易货币

结构性权力拥有国的法定货币通常也是全球大宗商品计价和结算的主导货币。主导交易货币的形成有两种方式：一种是“政治”力量约定形成的，例如，1974 年美国与沙特签订“石油美元”协议，将美元作为国际原油计价和结算的唯一货币。另一种是通过市场机制形成的，当以某国货币计价的大宗商品实际交易额远高于以其他货币计价的交易额时，就奠定了该货币的主导交易货币地位。目前美元是世界第一大贸易（含大宗商品贸易）支付货币。2017 年 1 月，美元在世界支付货币中占比 40.72%，占绝对主导地位，欧元（32.87%）、英镑（7.49%）、日元（3.06%）、加拿大元（1.87%）和人民币（1.68%）分列第 2 到第 6 位。[①]

这种主导交易货币地位使美国能够通过调整货币政策和汇率政策影响美元升值或贬值，从而对有色金属等大宗商品价格走势产生影响。当美国需要实现打压能源资源生产国的战略意图时，可以操纵美元进入升值通道，从而不断打压全球大宗商品价格。反之亦然。

2. 掌控交易中心

国际商品交易所是国际金融机构掌握价格形成主导权的途径之一。国际商品交易所——例如，伦敦金属交易所是全球有色金属主要期货品种的交易场所和交易基准价格

---

① 环球银行金融电信协会（SWIFT）公布的数据。

形成的地方。它通过不断推出新的交易品种，通过结算的便利、先进的服务吸引越来越多的交易者，使交易规模、交易量、交易额不断增长，从而进一步巩固其全球定价中心的地位。

结构性权力能够通过交易中心发挥其价格影响力。一是国际金融机构通过股权控制交易中心，进而行使结构性权力主导价格形成。从股权结构来看，全球最大的有色金属期货交易中心——伦敦金属交易所的主要股东除港交所之外，还有摩根大通、高盛等国际金融机构。二是国际金融机构通过会员制度控制交易中心。从会员构成来看，目前伦敦金属交易所拥有 11 个圈内会员，基本上都是英国以外的金融机构。正如前文所述，伦敦金属交易所采用会员自行管理制，交易所由会员管理，金融机构能够在股权控制的基础上通过会员管理制度进一步控制交易中心。

两个事例可以表明金融机构通过控制交易中心、进而主导了全球有色金属价格形成。2014 年 5 月 23 日，美国历史悠久的电镀锌企业邓肯镀锌（Duncan Galvanizing）将高盛、摩根大通和嘉能可告上法庭。指责其自 2010 年以来通过人为操纵伦敦金属交易所金属仓储，使现货锌自 2010 年以来多次因出库排队导致供给不足而较期货出现明显溢价，提货商因锌市场供应不足也不得不支付额外的成本。当月，伦敦金属交易所首次发布了其全球仓库网络的积压情况报告，证实了嘉能可和高盛旗下的仓库的排队时间已长达两年。2013 年，美国密歇根州的一家铝型材公司也起诉伦敦金属交易所和高盛以同样的方式操控铝价。美银美林等机构的报告指出，排队致使出货量有限，导致现货市场溢价不断增长，仓库所有者和贸易商可以从中获利。伦敦金属交易所旗下的仓储仓库多数由摩根大通和高盛等金融机构控制，使有色金属价格很容易被操纵。①

3. 金融体系有力支持结构性权力形成和作用

一是主导国能够通过金融体系巩固和保障该国货币的交易货币地位。首先，在现有的国际货币体系中，美元是最重要的外汇储备资产。截至 2017 年第四季度，在已分配的外汇储备中，主要国际货币的占比为：美元 62.7%、欧元 20.1%、日元 4.9%、英镑 4.5%。② 其次，美元是主导性汇率锚。截至 2016 年，39 个经济体选择美元作为单一汇

① 高盛摩根大通涉嫌操控锌价遭起诉［EB/OL］. 第一财经日报，http：//money.163.com/14/0526/07/9T5F2C1O00253B0H.html，2014-05-26.

② IMF. Currency Composition of Official Foreign Exchange Reserves（COFER）［EB/OL］. http：//www.imf.org/external/np/sta/cofer/eng/index.htm.

率锚，占比20.3%。[①] 这种结构使美国有能力迫使其他国家被动调整货币政策和汇率政策，借此打压其他国家的经济崛起，扰乱其货币金融秩序，削弱外围货币对美元霸权的威胁。美元作为主要汇率锚和储备资产的地位进一步支撑了它作为大宗商品主要交易货币的职能。

二是主导国通过金融体系巩固和扩大该国国际商品交易中心的地位。主导国具有强大的金融实力、发达的金融中心，使设立在该国的国际商品交易中心具有更便利的结算条件，能够吸引更多的交易参与者，获得更高程度的认可，从而在价格形成方面具有更大的影响力。

（二）支撑全球价格形成主导权的生产结构

“生产结构”是决定生产什么、由谁生产、为谁生产、用什么方法生产以及按什么条件生产等所有安排的总和。拥有生产结构性权力的主体可以通过两种途径来获得全球有色金属价格形成的主导权。

1. 控制资源生产

资源生产大国能通过控制资源的供应和走向来行使结构性权力，影响有色金属的价格形成。当资源生产国占据卖方垄断地位时，便具有了对消费国的结构性权力。全球铜矿资源分布极不平衡，主要的精炼铜消费国资源相对短缺，需要通过国际贸易弥补供需缺口。从全球铜矿资源所属地及生产商来看，目前已形成以拉美为主要铜矿资源来源地，欧美与拉美本土矿业企业控制生产的格局。占全球铜矿产出前十位的公司是智利国家铜矿公司（Corporacion Nacional del Cobre de Chile）、自由港迈克墨伦铜金公司（Freeport－McMoRan Copper & Gold）、必和必拓集团（BHP Billiton）、斯特拉塔集团（Xstrata）、墨西哥集团（Grupo Mexico）、智利安托法加斯塔矿业（Antofagasta）、力拓集团（Rio Tinto Group）、波兰铜业集团公司（KGHM Polska Miedz）、南非英美资源集团（Anglo American）。铜矿大型精炼厂绝大多数由这些大型铜矿生产企业所控制，其中来自欧美地区的企业占主流（参见表2）。这些欧美国家和少数拉美国家通过控制全球有色金

① IMF. Annual Report on Exchange Arrangements and Exchange Restrictions 2016 [EB/OL]. http://www.imf.org/en/Publications/Annual－Report-on－Exchange－Arrangements-and－Exchange－Restrictions/Issues/2017/01/25/Annual－Report-on－Exchange－Arrangements-and－Exchange－Restrictions－2016－43741.

属的生产，获得了对有色金属进口依赖度高的国家的结构性权力，形成了对消费国的战略优势和“钳制力”。

表 2　全球主要铜矿精炼厂基本情况

所属企业	所属地区
墨西哥集团（Grupo Mexico）	拉美
力拓集团（Rio Tinto Group）	欧洲
嘉能可集团（GLENCORE）	欧洲
斯特拉塔（Xstrata）	欧洲
三菱公司（Mitsubishi Group）	亚洲
南非英美资源集团（Anglo American）	欧洲
俄罗斯铜公司（CJSC）	欧洲
乌拉尔采矿和冶金公司（UMMC）	欧洲
自由港迈克墨伦铜金公司（Freeport – McMoRan Copper & Gold）	北美
日本矿业和金属集团（Nippon Mining and Metal）	亚洲
亚美尼亚铜业项目公司（CJSC）	欧洲

资料来源：瑞典原材料集团（RMG）。

2. 金融资本与生产资本相结合

国际金融资本与生产资本的紧密结合使几大矿商掌控价格形成主导权。就微观主体而言，国际金融资本掌握了全球几大矿山的主要股权。全球金属矿主要生产企业的股权分为内部机构和公共基金持有，其股东主要有银行、信托机构、保险机构、金融服务公司等国际金融资本（参见表 3）。国际金融资本与生产资本的紧密结合使得几大矿商能够通过金融结构和生产结构两个方面的结构性权力，对全球有色金属价格形成发挥着极大的主导权。国际金融资本通过炒作期货，抬高现货价格，从而进一步抬高矿山与全球需求方所协定的协议价格。国际资本既能从期货炒作中赚取利润，作为大矿山的主要股东，又能在现货贸易中赚取二次利润。

表 3 **全球主要铜矿股权分布情况**

铜矿公司	是否上市	主要股东
智利国家铜业公司（Nacional del Cobre de Chile）	否	全资国有企业
自由港迈克墨伦铜金公司（Freeport - McMoRan Copper & Gold）	是	机构和公募基金持股 73%
必和必拓集团（BHP Billiton）	是	澳大利亚银行、金融服务机构、信托机构，英国银行和信托机构，新西兰银行，美国银行
斯特拉塔集团（Xstrata）	是	嘉能可集团（GLENCORE）、卡塔尔控股公司（Qatar Holding）、黑石集团（Blackstone）、挪威银行（Norges Bank）
墨西哥集团（Grupo Mexico）	是	安硕美国（Ishares NAFTRAC），安硕墨西哥（Ishares MSCI），新兴市场基金（Emerging Market Fund）等公募基金
智利安托法加斯塔矿业（Antofagasta）	是	智利卢克希奇（Luksic）家族控股 65%
力拓集团（Rio Tinto Group）	是	美国州立农业公共汽车保险公司（State Farm Insurance），富兰克林资源公司（Franklin Resources），美国凡埃克资产管理公司（Van Eck Associates）等
波兰铜业集团公司（KGHM Polska Miedz）	是	波兰财政部
南非英美资源集团（Anglo American）	是	黑石集团、Epoch Two 投资控股有限公司、公共投资公司（PIC）

资料来源：瑞典原材料集团（RMG）。

（三）支撑全球价格形成主导权的贸易结构

贸易结构界定了一种权力框架，在这种框架内，提供贸易渠道和网络的主体获得某种权力以决定甚至限制其他主体面临的选择范围。贸易结构也会给塑造并控制这种结构的主体以额外的“附加收益”，即在贸易结构中掌握结构性权力的主体能够取得特惠和特权。拥有贸易结构性权力的主体可以通过三种途径来获得全球有色金属价格形成的主导权。

1. 掌控贸易网络和渠道

国际矿业巨头通过强大的、遍布全球的贸易渠道和市场网络，使下游消费客户和上游供应商在一定程度上不得不参与和依赖其贸易渠道，从而在价格上获得了对这些参与者的结构性权力。一些国际矿业巨头还控制了有色金属产业链从生产到流通的各个环节，使贸易结构与生产结构能够形成合力，进一步强化其结构性权力。例如，国际矿业巨头嘉能可集团建立起遍布50多个国家的全球办事处网络，通过遍布全球的贸易网络销售自己生产以及从第三方购买的有色金属矿石和金属产品，从而能够有力地影响全球有色金属价格。

2. 主导国垄断矿石运输

金属矿石协议价格都为到岸价格，价格中包含了海运费用（即运费由买家承担），且海运费在矿石价格中的占比相对较高，是有色金属矿石国际贸易的谈判重点。能够掌握矿石跨国运输航运安全、提供或者垄断矿石海运的主体，拥有影响矿石价格形成的结构性权力。例如，目前负责矿石运输的干散货船控制在以日本为首的几大船商手中，其中仅三井商社（Mitsui）就掌握了全球新增散货轮60%的比例。澳洲、巴西和其他国家矿石出口的运输基础设施都是依照日本公司的航运和进口基础设施而对应建造的，这使日本公司在从这些国家采购原材料时有很大的议价优势。国际矿业巨头还控制了矿石的陆路运输物流通道，依靠自己的铁路和码头，获得与上游矿山和下游消费企业较大的议价能力。

3. 为国际海运提供安全保障

有色金属矿石的价格形成制度同样倚靠全球安全结构的发展。当今全球安全结构由美国等大国主导和塑造，上述大国在东亚、中东、拉美、欧洲等主要区域都布设了军事基地，能够有效减少海盗等威胁航运安全的不确定因素，为盟友或准盟友国的海运安全提供保障。大国在为盟友或准盟友国提供安保的同时，也获得了对其他国家的结构性权力，使后者在海运上受制于人，在价格博弈中被动接受航运“溢价”。

（四）支撑全球价格形成主导权的制度结构

在制度结构中占有关键决策地位的人获得了权力和权威，进而主导全球有色金属的价格形成。拥有制度结构性权力的主体可以通过三种途径来获得价格形成主导权。

1. 主导国掌握规则制定主导权

现代交易规则和监管规则是建立在西方古典经济学和西方价格理论基础上的，得到了理论界的广泛认可。欧美地区国家长期占据世界主流经济学知识的制高点，是国际大宗商品市场主要的交易规则生产者、传播者和扩散者，并通过物质上的成功使其规则或理念富有吸引力。欧美地区国家通过结构性权力行使权威和影响力，使加入这个体系的其他外围国家主动或被迫遵守由欧美制定的国际交易规则和监管规则。欧美地区国家的矿业巨头和金融机构善于利用其交易规则，操纵价格获得巨额利润。其他国家的市场参与者在利用交易规则漏洞进行套利时，往往会受到监管规则的制约。例如，日本住友商社（Sumitomo）曾试图控制铜现货，逼仓期货空头，但被欧美市场的监管机构注意到，以庞大律师团控告住友商社，导致铜价暴跌，住友商社巨亏。[①]

2. 主导国建构由其主导的国际组织

国际贸易组织和国际金融组织的发起国和主导国仍是美国等发达国家，其他国家因其金融实力和经济地位，不得不接受国际秩序的安排。国际贸易组织的目标通常是由组织中最强大的国家或者由几个强国之间磋商确定的。借助国际贸易组织和国际金融组织，主导国能将自己制定的规则和理念扩散至广大外围国家，对新的国际和地区规则制定施加影响，使规则的发展路径更符合主导国的利益。

3. 通过制度结构影响价格预期

发达国家在知识及研究领域仍然占据主流和权威地位，其在制度结构上的权力资源能够转化为现实的影响力。首先，国际各大投行发布的研究报告是业内遵从的“风向标”。国际投行通过其研究报告指出，制造有利于其控股的金属矿山的市场预期，抬高需求方的谈判底线预期，进而抬高全球矿石价格。国际投行在制度结构上的权力屡屡被现实所验证。例如，国际投行发布的行业研究报告预测“中国需求”会抬高全球有色金属价格，虽然该结论遭到中方的反驳，但仍然造成了价格的大涨。[②] 其次，国际主要金融机构还掌控了全球大宗商品价格指数的编制和发布。现阶段大宗商品价格指数对于

---

① 铜先生的覆灭：住友是如何在伦敦亏掉40个亿［EB/OL］. 搜狐财经，http：//www.sohu.com/a/33171297_117959，2015－09－24.

② 投行频频预测铁矿石涨价谁在“做空”中国钢企［EB/OL］. 人民网，http：//finance.people.com.cn/GB/11148566.html，2010－03－16.

大宗商品价格形成的影响力和作用越来越大。现货价格指数和期货价格指数正逐渐成为价格形成中较为重要的参照标的。目前，国际上比较有影响力的大宗商品价格指数有伦敦金属交易所编制的伦敦金属期货指数（LMEX 指数），路透汤森公司（Thomson Reuters）、杰富瑞公司（Reuters）与美国商品研究局（Commodity Research Bureau，CRB）编制的 TRJ/CRB 指数，高盛公司（Goldman Sachs）和标准普尔公司（Standard & Poor's）先后编制的标普 - 高盛商品指数（S&P GSCI 指数），道琼斯（Dow Jones）和瑞士联合银行（UBS）先后推出的道琼斯 - 瑞士联合银行商品指数（DJ - UBSCI 指数），罗杰斯国际商品指数（RICI），等等，这些价格指数的编制机构大多是国际主要金融机构及其控股公司。这使得国际金融机构能够通过控制指标选取、数据来源、权重分配、编制方法等来操控大宗商品价格指数，影响全球市场预期和大宗商品价格的形成。结构性权力的作用机制见图 1。

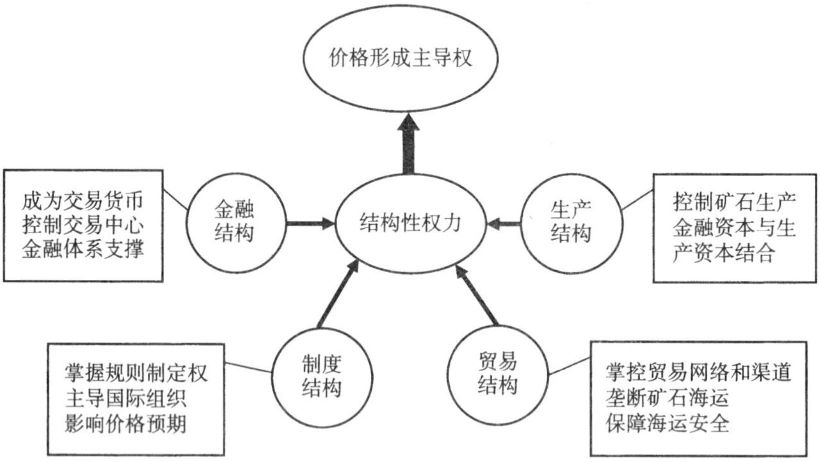

图 1　结构性权力的作用机制

专栏 1	嘉能可对结构性权力的运用

嘉能可国际控股公司（Glencore International AG）是全球第一大锌、铅和铬铁合金生产商、第三大铜制造商、第四大镍生产商。该公司于 1974 年创立，总部设在瑞士。产业链涵盖有色金属的勘探、开发、生产、加工、提炼、采购、运输、仓储、销售和融资。嘉能可综合运用其在金融结构、生产结构、贸易结构方面的结构性权力，对全球有色金属价格形成发挥着重大的影响力。

一是在金融结构方面使用结构性权力影响价格。嘉能可在全球50多个国家和地区拥有几千名交易员，能够设计和进行复杂的金融交易。嘉能可与国际大型金融机构结成战略联盟，为生产商或贸易商在嘉能可的金属仓储提供低成本的仓单抵押融资业务，进而放大自身从事有色金属期货和衍生品交易的能力。2012年，嘉能可和部分投行通过操纵LME库存，造成铜价格上涨。嘉能可一方面通过仓储吸纳市场上的金属铜，造成现货市场铜供应短缺，使空头们难以买到现货用于交割。另一方面在LME期货市场上不断买入多单，推动铜期货价格上涨，通过“逼仓”获得巨额利润。嘉能可和部分投行还通过增加显性库存的方式造成供给增加的市场预期，使价格下跌，掌握了对国际市场价格的双向控制能力。

二是在生产结构方面使用结构性权力影响价格。嘉能可通过纵向和横向的投资并购，获得对上游矿石资源和冶炼生产的掌控能力。嘉能可公司是多家大型矿业公司的主要股东，包括斯特拉塔（Xstrata）、俄罗斯铝业联合公司（Rusal）、哈萨克斯坦锌业（Kazzinc）、美国世纪铝业（Century Aluminium）、赞比亚莫帕尼铜业公司（Mopani）和刚果（金）加丹加矿业公司（Katanga）等。嘉能可通过股权方式拥有和控制了全球多座矿山和多家精炼厂。例如，位于澳大利亚、智利、阿根廷、哈萨克斯坦的多座铜精矿，位于秘鲁、玻利维亚的多座锌精矿和铅精矿，位于美国的多家氧化铝精炼厂，位于意大利、哈萨克斯坦、阿根廷、德国和比利时等国多家铅锌冶炼厂，位于菲律宾、赞比亚、刚果（金）等国的多家铜冶炼厂等。嘉能可控制了目标市场超过一半的市场份额，其中金属锌（约60%）、锌精矿（约50%）、金属铜（约50%）、铜精矿（约30%）、氧化铝（约38%）、铝（约22%）、钴（约23%）。在这种高度垄断的生产结构下，嘉能可能够通过控制产出或引导供给预期，有力地影响有色金属现货市场和期货市场价格。

三是在贸易结构方面使用结构性权力影响价格。嘉能可公司建立起遍布50多个国家的全球办事处网络，主要分布在自然资源产出国和消费国，通过遍布全球的贸易网络销售自己生产以及从第三方购买的氧化铝、电解铝、铜、铅、锌、镍、钴和铁合金等精矿和金属产品。嘉能可还控制了众多的航运港口和产品仓库，拥有200多艘船的运输船队。嘉能可通过强大的、遍布全球的贸易渠道和市场网络，使上下游客户参与和依赖其贸易渠道，从而获得了对这些参与者的结构性权力。

四、我国在掌握全球有色金属价格形成主导权方面存在的困难

结构性权力存在于四种各不相同但互相联系的结构中，每一种结构都会影响其他三种结构，也受到其他三种结构的支持或阻碍。从历史发展来看，没有一种结构能够必然地占据主导地位。但在现阶段，我国在金融结构、生产结构和贸易结构上存在明显的短板和困难，使“上层建筑”——制度结构亦难以发挥力量，严重阻碍了我国掌握全球有色金属价格形成主导权。

（一）金融结构方面存在的困难

一是人民币尚未成为全球有色金属交易的计价和结算货币。目前人民币仅在我国国内以及与少数地区的有色金属大宗交易中使用，在全球大宗商品实际交易额中的占比也较小，距成为全球有色金属交易的计价和结算货币还有很大的距离，无法通过人民币升值或贬值影响有色金属价格走势。而且人民币汇率一直受美国货币政策和汇率政策的影响，自主性和独立性不足，对人民币获得全球大宗商品交易货币地位形成了阻碍。

二是我国尚未拥有全球有色金属定价中心。上海期货交易所虽然在国际铜价格方面具有一定的影响力，但与伦敦金属交易所还有一定的距离。对其他大宗有色金属品种的价格影响力就更为不足。泛亚有色金属交易所曾一度使我国在铟、锗、镓、铋、钨等稀有金属的价格形成上获得了一定的国际话语权和影响力，但由于“日金宝”挤兑事件，2015 年起泛亚有色金属交易所已停止委托受托业务并进入重组，使我国在稀有金属国际价格形成上失去了重要的平台支撑。

三是金融市场开放度有待提高。我国有色金属期货市场对外开放度一直很低，国外实体企业和投资者难以直接参与中国的期货市场交易，无法参与价格形成过程，因此不会把中国的期货交易价格作为现货贸易的定价基准（上海期货交易所，2016）。近年来我国对资金汇出境外和人民币自由兑换外币进行了更多的限制，使金融体系更难起到保障人民币成为国际交易货币和支持我国期货交易所成为国际商品交易中心的作用。

（二）生产结构方面存在的困难

一是主要有色金属品种产业链两头在外，不利于我国获得价格形成主导权。我国铜、铝、锡、铅、锌等主要有色金属资源禀赋不足，矿石原材料高度依赖进口，出口金属产品多为半成品，没有高附加值、可替代性高，由于产业链两端掌握在国际矿业巨头手中，两头受制于人，国内企业几乎无法奢望价格主导权。

二是产业集中度偏低。我国金属行业产能分散，经营主体数量偏多、规模偏小，产业集中度低使得我国在生产结构方面难以具备结构性权力，我国炼厂因而不具有与矿石生产国讨价还价的重要筹码，在一定程度上只能被迫接受“亚洲溢价”。在我国稀有金属行业也同样如此，例如，在金属铟行业，我国有近120家铟厂，约85%的企业年产量在1.5吨左右，且多数只能加工初级原料产品，国内铟年产量在25吨以上的大型生产企业仅10多家，造成中国稀有金属“金子卖了豆腐价”。①

三是“走出去”控制国际矿产资源的能力不强。相对于欧美和日本等地区或国家，我国五矿、中铝等大型企业跨国并购的规模和全球布局远未达到控制生产的格局，市场份额偏小，且优质矿床多数被国际资本和矿业巨头控制，使我国在有色金属国际市场上获得和行使结构性权力困难重重。

四是受制于国企体制，难以实现金融资本与生产资本的有效结合。我国大型矿业企业多数为国有企业，受制于国企体制，在期货等金融市场上束缚较多，一些领域无法涉足。此外，大型国有企业决策层次多、灵活性不足，不易在瞬息万变的金融市场上迅速反应抓住机会，获得有利于自身的价格。

（三）贸易结构方面存在的困难

一是我国贸易商小而散，没有全球布局，在矿石运输方面依赖他国。我国虽然是世界第一大有色金属进口国，但我国的有色金属贸易商规模偏小，没有国际性大型巨头，也没有全球布局的贸易渠道和网络。在矿石的国际运输方面，在矿石主产国的铁路、码头等水陆联运物流通道建设不足。矿石海运的干散货船舶以日本为主导，由于中国在海

---

① 单九良. 泛亚和稀有金属中国梦［R/OL］. 第六届国际铟锗论坛演讲稿，http：//www.ometal.com/bin/new/2013/11/27/china/20131127155710775865.htm，2013－05－09.

运方面不占有主导地位，国际金融资本和矿业巨头就能够通过大量租赁干散货船炒高海运价格，进而抬高矿石到岸价，使中国进口企业在价格谈判中处于不利地位。

二是我国仍面临海运安全的挑战。由于我国在海外主要区域和关键的海上运输通道附近鲜有布设军事基地，难以为矿石海运安全提供足够保障。在一定程度上依赖于美国等大国主导和塑造的全球安全结构，使我国在海运上受制于人，在价格博弈中不得不被动接受航运“溢价”。

（四）制度结构方面存在的困难

一是建构理论和规则的权威性不足。欧美国家长期占据世界主流经济学知识的制高点，中国即使提出自己的理论和建立于其上的规则，也无法得到国际理论界和实务界的广泛认可。由于在制度结构上的弱势，中国在规则问题上的“话语权”较弱，难以使规则朝向有利于自己的方向发展。

二是难以打破制度的路径依赖。由于规则和制度具有路径依赖和先入为主的特性，我国很难在现有的国际规则之外推行自己的规则。例如，目前我国国内期货市场产生的期货价格是含税价，价格中除了商品本身的价值以外，还包含国内的增值税等因素。由于这种制度下形成的价格不符合国际贸易惯例，所以难以得到国际市场的认可。

三是对价格预期的国际影响力相对较弱。国际各大投行发布的研究报告仍是业内遵从的“风向标”。我国的研究机构和金融机构在制度结构上的影响力仍弱于国际投行及欧美研究机构。例如，国际投行发布的行业研究报告预测“中国需求”会抬高全球有色金属价格，虽然该结论遭到中方的反驳，但仍然造成了价格的大涨。

五、政策建议

一直以来，“中国需求”并没有使我国在有色金属价格形成方面具有更大的优势，反而使其成为推动“中国溢价”的主要因素，使得我国付出了更高的进口成本。其根本原因在于结构性权力的分配。跨国公司及其背后的发达国家掌握了结构性权力，从而在有色金属价格形成机制中占据主导地位。我国则在全球结构性权力之中处于弱势，因而在有色金属等大宗商品的价格形成方面始终处于被动地位。我国亟须从四个结构性权力的来源入手，改变自身在现有国际结构中的不利地位，提升我国在全球有色金属价格形成中的影响力。将有色金属重要品种资源从一般性大宗商品提升到“战略物资”的高度，强化政府在争取价格形成主导权中的作用，建立起企业－金融机构－政府多主体协作机制。

（一）交易货币、交易中心、金融体系多头并进，提升金融维度的结构性权力

一是坚定不移地稳步推进人民币国际化。稳妥、持续推进资本项目的可兑换，有序放开人民币兑换外币的限制。保持人民币币值基本稳定，增加对国际货币基金组织的注资，为人民币成为更多国家的储备货币和提升人民币作为特别提款权（SDR）篮子货币的地位奠定坚实的基础。

二是打造具有全球影响力的期货交易中心。建设在全球有较大影响力、运营规范、现代化的有色金属期货交易中心。不断完善期货交易平台规则体系，完善信息发布机制，加快交割仓库全球布局。有序推动期货市场全球化。在有色金属期货贸易中更多地使用人民币作为计价和结算货币，建立能够客观反映亚太地区乃至全球市场供求关系的基准价市场，实现由国内定价中心—亚太区域性定价中心—全球定价中心的战略转变。

三是进一步完善我国金融体系。健全金融调控机制，提升中国人民银行的政策独立性，防范和化解金融风险，为市场提供稳定预期。培育发达的金融市场，使融资渠道更加多元，逐步放开对人民币兑换和资金汇出的限制，为国内外投资者提供多样化的人民币产品和服务，以便利其在我国、使用人民币开展大宗商品期现货交易。

（二）“走出去”与“产业链升级”并举，提升生产维度的结构性权力

一是加快中国企业“走出去”的步伐。培育支持有国际竞争力的中国有色金属企业做大做强。积极执行资源外交的战略，支持中国企业有规划地进行全球布局，在海外投资设厂，鼓励企业“抱团”走出去，降低对主要金属矿产生产国的资源依赖，提升我国对全球有色金属产业链的控制能力。

二是推进有色金属产业高质量发展和转型升级。加大有色金属行业的技术创新与研发力度，进一步淘汰落后产能，推动有色金属产业由高资源消耗转向高质量发展，促进产业向附加值高的下游延伸升级，提高有色金属出口产品的附加值。

三是探索生产资本与金融市场的有效结合。引导企业合理使用期货市场金融工具进

行套期保值。鼓励生产企业与金融机构建立战略合作机制，利用金融资本提升我国企业并购控制国外资源和产能的能力。

（三）多管齐下，提升制度维度的结构性权力

一是提升规则制定水平和国际影响力。重视并发掘“中国模式”的合理内涵，为世界各国提供能够被理解、认同和接受的规则，提高我国在理论、知识领域的研究水平和国际话语权。

二是制定并推广由我国机构编制的有色金属价格指数。整合现有指数编制机构和研究部门的资源，规范价格指数编制，提升中国在有色金属价格形成方面的影响力。

三是积极参与和倡导国际组织的治理改革。呼吁改革国际货币基金组织的投票权机制，制衡美国的主导地位，在整体提升发展中国家话语权的同时提升我国的国际影响力。

（四）保障远洋航运安全，提升贸易维度的结构性权力

一是积极发展我国远洋航运产业和大型船舶制造产业，打破少数国家对大宗商品国际航运的垄断。适度强化国防力量，与航线周边国家建立良好的合作关系，维护海外关键资源的交通线安全。

二是探索建立覆盖全球主要市场的贸易网络和物流渠道。适度推进资源主产区的铁路、码头、仓储等水陆联运物流通道和设施建设。支持中资企业建立覆盖全球主要资源产区和产品市场的采购和销售贸易网络。

三是建立国家战略储备和商业储备相结合的有色金属战略储备体系。在供给过剩时期通过储备吸纳来减缓稀有金属低价出口，在价格涨幅过快时通过储备调节平抑价格。

参考文献

［1］白明．从进口原油、铁矿石和铜的贸易看中国如何取得国际定价权［J］．中国物价，2006（3）．

［2］高运胜．伦敦金属交易所交易制度及其启示［J］．海南金融，2014（5）．

［3］黄河．全球大宗商品定价机制及其对中国的影响：结构性权力的视角［J］．外交评论，2013（2）．

［4］上海期货交易所．国际大宗商品市场变化和价格走势影响及对策研究——有色金属［R］．

2016.

[5]〔英〕苏珊·斯特兰奇. 国家与市场 [M]. 第2版. 杨宇光，等译. 上海：上海人民出版社，2006：19-27.

[6] 唐衍伟，王逢宝，张晨宏. 中国对大宗商品国际定价权的缺失及防范 [J]. 统计与决策，2006 (17).

[7] Dahl R. The Concept of Power [J]. Behavioral Science, 1957, 2 (3): 202-203.

监管篇

新规制经济学的产生、发展与前沿

郭　琎

内容提要　从公共利益理论、部门利益理论，发展到传统规制经济理论，规制经济学在取得突破的同时，其指导下的规制实践出现了一系列“规制失灵”问题。而新规制经济学恰恰修正了规制实践中存在的信息不对称问题，并着重从规制者和被规制企业所面临的信息结构、约束条件及可行工具中研究激励和规制设计问题。新规制经济学强调被规制企业对其完全信息的所有权和信息的价值所在，指出规制者在提高效率与抽取信息租之间不可得兼。因此，规制政策必须满足激励相容。本文全面梳理和评述了新规制经济学的产生背景、理论发展和研究前沿，并讨论了新规制经济学在发展中国家的应用前景。

20世纪初，世界经济危机的爆发使人们认识到市场失灵的存在，并广泛接受了政府干预经济的政策。直至20世纪70年代末和80年代初，英、美等资本主义国家先后爆发滞涨危机，在新自由主义的影响下，人们对政府干预经济的思想产生了质疑。自由主义的浪潮席卷而来，资本主义国家开始向自由市场制度“复归”。在政府规制与放松规制的实践中，形成了政府与市场兼顾的科学管理体制。作为政府干预的一种方式，政府规制被认为可以纠正市场机制的以下缺陷，包括垄断、外部性、公共产品、信息不对称、不正当竞争等。对于政府规制的概念解析，有几种代表性的观点：第一，规制是由行政机构制定并执行的直接干预市场配置机制或间接改变企业和消费者的供需决策的一般规则或特殊行为（Spulber，2008）。第二，规制是社会公共机构（政府）依照一定的规则对企业的活动进行限制的行为（植草益，1992）。第三，政府规制是政府为了公众利益、纠正市场失灵，依据法律和法规，以行政、法律和经济等手段限制和规范市场中特定市场主体活动的行为，确立市场竞争秩序，促进市场经济健康发展（王健等，2008）。总的来看，政府规制的合理性得以确立。

从政府规制的类型来看，一般划分为反垄断规制、社会性规制和经济性规制三类（Viscusi et al.，2010）。反垄断规制以限制市场势力的作用为总目标，研究焦点已经从单个垄断者的出现转向对合并、杠杆收购及其他一些可能最终从根本上影响市场行为的合并与重组公司的金融交易上（Viscusi et al.，2010）。社会性规制以确保国民生命安全、防止灾害、防止公害和保护环境为目的（植草益，1992），即涉及健康、安全与环境规制三个方面，具体包括对制药业、工作安全、产业安全、污染的排放控制、就业机会、教育等的规制。经济性规制主要关注政府在约束企业定价、进入与退出市场等方面的作用，重点针对具有自然垄断、信息不对称等特征的行业，其目的主要是防止资源低效配置和确保服务公平供给。当某一行业受到规制，企业在生产和分配方面的效率将会由市场力量和行政程序共同决定。在经济性规制所包含的一系列对企业决策的限制中，三个主要的决策变量为产品或服务的价格、产量和企业的数目（Viscusi et al.，2010）。本文着眼于经济性规制的理论综述研究，并以其中的价格规制为重点。

一、规制经济学的演进

20 世纪 60 年代以来，传统规制理论指导下的规制实践出现了一系列“规制失灵”问题，受到了经济学家的诸多批评。传统规制理论的弊端促使人们进行反思，并开始进行规制理论的创新；而从规制实践的需求上看，20 世纪 70 年代末以来全球性的放松规制运动意味着需要更高效能的规制方式。在这样的背景下，以激励性规制理论为核心的新规制经济学应运而生。同时，博弈论、机制设计理论、委托—代理理论的发展为新规制经济学的兴起提供了必要的理论工具。

（一）公共利益理论

公共利益理论以市场失灵理论和福利经济学为基础，将市场失灵作为政府规制的动因，把政府看作是公共利益的忠实代表，应公众的要求弥补市场失灵带来的无效率和不公平，提高资源配置效率，实现社会福利的最大化。从理论上说，当出现市场失灵时，规制可能带来社会福利的提高；当自由市场在有效资源配置和满足消费者需求方面不能产生良好绩效时，政府将规制市场以纠正这种情形。公共利益理论的基本假设包括：第一，市场在自行运转时易发生无效率或不公平，如垄断、外部性等；第二，政府是仁慈和公正的，并以实现社会福利最大化为目标；第三，信息是完全的，规制者可以了解被规制企业的任何信息，并可根据这些信息做出理性的判断；第四，政府规制的成本为零。公共利益理论的主要观点是：政府或规制机构是公众利益的代表，由于现实中总是存在诸如不完全竞争、自然垄断、外部性、公共物品、不确定性以及信息不对称等市场失灵的领域，需要政府或规制机构进行市场干预以纠正或弥补这些缺陷；规制行为的发生源于对社会福利最大化的追求，反映了公共的利益。在公共利益理论下，价格规制实践的方式主要有边际成本定价规制（dupuit-hotelling model）、平均成本定价规制、最优偏离边际成本定价规制（ramsey-boiteux model）和收益率规制等价格规制方式。

建立在公共利益理论上的规制方式在实践中出现了“规制失灵”，并且，大量反驳性证据的存在使其缺乏有力的支撑。基于公共利益理论，政府规制（应该）出现于市场失灵的领域。但是，诸如卡车运输业、出租车行业和金融业等许多被规制的行业既不是自然垄断行业也没有受到外部性影响。波斯纳（Posner，1974）的研究表明，规制的产生并不必然与外部经济或外部不经济的出现或与垄断市场结构有关。在效率提升和福利改进方面，基于公共利益理论的价格规制将迫使垄断者按照平均成本而非利润最大化的原则定价，预期将有强劲的降低价格的作用。然而，斯蒂格勒和弗里德兰（Stigler & Friedland，1962）评估了1912～1937年间电力行业价格规制的效果，他们发现，规制仅有微小的导致价格下降的效应。此外，公共利益理论还受到了来自理论构建方面的批评。维斯库斯等（Viscusi et al.，2010）认为，公共利益理论的潜在假设是由于追求社会净福利产生了公众的规制需求，政府规制出现在它应该出现的时候。这样的分析缺乏对公众促使规制发生的机制的具体描述。

作为对公共利益理论的修正（或驳斥），一些学者因此突破了“市场失灵是规制产生的原因”的规范分析和“政府是仁慈和公正的，并以实现社会福利最大化为目标”的假设前提，转而从政治过程和集团利益角度对规制进行研究。另一些学者则围绕“对称信息”这一假设进行理论重构。

（二）部门利益理论

对19世纪以来美国规制历史的回顾表明：政府规制并不必然与市场失灵（外部经济或外部不经济的出现、或垄断的市场结构）密切相关（Posner，1974）。至少至20世纪60年代，一个经验性的规律是：政府规制是倾向于生产者的，并且倾向于提高产业利润。出于对公共利益理论的质疑，尤其是对“政府是仁慈和公正的，并以实现社会福利最大化为目标”这一假设前提的批判。美国芝加哥学派的斯蒂格勒（Stigler）开创了从部门利益集团角度解释政府规制的起源和实际效果的先河，他认为规制通常是产业自己争取来的，其设计和实施主要是为受规制产业的利益服务的（Stigler，1996）。斯蒂格勒（Stigler，1971）指出作为一种法规，规制是产业所需要的并为其利益所设计和主要操作的。由于政府的基本资源是规制权力，而政府有各种利己的动机，规制者可以理性地选择使自己效用最大化的规制方式。同时，企业或产业作为利益集团，对政府规制具有特殊的影响力，即能够说服政府运用其规制权力为本集团的利益服务。二者的结合为政府规制的俘获理论提供了现实基础。乔丹（Jordan，1972）在广泛考证了规制绩效的相关文献后，认为规制往往不能成功地抑制垄断势力，甚至还有可能促进了卡特尔的形成，规制提高的是产业利益而非社会福利。波斯纳（Posner，1974）同样认为，政府规制的动因并非完全为了纠正市场失灵，规制也是利益集团寻求利益保护的一种程序。

综上所述，部门利益理论的核心内容是：具有特殊影响力的利益集团——被规制企业，针对规制者的自利动机进行“寻租”活动，使规制者成为被规制者的“俘虏”，并参与垄断利润的分享。政府规制的结果很可能不会刺激产业提高效率，而是导致利益集团追逐和分享垄断利益。在部门利益理论的框架下，政府的规制政策目标是各利益集团之间力量斗争的结果，政府规制并非是代表公共利益，或为纠正市场失灵而采取的行动，而是为利益集团服务的。因此，应放松政府监管。实际上，部门利益理论对政府规制的批评及反对政府规制的倾向推动了政府规制政策的转变，放松经济性规制的浪潮席卷了英、美等西方国家的铁路、航空、天然气、卫星、运输、保险、有线电视、原油、电气等产业。

部门利益理论存在以下局限：第一，部门利益理论过于强调规制的代价而忽略了其收益。该理论对低效能的规制实践（如社会福利损失、攫取部门利益等）有较强的解释力，但对高效能规制（如质量监管、维护消费者权益等）的解释力不足。第二，部门利益理论的前提假设从“政府是仁慈和公正的，并以实现社会福利最大化为目标”转向“被规制者和政府均为理性经济人，并以实现部门利益最大化为目标”，强调了“寻租”和“俘获”，而忽视了在现实规制过程中政府行为受到公众和社会舆论监督和制约的情况。第三，在对规制俘获及其他规制中的政治决策问题研究中，集中于讨论规制政策的需求方面，认为所有行动的发生都是由利益集团引起的，特别是生产者或厂商利益集团，而对规制政策的供给方面（规制结构和公共政策决策者）的分析相对薄弱，对除生产者或厂商利益集团以外的劳动者、消费者等利益集团的影响重视不足。该理论仅仅说明了一个假设：政府规制是有益于生产者的，而对行业如何控制政府规制缺乏解释。第四，政府规制的两个一般特征是交叉补贴和对小生产者的优惠，这些经验性的规制实践与部门利益理论不符。第五，部门利益理论并没有解决信息不对称的问题。

（三）传统规制经济理论

斯蒂格勒的一系列研究更清晰得表明："我们假定政治体制总是被合理地设计和运用，也就是说它们是满足社会成员需要的适当工具"（Viscusi et al.，2010）。佩尔兹曼（Peltzman，1976）系统化了斯蒂格勒的分析，形成了斯蒂格勒－佩尔兹曼（Stigler－Peltzman）模型。该模型的一般性结论是，规制的政治均衡受到各种利益集团的影响，即包括被规制企业，也包括消费者群体，而规制者会在不同集团竞争的利益中进行抉择，并不总是取悦于某些特定的利益集团。规制（或规制立法）很可能倾向于组织更好的（以至于其在提供政治支持时更为有效的）利益集团，并使之从有利的规制（或规制立法）中获得更多利益，从而能够为规制者（或规制立法者）提供政治支持。更具体的，只有利益集团中的每个成员都坚信由规制带来的利益是巨大的，才有动力投入资源去影响规制设计和规制立法，因此，规制倾向于拥有明显偏好的小利益集团（如生产者），而以偏好不甚明朗的大利益集团（如消费者）为牺牲。这一论述恰恰解释了"规制总是使生产商获益"的经验。

延续斯蒂格勒－佩尔兹曼（Stigler－Peltzman）模型，佩尔兹曼提出了以价格规制为基础的最优规制政策分析模型，就何种产业最有可能受到规制这一问题进行了深入的探讨。最优规制价格的特性决定了何种行业能够从规制中获益，从而为获得规制进行投入；相应的，也决定了规制出现的行业。如果在没有规制的情况下，行业的均衡价格与最优规制价格非常接近，则规制是不可实现的。对潜在的被规制企业而言，由于其价格几乎不受规制政策的影响，预期从规制中获得的利益较小，因而没有为获得规制而投入资源（如政治支持）的必要。对规制者（立法者）而言，采取价格规制并不能使其政治支持得以提升，因而没有进行规制的动力。规制出现的行业或者是相对竞争的行业，或者是相对垄断的行业。在这两种情况下，特定的利益集团将从规制中获益，被规制企业会在竞争激烈的行业规制中获利，消费者则在对垄断进行的规制中获益。在经济规制的实践中，垄断行业包括电信、电力、铁路和城市燃气等，相对竞争的行业包括农业、卡车运输业、出租车业、证券业等。

斯蒂格勒－佩尔兹曼模型的关键假设是规制者（立法者）追求政治支持最大化，贝克尔（Becker）模型则聚焦于利益集团之间的竞争，假设"政治家、政治党派和选民——传递着集团压力”来弱化规制制定中规制者（立法者）的作为。贝克尔（Becker，1983，1985）认为规制政策的取向往往取决于利益集团之间的相对影响力，向更有势力（或影响力）的利益集团倾斜，因此，规制的结果往往是提高了更有势力（或影响力）的利益集团的福利水平。

斯蒂格勒－佩尔兹曼模型和贝克尔（Becker）模型的重要假设是，利益集团能够直接影响规制政策。然而，对于利益集团而言，这要求其必须能够影响选举结果，也必须确保立法和规制制定过程的准确无误，才能使利益集团通过影响规制者（立法者）来获得规制福利。对于规制者（立法者）而言，规制者（立法者）必须受到约束，如失去利益集团的政治支持的威胁；规制者（立法者）的规制过程也不能偏离预定的轨道，因为规制者（立法者）可能关心政治支持以外的因素。最后，传统规制经济理论忽略了司法部门在政府规制中的作用。在经验研究中，“规制环境中哪些因素的变化导致了规制废除”对传统规制经济理论提出了挑战（Keeler，1984；Peltzman，1989）。可以说，尽管传统规制经济理论在帮助人们理解政府干预方面是重大的进步，但在规制过程的建模上遭到批评，也与经验证据有不尽一致之处。

（四）新规制经济学的产生

从公共利益理论、部门利益理论，发展到传统规制经济理论，规制经济学在取得突破的同时，政府规制的失败或失灵逐渐被清晰地认识到。主要体现在以下几个方面：第一，规制带来的非效率性，如生产非效率和过度投资效应。第二，规制俘获。政府保护公众利益、制约被规制企业不正当获利行为的规制目标并未实现（Stigler & Friedland，1962），可以认为政府规制的动因并非完全为了纠正市场失灵，规制也是利益集团寻求利益保护的一种程序（Stigler，1971；Posner，1974）。第三，信息不对称导致规制的效果欠佳。第四，政府规制行为的内在扩张。拉丰和梯若尔（Laffont & Tirole，2004）指出“恰恰在传统的理论方法停滞不前的地方，崛起了新规制经济学：激励问题”。并且，与传统规制理论着重于分析特殊的规制制度不同，新规制经济学沿袭机制设计理论的传统，以描述最优规制机制的特征为目的（Laffont & Tirole，2004）。

新规制经济学的突破，反映在两个方面：第一，新规制经济学强调信息不对称在规制理论中的重要地位。新规制经济学认为，规制者与被规制企业之间存在严重的信息不对称问题。在这种信息不对称条件下，被规制企业就有动力隐瞒信息，高报成本，以便获得更多财政补贴，这就出现了逆向选择问题。同时，既然政府总是能帮助企业弥补亏损，企业就不会有动力去降低成本，这就产生了道德风险问题。第二，新规制经济学采用机制设计理论作为分析工具，形成了一个统一的、强有力的分析框架。机制设计理论研究委托人和代理人之间在信息不对称的情况下，委托人如何设计一套机制（规制政策、博弈规则等），使得代理人在充分理解了这套机制后，其自利性的行为能达到委托人想要的目标。新规制经济学采用这一理论对规制者和被规制企业的目标约束、信息结构和可选工具进行描述，在此基础上分析双方的行为和目标，为政府在现实的约束条件下设计最优的规制政策提供理论指导和可行工具。

二、新规制经济理论

新规制经济学奠定了不对称信息在规制分析中的核心地位，其分析框架是建立一个委托—代理模型，其中委托人是规制者，代理人是被规制企业。代理人的信息优势和策略性行为形成激励性约束，而委托人就是在这种激励性约束下进行社会福利的最大化。在新规制经济学的框架下，规制问题实质上是在不完全信息条件下的最优控制问题。

（一）新规制经济学的理论发展

洛布和马盖特（Loeb & Magat，1979）最早将规制问题视为委托—代理问题，在规制者按消费者剩余等额给予被规制企业补贴、市场需求为共同知识和成本信息不对称的假设条件下，运用机制设计方法，设计了基于激励相容和偏好显示原理的激励性契约模型（L－M 机制）。放松上述模型的假设，福格桑和凡辛格（Vogelsang & Finsinger，1979）在不能对被规制企业进行补贴、需求信息和成本信息均不对称的假设下，设计了被规制企业与规制者的重复博弈模型（V－F 机制），但是，该机制无法激励企业“说真话”，反而留给了企业虚高成本的余地。为了弥补这一缺陷，凡辛格和福格桑（Finsinger & Vogelsang，1985）提出，将被规制企业上一期的利润充公，但为其提供特定的补贴：被规制企业的行为越接近于有效率的资源配置行为，则所获得的补贴就越高。拜伦和迈尔森（Baron & Myerson，1982）基于机制理论建立了实现政府规制最优激励的贝叶斯机制（B－M 机制），以解决逆向选择的问题。萨平顿（Sappington，1982，1983）及拜伦和贝赞可（Baron & Besanko，1984）的模型均完善了这一分析框架，模型考虑了规制合约签订阶段的信息不对称（逆向选择）和签约后对企业成本的考察，如引入事后观测成本和企业成本的随机审计。在效率参数、努力程度等信息不对称，但被规制企业已发生成本可观测的条件下，同时涵盖逆向选择和道德风险的最优规制机制能够确立（Laffont & Tirole，1986，1988）。同样在被规制企业的技术成本信息不对称，但被规制企业的会计成本事后可观测的条件下，萨平顿和西布利（Sappington & Sibley，1988）提出跨期规制合约——增量剩余补贴（incremental surplus subsidy，ISS）机制。在该机制下，被规制企业能够自主定价，规制者给予其等于 t-1 期与 t 期之间真实社会剩余的补贴，从而引导被规制企业采取最大化社会福利的行为。此后，路易斯和萨平顿（Lewis & Sappington，1988）及西布利（Sibley，1989）分别通过强化规制中的需求信息不对称和构建需求显示来扩充 ISS 模型。延续委托—代理理论的思路，拉丰（Laffont，1994）发展了一个扩展模型，上述模型基本上可以以这个模型的某种特殊情形来表示，这一模型的建立标志着新规制经济学研究框架的基本成熟。新规制经济学的理论发展脉络如图 1 所示。

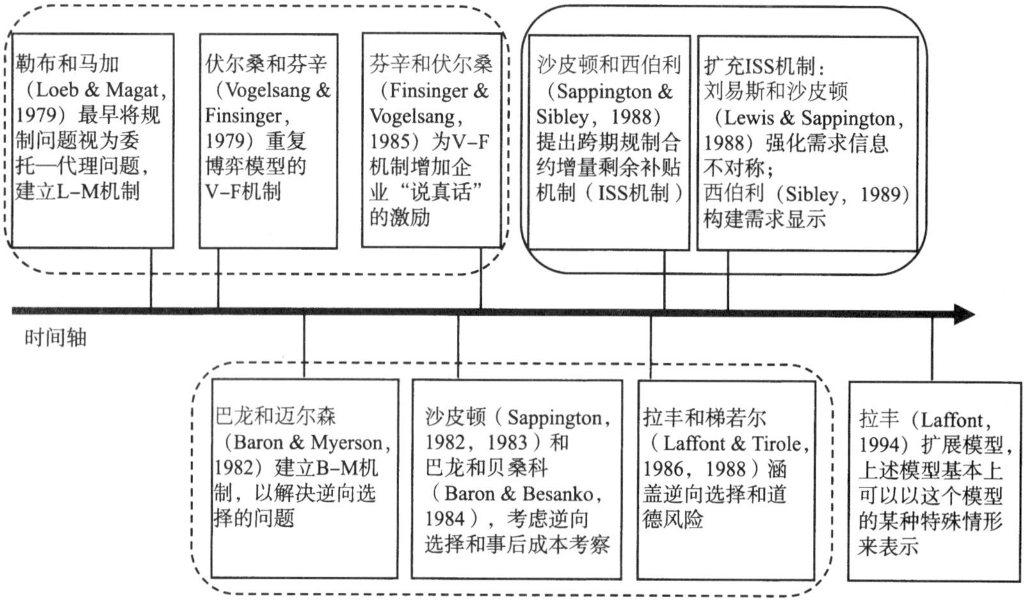

图 1　新规制经济学的理论发展脉络

新规制经济学的理论模型蕴含以下基本假设：第一，信息结构。规制者与被规制企业之间是信息不对称的，包括逆向选择和道德风险。第二，约束条件。通常考虑两个约束条件：激励相容约束和个体理性约束。第三，可行的规制工具。可行的规制工具指规制双方可以用以签订合约的变量，通常为需求数据，即价格或者产量。第四，规制者的目标函数。规制者所采用的目标函数大都是修正后的社会福利函数，例如，消费者净剩余和生产者剩余的加权和，或对被规制企业的转移支付以一定的社会福利损失为成本。第五，企业行为。被规制企业始终以利润最大化为目标，同时考虑可能存在的逆向选择和道德风险问题（周慧和许长新，2006）。

（二）新规制经济学的核心思想

新规制经济学修正了规制实践中存在的信息不对称问题，并着重从规制者和被规制企业所面临的信息结构、约束条件及可行工具中去研究规制中的激励和规制设计问题（Laffont & Tirole，2004）。“信息不对称”作为新规制经济学的内核，支撑了新规制经济学在不对称信息框架和动态模型下的发展。

由于不对称信息的存在，企业将努力降低成本，产生超额利润，成本较低的企业就可以享有一个严格正的利润，称为信息租。对全社会而言，信息租是有成本的，如果要通过分享等途径减少企业的信息租（抽租），则需要降低规制的激励强度，企业降低成本的动机也将随之减弱。一个理想的情况是，规制者尽量减小信息租的成本将使资源配置产生扭曲，即价格偏离边际成本定价；并且，低成本（效率高）的企业可以获得严格为正的信息租，成本最高（效率最低）的企业没有信息租。这反映了最优规制机制在生产效率与社会福利之间的权衡。一方面，规制者希望资源的配置是有效率的，这就要求产品的价格与生产的边际成本相等；另一方面，由于不对称信息的存在，规制者必须通过给予企业一定的经济补偿来使企业说真话，但由于信息租有社会成本，规制者不愿意让企业享有过多的利益。因此，规制者在制定规制合约时要使得结果既不能对资源配置产生太大的扭曲，又不能给企业留有太多的利益。最优规制机制通过在一定程度上提高价格、减少产量，来限制企业的信息租，从而实现一个权衡的结果。

一般而言，规制者与被规制企业之间的关系是长期重复性的。因此，将静态下的规制模型扩展到跨期动态模型是理论发展的必然趋势。在多期环境下，随着时间的推移，规制者可能会了解到更多的关于被规制企业的私人信息，规制者如何利用这些信息成为关键。规制者可在规制关系开始时，就与被规制企业签订一个长期的合约，并且保证在合约有效期内不对合约进行修改；或者在每一期签订合约的时候，根据上一期获得的新信息更改合约，签订新的短期合约。根据规制者对是否利用新信息的承诺能力，将动态模型分为三类：规制者具有完全承诺能力，完全没有承诺能力以及具有一定的承诺能力。由于规制者与被规制企业双方都不能再谈判的完全（不）承诺是一个非常理想化的状态，拉丰和梯若尔（Laffont & Tirole，1990）研究了规制者有限承诺下的最优规制问题。有限承诺是指，双方签订一份长期合约，只要至少一方愿意执行，那么合约就可以得到执行；而如果修改合约对双方都有利，则双方可以在互利的基础上重新谈判，自由的修改合约。有限承诺的承诺能力居于完全承诺与无承诺之间。拉丰和梯若尔（Laffont & Tirole，1990）在一个两种类型企业的模型框架下得出：第一期规制者为企业提供两种合约以供选择，第一种合约只有高效率企业才可能选择，两期都要求有效率的成本水平；第二种合约让高效率企业和低效率企业在第一期以同样的成本进行生产，规制者运用贝叶斯法则更新自己的信念，以在第二期根据后验信念来制定条件最优的生产方式。规制者的策略相当于为被规制企业提供一个在长期合约和短期合约之间进行选择的机会：对于高效率企业而言，两种合约带来的收益是相同的；但对低效率企业，长期合约实际上限制了其第二期的退出机会，为避免向上的"棘轮效应"和获取保留收益，低效率企业将选择短期合约。拜伦和贝赞可（Baron & Besanko，1987）设计了"公平规制"以抵消被规制企业退出生产的激励。他们提出，基于已获得的信息，规制者将为被规制企业提供非负的收益，在此类合约中，被规制企业将不能退出生产。

在新规制经济学的发展中，其核心思想可凝练为以下两个方面：第一，强调规制政策必须满足激励相容。新规制经济学认为，解决规制者面临的信息不对称问题，关键是设置的规制政策能满足对与被规制者的激励相容的条件。规制者利益最大化或社会福利最大化的目标能够通过被规制企业的自利行为，如追求利润最大化的行为来实现。第二，强调效率和企业的信息租不可兼得。一般地，认为被规制企业比规制者拥有更多的信息，规制者要想获取信息，就必须让渡信息租。但提高效率和抽取信息租不可兼得，如果要最大化效率，就必须让渡给企业大量的信息租，政府规制措施的激励效能较高；反之亦然。

（三）新规制经济学的理论前沿

在奠定不对称信息在规制理论中的核心地位后，新规制经济学得到了进一步的丰富和发展：政府承诺能力和规制者被俘获成为新规制经济学关注的重点；规制中的逆向选择、道德风险、信号传递机制和信息甄别机制等问题得到广泛研究。

（1）政府承诺能力。新规制经济学认为，规制政府的承诺能力是规制政策有效执行的重要前提。政府承诺的缺乏将带来"棘轮效应"（Laffont & Tirole，1988）。如果政府缺乏承诺能力，则在初期几乎不能让垄断企业暴露信息。在线性激励的情形中，规制设计在第一期向被规制企业让渡高额信息租以激励其“说真话”或显示类型。“棘轮效应”使政府的规制方式向高激励效能的方向演进，以便在期初就能够识别被规制企业的类型。

（2）新规制俘获理论。新规制经济学的俘获理论认为，信息不对称是“规制俘获”能够成立的基础。被规制企业能够获得的信息租，扣除实施“规制俘获”的成本，如被发现的成本和私下转移支付的低效率损失，是被规制企业可用于进行规制收买的额度（Laffont，2009）。为减少“规制俘获”，应尽可能地抽取被规制企业的信息租，从而降低规制收买或合谋的利益；同时，也应该考虑到对规制者的规制和激励。新规制经济学的规制俘获理论有以下两点突破：第一，打开规制政策供给方面的“黑箱”，对政府内部复杂的关系进行假定与分析；第二，建立规制俘获理论的委托—代理框架，为多重委托—代理关系（Laffont & Tirole，1991）。

（3）公有企业和私有化。除了规制私有企业，将企业的目标由利润最大化转变为社会福利最大化是达到社会效率目标的另一种方式（还有一种方式是特许经营权投标）。一个公共（或政府）拥有的企业是由政府所有和（委托）运营的，其目标更可能与社会福利最大化的目标保持一致。但是，公有企业的管理模型存在一定的特殊性。在应对自然垄断问题的三种方式中，与规制政策相比，人们更偏好于特许经营权竞争方式，而更不偏好于公有化方式。如果公有企业更缺乏效率，人们期望从私有化中得到效率提升、收益增加和福利改善，这与政府私有化以增加收益的目标相一致；但是，政府也可能从私有化中获得政治支持，而以牺牲效率为代价（Viscusi et al.，2010）。在公有企业和受规制私有企业之间权衡是困难的，新规制经济学分析了这一特殊的权衡关系（Laffont & Tirole，2004）。

（4）信息不对称机制。规制中逆向选择、道德风险、信号传递机制和信息甄别机制等问题的研究丰富了新规制经济学的研究体系。对逆向选择问题的研究从 20 世纪 70 年代末兴起，目前在委托 - 代理理论的框架、动态模型和激励性机制设计中有新的研究。道德风险成为 20 世纪 80 年代后规制经济学所要研究的一个重要问题，目前在规制结构、多样化水平投资、负外部性等具体领域有新的进展。

信号传递和信息甄别是降低信息不对称程度的主要方法。掌握信息的被规制企业由于种种原因主动支付成本传递其私有信息，如以声誉为基础的自我激励。同时，不掌握信息的规制者通过一定形式的机制设计获取信息，如可竞争市场、价格上限、标尺竞争、合约设计等。目前，已有采用规制合约菜单以甄别企业类型的实践；理论上，规制者确实能够通过合约设计降低效率高的企业在“撒谎”时可能得到的收益。需要指出的是，完全信息甄别是有成本的，在这样的合约菜单中，高成本企业将没有激励进行成本控制（张昕竹等，2000）。

三、新规制经济学的应用启示

（一）发展中国家的规制特点

新规制经济学对于中国尚未完成的经济改革具有重要的学术和政策意义，有助于进一步深化对自然垄断等行业的政府规制。但是，许多发展中国家在借鉴发达国家的规制改革和经验时，往往产生不良的后果（李三希，2014）。拉丰（Laffont，2009）强调，适合发展中国家应用的政府规制，需要充分考虑发展中国家的四方面特点：第一，公共资金的高成本，这意味着相对低激励效能的政府规制和自然垄断行业产品的高价格；第二，发展中国家的规制能力弱，这体现在薄弱的监督和审计体系，及有限的经验和人才两个方面；第三，发展中国家的规制者更容易成为“规制俘虏”；第四，发展中国家规制合约的执行力较低，主要原因是政府更缺乏承诺能力和法治建设更不完善。因此，发展中国家应趋向于较低激励效能的规制方式，同时也将趋向于更低的效率，仅有在考虑成本转嫁的成本监审和成本审计过程中的腐败时，才相应要求高激励效能的规制方式（见表1）。

表1　　发展中国家的规制特点和最佳规制

<table>
<tr><th colspan="2">发展中国家的规制特点</th><th>低激励效能的规制</th><th>高激励效能的规制</th></tr>
<tr><td colspan="2">公共资金的高成本</td><td>√</td><td></td></tr>
<tr><td rowspan="2">规制能力的不足</td><td>监督努力水平</td><td>√</td><td></td></tr>
<tr><td>监督成本转嫁</td><td></td><td>√</td></tr>
<tr><td rowspan="2">规制者更容易腐败</td><td>信息报送腐败</td><td>√</td><td></td></tr>
<tr><td>成本审计腐败</td><td></td><td>√</td></tr>
<tr><td colspan="2">规制合约的执行力低</td><td>√</td><td></td></tr>
</table>

资料来源：笔者根据拉丰（Laffont，2009）的研究资料整理。

（二）对我国政府规制的启示

基于新规制经济学理论的激励性规制方式因可弱化被规制企业和规制者之间的信息不对称问题，已成为政府经济性规制的主流方式，被广泛应用于电力、电信、铁路、邮政等自然垄断行业。在我国，激励性规制方式在政府的规制政策中得以彰显，需要注意的是，引入新规制经济学和应用激励性规制方式的大背景是：第一，被规制企业追求的目标与规制者、多重委托—代理关系下的公共政策决策者，乃至全社会所追求的目标不相一致；第二，被规制企业和规制者之间存在信息不对称。在激励相容的机制设计中，抽取被规制企业的信息租和提高被规制企业的生产经营效率是两难的选择。基于此，我国在应用激励性规制方式之初，除需谨慎考虑上述公共资金成本高、规制者的规制能力较弱、更易于腐败和更缺乏承诺能力与法治建设薄弱等发展中国家共同面临的约束和亟待改善的环境以外，至少还需要明晰规制目标和审视规制成本。综上所述，新规制经济学的理论发展和激励性规制的初步应用对我国政府规制有以下启示：

（1）明确政府规制的范围，界定政府规制的目标。政府规制，尤其是经济性规制，应在市场失灵的领域展开。随着现代市场体系的逐步健全完善，应继续建立诸如《中央定价目录》的正面规制和权限清单，以明确政府规制的边界。政府规制的目标通常是多重的，一方面，规制者面临着实现生产效率、实现投资效率、形成合理价格、减少环境污染、保障公众利益等多重目标的选择；另一方面，在多重委托—代理关系之下，规制者需要对不同市场主体的目标，如消费者的权益保护、被规制企业的利润追求、公共政策决策者的公利要求和规制者的特殊诉求等加以平衡。这就需要对各类主体、各个目标的重要性和可实现性进行权衡，从而为规制政策的制定指明方向。

（2）正确审视政府规制的成本。政府规制是具有成本的。从规制经济学的理论来看，政府规制的成本包括被规制企业或消费者的服从成本、实施成本和寻租成本；规制者拟出台到执行政策的财政支出、信息成本和时滞成本。从成本核算的分类来看，于立和张嫚（2002）将政府规制的机会成本划分为会计成本和隐性成本。其中，会计成本直接反映在政府预算中，为执行规制政策所投入的预算经费；隐性成本包括被规制企业或消费者落实规制政策而发生的直接成本，及由于规制政策实施带来的间接成本，如生产效率损失、技术创新下降、消费者福利损失等。在我国，强调审视政府规制成本的重要原因是，我国公共资金的边际成本较高，无论从政府财政支出，还是被规制企业或消费者承担的机会成本，甚至从被规制企业获得的信息租来看，由公共资金的高边际成本引致的高规制成本不容小觑。因此，政府规制政策的成本—收益分析和政策效果评估应在其实行的前期、中期和后期适时开展。

（3）科学选择规制方式。目前，我国价格规制以“准许成本 + 合理收益”为核心，与激励性规制方式相结合。总体来看，这是与上述发展中国家的特征和规制约束相适应的（见表 1）、激励效能较低的规制制度。考虑到规制者、被规制行业乃至被规制企业的异质性，结合我国全面深化市场化改革的导向，应采用更加灵活、合理和科学的规制政策和规制措施。如为被规制企业提供可选择的菜单式规制政策，避免“一刀切”的僵化执行和安排，提高被规制企业的自主性和活力。

（4）积极探讨国有企业的规制难题。我国的大型垄断企业通常是国有企业，对其进行的规制至少包含以下两个方面难题。第一，该类国有企业兼具私有企业追求利润最大化和公有企业以社会福利最大化为目标的特征，以致政府规制介于规制经济学理论上的私有企业规制和无规制（公有企业与规制者同为以社会福利最大化为目标）之间。第二，该类国有企业与政府部门存在着千丝万缕的联系，常常面临“规制俘获”和“软预算约束”等问题。因此，对我国国有企业的规制问题仍需理论和实践上的探讨。

（5）加强对规制者的规制。规制规制者可以从三个方面入手：第一，健全法治。一是在服从上位法的基础上制定规制政策，使政府规制有法可依。二是构建约束规制者行为的准则或规范，以明确其权限，增强其中立性和独立性，使政府规制公平公正。三是建立健全政府规制制度和公众参与、监督制度（如听证会制度），在规制者和被规制者之间建立良性机制，使政府规制公开透明。第二，提升能力。一是加强监督和审计体系建设，如建立信息报送（特别是成本和价格信息）和动态监测机制，建立适应于政府规制的会计准则，建立政府监审的工作制度等。二是充实规制机构的人力资源，通过培训、交流等方式提高在位规制者的专业能力，同时新增专业化人才来扩大规制队伍。三是提高政府承诺能力，有效避免“朝令夕改”。第三，给予激励。为避免规制俘获的发生，除约束规制者以外，可给予规制者适当的激励以提高其被俘获的难度。

最后，“好的规制理论应该反映规制者和被规制企业所面临的信息结构、约束条件和可行工具。信息结构和可行的规制方案应该尽可能地反映真实世界可观察到的成本和合约成本，可行的工具和约束条件必须与产权结构和法律相吻合，而且产权结构和法律应该尽可能地内生地加以分析，而非简单地外生给定”①，这是新规制经济学应用的原则。

---

① 让·雅克·拉丰，让·梯若尔．政府采购与规制中的激励理论［M］．上海：上海三联书店，上海人民出版社，2004.

参考文献

[1] 丹尼尔·F. 史普博. 管制与市场 [M]. 余晖，译. 上海：格致出版社，上海三联书店，上海人民出版社，2008.

[2] 李三希. 新规制经济学及其在中国的应用前景 [N]. 第四版. 中国社会科学报，2014-11-19.

[3] 乔治·斯蒂格勒. 产业组织和政府管制 [M]. 上海：上海三联书店，上海人民出版社，1996.

[4] 让·雅克·拉丰，让·梯若尔. 政府采购与规制中的激励理论 [M]. 上海：上海三联书店，上海人民出版社，2004.

[5] 让·雅克·拉丰. 规制与发展 [M]. 北京：中国人民大学出版社，2009.

[6] W. 基普·维斯库斯，小约瑟夫·E. 哈林顿，约翰·M. 弗农. 反垄断与管制经济学 [M]. 陈甬军，覃福晓，译. 北京：中国人民大学出版社，2010：2-10.

[7] 王健，等. 中国政府规制理论与政策 [M]. 北京：经济科学出版社，2008.

[8] 于立，张嫚. 美国政府规制成本及其经济影响分析 [J]. 世界经济，2002 (12)：33-39.

[9] 张昕竹，让·雅克·拉丰，安·易斯塔什. 网络产业：规制与竞争理论 [M]. 北京：社会科学文献出版社，2000.

[10] 植草益. 微观规制经济学 [M]. 北京：中国发展出版社，1992.

[11] 周慧，许长新. 新规制经济学理论的发展 [J]. 经济评论，2006 (2)：152-158.

[12] Baron D, Besanko D. Monitoring, Moral Hazard, Asymmetric Information, and Risk Sharing in Procurement Contracting [J]. Rand Journal of Economics, 1987, 18 (4): 509-532.

[13] Baron D, Besanko D. Regulation, Asymmetric Information and Auditing [J]. Rand Journal of Economics, 1984, 15 (4): 447-470.

[14] Baron D, Myerson R. Regulating a Monopolist with Unknown Costs [J]. Econometrica, 1982, 50 (4): 911-930.

[15] Becker G S. A Theory of Competition among Pressure Groups for Public Influence [J]. Quarterly Journal of Economics, 1983, 98 (3): 371-400.

[16] Becker G S. Public Policies, Pressure Groups, and Dead Weight Costs [J]. Journal of Public Economics, 1985, 28 (3): 329-347.

[17] Finsinger J, Vogelsang I. Strategic Management Behavior under Reward Structures in a Planned Economy [J]. Quarterly Journal of Economics, 1985, 100 (1): 263-270.

[18] Jordan W A. Producer Protection, Prior Market Structure and the Effects of Government Regulation [J]. Journal of Law and Economics, 1972, 15 (1): 151-176.

[19] Keeler T E. Theories of Regulation and the Deregulation Battle between the Executive and Legislature [J]. Public Choice, 1984, 44: 103-145.

[20] Laffont J J, Tirole J. Adverse Selection and Renegotiation in Procurement [J]. Review of Economics Studies, 1990, 57 (4): 597 - 625.

[21] Laffont J J, Tirole J. The Dynamics of Incentive Contracts [J]. Econometrica, 1988, 56 (5): 1153 - 1175.

[22] Laffont J J, Tirole J. The Politics of Government Decision Making: A Theory of Regulation Capture [J]. Quarterly Journal of Economics, 1991, 106 (4): 1089 - 1127.

[23] Laffont J J, Tirole J. Using Cost Observation to Regulate Firms [J]. Journal of Political Economy, 1986, 94 (3): 614 - 641.

[24] Laffont J J. The New Economics of Regulation: Ten Years After [J]. Econometrica, 1994, 62 (3): 507 - 537.

[25] Lewis T, Sappington D. Regulating a Monopolist with Unknown Demand [J]. American Economic Review, 1988, 78 (5): 986 - 998.

[26] Loeb M, Magat W. A Decentralized Method for Utility Regulation [J]. Journal of Law and Economics, 1979, 22 (2): 399 - 404.

[27] Peltzman S. The Economic Theory of Regulation after a Decade of Deregulation [M] //Brookings Papers on Economic Activity: Microeconomic. Washington, D. C. : Brookings Institution Press, 1989.

[28] Peltzman S. Toward a More General Theory of Regulation [J]. Journal of Law and Economics, 1976, 19 (2): 211 - 240.

[29] Posner R A. Theories of Economic Regulation [J]. Bell Journal of Economics & Management Science, 1974, 5 (2): 335 - 358.

[30] Sappington D, Sibley D. Regulating without Cost Information: The Incremental Surplus Subsidy Scheme [J]. International Economic Review, 1988, 29 (2): 297 - 306.

[31] Sappington D. Optimal Regulation of a Multiproduct Monopoly with Unknown Technological Capabilities [J]. Bell Journal of Economics, 1983, 14 (2): 453 - 463.

[32] Sappington D. Optimal Regulation of Research and Development under Imperfect Information [J]. Bell Journal of Economics, 1982, 13 (2): 354 - 368.

[33] Sibley D. Asymmetric Information, Incentives and Price-cap Regulation [J]. Rand Journal of Economics, 1989, 20 (3): 392 - 404.

[34] Stigler G J, Friedland C. What Can Regulators Regulate? The Case of Electricity [J]. Journal of Law and Economics, 1962, 5: 1 - 16.

[35] Stigler G J. The Theory of Economic Regulation [J]. Bell Journal of Economics, 1971, 2: 3 - 21.

[36] Vogelsang I, Finsinger J. A Regulatory Adjustment Process for Optimal Pricing by Multiproduct Monopoly Firms [J]. Bell Journal of Economics, 1979, 10 (1): 157 - 171.

价格规制与电网投资成本控制研究

王 磊

内容提要 在简要论述电网投资的经济特征和成本控制必要性的基础上，本文概述了价格规制与电网投资成本控制关系相关研究结论，总结了电网投资成本规制控制的两种基本方法。继而，梳理了成熟市场经济国家电网价格规制和投资成本控制的制度框架和主要方法。然后，深入剖析了当前我国电网价格规制和投资成本控制面临的主要问题：电网投资规划管理体制改革滞后，价格规制与电网投资不衔接、不协调，投资成本控制激励约束机制不健全，管控手段落后，电价政策性负担较大。因此，应多措并举，加强投资成本全流程控制，提升规制效能，推动规制治理的现代化：一是重构电力行业投资的规划管理体制；二是建立科学规范的电网价格规制模式；三是构建激励相容的投资成本控制机制；四是创新电网投资成本和风险控制手段；五是构建多元主体参与的电网投资模式；六是完善企业回收政策性投资成本的渠道。

一、电网投资的经济特征与控制投资成本的必要性

电网投资成本占输、配电价比重通常在2/3以上，是决定输配电价的关键因素。当前我国电力体制改革正在加速推进，能否有效控制电网投资成本，从根本上改变电网企业旧的盈利模式，关系着输配电价改革及电力体制改革的成败。

（一）电网投资的经济特征

1. 不确定性

电网投资规模大，建设和运营周期长，再加市场需求的波动，使投资面临较大的风

险和不确定性。此外，电网投资者在项目建设、运营和维护过程，电网投资可能面临规制机会主义、投资规模超过预算、投资成本增加、核定有效资产的方法调整、政府不当干预、规制机制改变等各类风险和不确定性。

2. 沉没成本性

电网投资具有很强的资产专有性和沉淀成本性。一方面，一旦电网投资形成，除非电网可以传输足够的电量且达到预定负荷，才可能通过正常运营回收成本。如果投资没有实现预期效果，这些投资将成为搁浅投资。另一方面，由于政府规制或政策限制等因素，在特定的市场条件下，输电设备、线路等资产仅能用作电力传输，很难通过出售或转让转为其他用途，成为沉淀成本。

3. 规模经济性

电网投资规模巨大，随着电网固定资本投入的扩大，电力传输的平均成本会随着电能输送数量的增加而减少，单位电量的传输成本降低，投资形成的电网具有很强的规模经济性；同时，电网是网状结构，在电网物理规律的作用下，电网规模的扩大，还可以提高范围经济性和网络经济性。

（二）控制电网投资成本的必要性

1. 控制电网投资成本是形成科学合理输配电价体系的必要前提

电网投资成本是输配电价及终端销售电价的重要组成部分，在输配电成本构成中占有较高的比例，是决定输配电价的关键因素。如果电网投资成本无法得到有效控制，势必造成电价偏高，难以实现社会福利最大化目标。因此，按照合法性、合理性和相关性原则，核定电网有效投资及相应的投资成本，综合运用多种投资成本控制方法，将投资成本控制在合理的水平，是理顺输配电价和整个电价体系的必要前提。

2. 控制电网投资成本是构建电网企业激励约束机制的内在要求

电网投资成本能否依据明确的有效资产核定办法，经过审核计入有效资产，进而确定电网企业可以获得的准许收入及相应的输配电价水平及结构，不仅事关用户公平负担成本和电能使用效率提高，更是关系到电网企业电网投资激励、盈利水平和可持续发展。因此，加强电网投资成本控制，构建合理的电价体系，是建立电网企业内在激励约束机制的必然要求。

3. 控制电网投资成本是提高电网企业经济运行效率的重要条件

电网属于资金密集型的国家基础设施，是电力传输、交换和交易的物理载体，具有保障电力传输和系统安全运行的基本功能，是促进电力资源优化配置、节能环保、可再生能源发展以及区域协调发展的重要支撑。为满足经济社会发展需要，保障电网安全运行，需要保持较大规模的电网投资。不过，长期大规模的电网投资，可能产生X－非效率和无效投资，影响电网企业财务和经济效率，因此，有效控制投资成本，提高投资的经济性，对电网运行效率和经济效益提升极为重要。

二、价格规制框架下电网投资成本控制及基本方法

政府价格规制框架是影响自然垄断环节——电网投资激励及投资成本控制的重要因素（Guthrie，2006；Vogelsang，2002）。电网价格规制有两个基本类型，一是回报率规制；二是基于绩效的规制，又称激励性规制（Laffont & Tirole，1993）。接下来，从理论和实证角度，简要阐述了价格规制与电网投资成本控制强度的关系，并概述了电网投资成本控制的两种基本方法。

（一）回报率规制与电网投资成本控制强度

回报率规制是指规制者对电网企业的输配电成本费用的合理性进行审核，按照合理利润水平核定输配电价格，在核定价格时，对电网企业有效资产、折旧率、运营维护费率和资本金收益率等参数进行控制，核定电价后，主要对电网业务实际收入指标进行规制，根据电网业务收入指标进行电价水平调整。回报率规制方式下，由于A－J效应和完全成本补偿规则，电网企业几乎没有削弱投资成本的动力，规制者仅仅运用价格规制工具，很难有效控制电网企业的投资成本。一方面，A－J效应使得一旦规制者或其与受规制电网企业协商确定投资回报率，且投资回报率高于实际的资本成本时，电网企业倾向于加大投资力度，以增加有效资产规模，获得更多的准许收入，从而背离了企业成本最小化目标（Averch & Johnson，1962）；另一方面，电网企业投资成本能得到完全补

偿，并获得固定的回报率，即使企业努力降低投资成本，也无法得到其降低成本所产生的收益，因此企业缺乏降低投资成本的动力（Laffont & Tirole，1993）。简言之，回报率规制是对电网投资成本控制强度较低的一种规制方案。

（二）激励性规制与电网投资成本控制强度

激励性规制是指相对规制目标，规制者对改进（或损害）输配电业务绩效（成本、效率、创新等）指标的电网企业给予奖励（或惩罚），且电网企业具有一定决策（如定价或产量选择）自由的一类规制方式。三种最常用的激励性规制方式分别是价格上限、滑动收益规制和标尺规制（Viscusi et al.，2005）。这三种激励性规制方式对电网企业降低投资成本的激励有强有弱，对电网企业投资成本的控制强度也有所差异。

1. 价格上限规制与电网投资成本控制强度

价格上限规制通常是在价格规制期初，由规制机构核定初始价格，然而结合规制周期内逐年的物价指数减去刺激效率提高或者成本减少的效率因子 X，逐年进行调整。相比回报率规制，价格上限规制在投资成本控制方面是卓有成效的，主要原因是，在规制周期内，该机制切断了投资成本与规制价格之间的联系，赋予电网企业获取其降低包括投资成本在内各项成本、提高效率所获得收益的全部剩余索取权（Laffont & Tirole，1993）。电网企业有动力设计更合理的价格结构，加强自身投资行为约束，进行科学投资决策，有效控制投资成本，以获取更多的成本节约租金。就效果而言，价格上限规制是电网投资成本控制强度最大的规制机制。

2. 滑动收益规制与电网投资成本控制强度

滑动收益规制，又称为利润或收入分享规制，该机制允许收受规制电网企业与消费者分享成本节约所产生的任何超额收益。当实际回报率超过预先设定的回报率时，电网企业所获得的事后返还收益以及用户未来的支付价格会降低。不过，由于受规制的电网企业与用户会共同承担投资风险，电网企业对投资成本节约所产生的收益具有部分剩余索取权，因而，该机制对电网企业控制投资成本有较强激励，对投资成本控制强度介于回报率规制和价格上限制之间。

3. 标尺竞争规制与电网投资成本控制强度

标尺竞争规制是指对特定区域的同类受规制企业的绩效进行比较，受规制企业收取的费用取决于比较标杆产生的结果，比较的方式既可以是行业内部相互比照，也可以是参照行业外部有效基准进行对比。标尺竞争规制机制下，如果受规制电网企业想获得更多的利润，就必须提高成本效率，降低投资成本，使其成本低于参照基准，以保留差额收益。这种规制方式更多地关注成本和运营效率的提升，而对控制投资成本的关注相对较少。应用该规制方式进行投资成本控制时，存在较多困难。例如，不同电网企业投资时面临的需求和环境不同，使得投资成本控制的参照基准很难确定。不过，如果成本数据无法轻易得到，为克服信息不对称，应用标尺规制方式确实对受规制企业的投资成本控制能起到一定的作用。

4. 价格规制与电网投资成本控制关系进一步研究结论

尽管流行的观点认为回报率规制和激励性规制分别会产生投资过度（Averch & Johnson，1962）和投资不足（Armstrong & Sappington，2006；Baumol & Klevorick，1970），不过后续的理论和实证研究则表明，这两种规制方式都可能产生过度投资或者投资不足的风险（Joskow，2008；Vogelsang，2010）。理论上，由于不确定性和信息不对称，规制者在与受规制企业互动过程中可能采取投资成本不予核定的机会主义行为，使得受规制企业的投资面临较大风险，进而削弱电网企业的投资激励，产生投资不足或者延迟投资问题（Vogelsang，2010）。不同价格规制方式对投资决策和投资效果的实际影响在很大程度上取决于电网价格规制框架设计的细节及相应的制度环境，例如，规制承诺、规制滞后、风险和不确定性处理、规制审查时间、折旧方法和期限、价格听证会等（Égert，2009；Lyon，2007）。此外，宏观经济不稳定、政府干预下的国有企业投资、政府干预下的不经济的可再生能源投资、市场化改革的不确定性、政府对价格的不当规制是造成电力投资不足的重要原因（Littlechild，2006）。

（三）电网投资成本规制控制的基本方法

有效资产是决定电网准许收入和输配电价的最重要因素，规制者通常可以采用事前和事后的方法对电网投资进行有效资产核定（见表 1），管控投资成本和风险（Decker，2009；ICER，2015；Konstantin et al.，2015；Ofgem，2010）。

表1　　电网投资成本规制控制的基本方法

基本方法	主要内容	具体方法	代表性国家
事前投资成本控制方法	在建立准许收入与投资及投资成本预测值之间的联系的基础上，规制者事先对电网企业未来的投资进行评估，在规制周期开始前，核定可纳入准许收入中的有效投资水平，进而控制投资成本的一种方法	标杆法、规制测试，合理性测试，投资审查、可行性分析、需求评估、风险评估等	美国、英国、澳大利亚
事后投资成本控制方法	规制者运用DEA、随机前沿生产函数等成本效率分析技术，通过与其他受规制电网企业进行对标，对电网企业实际投资支出的合理性和有效性进行事后评估，避免准许但是无用的投资成本被计入有效资产	规制测试、标杆法、审慎性测试等	美国、英国、澳大利亚

资料来源：Decker（2009）；ICER（2015）；Konstantin 等（2015）；Ofgem（2010）；ACCC（2010）；FERC（2016）。

1. 事前投资成本控制方法

事前投资成本控制方法是指规制者在建立准许收益与投资及投资成本预测值之间的联系的基础上，事先对电网企业未来的投资支出进行评估，在规制周期开始前，核定可纳入准许收益中的有效投资水平，进而控制投资成本的一种方法。该方法事前在成本预测时还可以考虑到成本效率提升和配置效率增加因素。在电网近期投资和维护需求比较强的情形下，该方法将为电网企业增加投资提供比较可靠的回报保证。然而，电网企业也有很强的动力调整投资计划，扩大投资规模，虚报真实的投资成本，造成电价偏高，损害用户利益。

需要注意的是，在规制周期后期，实际投资水平与准许投资水平很可能存在较大的偏离。对此，规制者可以设计激励约束机制，制定明确的有效资产核定和处理办法，来削弱电网企业报告超过有效投资水平的投资支出计划。例如，规制者可以事前设置合意投资区间，超过区间边界的电网投资将不被允许或只允许部分计入有效资产。此外，规制者还可以设计奖励和惩罚机制来调节电网企业预期和实际投资水平的差异，允许其在规制周期内或更长时期，可以通过效率调整机制获得效率增进所产生的收益。规制者需要警惕地是，效率增进应该源自企业通过改进经营管理和技术创新等行为，而非企业蓄意延迟投资所产生的投资成本节约。最后，规制者还可以对电网投资计划和工程技术经济报告进行详细审查，选择标杆企业对标，进行规制测试、合理性测试或者成本收益分析和风险评估，核定相应的有效投资水平，美国、英国和澳大利亚电网规制机构在电网投资成本控制时，都基于本国价格和投资规制框架，采取了上述事前投资成本控制的某些具体办法。

2. 事后投资成本控制方法

事后投资成本控制方法是规制者运用 DEA、随机前沿生产函数等成本效率分析技术，通过与其他受规制电网企业进行对标，对电网企业实际投资支出的合理性和有效性进行事后评估，避免准许但是无用的投资成本被计入有效资产。相比事前投资成本控制方法，事后投资成本控制方法则有助于规制者获得更多关于投资合意性、审慎合理性以及有效性的信息，有助于进一步强化投资成本监控。

在规制周期内，事后投资成本控制方法是应用规制公式对年度准许收益进行调整，规制者不需要考虑特定的投资是否应该准许并计入有效资产，而是考虑电网企业实际发生包括新增投资的总成本，并基于标杆企业的成本效率评估结果设定相应的效率因子，来确定电网企业的准许收入和输配电价。这使电网企业必须考虑它新增的投资在规制者进行成本效率评估时，能否被选中成为参考标杆，迫使电网企业有更强的动力只进行有效投资。不过，事后投资成本控制机制下，即使是有效投资，但由于面临着规制者不予核定为有效资产的风险，电网企业的投资激励可能受到抑制。实践中，欧美在进行电网投资成本规制控制时，采取了包括审慎性测试、相关性认定和标杆法等事后投资成本控制的方法。

三、价格规制框架下电网投资成本控制的国际实践

受不同的制度禀赋、政治法律传统、产业组织结构及政策目标等影响，各国电网价格与投资规制框架存在较大差异，且控制投资成本的具体方法也有所不同。

（一）美国电网投资成本控制的规制方法

1. 美国电网价格与投资规制框架

2011 年，联邦能源规制委员会（FERC）发布了 679 号令（*Order No 679*），要求对

电网企业采取基于投资风险的激励性回报率规制（incentive rate of return regulation based on investment risks）（FERC，2012），以激励电网企业增加电网投资，增强电网稳定性和可靠性，同时加强电网企业输电阻塞所产生的阻塞成本和投资成本控制，提高电网运行效率。

从《联邦电力法》、2005 年《能源政策法案》和 679 号令的主要内容来看，美国电网价格规制方式已经由传统的回报率规制向基于风险的激励性规制转变，其核心目标就是为电网企业提供充分的投资激励，破解网络容量投资不足问题，保证电力可靠稳定供应。例如，为激励电网企业投资，679 号令规定，在“统一会计制度”下，对于受 FERC 规制的电网企业，只要在建工程、预运行成本、废弃相关输电设施等所有审慎发生的、符合强制可靠性标准和促进电网基础设施发展的成本，都可以纳入有效资产，获得完全的准许收益补偿。此外，还允许电网企业加速折旧和延迟成本补偿、按照账面价值调整销售和购买费用、准许其积累递延的所得税。

2. 美国电网投资成本控制的主要方法

FERC 制定价格规制方案时，内嵌着其对电网投资成本控制。FERC 通常是基于以下流程来激励电网投资激励、控制投资成本和保护用户利益：首先，FERC 发布的 679 号令提出了嵌套测试法（nexus test）（FERC，2012），来识别电网投资的合法合意性和审慎合理性，甄别其是属于常规性的还是非常规性；其次，FERC 运用标杆法，以可比的投资项目作为基准，来判断某个投资项目的风险及成本效率水平，并对影响电网投资的成本和非成本因素进行综合考虑；最后，量身定做合理有效的激励性回报率规制方案。通常，FERC 设计固定价格（stated rates）和基于规则的定价（formula rates）两种不同的方案，由电网企业自主选择（见表 2）。依据第一种方案，除非 FERC 审查批准新的调价方案，在规制周期内，输电价格将固定不变，不随实际成本变化而调整。如果实际成本低于固定价格，电网企业可暂时保留成本节约所产生的收益，因此对电网企业降低（投资）成本有着很强激励。依据第二种方案，输电价格将依据实际（投资）成本进行年度滚动调整，电网企业降低投资成本的动力将非常有限。

表 2　　FERC 价格与投资成本规制的基本内容

项目	固定价格	基于规则的价格
定价方法	固定输电价格	应用规制定价公式（formula）确定规制周期内（通常为一年）的输电价格
对投资激励的影响	受成本回收规制滞后影响，对电网新增投资激励不足	解决了成本回收的规制滞后问题，对电网企业投资激励较强
对投资成本控制的影响	电网降低（投资）成本的激励较强	规制价格与实际成本联系密切，电网企业降低成本的动力有限

资料来源：根据 Borden（2016）整理。

（二）英国电网投资成本控制的规制方法

1. 英国电网价格与投资规制框架

英国电网主要由陆上输电网（on-shore transmission）、海上输电网（off-shore transmission）[①] 和互联线路（intcrconnectors）[②] 三部分构成。根据《电力法》，Ofgem 针对三类电网运营商设计了不同的价格和投资规制框架。对于英国电网的核心部分——陆上输电网，2013 年，Ofgem 在此前的 RPI－X 规制机制基础上，引入了新的 RIIO 规制机制“收益（revenue）= 激励（incentives）+ 创新（innovation）+ 产出（outputs）”。该机制考虑了更多的激励和创新因素，并通过控制电网公司最高准许收益来规制电网企业价格和投资。对于海上输电网，Ofgem 采取了不同于 RIIO 的海上输电运营商规制机制（off-shore transmission owner regime，OFTO）。对于互联线路，Ofgem 设计了不同于 RIIO 的收益上限和下限机制（cap and floor regime，CFR）。

2. 英国电网投资成本控制的主要方法

在进行投资成本规制控制时，Ofgem 对陆上输电网、海上输电网和互联线路采取了不同的方法。对于陆上输电网，Ofgem 在 RIIO 规制框架下，采取事前投资成本控制方法，而对于海上输电网和互联线路，Ofgem 建立更加市场化的投资成本控制方法。

---

① 海上输电运营商主要负责从海上风电场向陆上电网传输高压电力。英国现有 10 家海上输电运营商。

② 互联线路是指为满足全欧电力交换需要，实现跨界电力转换的物理链接及输电线路，主要用于与法国、荷兰、北爱尔兰和爱尔兰的电网互联互通。英国现有 4 家互联线路运营商。

（1）陆上输电网。

RIIO 框架下（见表 3），在规制周期初期，电网企业事先必须向 Ofgem 提交其在规制周期内的投资计划，详细说明该计划是符合 RIIO 规制要求的。Ofgem 按照利益相关方参与、效率等标准，并运用标杆法及其他比较方法，对该投资计划进行审查。如果该投资计划是高质量的，Ofgem 将接受该计划，并迅速将其纳入价格控制方案中；如果质量较低，则电网企业需重新提交新的投资计划，这会影响投资计划纳入价格控制方案的进度。

表 3　　RIIO 框架的基本内容

基本内容	理由
8 年规制周期（2013～2021 年）	较长的规制周期有助于降低规制不确定性，稳定预期，使电网企业和规制者可以关注长期目标
事前评估方法	事前确定收益，并建立动态的收益调整和协商机制，降低了电网投资和经营的风险
成本分享机制	相比标准成本，如果电网企业节约成本或成本超支，则节约成本产生的收益和成本超支产生的损失都由它们和用户共享，这为电网企业加强成本控制，提高成本效率提供了较强的激励
WACC 方法	通过每年更新债务成本，以减少电网企业的融资风险和向用户过度补偿的风险，向债务和权益投资者提供合理的补偿
规制资产价值（RAV）方法	电网长期投资需在整个生命周期内获得补偿。作为规制资产价值的回报，投资成本需在从投资中获益的用户之间进行分摊
总成本（Totex）方法	将运营费用和资本支出结合起来，对总成本进行评估。这使得电网企业设计成本结构时，会尽可能优化运营费用和资本支出的配置，选择最具经济性的配置方案
处理投资不确定性	建立针对风险的收益调整条款，例如，设计关于特定不确定性风险的限制性条款
创新激励因子	鼓励电网企业去寻找最节约成本或提高未来传输能力和范围的各种方法
综合高质量产出方法	电网企业的商业计划和投资安排必须让用户知情，并满足用户网络可靠性、可获得性以及节能环保等需求

资料来源：根据 Ofgem 网站资料整理。

Ofgem 认为有效发生的（投资）成本应该获得补偿。为控制电网投资成本，Ofgem 采取建构式（building-blocks）方法，事前对电网投资有效性和审慎性及投资成本进行预测和评估。基于总成本控制的原则，Ofgem 选择参考标杆，对电网投资的成本效率进行评估，以核定准许成本水平。

针对大型电网项目的投资成本和不确定性规制控制，Ofgem 引入了战略性扩展工程机制（strategic wider works，SWW）（见表4）。SWW 下，Ofgem 运用三阶段投资项目评估法，对投资面临的需求、成本及规制不确定性进行全面评估。如果投资评估结果满足 SWW 标准，并通过需求、技术和经济性评估，在价格控制周期内，投资者可以要求 Ofgem 对准许收益进行调整。

表 4　　SWW 投资项目评估的主要内容

评估阶段	评估内容
1. 合理性评估阶段 （2 个月以内完成）	检查投资是否满足 SWW 的三个标准：增加新的网络容量；满足最小融资阈值；在价格控制下无法从其他地方获得融资
2. 需求评估和咨询 （3 ~6 个月内完成）	评估经济需求；成本收益分析；事前成本评估
3. 投资项目评估及咨询 （6 个月以内完成）	成本评估；技术设计评估；风险配置评估

资料来源：根据 Ofgem 网站资料整理。

（2）海上输电网。

OFTO 规制机制通过对许可证进行竞争性招投标，来降低海上电网建设投资和运营成本，并使得新进入者可以通过技术和金融创新，改善输电资产运营效率。一旦获得 OFTO 许可证，运营商可以获得输电资产 20 年的运营和维护权，获得 20 年固定的收益流，Ofgem 仅对其进行有限的规制干预，如果其运营绩效较差，将按照年收益上限的 10% 削减其收入。这为海上输电网运营商提供了较强的投资成本控制激励。此外，该机制还允许运营商通过多种融资途径以降低成本。

（3）互联线路。

依据英国现行法律，同一实体不能同时持有互联线路许可证和输电许可证。这意味着在位输电商不能投资和运营互联线路，且豁免 RIIO 价格规制机制。此外，依据欧盟和英国的立法，对于互联线路资产，投资者还可以寻求豁免于政府规制要求，自主承担投资风险和自负盈亏。在 CFR 机制下（见表5），Ofgem 采取类似 SWW 的评估流程，对互联线路投资进行评估。如果投资者的收益超过上限值，则超额收益将返给消费者；反之，若低于下限值，则消费者需按照下限值向互联线路投资者支付收益差额。这种机制有助于降低互联线路投资者面临的风险，提升投资者控制成本的动力。

表 5　　收益上限与下限机制（CFR）的主要内容

项目	主要内容	备注
时间长度	25 年	向投资者提供规制确定性
上限与下限	依据债务成本基准来确定下限；依据权益回报确定上限	设定下限降低了投资者面临的市场风险
评估时间	基准情景设计的评估周期为 5 年，期内可进行年度调整	期内年度调整有助于缓解投资者流动性困难
评估有效成本	根据特定的重新协商条款，进行事前资本支出（Capex）评估。同时，依据项目运营十年后可重新协商的条款，对事后运营成本（Opex）评估	在建设和运营前，依据事前评估方法确定 Capex 和 Opex，提供规制确定性。重新协商条款使投资者超出计划发生的有效成本可以获得补偿
边界协调	相关利益方讨论确定跨界协调基本机制	为互联线路另一端提供上限和下限机制调整的灵活性

资料来源：根据 Ofgem 网站资料整理。

（三）澳大利亚电网投资成本控制的规制方法

1. 澳大利亚电网价格与投资规制框架

依据《国家电力法》，澳大利亚能源规制委员会（AER）对电网价格与投资进行收益上限规制，规制周期最少为 5 年。在价格规制时，AER 采用建构式方法（building blocks approach）确定 CPI - X 收益上限，最高准许收益是投资回报、资本回报、运营维护费、税以及服务标准因子的加总。

规制期间的准许投资分为事先准许投资和偶发项目准许投资，前者包括大部分规制期间的预期投资；后者包括规模大但不确定的投资。如果一个项目的折旧和投资回报占全部项目投资回报和折旧的比例超过 10%，AER 会建议将其从事先准许投资中分离出来。如果该项目投资成本变得较为确定，则这一准许投资在规制周期内项目实施之前就被核定。

2. 澳大利亚电网投资成本控制的主要方法

AER 每 5 年运用优化剥夺价值法核定电网的有效资产①，在此过程中，无效投资将在优化重置过程中被处理掉，可以看到，优化剥夺价值法是进行投资成本控制的比较独特的手段，目前仅澳大利亚和新西兰采用该方法。同时，AER 还运用规制周期初期的合理性测试（reasonableness test）、规制测试（regulatory test）以及规制周期末期的事后审慎性测试（ex-post prudency assessment），来加强投资成本控制。其中，合理性测试是指在规制周期开始，AER 对电网投资的合理性和成本效率进行评估，以确定网络投资是否符合系统需要，确保电网投资者在规制周期内有充足的现金流来履行其职责。不过，AER 并没有将合理性测试作为对电网投资者行为的强制性管控手段。规制测试既可以是事前的，也可以是事后的，是指 AER 和电网投资者依据一组评价标准，通过对投资项目的增量成本和收益进行成本收益分析，对网络投资的经济效率、审慎性和竞争中立性进行评估，确定投资成本是否应该计入有效资产，引导电网投资者选择最低成本和最大收益的投资方案。事后审慎性测试是指 AER 依据良好企业行为标准，在规制周期末期对之前核准的准许预测资本支出与实际资本支出及它们的变动进行评估，进而判断电网企业的投资是否是审慎的和有效率的。

（四）ACER 对各国电网投资风险控制方法的总结及规制建议

1. ACER 对欧洲国家电网投资风险控制方法的总结

从规制角度，欧洲能源规制合作署（ACER）将电网投资风险划分为五类（见表 6）。针对不同投资风险类型，各国规制者所采取的规制处理方法也有所不同。同时，对于电网投资的系统性风险，规制者都是在现行规制框架下，在规制周期内，运用 CAPM 模型对系统性风险进行评估，设定杠杆系数和市场风险溢价系数，来缓释风险（ACER，2014）。

---

① 优化剥夺价值是资产优化重置成本与这些资产的经济价值两者中的最小值。资产优化重置值是指在达成现有资产所要完成的目标下，对现有资产进行优化并进行重置所花费的成本。资产的经济价值则是指继续使用这些资产获得现金流的净现值和处置它们所获得收益两者中的较大值。该方法的优点是鼓励有效投资，缺点则是使电网投资面临较大的规制不确定性。

表 6　　典型国家规制者对不同类型投资风险的规制控制方法

序号	风险类别	法国	英国	德国
第一类	在项目发展、建设、运营或者维护的过程中，存在实际成本超过规制者事前核定投资成本的风险	事后调整；规制成本会计处理	引入成本分摊因子	—
第二类	投资成本没有被及时核定并计入有效资产的风险	事后调整	事前评估；引入成本分摊因子	—
第三类	未预期到的搁浅资产风险	—	需求评估；使用者承诺	—
第四类	选择基准或者进行比较时，有效发生的成本没有被规制者核定的风险	—	事前评估；引入成本分摊因子	—
第五类	电网投资者暂时没有足够的现金流来满足财务承诺，进而造成投资支出超过准许总收益的流动性风险	给予权益成本流动性溢价奖励	—	规制成本会计处理

资料来源：根据 ACER（2014）整理。

此外，欧盟规制法令（*Regulation*（*EU*）*No 347/2013*）还明确规定了各成员国在缓释投资风险可采取的规制手段和规则，涉及预期投资处理、投资项目正式运转前发生的有效成本认定，以及其他缓解投资风险的方法等内容。其中，对于预期投资，各国规制者都是将通过有效资产核定，计入有效资产，但处理方法略有不同。例如，在德国，一旦核定为有效投资，预期投资将按照计划投资即时计入有效资产；在法国，建设期内的资产是以债务成本的方式获得补偿；在英国，预期投资则是在成本评估时按照基准和效率机制进行年度调整。对于投资项目正式运行前发生的有效成本，各国的处理方法也有所不同。例如，在德国，一旦有效发生的投资成本被规制者核定，将即时计入有效资产，获得投资成本补偿；在规制周期内，荷兰规制者对预测投资与实际投资的偏离不做事后修正，而是在下一规制周期将对实际投资进行核定，计入有效资产。

2. ACER 提出的规制建议

针对投资风险和成本规制控制，依据欧盟规制法令（*Regulation*（*EU*）*No 347/2013*），ACER 提出了如下三条建议：

首先，建议采用投资风险识别和评估的通用方法。通用方法包括七个步骤：一是要求电网投资者提供投资风险和成本收益分析的相关信息和评估报告；二是从规制角度识别五类投资风险；三是评估电网投资者通过合理的手段缓解风险的努力程度；四是应用

CAPM 方法评估系统性风险并确定准许资本成本；五是评估现有的规制工具是否足以规制投资风险；六是量化投资风险及其影响；七是识别可比较的参考标杆。

其次，应当基于本国的规制框架下对投资风险进行规制处理。ACER 认为，各国的规制框架提供了投资风险和成本控制的基本制度安排，决定了可采取的具体规制手段，决定着投资风险和成本在电网投资者和用户之间的分摊比例。

最后，应建立货币奖励或者惩罚机制，形成良好的激励约束机制。ACER 认为，规制者既要有效控制投资成本和风险，还要为电网投资者提供必要的投资激励，使得投资风险与激励对等，避免电网投资不足或者过度。

四、当前我国电网价格规制与投资成本控制存在的主要问题

长期以来，由于历史、体制及政策等多方面的原因，当前，我国电网规制治理的现代化程度不高，电网投资成本控制仍面临诸多问题，突出表现在以下几个方面：

（一）电力投资管理和规划体制改革相对滞后

电力行业集中审批的规划管理体制未能彻底转变，电网规划和投资基本由企业自由决策，造成投资成本失控和电网规制治理低效。一是在现行的以行政审批为核心的电力投资管理体制下，投资主管部门存在重审批许可，轻经济性评估的倾向，过于关注短期供求平衡，较少运用成本收益等评估手段，对投资的长期效果进行全面评估，导致电网投资项目往往无法有效适应市场需求变化，产生大量无效率且无用的资产。二是在电力“十三五”规划出台之前的十多年，国家层面的电力规划始终处于缺位状态。由于一直缺少一部与国民经济和社会发展规划相协调、统筹电源与电网、中央与地方的电力发展规划，我国电源和电网投资的方向和规划布局不清晰和不协调问题突出，形成了低效的电力资源配置、失控的电网投资成本以及失败的价格规制治理。

（二）价格规制对电网投资成本的被动响应

科学规范的规制治理，既要增强电网企业投资激励，促进电力资源优化配置，又要

合理控制投资成本，理顺价格体系，维护用户合理利益。而要实现规制治理现代化目标的关键就是要形成电网投资成本控制与价格规制良性协调的机制。然而，受体制机制、政策导向等因素制约，当前我国价格规制往往是对电网投资决策和投资成本的被动响应，彼此之间未能实现良性衔接。一方面，电力投资主管部门在进行投资项目审批时，较少对投资项目进行经济性评估，很少考虑其对电价体系的影响，输配电价核定通常只是对电网投资成本事后的被动“认账”，这在一定程度上不仅妨碍投资成本控制，更是造成政府价格规制效能的低下。另一方面，我国电价规制模式具有成本加成的特点，在一定程度上使得电网企业缺乏控制成本的动力，造成价格规制对电网投资成本的被动适应。

（三）投资成本控制和激励约束机制不健全

高准入壁垒、垄断的产业组织结构和严重的委托—代理问题，在很大程度上导致我国迟迟未能建立完善的电网投资成本控制和激励约束机制。一是由于各种体制机制障碍，市场准入门槛较高，以国家电网和南方电网为主体的央企投资在电网投资中占据着绝对统治地位。寡头垄断和央企庞大的资产和投资规模，使社会大众、政府规制部门等利益相关者很难从外部对其投资行为实施有效监督和管理。二是电力产业输配售一体化的垄断型产业组织结构和本质上以购销差价为主的盈利模式，造成独立合理的输配电价和销售电价体系难以真正实现，也在很大程度上降低了电网企业控制投资成本的动力。三是现行的电网价格和投资规制框架下，规制者与电网企业存在严重的委托—代理问题，电网企业可以凭借其垄断地位和信息优势，虚报和操纵投资成本信息，使规制者难以准确有效核定有效投资和真实投资成本，价格规制手段无法对其投资成本施加约束。

（四）投资成本控制和风险管理手段较落后

与发达国家相比，我国电网投资成本和风险管控手段落后，效力强的规制手段比较少，严重制约电网价格规制的现代化和投资成本的有效控制，这主要体现在：一是出于规模最大化以及提升企业经营者政治地位等诉求，电网企业有非常强的动力扩大投资规模，现有的以事后投资成本控制手段为主的价格规制方式很难对电网企业的投资行为形成有效约束。二是电力行业沿用的依然是统一的企业会计准则，没有建立符合电网等自然垄断行业规制需要的规制成本会计制度，没有制定明确的有效资产核定办法，造成有效资产认定不能依照规则核定，规制者核定有效资产的自由裁量权较大，电网企业则有很强的动力夸大投资的有效性，力争扩大有效资产规模。三是国资委规模导向的考核评价机制，使得电网企业偏好做大做强，再加上国有企业投资软约束预算、国有银行提供的低融资成本的贷款和行政决策的盲目性，助推电网企业投资规模的膨胀，导致投资高成本和资源配置低效率，影响电网企业的投资成本控制。四是成本监审过程中，按照资本支出和运营维护费分别来确定电网有效资产和运行维护费的方法，可能会诱导倾向于增加运行维护方面的投资，阻碍合理的成本配置结构形成，这在一定程度上不利于电网投资成本控制。

（五）政策性投资加大了投资成本控制难度

电力央企承担包括农网改造、可再生能源发展等在内的诸多政策导向型投资和普遍服务责任①，对于这些投资，企业缺乏回收投资回报的有效途径，在很大程度上制约着投资成本控制和价格体系理顺。一是对于快速增长的农网改造升级工程投资等普遍服务投资，我国尚未成立专门的国家电力普遍服务基金来提供支撑，使得普遍服务投资不能通过财政渠道获得回报，只能通过电价来回收投资成本，从而导致投资成本得不到有效控制和电价扭曲。二是可再生能源投资规模快速膨胀，使并网需求随之大幅扩张，电网运行压力加剧②，亟须电网企业加大网络容量投资（见表7）。但是，由于可再生能源分布式、非集中的特点，这部分电网投资的经济性相对较差，必然会造成投资成本高居不下。三是电网企业是利税大户，在保障电力供应、促进经济增长和增加税收的动机下，政府有很强的动力要求电网企业扩大投资，再加上电网企业的国有经济背景为其融资提供了隐性担保和信用背书、国有银行的“大企业偏好”以及政府融资担保，都促使了电网投资规模快速扩张，进而使得投资成本容易失去控制。四是国有电网企业兼具公益性和商业性，两者通常存在矛盾。在经营过程中，电网投资确定既要服从公共利益目

---

① “十二五”期间，国家电网和南方电网累计完成农网改造升级工程投资超过5000多亿元；根据国家发展改革委《关于“十三五”期间实施新一轮农村电网改造升级工程意见的通知》要求，到2020年，我国农村地区基本实现稳定可靠的供电服务全覆盖，供电能力和服务水平明显提升，农村电网供电可靠率达到99.8%，综合电压合格率达到97.9%。为达到这一目标，国家电网和南方电网分别启动了新一轮农网改造升级工程，总投资分别为5222亿元和1300亿元。

② 近年来，在可再生能源补贴等政策支持下，风电、太阳能发电等非水可再生能源发电投资规模迅速膨胀，“十三五”时期，国家更是制定了2.3万亿元的可再生能源投资计划。

标，又要实现企业财务目标，造成公益性投资与商业性投资的边界模糊不清，也在一定程度上加剧投资成本控制难度。

表 7　　电力投资完成情况　　单位：亿元

项目	2008 年	2009 年	2010 年	2011 年	2012 年	2013 年	2014 年	2015 年
电力投资总额	6302	7702	7417	3929	7393	7728	7805	8576
1. 电源投资	3407	3803	3969	3927	3732	3872	3686	3936
水电	849	867	819	971	1239	1223	943	789
火电	1678	1544	1426	1133	1002	1016	1145	1163
核电	329	584	648	764	784	660	533	565
风电	527	782	1038	902	607	650	915	1200
太阳能发电			28	121	99	323	150	218
地热、潮汐等其他			0	2				
2. 电网投资	2895	3898	3448	3687	3661	3856	4119	4640
送变电	2584	3377	3338	3498	3458	3768	3993	4514
其中：直流	86	277	284	222	278	354	168	216
交流	2498	3100	3055	3275	3180	3413	3825	4298
其他	299	400	110	189	203	89	126	126

资料来源：根据中电联统计资料整理。

五、加强我国价格规制和电网投资成本控制的对策建议

针对当前我国电网投资成本控制存在的主要问题，应在借鉴国际经验的基础上，结合我国实际，通过体制机制改革，完善价格规制体系，丰富完善投资成本和风险控制的工具箱，构建多元主体参与的市场化电网投资模式，减轻电价政策性负担，发挥电价基本功能，从而实现有效控制电网投资成本和推动规制治理现代化的目标。

（一）重构电力行业投资的规划管理体制

一是重塑电力行业投资审批体制。加快推进以行政审批改革为核心的行政管理体制改革，加快简政放权步伐，推动国家发改委、国家能源局等价格规制、投资审批、行业

规划管理主管部门提升职能专业化分工水平，建立充分沟通、有效协作的电力行业管理体系。

二是提高电力规划与相关规划的协调性。明确我国电力发展战略，科学制定电力发展规划，加强电网发展规划与国民经济和社会发展规划、能源规划等综合性规划、可再生能源等专项发展规划的衔接协调，统筹中央和地方电力发展规划，提高电源投资与电网投资的协调程度，避免电网投资过度或不足。

三是加强对电网投资的经济性评估和风险评估。一方面，电力规划主管部门在制定电力发展规划时，应充分考虑电源和电网投资规划对未来电价的影响，尽可能减少投资对电价的冲击；另一方面，推动投资审批主管部门加强电网投资计划的经济性评估和风险评估，降低决策失误，有效引导电网企业投资行为，避免出现严重的电力供需失衡，减少对价格规制的负面影响。

四是加强电力规划与价格规制的衔接协调。加强电力规划与价格规制事前衔接，将电力规划中的电网投资按照规制周期进行分块、划分与调整，科学预测规制周期内资本支出，确保电网企业投资能够及时计入有效资产，获得必要投资回报。建立事后调整机制，在规制周期结束后根据上一轮规制周期的实际投资额与审核的计划投资额进行调整，并反映到下一规制周期的期初规制资产中，从而为企业在规制周期内的计划外投资需求提供了灵活性，也为规制机构考核企业在规制周期初期所申报投资额的真实性与有效性提供了激励手段。

（二）建立科学规范的电网价格规制模式

一是加快完善输配电价规制模式。加强定价成本监审，核定合理的准许收益水平，建立完善准许收益加合理回报的价格规制方法，彻底改变电网企业以购销差价为主的盈利模式，形成独立科学的输配电价体系。准确判断改革时机，适时在准许成本加合理收益方法中引入效率激励因素，在具备相对比较成熟地区进行输配电价激励性规制试点，探索向规制效能更强的激励性规制和菜单规制模式转型的路径。

二是加强政府价格规制能力建设。顺应规制独立性和专业性的要求，采取特殊的人事管理和经费保障，提高规制机构对技术进步、市场变革的响应能力，增强政府相关规制部门对电网企业输配电价、安全和质量、投资、技术创新等综合规制能力，不断提升规制效能。

三是建立激励电网容量投资的电价结构。创新输配电价结构规制方式，设计科学合理的电价结构，积极发挥电价引导投资和资源配置的信号作用，缓解交叉补贴问题，推动电力供需各方公平分担成本，合理补偿电网投资成本，提高容量电价在总电价中的比重，从而更好地反映电网投资成本，激励电网容量投资。

（三）构建激励相容的投资成本控制机制

一是发挥市场竞争引导投资和控制投资成本的功能。探索运用标尺竞争或者推进产业重组，通过优化行业产业组织结构，分拆垄断性业务与竞争性业务，加快竞争性电力市场建设，积极推进大用户直购电试点，促进电网企业有序竞争，提高行业有效竞争程度，强化（潜在）市场竞争对电网企业投资行为的引导，发挥市场竞争引导企业自身加强投资成本和风险控制的长效作用。

二是建立更加公开透明的电网投资与成本信息披露机制。作为规制对象，电网企业定期向规制部门报告真实、有用的投资、成本、调度等方面的信息及相关技术、经济等方面的评估报告，向社会公开不涉及商业秘密的信息，是解决信息不对称产生的委托—代理问题，提升政府价格规制效能，增强利益相关者外部监督能力，有效控制投资成本的重要手段。因此，应推动建立公开透明、激励相容的信息披露机制，惩罚企业报告冗余和虚假信息的行为，奖励其披露真实成本信息的行为，从而提高信息披露效率，增强政府和社会对电网企业的监管和监督能力，实现通过外部约束来加强投资成本控制的目的。

三是有效遏制电网企业垄断行为。发挥《反垄断法》对公平竞争市场秩序的维护和规范作用，有效遏制电网企业策略性过度投资行为，打击电网企业的价格和质量歧视等策略性行为，塑造良好的电力市场环境，有效约束电网企业投资行为。

（四）创新电网投资成本和风险控制手段

一是改革国资委对国企的绩效考评制度。对于电网等基础设施行业，应实行以政企分开、政资分开、特许经营、政府规制为主要内容的国企改革，完善国有资产管理体制，实现管资产为主向管资本为主转变，改革完善符合规制需要和电网基础设施行业特点的绩效考评制度。

二是尽快建立规制成本会计制度。规制成本会计是电网价格和投资规制重要组成部分，它不同于财务会计，强调以会计为手段达到规制的目的。实施规制成本会计制度是各国对电力行业规制的通行做法，定价成本监审通常也是以规制成本会计制度为依据，因此，推动财政部加快建立规制成本会计制度，是加强我国电网投资成本控制，建立真正独立输配电价体系的重要前提。

三是尽快出台有效资产核定办法。完善定价成本监审制度，以总成本控制为基础，制定出台符合我国电网投资特点和规制需要的有效资产核定办法，对电网投资的审慎性、有效性、相关性、合理性和合法性进行全面审查，核定有效资产水平，引导电网企业资本成本和运行维护费用的合理配置。

四是综合运用多种投资成本控制手段。总结借鉴国际经验，加强对电网企业投资计划的审查，推广应用成本收益分析、规制测试、基准比较、成本和风险评估等方法，推动电网投资成本控制由事后向事前转变，建立以事前投资成本控制手段为主，事前和事后投资成本手段相结合的电网投资成本管控方法体系。

（五）构建多元主体参与的电网投资模式

一是综合运用多种投资模式来扩展电网。借鉴国外电网投融资模式创新经验，推动电网投融资体制改革，拓展投资来源渠道，构建以规制投资和商业性投资为主、政府投资为辅的电网投资模式。

二是协调推进国企改革、投融资体制和产权结构改革。应加快国企业改革步伐，深化投融资体制和国企产权结构改革，来推动电网企业建立现代企业制度和公司治理结构，确定电网企业的投资主体和市场主体地位，实现电网投资主体的多元化。

（六）完善企业回收政策性投资成本的渠道

一是尽快设立国家电力普遍服务基金。电力普遍服务是政府需向公众提供的一项公共服务，政府通过委托的方式，可将其作为电力经营者的一种法定责任。不过，在普遍服务实施主体责任转移后，政府需保证普遍服务切实实施，并给予承担普遍服务的电力经营者必要的补偿。因此，为控制电网投资成本，完善价格规制，应逐步剥离电网投资的政策性负担，尽快制定电力普遍服务的相关法律法规，明确电力普遍服务目标和标准，通过设立国家电力普遍服务基金，从财政的角度给予承担普遍服务的电网企业合理的成本补偿和投资回报，尽量避免由电价来承担补偿功能。

二是探索通过特许权竞争增加政策性电网投资。对于电网普遍服务等政策性投资，规制者应探索通过特许权竞争，鼓励社会资本进入并参与配电网建设和运营，与电网企业展开特许经营权竞争，前期允许它们获得合理的回报或补贴。这样既可以降低投资和生产成本，提高电网投资效率，还可以更真实体现电网投资的市场价值，确保电网投资获得正常的投资回报。

| 参考文献 |

[1] ACCC. The Regulatory Test for New Interconnectors and Network Augmentations [Z]. Australian Competition and Consumer Commission Issue Paper, 1999.

[2] ACER. Recommendation On Incentives for Projects of Common Interest and On a Common Methodology for Risk Evaluation [Z]. 2014.

[3] Armstrong M, Sappington D E M. Regulation, Competition, and Liberalization [J]. Journal of Economic Literature, 2006, 44 (2): 325 -366.

[4] Averch H, Johnson L L. Behavior of the Firm Under Regulatory Constraint [J]. The American Economic Review, 1962, 52 (5): 1052 -1069.

[5] Baumol W J, Klevorick A K. Input Choices and Rate - Of Return Regulation: An Overview of the Discussion [J]. Bell Journal of Economics & Management Science, 1970, 1 (2): 162 -190.

[6] Borden D. FERC Cost-of - Service Ratemaking for Electric Transmission [Z]. 2016.

[7] Decker C. Characteristics of Alternative Price Control Frameworks: An Overview [R]. A Report for Ofgem Prepared by the Regulatory Policy Institute, 2009.

[8] Égert B. Infrastructure Investment in Network Industries: The Role of Incentive Regulation and Regulatory Independence [R]. OECD Economics Department Working Papers, No. 688, 2009.

[9] FERC. Promoting Transmission Investment through Pricing Reform [Z]. FERC 18 CFR Parts 2 and 35, [Docket No. RM11 -26 -000], 2016.

[10] Guthrie G. Regulating Infrastructure: The Impact On Risk and Investment [J]. Journal of Economic Literature, 2006, 44 (4): 925 -972.

[11] ICER. Regulatory Approaches to Managing Investment Uncertainty [R]. The International Confederation of Energy Regulators Research Paper, 2015.

[12] Joskow P. Incentive Regulation and its Application to Electricity Networks [J]. Review of Network Economics, 2008, 7 (4): 547 -560.

[13] Konstantin P, Ajodhia V, Grote D, Denis R. Regulatory Incentives for Investments in Electricity Networks [R]. KEMA Consulting GmbH Working Paper, 2015.

[14] Laffont J, Tirole J. A Theory of Incentives in Procurement and Regulation [M]. MIT Press, 1993.

[15] Léautier T O. Regulation of an Electric Power Transmission Company [J]. Energy Journal, 2000,

21 (4).

[16] Littlechild S. Foreword: The Market Versus Regulation [R]. in Electricity Market Reform: An International Perspective, Elsevier Ltd, 2006: 1 - 13.

[17] Lyon T P. Why Rate-of - Return Adders are Unlikely to Increase Transmission Investment [J]. Electricity Journal, 2007 (5).

[18] Nasser T O. Imperfect Markets for Power: Competition and Residual Regulation in the Electricity Industry [R]. Massachusetts Institute of Technology Report, 2005.

[19] Ofgem. RPI - X@ 20 Emerging Thinking Consultation Document - Alternative Ex Ante and Ex Post Regulatory Frameworks [R]. Ofgem Supporting Paper, 2010.

[20] Viscusi W K, Harrington J E, Vernon J M. Economics of Regulation and Antitrust [M]. MIT Press, 2005.

[21] Vogelsang I. Incentive Regulation and Competition in Public Utility Markets: A 20 - Year Perspective [J]. Journal of Regulatory Economics, 2002, 22 (1): 5 -27.

[22] Vogelsang I. The Tension Between Incentive Regulation and Investments in Network Industries [R]. Cesifo Dice Report, 2010.

电信接入定价理论与政策研究

王　磊

内容提要　伴随中国电信行业产业结构变动，中国电信接入建立了以零售资费为基础的不对称的网间结算资费政策框架。尽管该框架在一定程度上促进了中国电信产业发展壮大，但却始终没有实现其促进有效竞争格局形成的目标。在政策执行过程中，这一网间结算资费规制框架长期存在诸多问题，主要表现在接入定价不能准确反映接入成本、接入定价调整步伐相对滞后、不对称接入定价规制政策加剧了结构失衡等方面。因此，适应中国电信市场发展新趋势，应总结之前接入定价政策的经验教训，并借鉴国际经验，多措并举，进一步优化完善中国电信接入政策，确保电信企业公平无歧视接入，促进电信市场有效竞争，实现电信产业健康持续发展和社会福利最大化。

一、引　　言

2008 年电信结构重组以来，中国电信行业形成了“全业务、非对称”的产业组织结构，形成了“你中有我、我中有你”的市场竞争格局（见表 1），彼此之间有了进行价格、质量和投资竞争的激励。就细分市场来看，在固定电话领域，中国电信的市场份额超过 60%；在移动通信领域，中国移动的市场份额达到 62.4%；就 4G 用户而言，中国移动的市场份额达到 64.5%。相比重组前，尽管电信运营商彼此之间在细分领域存在竞争，市场竞争架构严重失衡的格局有所修正，但总体来看，电信运营商在特定的细分市场领域仍处于不对称状态，呈现出典型的“主垄断”或“寡头垄断”市场结构。

表 1　　2017 年中国电信市场结构　　单位：万户

类别	中国电信	中国联通	中国移动
固定电话	12180	5999.7	1220.3
移动电话	24996	28416.3	88720
其中，4G 用户	18204	17487.6	64950.7

资料来源：CNNIC、中国电信、中国联通和中国移动网站。

电信产业结构的新变化，对电信接入价格规制提出了新的要求。由于运营商网络能力和对接入需求的差异，不可能基于谈判自动形成不对称的接入价格，需要规制者予以干预（戴维·M. 纽伯里，2002）。随着电信技术快速发展，目前电信网络之间相互接入和互联互通在技术上已不存在困难，但由于电信接入涉及在位运营商与边缘运营商或潜在竞争者之间的经济利益分配，确定公平合理的接入价格是电信接入规制的核心和难点，这也是电信规制与反垄断始终关注的中心议题。若接入价格被人为扭曲，不仅不利于网络互联互通实现，而且还会产生各种不利影响。接入价格过低，会造成无效率进入和重复建设，在位运营商在接入服务和质量上缺乏激励，导致接入和互联互通质量低下；接入价格过高，则在位运营商会滥用市场势力，遏止潜在竞争者进入，对规模较小的边缘运营商进行市场封锁。

综观各国电信接入规制实践，正如拉丰和梯若尔（2001）所言，“电信产业发展有效竞争的关键在于制定明智的互联互通政策”。电信接入价格政策设计是否合理，直接关系着垄断势力滥用的遏制、有效竞争的形成、竞争效率的提升、网络外部性的释放，以及电信产业可持续发展的实现。智能手机时代的到来，电信接入需求快速增长，制定兼顾电信运营商利益和电信产业持续发展的接入定价政策，具有重要的现实意义。

二、电信接入定价研究进展

20 世纪 70 年代末起席卷全球的放松规制浪潮中，电信、电力等产业纷纷实行结构重组和引入竞争改革，电信、电力等产业中的接入定价问题成为学术研究和政策讨论的主要对象（Laffont & Tirole，1993；Owen，2011；拉丰和梯若尔，2001）。

相关研究发现，在位垄断运营商会通过扭曲接入价格和质量，提升竞争对手的成本，实现维持垄断地位、排斥竞争对手和市场封锁的目的（Economides，1998；Laffont & Tirole，1993；库康贝茨和韦伯，2007；拉丰和梯若尔，2001）。因此，无论是传统的网络产业，如电信、铁路和电力等，还是互联网和双边平台市场，都将纵向一体化和开放接入作为着眼点。已有研究表明，纵向一体化同时开放接入的混合型市场结构要比完全的纵向结构分离和简单的纵向一体化更有效率（肖兴志和陈艳利，2003）。这也是为什么在电信放松规制过程中，学界和政策界将纵向一体化产业结构下的电信单/双向接入定价理论和规制政策作为研究重点的原因。

关于电信单向接入定价问题，学者们主要致力于研究不同单向接入定价方法的最优性和适用性。拉丰和梯若尔（Laffont & Tirole，1994）开创性地将拉姆齐（Ramsey）定价规则引入到接入服务领域，奠定了接入定价理论发展的理论基础。拉丰和梯若尔（Laffont & Tirole，1994，1996）以长途电信竞争和本地电信网络瓶颈为例，以产量作为决策变量，将接入问题转换成标准的拉姆齐定价问题，进而得到包含超价格弹性的最优规制接入价格，即拉姆齐接入定价规则。此后，学者们通过放松拉丰和梯若尔（Laffont & Tirole）模型假设，进一步深化拉姆齐定价规则的研究。威利（Willig，1979）、鲍莫尔和西达克（Baumol & Sidak，1994）、西达克和施普尔伯（Sidak & Spulber，1997）等则研究了 ECPR 接入定价规则（efficient component pricing rule）①，指出，接入定价应不能超过在位者自己在竞争市场上运营的机会成本，且对进入者而言，接入价格与边际成本之和不能超过最终产品价格。施普尔伯（Spulber，1989）、拉丰和梯若尔（Laffont & Tirole，1993，2000）分别比较了全成本分摊定价规则（FDC）的优缺点，指出，FDC 可以避免竞争压力和低效率绕道造成的在位者收支失衡，且相比拉姆齐和 ECPR 定价规则，FDC 定价规则更加简洁，监管者、企业以及用户比较容易理解，执行成本相对较低。FCC 和 OFTEL 等监管机构提出了前瞻性的长期增量政策定价规则（LRIC）②，他们认为，接入价格的确定要以最有效率的成本标准，而不是企业的历史成本。考虑到上述接入定价规则的不足，拉丰和梯若尔（Laffont & Tirole，2000）还提出了整体价格上限定价规则（global price caps，GPC），GPC 是对在位者的定价水平及定价结构进行总体上的规制，然后由在位者根据自身的约束条件选择合理的价格。国内学者对单向接入定

---

① ECPR 是指接入价格是最终价格与竞争性业务的边际成本之差，是在位运营商向竞争者提供接入，让其与自身在下游市场竞争发生的机会成本。

② 长期增量成本（LRIC）是指在长期产量发生特定增量的增长时产生的增量成本，通常以当前技术条件以及最有效效率的技术为基础核算成本。

价理论的研究多停留在理论探讨上，与中国电信行业接入问题紧密结合的研究相对较少。例如，姜春海（2005）、于立和姜春海（2007）分别从理论上探讨了 ECPR 与拉姆齐定价规则的优缺点。

关于电信双向接入定价问题，拉丰、雷伊和梯若尔（Laffont，Rey & Tirole，1998a，1998b）以对称网络为对象，开创性的建立了对称网络的双向接入定价理论，简称 LRT 模型，此后，学者们对双向接入定价理论的研究基本上都是以拉丰、雷伊和梯若尔（Laffont，Rey & Tirole，1998a，1998b，2000）构建的 LRT 模型为基础，来分别研究对称网络和非对称网络的线性、非线性接入定价问题，并详细探讨了企业的接入定价策略以及政府规制的前提条件。拉丰、雷伊和梯若尔（Laffont，Rey & Tirole，1998a，1998b，2000）指出，非合作竞争均衡下，运营商会制定低效率且较高的接入价格，将其作为合谋工具，因此，应当通过相互协商或者规制的方式来确定接入价格，以减少和消除网络运营商在终端市场价格加成。阿姆斯特朗（Armstrong，1998）、坎比尼（Cambini，2001）、卑尔热（Berge，2002）也得到类似的结论。甘斯和金（Gans & King，2001）则得到完全相反的结论，即网络运营商会选择互免结算（bill and keep）的方式即彼此之间免收接入费用，来削弱彼此之间的竞争强度，利用较低的接入价格或者互免结算来进行合谋。

总之，无论是单向接入，还是双向接入，本质上，接入服务都是产品或服务，都属于生产最终产品或服务的中间投入。接入定价本质上是中间投入的价格，具有批发价格的特征。单向接入定价问题的焦点是纵向一体化运营商是否对下游竞争性市场的竞争对手进行封锁和排斥，关键是制定公平合理的接入定价；双向接入定价问题的焦点则是运营商之间是否利用接入定价作为合谋工具，提高下游用户和消费者支付的价格（张昕竹、马源和冯永晟，2014）。深入研究并设计合理的接入定价政策，区分接入定价的不同类型，对于深化电信行业改革，促进电信产业效率提升，同时提高政府规制效能都具有极强的理论指导意义和政策实践价值。

三、中国电信接入定价政策历史沿革及存在的主要问题

伴随中国电信产业结构调整，中国电信接入定价政策调整大体经过四个阶段：1994～1998 年，中国联通成立，邮电部政企分离和邮电分离；1999～2000 年，中国电信纵向分拆重组；2001～2007 年，中国电信横向拆分重组；2008 年至今，重组为中国联通、

中国电信和中国移动三家全业务竞争的电信企业。在产业结构调整的各个阶段，电信价格规制机构也相应地制定和调整了接入定价政策（见表2）。尽管经过多次调整，中国电信接入定价政策不对称非激励性接入定价政策始终没有发生根本变化，造成诸多问题和矛盾比较突出，主要表现在接入定价不能准确反映接入成本、接入定价调整步伐相对滞后、不对称接入定价规制加剧了结构失衡等方面。

表2　　中国公用电信网主要网间互联方式的结算标准的沿革

<table>
<tr><th>呼叫类型</th><th>去话方</th><th>来话方</th><th>2008年以来结算关系和标准</th><th>2001～2007年结算关系和标准</th><th>1999～2000年结算关系和标准</th><th>1994～1998年结算关系和标准</th></tr>
<tr><td>固定用户呼叫其他运营商的本地固定用户</td><td>固网运营商</td><td>固网运营商</td><td colspan="4">前者向后者支付本地网营业区域通话费的50%</td></tr>
<tr><td>本地移动用户呼叫本地固定用户</td><td>移动运营商</td><td>固网运营商</td><td>前者支付后者0.06元/分钟</td><td>前者支付后者0.06元/分钟（2001年调整）</td><td>前者支付后者0.05元/分钟（1999年调整）</td><td>前者向后者支付本地网营业区域通话费的50%</td></tr>
<tr><td>固定用户呼叫本地移动用户</td><td>固网运营商</td><td>移动运营商</td><td colspan="4">互不结算</td></tr>
<tr><td>中国移动的移动用户呼叫中国联通（中国电信）的移动用户</td><td>中国移动</td><td>中国联通（中国电信）</td><td>前者支付后者0.06元/分钟</td><td rowspan="3">前者支付后者0.06元/分钟（2001年调整）</td><td rowspan="3">前者支付后者0.07元/分钟（1999年调整）</td><td>—</td></tr>
<tr><td>中国联通（中国电信）的移动用户呼叫中国移动的移动用户</td><td>中国联通（中国电信）</td><td>中国移动</td><td>前者支付后者0.04元/分钟（2013年调整）</td><td>—</td></tr>
<tr><td>中国联通、中国电信的移动用户相互呼叫</td><td>中国联通（中国电信）</td><td>中国电信（中国联通）</td><td>前者支付后者0.06元/分钟</td><td>联通发端付给中国电信90%的话费；正常时段，中国电信发端付给联通0.1元/分钟，其余时段，按照折扣费率支付</td></tr>
</table>

资料来源：根据历年结算定价文件整理。

（一）中国电信接入政策历史沿革

1. 不对称双寡头竞争阶段

1994年之前，原邮政部政企合一，邮电合一，独家垄断经营公用电信网络，不存在电信接入定价问题。1994年中国联通成立以后，中国电信格局开始发生变化，形成了原邮电部（政企和邮电分离改革后，新成立的中国电信）与中国联通非对称的双寡头市场格局，电信接入定价问题开始出现。原国家计委先后制定了《中国联通公司通信网与邮电公用网互联互通话费结算办法》（1995年）、《关于联通公司GSM移动通信网与邮电公用网互联互通费用结算办法等有关问题的通知》（1996年）和《关于中国联通公司固定通信网与中国电信通信网间话费和工程费结算办法的通知》（1998年），明确了中国联通与邮电公用网的网间接入结算关系，初步确定了结算费率以零售资费为基础的接入定价政策框架。在这一阶段，在接入服务市场，相比邮电部门控制的公用电信网，中国联通仅被作为公用电信网的普通用户，需支付不对等的网间结算费用。

2. 纵向分拆重组阶段

为扭转电信行业引入竞争不力的局面，原信息产业部正式将中国电信进行纵向分拆重组，新中国电信、中国移动和中国联通构成了中国电信行业网间结算的主体。在进行产业结构重组的同时，原信息产业部开始实行不对称规制政策，制定了《电信网间通话费结算办法（试行）》（1999年），规定了固定通信网、移动通信网、长途电话网以及国际通信网之间的网间接入费用的分配办法，网间结算标准仍以零售资费为基础。按照新接入定价政策，中国联通在网间结算方面的处境略有改善。

3. 横向分拆重组阶段

纵向分拆后，中国电信行业有效竞争的市场格局并未形成。2001年中国电信按照南北区域进行横向分拆重组后，中国电信产业最终形成了“5+1”的竞争格局，不过在细分市场上，仍呈现出寡头竞争的市场格局。关于电信网间结算标准，原信息产业部在《电信网间通话费结算办法（试行）》（1999年）的基础，修改制定了《电信网间通话费结算办法》（2001年）和《公用电信网间互联结算及中继费用分摊办法》（2003年），确定了基本延续至今的电信网间结算办法。

4. 全业务竞争阶段

2008年，为顺应世界电信行业全业务竞争的新趋势，改变中国电信市场竞争失衡的格局，工信部、国家发改委和财政部发布了《关于深化电信体制改革的通告》，将中国电信行业重组为中国电信、中国移动和中国联通三家全业务竞争企业。为扭转市场失衡局面，工信部继续采取了不对称的接入价格规制政策，要求继续执行《公用电信网间互联管理规定》和《公用电信网间互联结算及中继费用分摊办法》（2003年），并制定了《关于TD－SCDMA网络网间互联结算问题的通知》（2009年），对电信接入的网间互联结算标准进行了调整，主要调整了固定通信网呼叫移动通信网的结算方式，由单向结算调整为双向结算，并规定TD－SCDMA与其他电信网网间结算标准。2013年12月17日，为适应电信资费市场调节的趋势，工信部颁布了《关于调整公用电信网网间结算标准的通知》，对电信行业网间结算标准进行了规定，下调中国电信和中国联通对中国移动的结算费率，由原来的0.06元/分钟降至0.04元/分钟。

总体来看，中国电信行业持续执行的不对称网间接入价格政策在促进电信产业发展发挥了积极作用，但这种不对称接入价格规制政策，也造成结算费用的人为扭曲和对运营商的不当激励，导致电信市场失衡的竞争格局并无明显改善，甚至出现失衡加剧的现象。

（二）当前中国电信接入定价政策存在的主要问题

1. 网络接入价格没有准确反映网络接入成本

中国现行电信接入定价的主要依据是《电信网间通话费结算办法（试行）》《电信网间通话费结算办法》《公用电信网间互联结算及中继费用分摊办法》《关于调整公用电信网网间结算标准的通知》。这些规定建立了以零售资费为基础的网间结算价格体系。但是，这一网间结算价格体系并不完善，未能充分准确反映电信网络真实准确的接入服务成本（常硕，2011）。在制定和调整网间结算费用时，电信规制机构除了考虑接入服务成本外，还考虑到电信普遍服务、宏观调控等多种因素，造成接入价格的确定具有一定的随意性和主观性，不仅不能向电信运营商传递准确的价格信号，有效调节接入服务的供求关系，也在一定程度上妨碍了市场公平竞争，造成有效竞争的接入服务市场格局难以形成，还降低了在位运营商适应市场竞争的激励和潜在进入者进入市场的动力。

2. 网络接入资费标准调整步伐相对滞后

长期以来，中国电信规制机构对于网间接入价格采用的是资费管制法，即以零售结算资费为基础，参考相关情况制定网间结算标准。这种方法简便易行，不需要进行大量的成本核算工作，对电信规制机构具有极大的吸引力。随着中国电信产业从 2G 时代进入到 4G 时代，2014 年，电信零售资费已经全部放开，交由市场调节，原来的网间结算资费核定的方法已经发生变化。但是，由于电信规制机构出于政策连贯性和可操作性等方面的考虑，使得中国电信产业现行的双向接入定价标准长期保持较为稳定的状态，网间结算标准几乎没有变，已经不能适应电信产业发展的需要。以移动电话和固定电话之间的结算费用为例，1999 年 10 月 1 日实施的《电信网间通话费结算办法（试行）》规定，移动通信企业向固定通信企业支付 0.05 元/分钟的结算资费标准，自 2001 年 4 月调整为 0.06 元/分钟后，将近 18 年没有变化。固定通信与固定通信之间、移动通信与移动通信之间的互联结算资费也多年没有调整。

3. 运营商之间不对称接入定价造成矛盾重重

从固定网络和移动网络的角度来看，中国电信产业的网间结算可以细分为固定通信和固定通信、固定通信和移动通信以及移动通信和移动通信三大类。2008 年电信结构重组，中国电信行业形成了中国移动、中国联通和中国电信三家全业务竞争的电信企业。由于中国移动在移动通信市场特别是 4G 领域的市场份额和营业收入远超中国电信和中国联通，后两者无法对中国移动形成足够的竞争压力，中国电信和中国联通与中国移动之间的通话流量是不对称的，原有的 0.06 元/分钟结算标准，造成彼此之间存在较大的矛盾。此外，固定通信和移动通信之间的不对称接入定价造成固定通信企业与移动通信企业存在较大矛盾。前者接入后者是互不结算，移动运营商不能获得任何结算费用，相反，后者接入前者则需要支付 0.06 元/分钟的结算费用。这种不对称价格规制政策，其出发点是为了平衡电信市场结构，但由于接入定价不合理，反而加剧了电信市场结构失衡，在移动通信市场，中国移动全面领先中国联通与中国电信。同时，由于固网用户持续萎缩，现有接入价格政策造成移动运营商没有动力改善通信质量，电信企业之间处于不公平的竞争地位上。

四、成熟市场经济国家电信接入定价政策经验

从国际上来看，成熟市场经济国家电信接入定价的总体原则是接入价格要基于接入成本，或者说是成本导向型定价。在确定接入价格时，都坚持法定原则，同时确保接入价格规制机构的独立性和权威性，尽可能以公平合理的接入价格来平衡市场结构，促进市场竞争，实现企业间经济利益的合理分配。

（一）构建以接入成本为基础的价格规制框架

在电信规制放松过程中，发达国家纷纷构建了以接入成本为基础来确定网间结算费用的价格规制框架，都倾向于根据长期增量成本来确定接入价格。世界贸易组织在1997年生效的《电信参考文件》要求电信网间结算应遵循非歧视、以成本为基础和透明的原则。国际电信联盟则成立专门部门来倡导以成本为基础进行结算，促进电信企业互联互通。欧盟则发布了“框架指令”（*Directive* 2002/21/*EC*）为主的一系列指令（包括 *Directive* 2002/2/*EC*“监管指令”、*Directive* 2002/19/*EC*“连接指令”、*Directive* 2002/22/*EC*“基础服务指令”等），要求以前瞻性长期增量成本（LRIC）为基础来确定网间结算费用。LRIC 接入定价方法最早由英国电信规制机构 OFTEL 在 1995 年采用。此后，美国、欧盟、日本、加拿大、新加坡、韩国、澳大利亚等发达国家和地区纷纷都采用这一电信接入定价模式。[①] 区别在于欧盟等采取的是全业务长期增量成本（TSLRIC）方法，美国等则采取的是全要素长期增量成本（TELRIC）方法。[②] 之所以 LRIC 方法成为电信接入定价的主流方法，原因是以电信运营商的有效成本而不是实际成本作为确定接入价格的基准，从而消除以历史成本为基础进行接入定价的“成本加成”特性，鼓励电信运营商提升成本效率。

---

① 根据国际电信联盟 2011 年对 93 个国家的调查数据，在确立固定网互联结算价格时，有 60.2% 的国家采用了 LRIC 规则；在确定移动网互联结算价格时，有 54.3% 的国家采用了 LRIC 规则。总体来看，LRIC 是各国制定网间结算价格的关键参考依据。

② 全业务长期增量成本（TSLRIC）是指增加一类业务增加的成本，主要测度提供和不提供一类业务的成本差值。全要素长期增量成本（TELRIC）是指对于独立网络元素而言，该网络元素直接相关的全部设施与功能的前瞻性长期增量成本，其计算以最有效率的网络技术配置为基础。

（二）坚持网络接入定价规则法定的基本原则

成熟市场经济国家在制定网间结算费用时，通常是通过专门的法律法规，例如，美国《电信法》（1996 年）、英国《电信法》、欧盟“框架指令”，来明确网络接入定价规则和办法，构成了电信行业接入价格规制和网间结算的政策依据。以美国为例，美国是世界上最早进行电信规制的国家之一，始于 1885 年。此后，在 1934 年，美国正式制定了《电信法》，成立了 FCC，确立了美国电信规制的法律和组织架构，对垄断运营商美国电报电话公司进行规制。1996 年，美国新《电信法》明确规定，“新进入者所支付的接入价格以及非绑定单位的价格应以本地电话公司提供一个特定的网络单元的 TELRIC 为基础，并附加一定的前瞻性共享及共同成本的合理分摊额。”通过法律正式明确了美国各州在核定接入价格时，应按照 TELRIC 确定，必须使用前瞻性成本，而不能使用现有的会计账目成本。在计算前瞻性成本时，必须以最有效率技术为前提，同时在满足当前市场需求的情况，基于“经济折旧”模型和各类话务的路由组织信息，按照自下而上的方式（bottom-up），测算每一类话务的互联成本。

（三）确保接入价格规制机构独立性和权威性

电信接入价格涉及互联各方的经济利益分配。在同等市场条件，如果没有公平合理的结算价格，收取较高结算价格的一方，相当于直接向接入方“征税”，切分对方的蛋糕。因此，一个能有效避免规制俘获独立的接入价格规制机构，对于制定公平合理的接入价格至关重要，这也是有利推进电信价格改革，规避改革风险的重要手段。目前全球大多数国家都已经通过法律授权，建立了相对独立的电信规制机构。其中，独立规制机构的典型是美国 FCC。FCC 进行接入价格规制最大的特点是独立性和权威性强，很多国家的电信规制机构的独立性比 FCC 要弱一些。FCC 的独立性是法律赋予的，自 1934 年《电信法》起，其一直是一个独立的权威的电信规制机构，具有准立法和准司法职能，拥有强大的规制权利。FCC 在确定电信接入价格规则时处于比较中立的地位，不受各种利益集团的影响，制定的电信接入规则比较客观和权威。

五、完善中国电信接入定价政策的对策建议

针对当前中国电信接入定价存在的突出问题，应在借鉴国际经验的基础上，多措并举，进一步优化完善中国电信接入政策，确保电信企业公平无歧视接入，促进电信市场有效竞争，实现电信产业健康持续发展和社会福利最大化。

（一）逐步向基于成本的接入成本定价规则转型

在中国现行的以资费为基础的结算方式下，网间结算价格明显偏离成本，以资费为基础的接入定价不能够如实反映接入成本，也无法准确补偿运营商互联发生的成本，造成运营商之间矛盾重重，市场竞争态势失衡。首先，要逐步树立以成本为基础的电信接入定价的理念。应参考国际经验，适应基于成本的电信接入定价趋势，循序渐进，逐步由以资费为基础转向以成本为基础，以长期增量成本为基准来确定网络接入费用，辅以激励性价格规制工具，促进市场竞争，防止在位运营商利用瓶颈垄断地位获取高额垄断利润。其次，做好基于成本定价的相关基础工作。做好市场竞争状况评估工作，识别垄断瓶颈环节，在此基础上，积极做好电信接入成本测算工作，选择适宜的成本测算模型，核定电信接入成本，明确接入价格的调整路径。

（二）及时调整优化电信网间结算规则和标准

2008 年电信结构重组以来，尽管中国电信产业仍维持中国移动、中国联通和中国电信三家企业寡头竞争的格局，但细分领域，市场竞争格局已经失衡，原有的网间结算标准进一步加剧了市场失衡。同时考虑到零售资费已由市场决定，原来的电信接入定价规则也不能适应新的形势，应及时调整和优化电信网间结算规则和标准。与此同时，顺应零售资费市场化和当前电信接入定价规则逐步向以成本为基础转变的新趋势，初期先完善不对称接入定价政策，调整结算标准，推动有效竞争的市场格局初步形成，中长期则放弃不对称接入定价规制政策，引入价格上限等激励性规制工具，授予企业一定程度定价权，根据成本、利润等数据的变化定期动态调整接入价格。

（三）尽快修订电信法规以维护规制机构独立性

规制机构的独立性主要体现在两个方面：一是独立电信企业，不被电信企业规制俘获，真正实现政企分开，面对电信企业具有监管权威性；二是确保规制机构的合法权利不受产业政策主管部门和政府其他部门的侵蚀，拥有专业上的独立性。考虑到我们电信行业规制实际，应尽快修订完善电信法规，在立法层面上明确电信监管机构在制定电信接入定价政策上的相对独立性和权威性，避免产业政策和宏观调控政策对电信企业接入定价标准进行直接干预。同时，及时修订完善电信法规还为电信接入政策法定奠定基础，为企业和消费者维护自身权益提供法律依据。此外，提升电信规制机构决策科学化和规范化水平，避免因规制者的主观判断、政府政策导向等因素影响，随意调整电信接入政策，影响电信企业的合理预期。

（四）加强电信接入定价的协同监管和社会监督

为保证电信接入定价公平合理，有效遏制在位运营商的合谋和市场封锁行为以及各种价格滥用行为，需进一步加强电信规制机构与反垄断机构的监管协调，构建分工合作、协作互补的接入价格协同监管体系，建立健全违规违法的惩戒机制，维护良好的接入服务价格竞争秩序，促进电信产业的健康发展，有效保障下游企业和消费者的合法权益。同时，要加强接入价格政策的信息披露，鼓励社会各界对接入价格政策进行监督，引导运营商诚实守信，自觉履行网间互联协议，降低运营商滥用市场支配力，肆意进行接入价格歧视和市场封锁，降低互联质量的倾向，积极增进和维护社会公共利益。

参考文献

[1] 常硕．中国电信业接入定价与互联互通分析［J］．石家庄经济学院学报，2011（3）．

[2] 戴维·M．纽伯里．网络型产业的重组与规制［M］．北京：人民邮电出版社，2002．

[3] 姜春海．网络产业接入定价的 ECPR 方法研究［J］．产业经济研究，2005（6）．

[4] 科斯塔斯·库康贝茨，查理德·韦伯．通信网络定价：经济、技术与模型［M］．张静，等译．北京：北京邮电大学出版社，2007．

[5] 让·雅克·拉丰，让·梯若尔．电信竞争［M］．北京：中国人民大学出版社，2017．

[6] 肖兴志，陈艳利．纵向一体化网络的接入定价研究［J］．中国工业经济，2003（6）．

[7] 于立，姜春海．网络产业 Ramsey 接入定价方法 [J]．系统管理学报，2007 (2)．

[8] 张昕竹，马源，冯永晟．移动化、宽带化、信息化下的电信监管 [M]．北京：中国社会科学出版社，2014.

[9] Economides N. The Incentive for Non – Price Discrimination by an Input Monopolist [J]. International Journal of Industrial Organization, 1998, 16 (3): 271 – 284.

[10] Laffont J, Rey P, Tirole J. Network Competition: I. Overview and Nondiscriminatory Pricing [J]. The Rand Journal of Economics, 1998, 29 (1): 1 – 37.

[11] Laffont J J, Rey P, Tirole J. Network Competition: II. Price Discrimination [J]. The Rand Journal of Economics, 1998b, 29 (1): 38 – 56.

[12] Laffont J J, Tirole J. A Theory of Incentives in Procurement and Regulation [M]. Cambrige: MIT Press, 1993.

[13] Owen B M. Antitrust and Vertical Integration in 'New Economy' Industries with Application to Broadband Access [J]. Review of Industrial Organization, 2011, 38 (4): 363 – 386.